Jagdliches Brauchtum & Jägersprache

WALTER FREVERT

Jagdliches Brauchtum & Jägersprache

KOSMOS

Inhalt

Vorbemerkung zur 1. Auflage

Das jagdliche Brauchtum hat selbst in unserer überwiegend von nüchternem, zweckorientiertem Denken bestimmten Zeit seine praktische Bedeutung für den Jagdbetrieb. Darüber hinaus erhöht es in vielfaltiger Weise den ethischen und ästhetischen Wert des Waidwerks. Viele Bräuche lassen sich weit in die Geschichte zurückverfolgen. Andere sind wesentlich jünger, als es mitunter vermutet wird; deshalb müssen sie jedoch nicht geringer zu schätzen sein.

Natürlich hat sich die Art zu jagen im Wandel der Zeit stark verändert. Das vorzeitliche Jagen mit dem Steinbeil, rücksichtslosen Fangmethoden zur Existenzsicherung, mit Pfeil und Bogen, Armbrust, Schwert oder Spieß, zu Pferde, der Drück- oder Riegeljagd des 20. und 21. Jahrhunderts sind Beispiele, die jeweils aus der Zeit verstanden werden müssen. Auch die späteren Auswüchse höfischer Jagd wie Fuchsprellen, prunkvolle Wasserjagden und das eingestellte Jagen galten einmal als Jagd. Das ist heute längst nicht mehr so, da als ein wesentliches Kriterium der Jagd in unserer Zeit die Chance des Entkommens für das Wild gilt.

Es ist das Verdienst von Walter Frevert, die jagdlichen Bräuche im mitteleuropäischen Raum gesammelt und uns an die Hand gegeben zu haben.

Neuerdings werden in der Öffentlichkeit kritische Stimmen laut, die das jagdliche Brauchtum infrage stellen und sogar für überflüssig halten. Nicht nur deshalb sind in dieser Auflage zahlreiche Änderungen und Ergänzungen vorgenommen worden, die sich aus den Erfahrungen und gesetzlichen Neuerungen der letzten Jahre ergeben haben. Dazu zählen z. B. das Versorgen des erlegten Wildes – die erhöhten fleischhygienischen Anforderungen wie auch rechtliche Bestimmungen haben hier eine besonders gründliche Revision notwendig gemacht. Auch die Abschnitte zu den verschiedenen Formen des gemeinsamen Jagens sind unter rechtlichen und Sicherheitsaspekten sorgfältig geprüft und aktualisiert worden.

In diesen, wie auch den anderen Abschnitten, die das Brauchtum im engeren Sinn betreffen, bemüht sich diese Neuauflage des »Jagdlichen Brauchtums« um eine klare und zeitgemäße Darstellung. Die gewisse, gleichsam romantische Überhöhung der jagdlichen Tradition, welche die älteren Auflagen stellenweise noch kennzeichnete, gehört inzwischen zur Geschichte der Jagd. Sie ist vielleicht mit dem Selbstverständnis mancher vorangegangener Generationen eng verknüpft, gehört aber – wie wir an großen Jagdschriftstellern wie FERDINAND VON RAESFELD lernen können – keinesfalls unabdingbar zur Jagd selbst. Es kommt heute vielmehr darauf an, das jagdliche Brauchtum lebendig zu halten und nachwachsenden Generationen zu bewahren, indem wir es weiterentwickeln und auf unsere Zeit abstimmen.

Diese Ausgabe ist insbesondere dadurch gekennzeichnet, dass das »Jagdliche Brauchtum« nunmehr in einem Band mit dem »Wörterbuch der Jägerei« erscheint. Auch das »Wörterbuch«, das zuvor in fünf Auflagen als selbstständiges Werk gepflegt wurde, ist für diese Ausgabe sorgfältig durchgesehen worden. Wörter, deren aktive Verwendung heute nicht mehr belegt werden kann, sind getilgt worden; ebenso solche, deren Gebrauch regional zu stark eingeschränkt ist oder deren Aufnahme aus anderen Gründen nicht sinnvoll ist. Technische Angaben wurden überprüft; Stichworte, die in Zusammenhang mit nicht mehr gebräuchlichen oder inzwischen gesetzlich untersagten Formen der Jagd stehen, wurden entsprechend ausgewiesen. Die in den vorigen Auflagen des »Brauchtums« noch enthaltenen, ausführlichen Kapitel über Jägersprache wurden – um Doppelungen mit dem »Wörterbuch« zu vermeiden – auf einige grundsätzliche Bemerkungen konzentriert. Auch im »Wörterbuch«-Teil folgt die Neuausgabe dem Bemühen, den einschlägig Interessierten ein aktuelles und der heutigen Jagdpraxis entsprechendes Werk an die Hand zu geben, das die jagdliche Überlieferung angemessen würdigt und dem lebendigen gegenwärtigen Sprachgebrauch Rechnung trägt – und gleichzeitig das ursprüngliche Anliegen des Werkes von Walter Frevert zu bewahren.

In einem von Menschen übervölkerten und von technischen Einrichtungen überbeanspruchten Raum kann der Sinn der Jagd nicht mehr allein in der Befriedigung einer Passion oder im Genießen jagdlicher Freuden liegen; vielmehr ist der Jäger von heute kraft Gesetzes zur Erhaltung und zum Schutz des Wildes in der Lebensgemeinschaft von Mensch und Tier verpflichtet. Dies ist ein Auftrag, der nur in maßvollem, aber auch planvollem Jagen eine überzeugende Erfüllung finden kann. Der Respekt vor echtem Brauchtum führt zu einer gültigen, wenn auch nicht immer gesetzlich verankerten Maxime, der sich alle an der Jagd Beteiligten gern unterwerfen, auch dann, wenn sie allein und unbeobachtet sind.

Die Brauchtumspflege ist zugleich auch ein Teil jagdlicher Öffentlichkeitsarbeit. Die Eindrücke auf Außenstehende können verständnisfördernd, aber auch irritierend wirken. Dessen müssen wir Jäger uns stets bewusst sein.

Dietrich Stahl

Aus der Geschichte

Des Waidmanns Ursprung liegt entfernt, dem Paradiese nah,
Da war kein Kaufmann, kein Soldat,
Kein Arzt, kein Pfaff', kein Advokat,
Doch Jäger waren da!
BUNSEN

Die Ursprünge unseres jagdlichen Brauchtums finden sich sowohl in der vorgeschichtlichen Jagd als auch bei rezenten Naturvölkern. Der Mensch der Steinzeit war vom Sammler zum Jäger geworden.

Die Jagd im Paläolithikum bildete die Grundlage der menschlichen Existenz. Ackerbau und Viehzucht waren noch nicht entwickelt. Hatte die Horde Erfolg auf der Jagd, so war für alles gesorgt, denn das erbeutete Wild lieferte nicht nur Nahrung, sondern auch Kleidung und Material für die Herstellung der notwendigen Gebrauchsgegenstände in Form der Zähne, Knochen und Geweihe, kurz, es lieferte alles, was der damalige Mensch benötigte. Es ist nicht leicht, sich das menschliche Leben in der Eiszeit vorzustellen, denn selbst wenn wir heute allein auf einer einsamen Koliba der Hochkarpaten hausen oder im tiefen Busch afrikanischer Wildnis jagen, sind wir mit zahlreichen Gegenständen ausgerüstet, die dem Steinzeitmenschen unbekannt waren. Wenn wir das Leben der Inuit, soweit sie noch nicht von der Zivilisation beeinflusst sind, betrachten, so können wir uns ungefähr eine Vorstellung der Lebensweise unserer ältesten Vorfahren machen. Auch für den Inuk ist die Jagd alles. Wenn der Seehund ausbleibt oder der Lachsfang nicht gelingt, kann das Hunger, ja den Tod für die ganze Sippe bedeuten.

Nach unserem Wissen um das Leben des vorgeschichtlichen Menschen können wir vermuten, dass bestimmte Bräuche bei der Jagd eine Rolle gespielt haben. Man hat in diluvialen Aufschlüssen bereits durchbohrte Zähne von Wildpferd, Wisent, Hirsch und Wolf gefunden, die zweifellos als Schmuck und Amulette Verwendung gefunden haben. Und an der Spitze durchbohrte Wisenthörner können als Signalhörner gedeutet werden, woraus zu schließen wäre, dass Hörner schon früh zur Verständigung bei der Jagd verwendet wurden. Zu künstlerischen Darstellungen wurde der Mensch schon zeitig durch die Jagd angeregt. In den Höhlen Südfrankreichs und Nordspaniens sind Tierzeichnungen aus der Steinzeit (20 000 bis 10 000 v. Chr.) überliefert, die so naturgetreu sind, dass man zunächst an der Echtheit dieser Kunstwerke zweifelte. Wir kennen Darstellungen des Wildpferdes, des Mammuts, des Riesenhirsches, des Höhlenbären und vieler anderer Tiere, aber auch schon Bilder von jagdlichen Vorkommnissen. Besondere Erlebnisse und Erfolge auf der Jagd wurden in Stein geritzt oder mit Kohle gezeichnet, um durch kultische Beschwörung »Jagdglück« zu bewirken. Auch auf Knochen- und Geweihstücken, die den Charakter von Talismanen oder Amuletten gehabt haben dürften, finden sich Tierköpfe und jagdliche Darstellungen.

Hirschjagd – späteiszeitliche Felsmalerei, Ostspanien

Der Steinzeitmensch fing vor allem Wild in Fallgruben oder Schlingen oder trieb es über steile Felsabstürze, wo es dann hinunterstürzte und sichere Beute wurde. So sind an verschiedenen Stellen Europas Überreste von Wildpferden und anderen Tieren in großer Zahl unterhalb solcher steil abfallenden Felsen gefunden worden. Bei Trontheim in Norwegen befinden sich an einem Felsabsturz die Bilder von Elchen, die vermutlich das Wild mit magischer Kraft bannen sollten, um es an dieser Stelle zum Absturz zu bringen.

Die primitiven Waffen der damaligen Zeit, wie Steinäxte und Steinmesser, zeigen häufig künstlerische Darstellungen, auch Plastiken von Wildköpfen. In den Pfahlbauten des Bodensees gefundene Steinmesser haben vielfach einen Handgriff aus Hirschhorn. Ihre Konstruktion ist im Prinzip genauso wie die unserer heutigen Waidmesser. Aus diesen Funden können wir schließen, dass schon damals, wie auch bei rezenten Naturvölkern, gewisse Bräuche zum Leben und Überleben gehört haben.

Jagd bei den Germanen

Sehr frühe schriftliche Berichte über unsere germanischen Vorfahren geben uns Caesar, Tacitus, Plinius u. a. Begreiflicherweise sind diese Zeugnisse sämtlich aus der Sicht des kulturell viel höher stehenden Römers abgefasst und enthalten nur unvollkommene Angaben über germanische Bräuche. Zwar wird die Jagd verschiedentlich erwähnt, und Caesar berichtet, dass der germanische Jüngling besonders geachtet und berühmt sei, der eine möglichst große Zahl selbst erbeuteter Hörner des Urstiers in seinem Besitz habe. Die Stärke des getöteten Wildes hatte also offenbar bereits eine gewisse Bedeutung.

Die Geweihe von Hirschen scheint man allerdings in germanischer Zeit nur zu Gebrauchsgegenständen verarbeitet zu haben.

Aber in Zeiten, in denen wehrhaftes Wild wie Wisent, Auerochse und Bär noch Beute des Jägers war, spielte der Hirsch nicht die Rolle wie später, obwohl sehr bald das Hirschgeweih zum Symbol männlicher Kraft und Macht wurde.

Aus Gräberfunden und alten Sagen können wir das Bild der Jagd unserer Vorfahren noch etwas ergänzen. Einzelheiten werden uns bereits über die Jagd der Donaukelten berichtet. Der griechische Schriftsteller Arrian (95 bis 180 n. Chr.) beschreibt die im Donauraum wohnenden Kelten sehr genau und gibt eingehende Schilderungen ihrer Jagd. Diese Donaukelten waren bereits waidgerechte Jäger in unserem Sinne. Sie jagten weniger wegen des Wildbrets, sondern vor allem aus Passion und gestalteten die Jagd zu einem Vergnügen, das besonderen Regeln und Bindungen unterlag. Die beliebteste Jagd war die Hasenhetze zu Pferde. Hierbei mussten die schnellen Windhunde, die mit *veltris* oder *vertragus*, auch *veltragus*, bezeichnet wurden, die Hasen fangen und lebend ihrem Herrn bringen.

Nicht für sich, sondern dem Herrn der feurige Vertragus jaget,
der dir den Hasen im Fang unverletzt überbringt.

Neben dem flüchtigen *vertragus* züchteten die Kelten noch den berühmten Segusierhund. Nach ENGELHARDT ist dieser *canis segusius* der Stammvater des Leithundes und damit der Ahne unseres heutigen Hannoverschen Schweißhundes. Dieser Segusier war hervorragend geeignet, das Wild aufzuspüren, da er sehr feinnasig war und auch eine alte (übernächtige) Fährte halten konnte. Wir haben also bei den Kelten bereits Hetzjagden mit Aufspüren des Wildes durch eine besonders hierzu gezüchtete Hunderasse und dann die eigentliche Hetze mit den flüchtigen Windhunden – eine Jagdart, die durch das ganze Mittelalter hindurch bis in die Zeit der höfischen Jagd als edelstes Vergnügen galt.

Bei diesen Hetzjagden der Donaukelten wurden nicht mehr als zwei Windhunde gleichzeitig geschnallt, auch sollte der Hase stets erst einen Vorsprung erhalten, damit er nicht zu schnell gefangen wurde, man wollte ihm die Möglichkeit des Entkommens nicht nehmen. Man gab also schon dem Wild eine Chance, eine Voraussetzung, die für den Begriff der Jagd heute das entscheidende Kriterium ist. Entsprechend seiner Beute musste jeder Jäger einen Geldbetrag in eine gemeinsame Jagdkasse zahlen. An einem bestimmten, der Schutzgöttin der Jagd geweihten Tag im Jahr – als Grieche nennt Arrian diese Göttin natürlich Artemis –, wurde ein Tieropfer dargebracht, und anschließend fand ein großes Fest statt, das aus der Jagdkasse finanziert wurde. Hierbei wurden auch die Hunde nicht vergessen. Sie wurden mit Kränzen und Brüchen geschmückt, ähnlich wie auch heute noch der Schweißhund nach erfolgreicher Arbeit mit einem Bruch geschmückt wird, und erhielten reichlich zu fressen.

An dieses Jagdfest der Donaukelten erinnert in unserer Zeit noch mancher Brauch, wie er am Hubertustag, dem 3. November, gepflegt wird – aber gedenken alle Jäger heute beim Schüsseltreiben auch mit solcher Liebe ihrer treuen, vierläufigen Gehilfen? Das Gepfneisch oder die Curée der Parforcejagd war ein entsprechender Brauch.

Es ist sicher, dass die Jagd der Germanen von den Kelten beeinflusst worden ist. Die hohe Auffassung der Kelten vom Waidwerk hatte Einfluss auf die Jagd bei anderen Völkern. Die Jagd wurde immer mehr ein herrschaftliches Vergnügen und als solches durch Bräuche und Zeremonien geprägt, deren genaue Kenntnis und Beachtung für einen gerechten Jäger unabdingbar waren. Das Rotwild, der »edele Hirsch«, rückte immer mehr in den Vordergrund des jagdlichen Interesses. Näheres hierüber finden wir in den *leges barbarorum*, den Volksrechten, des frühen Mittelalters. In diesen werden auch die Hunderassen geschildert, die in der damaligen Zeit zur Jagd benutzt wurden. Eine große Rolle spielte der Leithund, der *leitihund*, »qui in legamine praecedens sequentum hominem ducit«, der, am Leitseil vorgehend, den nachfolgenden Menschen führt. Die Leithund-Arbeit war also schon genau bekannt. Außerdem werden der *spurihunt* und der *triphunt* erwähnt. Unter *spurihunt* haben wir wohl ebenfalls einen am Riemen arbeitenden Leithund zu verstehen, während der *triphunt* der eigentliche Hetzhund war. Hierzu kam noch der erwähnte *veltragus* oder *veltris*, der nicht mit der Nase, sondern nach dem Gesicht hetzte.

Eine bedeutende Rolle spielt seit Jahrhunderten das Jagdhorn. In früheren Zeitläuften diente den Jagdbediensteten zur Verständigung und als Zeichen des »gerechten Jägers« ein Ochsen- oder Büffelhorn, während die Edlen ein reich verziertes Horn aus Elfenbein an der rechten Seite zu

Olifant aus dem Jahre 1683, Prager Nationalmuseum. Entnommen aus »Lemke/Stoy, Jagdliches Brauchtum«

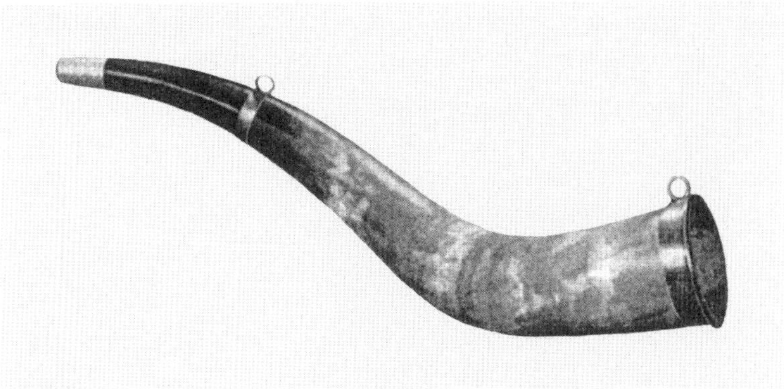

Hifthorn aus der Sammlung des Musikinstrumenten-Museums in Markneukirchen. Entnommen aus »Lemke/Stoy, Jagdliches Brauchtum«

tragen pflegten. Im Altfranzösischen wird dieses Elfenbeinhorn Olifant genannt. Berühmt ist der Olifant des Rolandliedes. Über »30 Meilen« soll Kaiser Karl den Hornstoß seines getreuen Roland vernommen haben. Er wendet sein Pferd, um seinem Paladin zu helfen, aber seine Hilfe kommt zu spät. Als Roland den Tod kommen fühlt, bettet er sich auf sein Schwert Durandarte, das er vorher vergeblich an den Felsen zu zerschmettern versuchte. Ein Sarazene nähert sich dem Todwunden und will ihm das Horn, »das er nie aus den Händen gibt«, entreißen, da erhebt sich Roland mit letzter Kraft und schlägt mit seinem Olifant Helm und Schädel des Sarazenen in Trümmer. Wohl springt der goldgefasste Rand des Hornes ab, aber das Horn aus hartem Elfenbein bleibt heil. Das vermeintliche Horn Rolands wird heute noch in Frankreich aufbewahrt, es hat ein Gewicht von etwa sieben Pfund.

Das Jagdhorn galt als unantastbar. Herzog Begon – so wird in einer französischen Darstellung des 12. Jahrhunderts berichtet – verirrte sich auf der Nachsuche eines Keilers, der seinen Leithund geschlagen hatte, und traf auf einen Forstwart. Jener erkannte seinen Herrn nicht und griff nach dessen Olifant. Der Herzog streckte den Verwegenen mit einem tödlichen Schlage nieder.

In den *leges barbarorum* sind zahlreiche Bräuche überliefert, die nun gesetzliche Kraft erhielten. Eingehend wird darin die Wildfolge behandelt, die auch später Gegenstand der jagdlichen Gesetzgebung bleibt. Drakonisch waren die Strafen, die uns in den mittelalterlichen Volksrechten überliefert sind. Wer z. B. einen Hund gestohlen hatte, musste diesem zur

Valentin Wagner, um 1633. Lavierte Federzeichnung aus seinem Skizzenbuch. Jagdsammlung von J. B. von Bistram, Bayerisch Gmain

Strafe das Weidloch küssen, wer einen Beizvogel entwendete, musste sich sechs Unzen Fleisch *super testones*, auf den Hoden, von dem Beizvogel kröpfen lassen!

Mit der Einrichtung der Bannforste im 8.–14. Jahrhundert fiel das Jagdrecht in weiten Gebieten den Königen zu, um später großenteils auf die zahlreichen geistlichen und weltlichen Fürsten überzugehen. Soweit schon ein Eigentum an Grund und Boden entstanden war, bedingte dies doch noch kein Jagdrecht des Eigentümers auf seinen Ländereien. Im Zuge der angedeuteten Entwicklung wurde ihm jenes Recht in zunehmendem Umfang genommen, was gewöhnlich mit einer Beschränkung sonstiger Nutzungsrechte verbunden war. Karl der Große hatte im Brühl bei Aachen bereits einen ausgedehnten Wildpark, und die Jagdgebräuche, die dort gepflegt wurden, beeinflussten die gesamte Jagd der damaligen Zeit.

Welche Zeremonien in den Bannforsten des späten Mittelalters üblich waren, lesen wir z. B. in den Weistümern. Für eine kaiserliche Jagd musste der Forstmeister des Reviers eine weiße Bracke auf einer seidenen Decke und seidenem Kissen mit einem silbernen, vergoldeten Halsband und seidenem Hängeseil bereithalten.

Ferner hatte er dem Kaiser eine Armbrust zu überreichen, mit einem Bogen aus Eibenholz, eine Säule von Elfenbein und Pfeile, deren Spitzen aus Silber, deren Schaft aus Lorbeerholz gefertigt und die mit Straußen- und Pfauenfedern befiedert waren.

Beizjagd

Ein Brauchtum besonderer Art gibt es bei der Beizjagd, der Jagd mit »abgetragenen« Greifvögeln, vor allem Falken und Habichten. Diese Form der Jagd existierte im Orient bereits vor dem Entstehen des griechisch-römischen Kulturkreises. Allerdings haben Griechen und Römer keine Falkenjagd betrieben (KURT LINDNER).

Zu einer hochentwickelten Kunst wurde die Beizjagd in der Zeit des Hohenstaufenkaisers Friedrich II. (um 1200). Als Zeugnis ist uns sein berühmtes Buch »De arte venandi cum avibus« (Von der Kunst des Jagens mit Vögeln) erhalten. Mit neuen Erkenntnissen wurde die Beizjagd verfeinert und hat dann mit Kaiser Maximilian I. (um 1500) eine außergewöhnliche Blütezeit erlebt. Das Kulturgut der Falknerei lebt noch heute unter den Falknern fort, die sich im Deutschen Falkenorden, im Verband Deutscher Falkner und im Orden Deutscher Falkoniere zusammengeschlossen haben. Zum Schutze der Greifvögel, insbesondere der Wanderfalken, haben deren Mitglieder sich strenge Regeln auferlegt, kontrollieren in ihren eigenen Reihen den Erwerb von Beizvögeln unter sorgfältiger Beachtung der einschlägigen Schutzbestimmungen und tragen wertvolle Forschungsergebnisse sowie wichtige Beobachtungen auf dem Gebiet der Greifvogelkunde bei.

Jagdliteratur

Die Anfänge der deutschen Jagdliteratur lassen sich bis in das hohe Mittelalter zurückverfolgen. Überragend waren zunächst allerdings Werke, die in Frankreich entstanden sind. Abgehandelt wurden anfänglich vor allem die

Beizjagd, der Vogelfang und die Hetzjagd zu Pferde, dazu als spezielle Themen der Leithund und seine Führung.

Hinsichtlich der jagdlichen Bräuche im Mittelalter und in den ersten Jahrhunderten der Neuzeit muss hier vornehmlich auf die in letzter Zeit erfreulicherweise stark angewachsene jagdgeschichtliche Literatur, insbesondere auf die Arbeiten des Bamberger Jagdhistorikers Dr. Dr. h. c. Kurt Lindner verwiesen werden.

Eine umfangreiche deutsche Jagdliteratur beginnt im 17. und 18. Jahrhundert. Besonders zu erwähnen ist das »Neuw Jag vnnd Weydwerck Buch«, 1582–1604, herausgegeben von SIGMUNDT FEYERABENDT. Es ist dies ein Sammelwerk, aus sechs selbstständigen Büchern bestehend, und behandelt das gesamte Wissen jener Zeit über die Jagd. Sehr interessant ist, dass in diesen Büchern das *deutsche* Waidwerk geschildert wird und dass die Betonung deutscher Art und Jagdauffassung überall festzustellen ist. Die vorbildliche Jagdausübung der Deutschen wird in diesem Werk immer wieder hervorgekehrt. Aus der jagdlichen Literatur des 18. Jahrhunderts seien nur die beiden bekanntesten Werke, HANNS FRIEDRICH VON FLEMMING »Der vollkommene Teutsche Jäger« (1719) und HEINRICH WILHELM DÖBELS »Jäger-Practica« (1746) erwähnt. In beiden Büchern ist jedoch auch noch französischer Einfluss festzustellen, so sind sehr viele Kommandos, Zurufe und Bezeichnungen in französischer Sprache aufgeführt, speziell soweit es sich um die Parforcejagd handelt.

Ein bleibendes Verdienst des Kupferstechers JOHANN ELIAS RIDINGER ist es, dass er uns mit seinen zahlreichen Arbeiten eine umfassende Darstellung des Wildes und des Jagdbetriebes seiner Zeit, insbesondere an den deutschen Fürstenhöfen, hinterlassen hat.

Das im Laufe des 18. Jahrhunderts deutlich gestiegene Ansehen der Jäger und Forstleute belegt ein Zitat von FRIEDRICH VON SCHILLER aus dem Jahre 1790: »Nein, bei Gott, ich hielt Euch Jäger für sehr gemeine Menschen, deren Thaten sich über das Töten des Wildes nicht erheben. – Aber Ihr seyd groß: Ihr wirket unbekannt, unbelohnt, frei von des Egoismus Tyrannei, und Eures stillen Fleißes Früchte reifen der späten Nachwelt noch. Held und Dichter erringen eitlen Ruhm: Führwahr, ich möcht ein Jäger sein!«

Von den jüngeren jagdlichen Klassikern sind vor allem CARL EMIL DIEZEL, »Erfahrungen auf dem Gebiete der Niederjagd« (1849) und FERDINAND FRHR. VON RAESFELD, »Das Rotwild« (1899), »Das Rehwild«

(1906), »Das deutsche Weidwerk« (1914) und »Die Hege in der freien Wildbahn« (1920) zu nennen. Diese Werke lebten alle in wiederholten Überarbeitungen und zahlreichen Neuauflagen bis in die jüngste Vergangenheit fort.

Falconier, den Falken abwerfend (nach einem Kupferstich von E. Ridinger)

Einstige Jägerausbildung

Über die Ausbildung zum Berufsjäger im 18. Jahrhundert, in Anlehnung an JOHANN FRIEDRICH V. FLEMMING, sei zusammenfassend berichtet:

Ein Lehrling, der die Jägerei erlernen wollte, musste drei »*Behänge*« oder Lehrjahre aushalten, bevor er wehrhaft gemacht wurde, d.h. den Hirschfänger und den Lehrabschied erhielt. Im ersten »Behang« wurde der Jägerlehrling auch *Hundejunge* genannt, seine Tätigkeit bestand in erster Linie in der Pflege und Fütterung der Hunde, insbesondere der Leithunde. Im zweiten Jahr hieß er *Lehrbursche* und durfte bereits das Jagdhorn an der Hornfessel tragen, was ihm im ersten Jahr nicht erlaubt war. Er wurde nun von seinem Lehrherrn, dem Lehrprinzen, in allen waidmännischen Gebräuchen und in allen Zweigen der Jagd ausgebildet, dadurch wurde er *hirschgerecht*. Aber auch in forstlichen Fragen sollte er sich unterrichten, um so *holzgerecht* zu werden. Durch das Abführen des Leithundes und das Dressieren der anderen Jagdhunde wurde er *hundgerecht*. Auch das Schießen musste fleißig geübt werden, damit er *schießgerecht* wurde. Aber dass es auf das Schießen allein nicht ankam, wurde schon damals betont: »Denn wenn einer noch so gut schießen kann, versteht aber sonst nicht viel, so heißt er zwar ein Schütze, aber noch kein Jäger.«

Im dritten Jahr seiner Ausbildung wurde der Lehrling *Jägerbursche* genannt, und nach Beendigung der drei Behänge wurde er feierlich *wehrhaft* gemacht. Der Lehrprinz versammelte zu dieser Zeremonie eine Reihe gestandener Jäger und begann mit einer feierlichen Ansprache an den Jägerburschen, der zur linken Hand seines Lehrherrn, mit Hornfessel und Hirschfängergurt angetan, stand. Dann nahm der Lehrprinz mit der linken Hand den Hirschfänger, mit der rechten Hand gab er dem Jägerburschen eine Ohrfeige und sprach dabei: »Dies leidest du jetzt von mir, und hinfort nicht mehr, weder von mir noch von einem andern!« Alsdann wurde der Hirschfänger feierlich überreicht, »nicht zu dem Ende, daß du es zu unnützen Händeln und Ungelegenheiten, sondern wozu es eigentlich gemacht, was vernünftig, redlich und rühmlich ist, nämlich zur Ehre der löblichen edlen Jägerey, deines künftigen Herrn, zur Beschützung seines und deines ehrlichen Namens, Leib und Lebens, am meisten aber auf Jagden führest und gebrauchest!« Danach wurde dem Jägerburschen der *Lehrabschied* überreicht oder auch nur gezeigt und erst am nächsten Morgen ausgehändigt; dieser Brauch ist wohl so zu erklären, dass man befürchtete, der frisch gebackene hirsch- und holzgerechte Jäger könnte bei dem nun folgenden Fest seinen Lehrabschied, der für ihn ein wichtiges Dokument war, einbüßen. Der Jägerbursche steckte alsdann den Hirschfänger zu sich, bedankte sich in wohlgesetzter Rede, und die Anwesenden stießen in ihre Hifthörner, gratulierten ihm zu seinem Ehrentage und wünschten Wohlergehen allezeit. Zu dem folgenden Festschmaus wurde der junge Jäger durch die beiden ältesten anwesenden Jäger wie ein Bräutigam zu Tische geführt, auf seine Gesundheit wurde zuerst getrunken und ihm »der Willkomm«

»Federschütze mit dem Schießpferde.« Stich nach einer Zeichnung von J. E. Ridinger

gebracht. Es ist berichtet, dass derartige Feste »gemeiniglich« bis zum nächsten Morgen dauerten, manchmal sogar mehrere Tage.

Zum Jäger schlagen

Das Beispiel der Wehrhaftmachung eines Berufsjägers des 18. Jahrhunderts wirft bei uns die Frage auf, welcher Brauch heute angemessen wäre, einen Jungjäger nach bestandener Prüfung in feierlicher Form in die Reihen der Jäger aufzunehmen. Man hört gelegentlich den Ausdruck »zum Jäger schlagen« und verbindet damit fälschlicherweise Hiebe mit dem Hirschfänger auf das Hinterteil. Diese Handlung ist jedoch herkömmlich eine Bestrafung, keine Ehrenbezeugung. Gleichwohl ist bei vielen Jägern das Bedürfnis eines würdigen Abschlusses der anstrengenden Vorbereitungszeit und der nicht minder aufregenden Jägerprüfung vorhanden. Ohne Anspruch auf allgemeine Gültigkeit wird der folgende, in manchen Kreisen übliche Brauch beschrieben.

Bei der Bekanntgabe des Prüfungsergebnisses und der Aushändigung der Prüfungszeugnisse hält der Vorsitzende eine kurze Ansprache, lässt einen Prüfling stellvertretend für die übrigen vortreten und schlägt ihm dreimal mit einem Hirschfänger sanft auf die rechte Schulter mit den Worten:

»Der erste Schlag soll dich zum Jäger weihen,
der zweite Schlag dir Waidgerechtigkeit verleihen,
der dritte Schlag sei ein Gebot:
was du nicht kennst, das schieß nicht tot!«

Im Übrigen kann ein verpflichtender Handschlag beim Überreichen des Prüfungszeugnisses sicher sämtliche Schläge früherer Zeiten – wer weiß wohin – ersetzen. Verpflichtet werden soll der Jungjäger auf waidgerechtes Jagen unter Beachtung der Belange von Hege sowie Tier- und Naturschutz. Jedes übertriebene Pathos ist zu vermeiden.

Von dem hirschgerechten Jäger wurde in vergangenen Zeiten der sogenannte *Federschütze* unterschieden. Dieser hatte nur das jagdliche Handwerk erlernt, er musste mit Netzen und Garnen und den Hühnerhunden umzugehen wissen. Den Federschützen war nicht gestattet, Hornfessel und Jagdhorn, geschweige denn den Hirschfänger zu tragen, »sondern dieses kam allein den hirschgerechten und vom großen Weydwerke dependirenden zu, welches dann auch nicht mehr als billig ist«. Derartige Differenzierungen kennen wir heute nicht mehr.

Leithund

Zahlreiche Bräuche woben sich um den Leithund. Der Besuchsjäger oder *Besuchsknecht*, der den Leithund führte, streichelte dem Hund zur Belohnung und Ermunterung mit einem eichenen Bruch über den Rücken und sprach ihn dabei mit Waidsprüchen an. War der Leithund nicht interessiert und lebhaft genug, sondern »kaltsinnig und faul«, so musste er »genießen«. Zu diesem Zweck wurde nach der Erlegung eines Hirsches etwas

J. E. Ridinger: Hirschgerechter Jäger

Wildbret vom Halse abgeschärft und in die Schalen eines Hirschlaufes fest eingeklemmt. Dann wurde von dem Hirsch aus, der verdeckt wurde, sodass der Leithund ihn nicht sehen konnte, mit einem in Schweiß getauchten Hirschlauf eine einige 100 Schritt lange künstliche Schweißfährte gelegt, und der Leithund nun zu dieser Schweißfährte gebracht. Unter Zusprüchen des Führers gelangte der Hund zu dem Hirsch und wurde veranlasst, das Wildbret aus den Schalen zu fressen. Alsdann wurde der Hund abgeliebelt, indem man ihn wieder mit einem Eichenbruch streichelte. Man nannte das den »Genuss« des Leithundes oder das *Genossenmachen*. Der Leithund wurde von einer gerechten Fährte niemals abgezogen, sondern *abgetragen*. Die Leithunde hatten alte, traditionelle Namen, wie Hirschmann, Waldmann, Gesell, Söllmann, Hela oder Hele.

In diesem Zusammenhang soll auch die »curée des chiens« oder deutsch das »Gepfneisch« Erwähnung finden. Nach vollendeter Hetzjagd wurde der Hirsch an Ort und Stelle aufgebrochen und zerwirkt. Die hierbei üblichen Bräuche haben sich in Frankreich über Jahrhunderte erhalten. Nach beendigtem Zerlegen erhielt der Leithund, der den gehetzten Hirsch bestätigt hatte, zunächst Herz und – nach Abschlagen des Geweihs – das Haupt des Hirsches; später folgten auch die anderen Hunde. Alsdann wurden auf der Innenseite der Hirschdecke Feist, Hirn, Lunge, Leber, Milz, auch kleine Wildbretstückchen mit Schweiß vermischt; außerdem wurden klein geschnittenes Brot und Käse mit Schweiß übergossen dargereicht. Nachdem die Hundejungen alles säuberlich vorbereitet, auch eine Schüssel mit frischem Wasser daneben gestellt hatten, stießen die Jäger in ihre Hörner, und auf dieses Signal stürzten sich die Hunde auf den Fraß. Die Jägerjungen passten mit Ruten bewaffnet auf, dass alle Hunde zu ihrem Recht kamen. Mit einem Waidgeschrei und einem Umtrunk endete diese alte Zeremonie. Anlässlich der Internationalen Jagdausstellung in Düsseldorf 1954 wurde eine solche *curée* von französischen Parforcejägern bei Fackelschein vorgeführt.

Der Käse spielte bei den Leithunden eine große Rolle. Man sollte den Leithunden häufig faulen Käse zu fressen geben, da dies ihrer Nase sehr zuträglich sei. Das Äußere der Leithunde wird bei allen Jagdschriftstellern der alten Zeit eingehend beschrieben. Die originellste Schilderung liefert MYNSINGER über die »Jagdhund und Laitthund«:

»Die oren sind Im lang und das Maul hanger und die Naslöcher sind Im weit geschlitzt, er ober lefftz hanget Im auch herab, und sein stymm ist hell und der swantz ist nit zu lang und sein arsloch ist hinden weitt. Das sind die zaichen des Adels.«

Der Leithund wurde geführt am Hängeseil, welches aus Bockshaaren verfertigt sein sollte. Zusammengeschlungen hing das Hängeseil auf der rechten Seite des Jägers, der Hund wurde also rechts geführt. Die Halsung musste mit einem Wirbel versehen sein, wie das heute noch bei der Schweißhundhalsung üblich ist. In der linken Hand trug der Besuchsknecht einen Packen Eichenbrüche, mit denen er die gearbeiteten Fährten verbrach und den Leithund abliebelte.

War der mit dem Leithund bestätigte Hirsch zur Strecke gekommen, so wurde der alte Brauch des Geweih-Vortragens geübt. Nachdem das Geweih mit drei Schlägen des Waidblattes vom Haupte getrennt – abgeschlagen – war, wurde es zunächst dem Jagdherrn vorgetragen. Alsdann wurde von dem Oberjägermeister oder, wenn dieser von Adel war, in seiner Vertretung vom ältesten anwesenden Jäger das Geweih dem Leithund vorgetragen, wonach alle anderen Jäger entsprechend ihrer Rangordnung folgten. Dabei wurde der Leithund mit Waidsprüchen wie dem nachstehend wiedergegebenen angesprochen.

»Söllmann hin, hin zu der Fährd
Die der edele Hirsch von Feldern gegen Holtze einthät
Gegen Holtz, kam der edele Hirsch stolz,
Mit seiner edelen Kron, Gott hat sie ihm aufgethon,
Mit seinen stolzen Tritten hat heute den Tod erlitten.
Söllmann hin, du hast Recht, habe Danck,
Das ist heute ein guter Anfang.
Söllmann, du hast heute den edelen Hirsch verfangen,
Nach ihm trägst du groß Verlangen,
Mach dich frisch und fröhlich, du geneust zur Stund
Des edelen Hirsches Wildbret fein,
Ehre soll mein Jägerrecht seyn,
Söllmann halte dich zu mir wie ich zu dir,
So trag ich hier des edelen Hirsches Gehörn dir für.
Heute ging es durch Haber und Korn,
Ob's gleich dem Bauern thäte Zorn,
Und mußte seinen Schweiß vergießen
Daß du dessen kannst genießen
Söllmann, du hast Recht, habe Danck
Ist ein guter Anfang.«

Sodann erhielt der Leithund Hirn und Teile des Kopfes zum Genossenmachen. Die Ansprachen waren in den einzelnen Gegenden verschieden, aber inhaltlich etwa gleich. Der Jagdherr nahm nun einen Humpen Wein und trank dem Oberjägermeister auf aller rechtschaffenen Waidleute Gesundheit zu, danach kreiste der Humpen in der Rangordnung unter allen Anwesenden bis zum letzten Besuchsknecht. Zum Schluss wurde auf den Hift-, Jagd- und Flügelhörnern geblasen und ein »Waidgeschrey« angestimmt. Von diesem Waidgeschrei oder Waldgeschrei wurde damals bei jeder sich bietenden Gelegenheit reichlich Gebrauch gemacht. Bei Hetzjagden, bei Zwangstreiben, bei Bestätigungstreiben, bei Haupt- und Kontrajagden – immer musste die Jägerei ein »Waidgeschrey« hören lassen. Zu Beginn der Jagd wurde auf den Jagdhörnern geblasen und dazu »Joho, hoch do, hoch do« geschrien. Wurde während des Treibens ein Hirsch gesehen, so wurde »Juch-Hirsch« geschrien.

Das Tajo-Rufen beim Anblick des gejagten Hirsches ist französischen Ursprungs und war bei der Parforcejagd üblich. Auch die französische Reitjagd kennt ein Tajo-Signal, das beim Anblick des gehetzten Hirsches von den Piqueuren geblasen wurde. Vielfach wurde dem Waid- oder Jagdgeschrei mit schnellem Rhythmus dreimal ein »Wolauf« vorangesetzt. Auch der alte Ruf »Ho – Rüd – Ho«, das heutige »Horrido«, ist ein solcher Jagdschrei. Begleitet wurden die Jagdschreie meistens durch Hornsignale. Die ältesten überlieferten Jagdsignale finden wir in dem 1582 von JOHANN FEYERABENDT herausgegebenen »Neuw Jag vnnd Weydwerck Buch«.

In der neueren Literatur sind diese alten Signale in dem Jägerbrevier von JOHANN GEORG THEODOR GRÄSSE (2. Aufl. Wien 1869) abgedruckt.

Waidsprüche

Zum Brauchtum der alten Jägerei gehörten weiterhin die Waidsprüche. Dies waren Sinnsprüche, die in der Hauptsache mündlich überliefert wurden und vom 14. bis zum Ausgang des 17. Jahrhunderts – zumeist in kaum veränderter Form – gebräuchlich waren. Sie betrafen in erster Linie die Hirschjagd, da der Hirsch das bedeutendste Wild jener Zeit war und nur der hirschgerechte Jäger etwas galt. Die anderen waren Federschützen oder etwa gar »Böhnhasen«, wie DÖBEL die nicht richtig ausgebildeten Jäger nennt, die nach V. MALITZ (1824) »zur Schande der hirsch-und forstgerechten Jäger, des Erzpatriarchen Nimrod und des Gottes genannten Waldpflegers Sylvan den wehrhaften Hirschfänger tragen«.

Die derzeit bekannte älteste Sammlung jagdlicher Spruchdichtung ist uns in einer Handschrift aus der Mitte des 15. Jahrhunderts überliefert. Die darin enthaltenen 23 Waidsprüche lassen auf Ursprung und Entstehung im 14. Jahrhundert schließen. Im Gegensatz zu jüngeren Waidsprüchen werden in diesen neben dem Hirsch auch andere Wildarten, nämlich Wildschwein, Bär und Hase, angesprochen. Wir müssen annehmen, dass die Waidsprüche von den Jägern selbst erdacht und nicht von höfischen Poeten zusammengereimt sind. Das beweist ihre derbe volkstümliche Sprache.

Eine Sammlung alter Waidsprüche findet man in dem bereits erwähnten Jägerbrevier von GRÄSSE. Eine Auswahl soll hier folgen:

»Auf, auf, mein lieber Weidmann, mit Weidmannsheil,
Daß uns, so Gott walt, was Gutes werde zutheil!«

»Joho, mein lieber Weidmann, gleichfalls mit Heil,
Daß Gott dir und mir gebe all gute Weil!«

»Weydemann, lieber Weydemann, hübsch und fein,
Was gehet hoch wacht vor den edlen Hirsch
Von den Feldern gegen Holtze ein?
Das kann ich dir wohl sagen:
Der helle Morgenstern, der Schatten und der Atem seyn
Geht vor dem edlen Hirsch von Feldern gen Holtze rein.«

»Weydemann, tu mir kund, wodurch wird der edle Hirsch verwund?
Das kann ich dir wohl sagen:
Tuts nicht der Jäger und sein Leithund
So bleibt der edle Hirsch unverwund.«

»Weydemann, lieber Weydemann, hübsch und fein,
Sage mir, wann mag der edle Hirsch am besten gesund seyn?
Das kann ich dir wohl sagen für:
Wenn die Jäger sitzen und trinken Bier und Wein
Pflegt der Hirsch am allergesündesten zu sein.«

»Weydemann, lieber Weydemann, sag mir an:
Was ist weißer dann der Schnee
Was ist grüner dann der Klee
Schwärzer als der Rab'
Und klüger dann der Jägerknab?
Das kann ich dir wohl sagen:
Der Tag ist weißer als der Schnee
Die Saat ist grüner als der Klee
Die Nacht ist schwärzer als der Rab'
Schöne Mädchen klüger dann der Jägerknab.«

»Der Teutschen fleiß war in gemein Jagen,
Reiten, nicht viel still seyn
Lauffen, Rennen und auff solch weiß
Zu suchen narung und die speiß.«

»Der Teutsche wohl gewohnt der Kelt
Auff dem Gebirg ligt biß er fellt
Die großen Bären in den Schnee
Und tracht, daß ihm kein Hirsch entgeh.«

»Ein edler Jäger wohlgemut
Zog aus mit seinem Leithund gut
Sucht fürhin in dem Holtze
All sein Gemüt stund ihm dahin
Das er wollt jagen, jagen in sein'm Sinn
Einen edlen Hirschen stoltze.«

Trinksitten

Von den Germanen wird berichtet, dass sie nach beendeter Jagd die mit Met gefüllten Humpen fleißig kreisen ließen, und zahlreiche Trinksitten der Jäger haben sich bis heute erhalten. Der von der Jagd heimkehrende Jäger hatte nicht nur Hunger, wie uns in der Bibel von Esau berichtet wird, sondern vor allem großen Durst. So war es bei vielen Gelegenheiten, z. B. beim Geweihvortragen üblich, dass die gesamte Jägerei aus einem großen Humpen trank, der reihum ging. Bei der Wehrhaftmachung des hirsch- und holzgerechten Jägers wurde ihm der Willkommenstrunk geboten. Nach größeren Jagden gab es festliche Schmäuse, bei denen nicht wenig getrunken wurde. FLEMMING beschreibt, wie die Jagdpagen den Willkomm dem Oberjägermeister brachten. der ihn dann dem Jagdherrn feierlich reichte. Sobald der Jagdherr trank, wurde von der Jägerei auf den Flügel- und Hifthörnern geblasen und dazu ein »Weydgeschrey« gemacht. Weiter heißt es bei FLEMMING: »Bey solcher angestellter Herrschaftlichen Lust wird es niemahlen, sonderlich wegen Bier und Wein so genau genommen, welches der Herrschaft zu hohen Ehren gereichet, und kan ein Jeder bey solcher Lust sich ein klein Räuschgen trincken.« Dass die damaligen Sitten auch sonst nicht ganz arglos waren, erfahren wir aus der Bemerkung: »Findet sich auch etwan unter den Zuschauern (nämlich des Jagdfestes) ungefehr ein schönes Kleppel- oder Grasse-Mädgen, da siehets umb die Jungferschafft gefährlich aus und kan so genau nicht hergehen ...«

Jägerrecht

Ein alter Brauch ist das Jägerrecht. Man unterschied früher das *Große* und das *Kleine Jägerrecht*. Die Jäger erhielten ursprünglich ihren Lohn großenteils in Naturalien. Diese bestanden in erster Linie aus Teilen des erlegten Wildes. In den einzelnen Gegenden wurde das Jägerrecht verschieden gehandhabt. Im Allgemeinen gehörten zum Großen Jägerrecht das Haupt, der Hals mit dem Vorschlag bis zur dritten Rippe, die Decke, das Geräusch, also Lunge, Herz, Leber, Nieren, der Mehrbraten und das Feist.

In Österreich gehörte außerdem noch der sogenannte *Jägergriff* zum Großen Jägerrecht. Hierunter ist das Wildbret zu verstehen, welches nach dem Auslösen der beiden Rippenseiten, der »Wandl«, an den Keulen zu beiden Seiten übrig bleibt, also ein Teil der Dünnung. Es wird deshalb Jägergriff genannt, weil es auf jeder Seite ungefähr eine Hand voll ausmachte. Man griff das Wildbret, zog es straff an und schärfte es bis zur Keule mit dem Waidmesser los.

Vielfach wurde das Große Jägerrecht auf die Jägerei aufgeteilt, sodass alle Jäger bis hinauf zum Oberjägermeister einen bestimmten Anteil am Jägerrecht erhielten. Außer diesem Jägerrecht erhielten die Jäger je nach den Umständen und Verhältnissen pro Jahr mehrere Stücke Wild als *Deputat*. So bekamen in Tirol die Hilfsjäger jährlich zwei Gamsböcke, die sogenannten »Hosengams«, weil sich aus den Decken die kurzledernen

Hosen machen ließen. Auch Fallwild und vor allem gerissenes Wild stand den Jägern zu. Aber schon frühzeitig ertönten Klagen darüber, dass unehrliche Jäger ihre Hunde Wild reißen ließen, um dann diesen »Wolfsriss« in Besitz zu nehmen. Später wurden das Große Jägerrecht und die übrigen Deputate durch Geld abgelöst, meistens in Form von Schussgeldern. Das Kleine Jägerrecht wird später behandelt, da dieser Brauch heute noch überall üblich ist (vgl. S. 113).

Hirschgerechte Zeichen

In alten Zeiten galt ein Jäger nicht als hirschgerecht, wenn er nicht die hirschgerechten Zeichen beherrschte. Die Arbeit mit dem Leithund, insbesondere das Bestätigen des Hirsches, setzte voraus, dass der Jäger *fährtengerecht* war, d. h., er musste eine Fährte richtig ansprechen und auch wiedererkennen können. Natürlich musste er eine Tierfährte sofort von einer Hirschfährte unterscheiden und nach der Fährte und sonstigen Zeichen die vermeintliche Stärke des Hirsches angeben können. Hierfür hatte die Jägerei die sogenannten hirschgerechten Zeichen zu erlernen. Kaiser Maximilian I., der »groß-

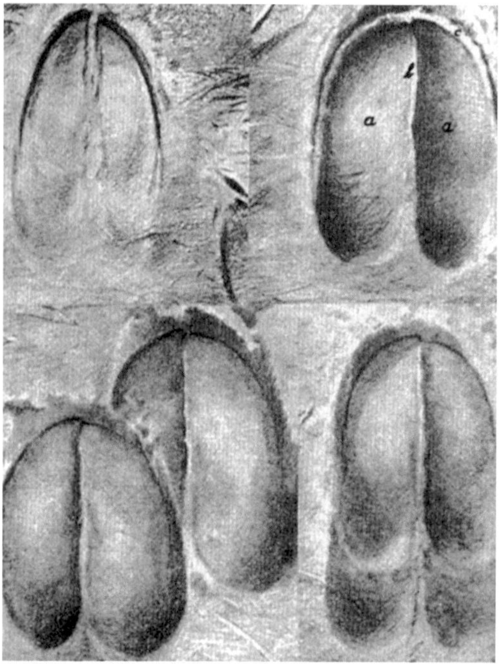

Beispiele »Hirschgerechter Zeichen«.
Links oben: Tritt eines Alttieres
Rechts oben: rechter Tritt eines Hirsches mit a: Burgstall, b: Fädlein, c: Reiflein.
Links unten: linke Tritte eines Hirsches (Kreuztritt)
Rechts unten: linke Tritte eines Hirsches (Vierballenzeichen)

mechtig Waidman«, hat uns die alten, gerechten Zeichen in seiner Schrift »Von des Hirschen Wandlung« überliefert. Deren Schluss lautet mit den Worten von TH. G. VON KARAJAN: »Wenn du ein guter Jäger werden willst, so jage den Hirschen lange und tüchtig mit den Leithunden, dann wirst du eine Menge Merkmale sehen, die ich dir nicht vollständig beschreiben kann. Und sei unverdrossen und nicht lässig, und lass nicht ab, so erjagst du das Wild, denn der schlafenden Katze läuft die wachende Maus selten ins Maul, und das nur, wenn sie's aufsperrt.«

In diesem Buch, das um 1500 geschrieben wurde, sind etwa 20 gerechte Zeichen aufgeführt, nach denen man den Hirsch ansprechen sollte. Bei den späteren Schriftstellern steigt die Zahl der Zeichen ständig. DÖBEL zählt in seiner »Jäger-Practica« 72 hirschgerechte Zeichen auf. Zweifellos spielte hierbei ein gewisses Geltungsbedürfnis der Jäger mit. Man machte die Sache absichtlich schwierig und kompliziert, um dadurch an Bedeutung und Ansehen zu gewinnen. Natürlich trugen auch die »Besuchsknechte« dazu bei, um sich nach einer Suche mit dem Leithund ihrem Jagdherrn gegenüber als hirschgerecht und fährtenkundig auszuweisen. Immerhin ist in diesen 72 Zeichen ein guter Teil der gesamten Fährtenkunde und der Lebensweise des Rotwildes verankert. In der neueren Literatur wurden diese 72 Zeichen in dem Buch »FREVERT/BERGIEN: Die Führung des Schweißhundes« aufgeführt.

Höfisches Brauchtum

Wenn auch die Bräuche, die sich bei den Prunkjagden des 18. Jahrhunderts herausbildeten, mehr ein höfisches Zeremoniell als eigentliches jagdliches Brauchtum waren, so sollen doch einige dieser Bräuche hier erwähnt werden. Beschränken wir uns darauf, die Gebräuche bei einer Hetzjagd zu schildern, auf die noch der Ausdruck Jagd anwendbar ist. Die höfischen Jagdfeste, bei denen Hunderte von Menschen, Hunden und Pferden mitwirkten, bei denen ein unerhörter Aufwand mit Kostümen aller Art, bei denen Mummenschanz und allerhand Allotria getrieben wurden, waren keine Jagd mehr, sondern Ausfluss eines barocken Feudalismus, der mit der Französischen Revolution sein Ende fand. Aber die Jagd mit der spursicheren Hundemeute auf den mit dem Leithund bestätigten Hirsch war keineswegs eine französische Erfindung des 18. Jahrhunderts, sondern eine uralte keltische und germanische Art zu jagen, die durchaus als Waidwerk bezeichnet werden kann. Dass man vielfach zum »eingestellten Jagen« überging, dass man auch bei Hetzjagden Tücher und Netze verwandte, wurde mit der Notwendigkeit begründet, eine größere Menge Wild zur Strecke zu bringen, was auf der Pirsch allein mit den damals unzureichenden Büchsen nicht möglich gewesen wäre.Die gelegentlich in den Schlosshöfen veranstalteten »Fuchsprellen« waren grausame Tierquälereien, die wir in ihren merkwürdig motivierten Auswüchsen längst verabscheuen.

Hatten die Besuchsknechte den zu jagenden Hirsch mit dem Leithund bestätigt, so wurde der an einem bestimmten Punkt harrenden Jagdgesellschaft Meldung erstattet. Der Besuchsjäger musste an der Fährte, an Schritt und Schrank und an anderen gerechten Zeichen erkennen können, um was für einen Hirsch es sich handelte. Nach französischer Sitte musste der Besuchsknecht Losung des bestätigten Hirsches, in seinem Hifthorn verwahrt, mitbringen und dem Jagdherrn vorzeigen. Auf den Befehl zum Beginn der Jagd blies die Jägerei ein Signal und schloss ein Waidgeschrei an. Sämtliche Jäger waren in ihrer besten Kleidung, in grüner oder grauer Farbe, mit Hirschfänger und Hornfessel angetan. Die Hetzhunde wurden in Koppeln von Hundejungen oder, wenn diese nicht zahlreich genug waren, von Bauern, die in grüne Wämser und Hosen gesteckt waren, geführt. Handelte es sich um eingestellte oder eingerichtete Jagden, so trug die Jägerei lange Stöcke, sogenannte Jagdstöcke. Hatten die Hirsche, die erlegt werden sollten, schon gefegt, so wurden die Stöcke entrindet, wurde dagegen auf Kolbenhirsche gejagt – was man damals durchaus nicht unwaidmännisch fand – oder handelte es sich um eine Saujagd, so durfte die Rinde nicht entfernt werden.

War der Hirsch von den Hetzhunden gestellt, so sprang ein Jäger hinzu und schlug ihm die Sehnen oberhalb der Sprunggelenke an den Hinterläufen mit dem Waidblatt, das übrigens im Gegensatz zum Hirschfänger auf der rechten Seite getragen wurde, durch, sodass der Hirsch hinten zusammenbrach und nicht mehr entkommen konnte. Sobald der Jagdherr heran war, wurde dem Hirsch von diesem oder einem Gast der Fang mit dem Hirschfänger gegeben. Die Verwendung der Büchse, um einen Fangschuss zu geben, war insbesondere bei der *grande vénerie* Frankreichs verpönt. »Jamais de carabine« lautet der Wahlspruch der bedeutendsten französischen Meute des Marquis von Chambray.

Nach Beendigung der Jagd wurde das Wild auf Eichenbrüche gestreckt und verblasen, und zwar geschah dies in drei Sätzen auf Flügelhörnern und Hifthörnern, nach jedem Satz ertönte ein Waidgeschrei. Für die stille Poesie einer andächtigen Stunde der Totenwacht, die der heutige Jäger am ge-

»Das umstellte Jagen« oder »Hirsche in den Lappen« (Kupferstich von J. E. Ridinger)

streckten Hirsch verbringt, hatte man damals noch keinen Sinn. Hifthornblasen und Waidgeschrei, Hundegebell und Rossewiehern waren Ausdruck der höchsten Lust des Jagens.

Nach dem Verblasen der Hirsche überreichte der Oberjägermeister dem Jagdherrn einen Bruch von einer Eiche oder einer Kiefer, der am Hut befestigt wurde. Sämtliche Teilnehmer der Jagd schmückten sich daraufhin mit Brüchen, und auch dem Leithund, der den Hirsch bestätigt hatte, wurde an der Halsung ein kleiner Bruch befestigt. Es war also Brauch, dass alle Teilnehmer an der Jagd sich mit Brüchen schmückten, unabhängig davon, ob sie selbst ein Stück erlegt hatten oder nicht. Einen entsprechenden Brauch finden wir heute noch bei den Reitjagden, bei denen in Deutschland allerdings kein Wild mehr zur Strecke kommt. Solche Jagden haben hierzulande nur noch sportlichen Zweck und Charakter.

Hatte ein Jäger sich unwaidmännisch verhalten, so erhielt er als Strafe die »Pfunde«, mehr oder weniger deftige Schläge mit dem Hirschfänger oder Waidblatt auf die Kehrseite.

Der Hirsch wurde an Ort und Stelle zerwirkt, und die Hunde bekamen das *Gepfneisch*. Nach Hetzjagden wurde auch vielfach der Brauch des *Ehrenlauftragens* geübt, der aber französischen Ursprungs ist. Man löste zu diesem Zweck die Läufe über den Oberrücken so ab, dass die Decke bis an das Sprunggelenk noch daran blieb. In diese Decke wurde ein Schlitz gemacht, und nachdem der Hautteil einige Male durchgestreckt war, wurde der Lauf als Ehrenzeichen an den Hirschfänger gehängt. Den *rechten* Vorderlauf bekam der Erste im Rang usw. Die rechte Seite war überhaupt bei dem gesamten alten jagdlichen Brauchtum besonders bedeutungsvoll. Das Wild wurde auf die rechte Seite gestreckt, von rechts sollte möglichst der Fang gegeben werden, der rechte Vorderlauf galt als der ehrenvollste, am rechten Vorderlauf wurde mit dem Zerwirken begonnen usw. Unter Führung des Oberjägermeisters ritt man nun nach Hause. Dabei wurde das zerwirkte Wildbret am Sattel befestigt. Den Abschluss bildete der festliche Jagdschmaus. Die Jäger, insbesondere die Besuchsknechte, erhielten häufig vom Jagdherrn, vor allem nach der Erlegung starker Hirsche, einen sogenannten *Hirschdukaten* geschenkt. Es war dies ein Geldstück, auf dem jagdliche Szenen und Sprüche eingeprägt waren. Landgraf Ludwig VIII. von Hessen, der den Beinamen »der große Jäger« trug, ließ in Darmstadt Dukaten prägen, die auf der einen Seite die Inschrift trugen: »Hörnerträger viele Schwäger«, und auf der Rückseite einen Hirsch zeigten mit der Be-

Moderne Nachbildung eines »Hirschdukaten«

schriftung: »Der Dukaten hat mich verraten.« Formschöne Nachbildungen sind in den letzten Jahren von einem 32-Ender, dem sogenannten »Battenberger«, in Silber geprägt worden.

Vielfach wurden an den Stellen im Revier, wo besonders starke Hirsche zur Strecke gekommen waren, Gedenksteine errichtet, auf denen Abbildungen des Hirsches und genaue Angaben über die Zeit der Erlegung, über Endenzahl, Gewicht usw. eingemeißelt waren.

Derartige Hirschsteine sind z. B. heute noch in den hessischen Revieren Elbrighausen, Battenberg und an anderen Orten erhalten.

Jägerhöfe

Besondere Pflege erfuhr das jagdliche Brauchtum an den Jägerhöfen. Schon frühzeitig stellte es sich als zweckmäßig heraus, die Jäger, die Hunde, die Falken, die Pferde, das Jagdzeug, die Netze und was sonst noch zur höfischen Jagd gehörte, in besonderen Gebäuden und Gehöften unterzubringen, um alles beieinander zu haben. Der Jägerhof unterstand einem Oberjägermeister oder Pirschmeister. Das Zusammenleben der Jäger im Jägerhof förderte naturgemäß ihr Standesbewusstsein, und die »Grüne Gilde« pflegte gemeinsam Jagdsitten und Bräuche.

Der Hannoversche Jägerhof, 1722–1866. Das Gebäude wurde 1945 zerstört.

Von den bekannten Jägerhöfen seien vor allem erwähnt der Jägerhof in Alten-Dresden, der 1568 errichtet wurde und bis 1831 bestand, und der Jägerhof des Schlosses Kranichstein bei Darmstadt, der unter Landgraf Ludwig VIII. zu hoher Blüte gelangte und von dem aus einige kleinere Jägerhöfe, so in Katzenbach und Neu-Jägersdorf, angelegt wurden. Der berühmteste Jägerhof ist der Hannoversche, vor allem, weil hier der Hannoversche Schweißhund gezüchtet wurde. Der *Hannoversche Jägerhof* wurde 1677 in Celle gegründet und 1772 nach Hannover verlegt. Nach 1866 wurde er dann aufgelöst.

So rankt sich das Brauchtum von der Frühzeit bis in die Gegenwart um unser Waidwerk, vom Paläolithiker, der mit dem Wurfspeer der Fährte des Urhirsches folgte, bis zum Jäger des technisierten 20. und 21. Jahrhunderts, der mit der Fernrohrbüchse jagt. Die Bräuche vor, während und nach der Jagd sind aus jagdlicher Zweckbestimmung erwachsen und haben vielfach auch heute noch eine praktische Bedeutung. Sie geben unserem Jagen einen ganz eigenen Stil und haben nicht zu unterschätzende Auswirkungen auf unser Ansehen in der Öffentlichkeit. Dieses Brauchtum wird sich weiterentwickeln; es liegt an den Jägern selbst, es in einer würdigen Form zu pflegen, um die Jagd auch in der Zukunft zu erhalten.

Das Jagdschloss Springe (1970) mit Jägerlehrhof und Jagdschau. Hier, im Forstamt Saupark, wird an die Traditionen des »Hannoverschen Jägerhofes« angeknüpft und das jagdliche Brauchtum vorbildlich gepflegt.

Jägersprache

Die Jägersprache ist eines unserer wertvollsten jagdlichen Kulturgüter. Sie hat sich seit dem hohen Mittelalter zur reichsten deutschen Sondersprache entwickelt und setzt sich aus Elementen einer Fachsprache einerseits und einer Standessprache der Jäger andererseits sowie aus solchen der Gemeinsprache, die allerdings einen spezifisch jagdlichen Gehalt angenommen haben, zusammen.

Für das frühe Mittelalter und die althochdeutsche Sprache ist anzunehmen, dass im jagdlichen Bereich noch fast ausschließlich Wörter der Gemeinsprache Verwendung fanden. Aus dem hohen Mittelalter dagegen ist eine Fülle jagdlicher Ausdrücke überliefert. In einem Lexikon der mittelhochdeutschen jagdlichen Terminologie sind bereits über 900 Stichworte gegeben. Mehr als die Hälfte davon gehören dem fachsprachlichen Bereich an und bezeugen die große Bedeutung der Beizjagd, des Jagdhundes – insbesondere des Leithundes –, der Jagd auf Rotwild und des Vogelfanges in jenen Zeitabschnitten.

Die Wurzeln der jagdlichen Standessprache liegen ebenfalls im Mittelalter, im 12. Jahrhundert. Doch gelangt sie, nach anfänglich langsamer Entwicklung, erst im 15. und 16. Jahrhundert mit Ausbildung der landesherrlichen Jagdhoheit im deutschen Raum zu ihrer vollen Bedeutung, indem sie ungefähr die Hälfte des jagdlichen Wortschatzes prägt. Sie wurde weitgehend von der Entwicklung auf dem Gebiet des Jagdrechts beeinflusst, während der fachsprachliche Bereich unserer Jägersprache in erster Linie als eine Funktion der Jagdtechnik anzusehen ist. Das gilt insbesondere für den Bereich der Waffentechnik oder allgemein der jagdlichen Ausrüstung, wo verschiedentlich auch Fachausdrücke aus Amerika eingeflossen sind.

Die Jägersprache ist nichts Totes, sondern etwas Lebendiges, etwas, was sich ständig weiterentwickelt. Es geht daher nicht an, heute nur die jagdlichen Ausdrücke und Benennungen gelten zu lassen, die etwa schon vor 100 Jahren üblich waren, und alles, was nachher an jagdlichen Ausdrücken entstanden ist, als unwaidmännisch abzutun. Ein großer Teil unserer Jägersprache besteht allerdings aus Worten, die schon vor Jahrhunderten in gleicher Weise gebraucht und angewendet wurden. Das schließt jedoch nicht aus, dass ständig Ausdrücke verschwinden und andere neu hinzugesetzt werden. Genauso, wie wir trotz Pflege bewährten Brauchtums heute nicht mehr mit der Armbrust jagen, können wir unsere Achtung vor dem Waidwerk unserer Väter nicht damit beweisen, dass wir an Worten festhalten, die in unsere heutige Sprache nicht mehr passen und ungebräuchlich geworden sind. Wir können auch nicht gelegentliche Neubildungen von Jagdausdrücken ablehnen.

Nicht zuletzt die heute möglichen Reisen vieler Jäger in ferne Länder, das Jagen dort auf bisher weniger bekanntes Wild bedingen einen ständigen Zuwachs unseres jägerischen Sprachschatzes. Denken wir nur an Begriffe wie Guide oder CAMP oder den Helm des Büffels. Gleichwohl müssen wir das wertvolle Gut der deutschen Jägersprache sorgfältig pflegen und mithelfen, diese nicht durch nachlässige Redensarten abwerten zu lassen.

Der Wortschatz

Es gibt etliche Bücher, die in unterschiedlicher Form die Waidmannsprache zum Inhalt haben. Die heute verwendete Terminologie besteht aus etwa 3000 Wörtern. Diese sind im »Wörterbuch der Jägerei« zusammengestellt, das – ebenfalls auf Walter Frevert zurückgehend – diesem Band eingegliedert ist.

Die »Arbeitsstelle Deutsche Jägersprache« an der Universität Erlangen/Nürnberg unter Leitung von DR. SIGRID SCHWENK befasste sich in langjähriger linguistischer Forschungsarbeit mit der Kommentierung waidmännischer Begriffe vom 8. Jahrhundert bis auf die heutige Zeit. Dieser große Wortschatz der deutschen Jägersprache, der in hohem Maße sprachkulturelle Entwicklungen widerspiegelt, umfasst nahezu 13 000 Begriffe, die sich im Laufe der Geschichte gebildet haben.

Eine lebendige Sprache lässt sich nicht in eine endgültige Form zwingen. So sind auch in der Jägersprache gewisse landschaftsgebundene Unterschiede geblieben. Der Süddeutsche nennt beispielsweise das weibliche Reh »Geiß«, während der Norddeutsche es als »Ricke« bezeichnet.

Über die Schreibweise von »Waid« mit »ai« oder »ei« ist viel gestritten worden. Wir wissen, dass häufig ein Wechsel von »ey«, »ay« und »ai« auf »ei« stattgefunden hat. Etymologisch führt LINDNER (1979) die Entstehung aus dem Wort »Weide« an, dessen indogermanische Wurzel auf eine Grundbedeutung wie Nahrungserhalt und Nahrungserwerb hinweist. Viele Jäger schreiben Waidmann heute noch mit »ai«, weil sie es so gewohnt sind und es in der Jagdpresse und in den Verlautbarungen der Jagdverbände vielfach nicht anders lesen, vielleicht auch aus persönlicher Einstellung.

Großenteils ist dies gleichermaßen traditionell wie landschaftlich bedingt und differenziert.

Wenn wir uns daran erinnern, dass Hermann Löns Heide mit »ai« schrieb, weil – wie er meinte – dieses Wort dadurch einen wärmeren Klang erhält, sollten wir so tolerant sein, sowohl »ai« als auch »ei« zu akzeptieren. Auch der Duden lässt beide Schreibweise zu. Das vorliegende Buch, einschließlich des «Wörterbuchs der Jägerei« folgt der ai-Schreibung, wobei jedoch Wörter, die mit »Weide«, also Äsung zusammenhängen, mit »ei« geschrieben werden, z. B. Weidkorn, Weidloch, Weidsack.

Eine Vielzahl von Worten und Redewendungen aus der Jägersprache hat unsere Umgangssprache durch überaus bildhafte Metaphern bereichert, zum Beispiel: Durch die Lappen gehen, von etwas Wind bekommen, jemandem auf den Leim gehen, etwas aufs Korn nehmen, Sauwetter, verblatten, hetzen etc.

Grundsätzlich bleibt festzuhalten: Wer die Sprache einer Zunft nicht beherrscht, kann ihr nicht vollgültig angehören. Wie andere Fachleute müssen auch die Jäger ganz selbstverständlich und souverän in ihrer Fachsprache reden können. Deren Gebrauch darf jedoch nicht überheblich, gekünstelt, besserwisserisch oder gar als Abgrenzung gegenüber Nichtjägern wirken.

Vielmehr müssen wir bemüht sein, möglichst viele einzubeziehen, ihnen jägerische Begriffe zu erklären, sie für die Jagd zu gewinnen und von deren kulturellen Werten zu überzeugen. Auch im sinnvollen Gebrauch der Jägersprache liegt ein wichtiges Stück Öffentlichkeitsarbeit.

Sagen und Aberglaube

In den alten Volkssagen und Märchen, deren Sammlung und Überlieferung in erster Linie den Brüdern Grimm zu danken ist, haben wir ein unschätzbares Gut. Sitte und Brauch, Glaube und Weltbild versunkener Jahrhunderte werden in den alten Sagen wieder lebendig. Bauern und Hirten, Jäger und Fischer, die örtlich gebunden lebten, waren die Träger der Sage, waren die Gestalten der Märchen. Wald und Feld, Wasser und Luft sind in der Sage belebt von Kobolden und Trollen, Zwergen und Riesen, Geistern und Dämonen.

Das romantische Leben der Jäger, das Im-tiefen-Wald-Weilen bei Tag und Nacht, im Dämmern des Abends, wenn die weißen Nebelschleier auf den Wiesen tanzende Elfen vortäuschten, wenn in stürmischer Nacht das Stöhnen und Ächzen der Bäume sich schaurig mit dem Ruf des Waldkauzes mischte, schuf die Vorbedingungen für das Entstehen jagdlicher Sagen. Merkwürdige Beobachtungen der Jäger gingen von Mund zu Mund. Geschichten von Fabelwesen im Wald, die an nicht geheuren Orten auf Felsen oder in Ruinen hausten, machten die Runde und wurden geglaubt. Die Sagen von Drachen, vom Werwolf, vom Wilden Jäger, vom heiligen Hubertus sind gewiss zuerst von Jägern erzählt worden.

St. Hubertus

Der Schutzpatron der Jäger ist der heilige Hubertus. Früher wurde angenommen, dass es sich hierbei um eine in das Christentum übertragene Verkörperung des nordischen Jagdgottes Uller – nach den Göttersagen eines der Asen, des Stiefsohnes von Thor – handelt. Der 3. November, der Hubertustag, hat auch Bezug zu Uller oder Wol, da der Monat November ursprünglich dem Bogenschützen Uller geweiht war. Schon bei den Kelten galten die ersten Tage des November als heilig.

Aus der Geschichtsforschung wissen wir heute über St. Hubertus bereits mehr (A. ADAM, J. B. V. BISTRAM). Seine Geburt als fränkischer Edelmann wird um das Jahr 655 datiert. Als Glaubensbote in dem schwer zugänglichen Waldgebiet der Ardennen wurde er 709 Nachfolger des ermordeten Bischofs Lambertus von Maastricht-Tongern, später in Lüttich. Hubertus starb 727. Er wurde in der Peterskirche in Lüttich beigesetzt.

Sein missionarischer Eifer und sein Wirken als Wohltäter müssen außergewöhnlich gewesen sein. Mehrere Wunder, die er vollbracht haben soll, sind von ihm berichtet. Deshalb wurde er in der Bevölkerung verehrt und als heilig angesehen.

Die »Erhebung seiner Gebeine«, seine Exhumierung, erfolgte am 3. November 743, seine Heiligsprechung 744, und die Überführung seines Leichnams 825 in das Benediktinerkloster Andain (südöstlich von Namur) in den Ardennen. Die Mönche nannten daraufhin das Kloster »St. Hubert«. Es wurde zum Ziel vieler Wallfahrer. Der Reliquienschrein des Heiligen ging in den Wirren der Hugenottenkriege 1568 verloren. Nach Restaurierung der Wallfahrtsstätte ist die Basilika noch heute Ziel zahlreicher Besucher, insbesondere deutscher Jäger.

Im Übrigen waren die Mönche von St. Hubert durch die Zucht guter Jagdhunde bekannt. Sie widmeten sich demnach sicher auch der Jagd. Eine Verbindung dieser Abtei zu der Jägerei verschiedener Fürstenhöfe war dadurch gegeben (ADAM). Offenbar hat bereits hier die Pflege jagdlichen Brauchtums wichtige Impulse erfahren. Aus der verbreiteten Verehrung des heiligen Hubertus erwuchs allmählich seine Bedeutung als Schutzpatron der Jäger. Zu seinen Ehren wurden wahrscheinlich schon im 10. Jahrhundert vor gefährlichen Jagden Votivmessen zelebriert und später mehrere Hubertusorden gegründet.

Von diesen historischen Überlieferungen müssen wir das Legendäre trennen, das sich häufig um starke Persönlichkeiten in fantasiereichen Vorstellungen der Nachwelt bildet. Legenden sind eine besondere Form der historischen Überlieferung.

Bei der Hirschlegende handelt es sich um eine alte Wanderlegende, deren Ursprung auf buddhistische Überlieferungen Indiens zurückgeht. Im vorchristlichen Mesopotamien galt der Hirsch als Bote überirdischer Mächte. Die christliche Einbeziehung ist dann im zweiten Jahrhundert unserer Zeitrechnung erfolgt. Dem römischen Feldherrn Placidus erschien bei einer wilden Jagd ein Hirsch mit einem strahlenden Kreuz im Geweih und forderte Placidus auf, zum christlichen Glauben überzutreten. Jener ließ sich daraufhin mit seiner Familie taufen und nahm den Namen Eustachius an. Wegen seines Glaubens wurde er verfolgt und kam als Märtyrer unter Kaiser Hadrian ums Leben.

Nach dieser Legende galt der heilige Eustachius zunächst als der eigentliche Schutzpatron der Jäger. Er wird noch heute als solcher in Österreich und in einigen anderen Ländern verehrt. Die Bekehrungsvision hat zahlreiche Künstler inspiriert und berühmte Kunstwerke, u. a. von Albrecht Dürer und Lucas Cranach, entstehen lassen.

Die Übertragung des Hirschmotivs auf den heiligen Hubertus ist wahrscheinlich erst im 14. Jahrhundert geschehen (V. BISTRAM).

Der heilige Eustachius (Albrecht Dürer, Kupferstich um 1500)

Durch die Legende ist überliefert, dass Hubertus, nachdem seine junge Frau »Floribona« bei der Geburt ihres Sohnes Floribert starb, mit Gott und der Welt zerfallen war. Unter Missachtung der göttlichen Gebote lebte er nur noch der Jagd, um dabei sein Leid zu vergessen. An einem Feiertag habe er einen Hirsch, »sonderlich groß und schön«, verfolgt und mithilfe seiner Meute gestellt. Als Hubertus sich anschickte, den Hirsch zu erlegen, sah er zwischen den Geweihstangen das Kreuz des Herrn aufleuchten. Zugleich hörte er eine Stimme, die ihn zur Umkehr ermahnte. Hubertus sei in die Knie gesunken und habe gelobt, nur noch der Verbreitung des christlichen Glaubens zu dienen.

Dieses Erlebnis und sein Gelübde sollen Hubertus die Kraft außerordentlicher missionarischer Erfolge verliehen haben, die ihm schließlich die Würde des Bischofs einbrachten.

Während von St. Eustachius das Hirschmotiv mit dem Glaubenswandel unmittelbar weitererzählt wurde, ist St. Hubertus erst 600 Jahre nach seinem Tode die Hirschlegende nachgetragen worden. Seine Heiligsprechung erfolgte also nicht aufgrund der Hirschvision, sondern weil er als Wohltäter und Missionar in hohem Maße wertgeschätzt wurde. Dennoch müssen wir angesichts des wundergläubigen Mittelalters vermuten, dass im 13. und 14. Jahrhundert die Jäger jener Region und das jagdlich ambitionierte Benediktinerkloster St. Hubert ihrem Heiligen die Hirschlegende des St. Eustachius in abgewandelter Form übertrugen. Hierdurch erhielt der damals sehr ausgeprägte Hubertuskult einen noch größeren Auftrieb.

Der tiefere Sinn der Legende mit dem kreuztragenden Hirsch ist nicht nur für Jäger, sondern für alle Menschen die Mahnung, stets das eigene Handeln zu überprüfen, Anstand und Verständnis den Menschen und Mitgefühl allen anderen Kreaturen gegenüber zu wahren, sich immer wieder neu dem Guten zu verpflichten, den Schöpfer im Geschöpfe zu ehren.

Aberglaube

Von jeher waren die Jäger abergläubisch. Neben den Sagen vom Wilden Jäger und vom Nachtgejaid, vom Hubertushirsch und von nicht geheuren Orten, neben den Erzählungen von Fabelwesen aller Art, die Wald- und Felsschlucht bevölkerten, neben den unheimlichen Geschichten über Drachen, den Werwolf und den Tatzelwurm spielte vor allem der Aberglaube bei den Jägern eine Rolle. Jener fand seinen Niederschlag in manchen Gebräuchen, die man einhalten sollte, wollte man nicht den Jagderfolg gefährden.

Begegnete dem ausrückenden Jäger ein Wolf, oder brach ein Wolf gar vor den Augen des Jägers in eine Schafherde ein, so galt das als gutes Vorzeichen; auch der Rabe war in dieser Hinsicht beliebt – also die beiden Tiere Wodans. Nach alter Göttersage trabten die beiden Wölfe »Gierig« und »Gehrlich« zu Wodans Seiten, und der Geheimnisse erforschende Rabe umflog sein Haupt.

»Wenn dagegen der Jäger zu Holtze zeucht und ihm unversehens
Und ungefehr etwa ein Haß, Rephun oder anderes Gevögel
Oder zaghaffts Wild aufstößet, ist solches kein gut Zeichen.«

Heute spielt vielleicht bei manch einem das alte Weib die Rolle des Hasen, und Odins Wolf und Rabe mögen durch Schornsteinfeger und junge Mädchen ersetzt sein.

Ist es denn nicht so, dass oft auf der Jagd eigentümliche Dinge vorkommen, die man sich mit seiner Schulweisheit nicht recht erklären kann? Ein merkwürdiges Zusammentreffen, eine Serie von Pech oder Dusel kommen uns auch nicht so ganz geheuer vor, und manch zünftiger Jäger unterliegt selbst heute noch diesem oder jenem Aberglauben.

Sicherlich, ganz ernstlich glaubt er wohl nicht daran, halb mischt sich der Schalk mit hinein, aber das war auch früher bei allem Aberglauben schon so. Die Alten glaubten auch nicht mehr so ganz fest an alle Rezeptlein und Tränklein, an ihr Besprechen und ihre Zauberformeln – aber trotzdem, besser war besser, und ganz genau konnte man es eben doch nicht wissen! Es soll auch heute noch Jäger geben, die umkehren und nach Hause gehen, wenn ihnen ein altes Weib auf dem Weg zur Jagd begegnet, oder die schon von weitem der Alten einen »Guten Morgen« entgegenrufen und hinter ihrem Rücken dann drei Kreuze machen, um den schlechten Zauber zu bannen.

Man wird Pech auf der Jagd haben, wenn man eine gerade Zahl von Patronen mitnimmt, es muss stets eine ungerade Zahl sein, besonders beliebt ist die Zahl sieben oder ein Vielfaches davon.

Wünscht einer dem ausziehenden Waidmann etwa »Viel Glück« zur Jagd, so ist alles verloren. Da ist dem abergläubischen Jäger schon der Wunsch »Hals- und Beinbruch« lieber, denn dieser schlechte Wunsch wird sich in Gutes verwandeln. Katzen sind dem Jäger von jeher unsympathische Tiere, nicht nur draußen im Revier als Schädlinge des Niederwildes, sondern auch, wenn sie ihm morgens über den Weg laufen.

Ganz abergläubisch kann man werden, wenn man beobachtet, welchen Anlauf und welchen Dusel einzelne Jäger haben. Meistens ist das bei jungen Jägern der Fall. Ein Hauptschwein, hinter welchem die erfahrensten Jäger der weiten Umgegend jahrelang her gewesen sind, wird von irgendeinem Jüngling, der zum ersten Mal eine Jagd mitmacht, zur Strecke gebracht. Es gibt Schützen, die man auf einer Saujagd hinstellen kann, wo man will, die Schwarzkittel kommen mit Sicherheit nur ihnen!

Sehr verbreitet ist der Aberglaube, dass demjenigen, der ein weißes Stück Wild schießt, bald ein Unglück zustößt. Zum Beispiel schoss ein vorsichtiger, guter Jäger einen Fasanenhahn mit schneeweißem Gefieder und traf mit demselben Schuss einen Menschen ins Auge, sodass es erblindete. Bekannt ist auch das Beispiel des Österreichischen Thronfolgers, Erzherzog Franz Ferdinand: Er schoss gegen den Rat seiner Jägerei einen weißen Gamsbock, einen sogenannten Zlatorog. Ein Dreivierteljahr später wurde der Erzherzog in Sarajewo ermordet.

Natürlich gibt es zahlreiche Jäger, die – abergläubisch oder nicht – ein weißes Stück Wild erlegt haben, denen deswegen nichts Böses widerfahren ist und die sich auch künftig über diese »Mär« hinwegsetzen.

Schweiß und Herzkreuzl des Steinbocks sollen gegen fast alle Gebrechen helfen, die das Dasein einem geplagten Menschen bereitet. Dieser Aberglaube hat beinahe zur Ausrottung dieser stolzen Wildart geführt.

Auch die Bekleidung des Jägers gilt als wichtig: Es gibt Röcke und Hosen, »die gut schießen«, und Mäntel, die ihrem Träger Pech bringen. Vor allem sind neue Hüte verpönt. Auch die Wittrung des Jägers ist nicht ohne Einfluss auf den Jagderfolg. Sehr gute Wirkung soll man erzielen, wenn man ein junges Mädchen vor der Jagd über die Büchse oder Flinte springen lässt. Manche behaupten allerdings, es müsste unbedingt eine Jungfrau sein. Hat man beim Aufbruch zur Jagd etwas vergessen, etwa gar die Patronen, und muss zurückgehen, um es zu holen, so empfehlen alte Jäger, lieber gleich daheim zu bleiben, erbeuten werde man an dem Tage sicher nichts.

Diese Beispiele, die noch um ein Vielfaches erweitert werden könnten, ließen sich bei nüchterner Betrachtung als Unsinn abtun. Der Aberglaube schlechthin ist bekanntlich mit einer christlichen Weltanschauung nicht zu vereinbaren.

Aberglaube belastet den Menschen in seinem Handeln, macht ihn unfrei und womöglich von Kräften abhängig, die nicht einmal aus dem Metaphysischen ernsthaft begründet werden können. Dennoch ist das Phänomen des Aberglaubens latent vorhanden; es schwelt gewissermaßen bei erstaunlich vielen Jägern.

Der Jägeraberglaube gibt aber auch Aufschluss über das besondere Verhältnis des Jägers zur Natur: Er erfährt sie in einer Lebensgemeinschaft, der er in Zuneigung verbunden ist, in die er aber auch eintritt, um zu töten. Dieser Zwiespalt zwischen Respekt vor dem lebendigen Ganzen und der Vernichtung des einzelnen Lebens ist wohl die geheimnisvolle Ursache des Aberglaubens der Jäger.

Jägerlatein und Jägerlied

Vor längerer Zeit erschien in der Tagespresse ein Aufruf, die Jäger sollten nunmehr aufhören zu lügen, das Jägerlatein sei eines Jägers unwürdig. Der größte Aufschneider aller Zeiten, Münchhausen, der uns seine köstlichen Lügengeschichten geschenkt hat, über die Generationen gelacht haben, hätte sich im Grabe umgedreht, wenn er das gelesen hätte. Der köstliche Humor, der aus 1000 unglaublichen Jagdgeschichten klingt, der Schalk, der durch die Erzählungen fabelhafter Jagdabenteuer lacht, der Witz, der darin liegt, einem in der Jagd Unerfahrenen hanebüchene Geschichten aufzubinden – ist nicht unehrenhaft, sondern »wo, dass sich die Balken biegen, der Oberförster herzhaft lügt«, dort sind echte Waidmänner zusammen.

Die Seebären spinnen ihr Garn, die Jäger erzählen Jägerlatein, d.h. sie geben lügenhafte, abenteuerliche Jagdgeschichten zum Besten, die jedoch glaubwürdig erzählt sein müssen.

Jägerlatein

Das Jägerlatein ist uralt. Wie soll man anders den Bericht Caesars verstehen, der in seinem »De bello gallico« (VI. 27.) schreibt, die Elche, die in Germaniens Urwäldern lebten, hätten keine Gelenke in den Läufen. Sie könnten sich daher nicht niedertun, sondern lehnten sich nachts, um zu ruhen, an Bäume an. Die Germanen sägten nun die Schlafbäume an, und die armen Elche fielen hin, könnten nicht wieder aufstehen und würden so die sichere Beute der germanischen Jäger. Sicher hat irgendein alter Germanenfürst Caesar beim kreisenden Methorn diesen Bären aufgebunden, und die alten Balken der gastlichen Halle werden sich gebogen haben; das Gelächter über diese schöne Jagdgeschichte aber schallt bis in unsere Tage.

Schon die Assyrer erzählten Geschichten, deren Wahrheit zweifelhaft ist. Nach RÖHRIG wollen die Assyrer den Löwen dadurch überwältigt haben, dass sie ihm ein aufrecht gehaltenes Stück Holz in den Rachen stießen und ihm dann mit der in der anderen Hand geschwungenen Keule den Schädel einschlugen! Das klingt doch beinahe so, als wenn heute ein Jäger erzählt, er sei in den Karpaten von einem starken Bären auf seinem Hochsitz belagert worden und ein Gewehr habe er nicht bei sich gehabt. Da sei ihm eingefallen, dass er einen Band moderner Gedichte in der Tasche trug. Er habe dem Bären diese Gedichte laut vorgelesen, worauf derselbe vor Entsetzen aus der Haut gefahren sei – und sei der Erzähler auf wunderbare Weise gerettet worden!

Wie weit man mit der Erzählung unwahrer Jagdgeschichten gehen darf, ist eine Angelegenheit des Taktes und der guten Erziehung. Dass man als junger Mensch älteren Herren keinen Bären aufbindet oder sich über sie lustig macht, ist ebenso selbstverständlich wie die Tatsache, dass sich ein Jungjäger, der in einen Kreis alter Jäger gerät, gefallen lassen muss, dass er angeführt wird. Das ist nun einmal bei den Jägern Brauch. Wenn der Verulkte beleidigt ist, dürfte er wenig erreichen, am besten lacht er mit.

Schönsten Ausdruck finden die Freude und die Begeisterung des Jägers an Wald und Wild, an Hundelaut und Hörnerschall, am edlen Waidwerk in der jagdlichen Dichtung und im Jägerlied. Das Jägerlied ist auch Volkslied. Die Verfasser der Texte, die Komponisten der Melodien sind vielfach unbekannt. Nicht nur Jäger singen diese Lieder; zahlreiche Jägerlieder werden bei sich bietender Gelegenheit von allen gesungen. Wir haben einen Schatz alter Jägerlieder, die von feinstem Empfinden für die Natur zeugen, die den Reiz der Jagd in so stimmungsvoller poetischer Form zum Ausdruck bringen. Es ist ein Jammer, wenn viele Jäger diese schönen Lieder kaum noch kennen.

Im norddeutschen Raum haben die Lieder mit Texten von HERMANN LÖNS eine eigenständige, besondere Bedeutung erlangt. Es sind Volkslieder, die vielfach den Jäger in seiner Naturverbundenheit einschließen und wegen ihrer einprägsamen Verse und Melodien noch heute gern gesungen werden. Warum sollten die Jäger sich nicht wieder mehr dem Jägerlied widmen? Wie sehr wird allerdings dieses Bedürfnis von den bequemlichkeitsfördernden Massenmedien verdrängt!

Ein Muster des Volksliedes nennt schon HERDER das alte Jägerlied:

»Es blies ein Jäger wohl in sein Horn
Und alles, was er jaget, das war verlor'n!«

Eine Pflegestätte des Jägerliedes waren und sind noch heute die studentischen Verbindungen an den forstlichen Lehrstätten. Aus den Kneipen der Forststudenten erklingen nach froh erlebter Jagd die alten Weisen, deren Ursprung zum Teil bis ins 16. Jahrhundert zurückreicht, wie zum Beispiel

»Mit Lust tät ich ausreiten durch einen grünen Wald«

oder

»Ich schell mein Horn ins Jammertal,
Mein Freud ist mir verschwunden".

Dann die alten hessischen Jägerlieder:

»Grüß dich Gott, du schöne Maid, Jägerleben das macht Freud«

und:

»In seine Nebelkapp gehüllt, ging der Förster rau und wild«

Die schönste Sammlung von Jägerliedern findet sich in dem Buch »Alte und neue Jägerlieder«, das in mehreren Auflagen im Verlag Hans Augustin in Hannoversch Münden erschien und auf eine Sammlung von Franz Graf von Pocci im 19. Jahrhundert zurückgeht.

Auch die äußere Ausstattung dieses weit verbreiteten Jägerliederbuches war sehr geschmackvoll. Entzückende Vignetten, die teilweise von Ludwig Richter stammen und die in ihrer Darstellung dem Zeitalter des Liedes angepasst sind, schmücken die Seiten. Leider ist das Buch schon seit Langem vergriffen – Liebhaber werden aber da und dort immer noch ein Exemplar in einem Antiquariat finden.

Vor allem junge Jäger sollten sich, wenn schon nicht dieses, so doch ein ähnliches Liederbuch anschaffen und daraus unsere alten und neuen Jägerlieder singen. Zwar werden sie es selten erleben, dass vor oder bei der Jagd gesungen wird, so wie es noch in einem der alten Lieder heißt:

»Auf, frischt die starken Hunde
Durch frohen Zuruf an
Und singt aus frohem Munde,
So viel ein jeder kann«

Das Jägerlied hat vielmehr seinen Platz im geselligen Beisammensein, sei es am offenen Feuer im Wald, beim Schüsseltreiben oder am Kaminfeuer. Jäger, die bei solchen Gelegenheiten das Jägerlied zu pflegen verstehen, können auf diese Weise die Poesie des Jagens neu beleben und das Waidwerk um stimmungsvolle Stunden bereichern.

Bruchzeichen

Die Bruchzeichen spielen von alters her bei den Jägern eine wesentliche Rolle, wenngleich manche von ihnen –insbesondere die mit der Nachsuche kranken Wildes zusammenhängenden – in heutiger Zeit kaum noch Verwendung finden und durch besser erkennbare Zeichen wie Signalbänder oder Papiertaschentücher ersetzt werden.

Mit den Bruchzeichen verständigten sich die Jäger, ohne dass Unberufene es wahrnahmen. Die Bruchzeichen sind aber auch Symbol waidmännischen Jagens. Die Sitte, das gestreckte Wild, den Leithund und den Jäger selbst mit Brüchen zu schmücken, ist uralt. Schon Tristan schmückte sich nach der Jagd mit einem Lindenbruch und gab auch dem Jägermeister einen solchen. In den ältesten Verordnungen über die Jagd, in denen die Wildfolge behandelt wird, ist das Markieren der Stelle, an der das kranke Stück auf fremdes Gebiet überwechselte, durch Bruchzeichen vorgeschrieben. Beim Aufstellen von Wolfsfallen, in denen Menschen zu Schaden kommen konnten, sollten Brüche aufgehängt werden, um Vorübergehende zu warnen.

Die Bruchzeichen entwickelten sich, der territorialen Aufgliederung des deutschen Raumes in zahlreiche Fürstentümer entsprechend, verschieden. Vor allem die Jägerhöfe, die Pflegestätten jagdlichen Brauchtums waren, wandten die Bruchzeichen unterschiedlich an.

In früherer Zeit, als die Menschen sesshafter waren und nicht so viel herumkamen, war das unwesentlich. Später jedoch, als Entfernungen keine bedeutende Rolle mehr spielten und in der mitunter ein und derselbe Jäger in Norddeutschland auf Niederwild und in Oberbayern auf Bartgams jagte, wurde ein einheitlicher Gebrauch der Bruchzeichen notwendig. Es ist zwar durchaus wünschenswert, dass sich das jagdliche Brauchtum vielgestaltig in den einzelnen Gegenden Deutschlands erhält und dass gewisse Bräuche, die örtlich bisher üblich waren, auch erhalten bleiben. Deshalb darf das Brauchtum, seinem Wesen entsprechend, auch nicht zu sehr reglementiert werden. Gleichwohl sollte heute aber bezüglich der Bruchzeichen und der Jagdsignale in unserem Lande eine gleichsinnige Verwendung und Bedeutung üblich sein. Es wäre verwirrend, wenn ein bestimmtes Bruchzeichen in Bayern etwas anderes bedeuten würde als in Schleswig-Holstein.

Man wird einen Brauch, der nur hier und dort noch üblich war, nicht belassen können, sondern ihn durch allgemein gültige Bräuche ersetzen müssen. Es ist z. B. bei den Bruchzeichen auch nicht möglich, nur auf der Überlieferung zu fußen, weil diese zu vielgestaltig ist. Wir müssen hier und da Ergänzungen vornehmen, um diese Zeichen klar und eindeutig zu gestalten. Wenn ein bestimmter Bruch aber mehrere Deutungen zulässt, so ist dies für den Jagdbetrieb verwirrend und nicht ohne Risiko.

Die Bruchzeichen müssen auch heute noch allen Jägern geläufig sein. Der jagdliche Nachwuchs soll sie erlernen und in den forstlichen und jagdlichen Prüfungen sollten sie abverlangt werden. Es geht bei den Bruchzeichen nicht nur um die Pflege der Tradition und des Brauchtums, es geht in erster Linie um ihren richtigen Gebrauch in der jagdlichen Praxis. Einige Bruchzeichen mögen nur symbolhafte Bedeutung haben, andere dagegen dienen der Nachrichtenübermittlung. Ganz besonders traf dies seit jeher schon bei der Nachsuche zu. Eine Nachsuche auf ein angeschweißtes Stück Schalenwild war ohne die Bruchzeichen oft noch schwieriger. Nicht von ungefähr sind in jüngerer Vergangenheit an die Stelle der klassischen Bruchzeichen gerade auf diesem wichtigen und nicht zuletzt tierschutzrelevanten Gebiet zumeist zweckmäßigere Markierungen getreten.

Nachfolgend werden die Bruchzeichen, zu denen einige andere jagdliche Zeichen hinzukommen, so dargestellt, wie sie heute üblich sind. Man unterscheidet die Bruchzeichen, wie in der Tabelle wiedergegeben.

Verständigungsbrüche:	*Strecken- oder Wildbrüche:*
Hauptbruch	Inbesitznahmebruch
Leitbruch	Letzter Bissen
Anschussbruch	
Fährtenbruch	*Außerdem:*
Standplatzbruch	Erlegerbruch (Schützen- oder auch Beutebruch)
Wartebruch	
Warnbruch	

Die Brüche werden *gebrochen*, nicht geschnitten, nur in besonderen Fällen dient das Waidmesser dazu, dem Bruch eine besondere Bedeutung zu geben. Früher wurden Brüche nur von Eiche und Kiefer genommen, wir unterscheiden seit längerem *fünf gerechte Holzarten*, die für die Verwendung als Brüche infrage kommen:

1. Eiche
2. Kiefer, auch Latsche und Zirbelkiefer
3. Fichte
4. Weißtanne
5. Erle

Die Buche, eine herrliche Baumart, die im deutschsprachigen Raum eine große Verbreitung hat, gehört merkwürdigerweise nicht zu den herkömmlich gerechten Holzarten. Wir sollten uns jedoch im Zweifelsfalle nach örtlichen Gegebenheiten richten. Würde beispielsweise ein Stück Wild im Sommer oder Herbst in einem Buchenbestand erlegt und weit und breit keine andere Holzart greifbar sein, so wäre es unsinnig, den Buchenzweig nicht als Bruch zu verwenden.

Durchaus reizvoll kann es sein, wenn man, über die als gerecht erwähnten Baumarten hinausgreifend, die Brüche von einem für die Örtlichkeit des jagdlichen Geschehens charakteristischen Baum oder Strauch oder Kraut nimmt, beispielsweise von einem Wacholder für den in der Heide geschossenen Rehbock oder von der Akazie in südlicheren Gefilden.

Natürlich wird man zum Streckelegen bei Gesellschaftsjagden Brüche von gerechten Holzarten bevorzugen und auch die Verständigungsbrüche vorrangig von diesen verwenden.

Verständigungsbrüche

Hauptbruch

Der *Hauptbruch* ist mindestens armlang. Er wird mit dem Waidmesser blank befegt, d. h., die Rinde wird abgeschabt, um ihn so auffälliger zu machen. Dieses Befegen ist vor allem notwendig, um den Bruch von Zweigen, die etwa der Wind abgebrochen hat, unterscheiden zu können. Der Hauptbruch kann aufgehängt – an einem Baum, an einem Gatter o. Ä. – oder auf den Boden gelegt werden. Ist das Gelände unübersichtlich, so empfiehlt sich das Aufhängen des Hauptbruches, damit er nicht übersehen wird. Der Hauptbruch bedeutet: »Achtung!« Stößt also der Jäger im Revier auf einen solchen befegten Hauptbruch, so erkennt er sogleich, dass hier in der Nähe etwas Wichtiges zu beachten ist, und er wird sich umsehen und nach dem Anlass des Zeichens suchen.

Oben: Hauptbruch, mindestens armlang, befegt; unten: Leitbruch, halbarmlang, befegt

Leitbruch

Der *Leitbruch* soll hinleiten, nämlich zu einem Abschuss oder zu einem gestreckten Stück Wild oder zu einem bestimmten Platz, er fordert also stets zum Folgen auf. Der Leitbruch ist halb so lang wie der Hauptbruch und wird ebenfalls befegt. Seine *gewachsene* Spitze zeigt in die Richtung, in die nachgefolgt werden soll.

In einigen Teilen Deutschlands galt früher das gebrochene Ende des Zweiges als richtungsweisend. Auch heute noch wird es zum Beispiel in Kärnten und anderen Bereichen Österreichs in die Richtung gelegt, in der gefolgt werden soll.

Für uns ist es wichtig, von den Gepflogenheiten in anderen Gegenden zu wissen, da sonst Irrtümer mit unsicheren Konsequenzen auftreten können. Wir wollen daran festhalten, die gewachsene Spitze in die Folgerichtung zeigen zu lassen, weil der Zweig auch in dieser Richtung gewachsen ist. Die Leitbrüche müssen so gelegt werden, dass man leicht von einem zum andern finden kann. Soll man auf einer Schneise oder einem Weg nachfolgen, so braucht natürlich der nächste Leitbruch erst wieder dort zu liegen, wo man vom Weg abbiegen muss. In diesem Fall ist es zweckmäßig, dort zunächst einen Hauptbruch aufzuhängen und einen Leitbruch in der neuen Richtung davorzulegen.

Anschussbruch

Der *Anschussbruch* dient zum Kennzeichnen des Anschusses und hat große Bedeutung für die Nachsuche. Der Schütze mag am Abend noch so sicher sein hinsichtlich der Stelle des Anschusses – am nächsten Morgen bei Tageslicht sieht plötzlich alles anders aus, und man sucht stundenlang nach dem Anschuss. Ohne den Anschuss genau zu haben, ist aber eine Nachsuche schon halb vergebens. Jeder Jäger, der ein Stück Schalenwild beschossen hat, das nicht vor seinen Augen verendet, sondern noch außer Sichtweite flüch-

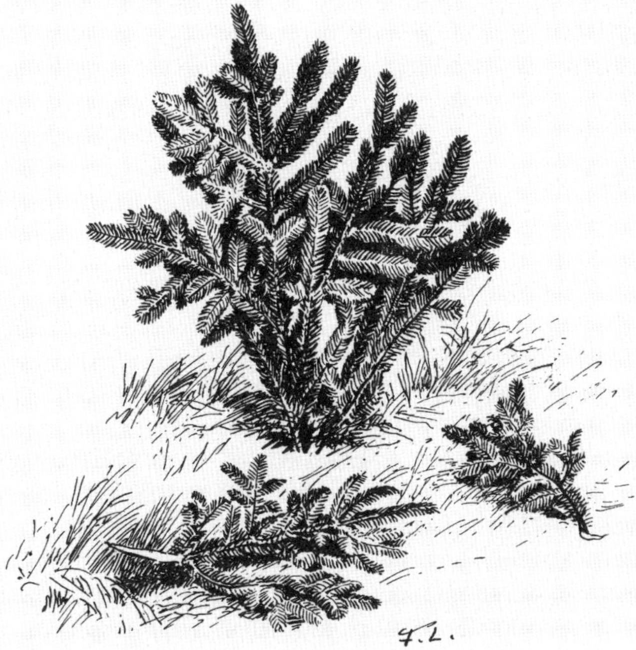

Anschussbruch mit Fährtenbruch: männliches Stück nach links geflüchtet

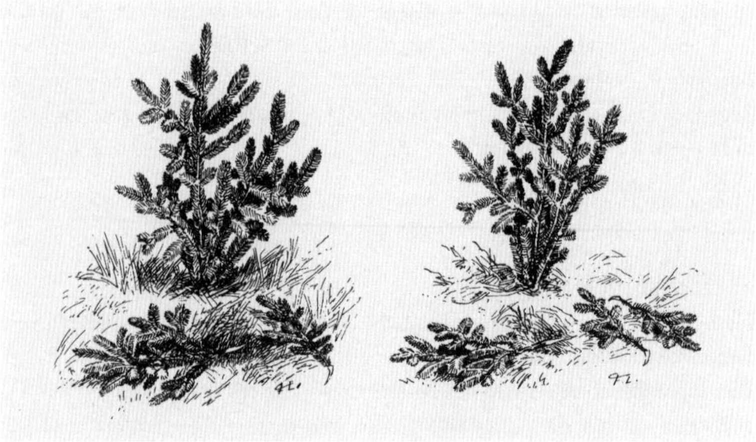

Links: Anschussbruch mit Fährtenbruch, Kahlwild nach links geflüchtet; rechts: Anschussbruch mit Fährtenbruch, Fluchtrichtung unbekannt

tet, sollte daher den Anschuss verbrechen. Das hat auch nach einem vermuteten Fehlschuss zu geschehen, denn jeder vermeintliche Anschuss muss sorgfältig kontrolliert werden! In heutiger Zeit werden im Zusammenhang mit der Nachsuche zum Verbrechen von Anschüssen und weiteren Informationen für den Nachsuchenführer in der Regel auffällige Signalbänder o. Ä. verwendet. Gleichwohl wollen wir hier darstellen, wie dies »gerecht«, d. h. brauchtumsgerecht, geschieht.

Hat der Jäger an den Pirschzeichen und nach bestem Wissen den Anschuss festgestellt und will er ihn gerecht verbrechen, so steckt er einen Bruch in mindestens der Größe eines Leitbruches mit den abgebrochenen Ende aufrecht in den Boden. Der Anschussbruch wird nicht befegt. Er muss in den Boden gesteckt werden, da über Nacht Schnee fallen oder Laub über die fragliche Stelle geweht werden kann. Ein gelegter Bruch wäre dann nur schwer wiederzufinden.

Hier soll nun eine praktische Erfahrung ergänzt werden: Das Markieren des Anschusses muss in dem Fall unterbleiben, wenn es darauf ankommt, ein krankes Stück Wild nicht aufzumüden.

Beispiel: Hat ein Jäger bei Einbruch der Dunkelheit auf ein Stück Wild geschossen, das an einem Dickungsrand stand und offenbar weidwund getroffen wurde, dann wäre es falsch, überhaupt an den Anschuss zu gehen. Durch eine derartige Störung würde das kranke Stück, das vielleicht wenige Meter vom Anschuss entfernt in der Dickung im Wundbett sitzt, hochwerden, womöglich eine lange Strecke flüchten und somit die Nachsuche, die erst am nächsten Morgen beginnen darf, erschweren. Unterlässt man dagegen jegliche Störung, besteht die Aussicht, das beschossene Stück Wild am nächsten Tag in der Nähe des Anschusses verendet zu finden.

Fährtenbruch

Sind am Anschuss die Eingriffe oder die Fährte des beschossenen Stückes zu sehen, so legt man in dieselben den *Fährtenbruch*. War das beschossene Stück männlich, also Hirsch, Keiler, Widder oder Rehbock, so wird der Fährtenbruch mit dem Waidmesser angespitzt und das angespitzte Ende in die Fluchtrichtung gelegt; beim weiblichen Stück weist die gewachsene Spitze in die Fluchtrichtung. Um zu zeigen, ob vielleicht ein Hirsch nach rechts oder ein Tier nach links geflüchtet ist, wird der Fährtenbruch geäftert, d. h. ein kleiner Querbruch wird hinter ihn gelegt. Ist die Fluchtrichtung des beschossenen Stückes oder Sonstiges ungewiss, so wird der Fährtenbruch doppelt geäftert. Der Fährtenbruch wird, ebenso wie der Anschussbruch, nicht befegt.

Vorstehend beschriebene Bruchzeichen sind speziell für Nachsuchen von großer Bedeutung. Wie oft kommt es vor, dass an einer Nachsuche der Schütze aus besonderen Gründen nicht teilnehmen kann. Lange Erklärungen am Telefon können manchmal nicht so viel vermitteln wie die Bruchzeichen, aus denen der Erfahrene alles für ihn Wissenswerte ersehen kann.

Die Anwendung der bisher genannten Bruchzeichen sei im Folgenden anhand eines praktischen Beispiels erläutert: Nachdem der Jäger von einem Bodenstand auf ein Stück Schalenwild geschossen hat, das nicht im Feuer bleibt, markiert er seinen Stand zunächst durch irgendein Zeichen. Da er den Stand nicht vor genauer Markierung verlassen darf – er findet ihn sonst vielleicht nicht wieder – ist hier ein Bruchzeichen nicht zu empfehlen. Er markiert also die Stelle durch Wundmachen des Bodens, durch Einstecken seines Zielstocks oder durch Anschalmen des Baumes, hinter dem er stand. Alsdann geht er zum Anschuss, um diesen zu finden. Hat er den Anschuss identifiziert, so steckt er den Anschussbruch (halbarmlang, unbefegt) aufrecht in den Boden und legt nun in die Eingriffe den geäfterten Fährtenbruch. Alsdann geht er zu einem eindeutig bekannten Punkt in der Nähe, also Jagenstein, Wegegabel o. Ä., und hängt oder legt hierher den befegten, armlangen Hauptbruch. Von diesem aus legt er Leitbrüche (halbarmlang, befegt), mit der gewachsenen Spitze zum Anschuss weisend, sodass der

Nachsuchende am nächsten Morgen ohne weiteres, durch den Hauptbruch aufmerksam gemacht und durch die Leitbrüche geführt, den Anschuss findet. Der Nachsuchende hat stets einige Brüche unter dem linken Arm, wie die Besuchsknechte dies früher auch taten, um bei der Nachsuche gefundenen Schweiß oder beim Kreuzen einer Schneise und eines Weges die Fährte verbrechen zu können. Die gewachsene Spitze dieser Brüche, die ja dieselbe Bedeutung wie Leitbrüche haben, zeigt immer die Richtung, in die das Stück gezogen ist. Dieses Verbrechen beim Kreuzen eines Weges usw. ist sehr wichtig, um bei etwa nötig werdendem Neuansetzen der Nachsuche an der verbrochenen Stelle wieder beginnen zu können.

Standplatzbruch

Der *Standplatzbruch* dient dazu, den Bodenstand eines Schützen zu markieren. Bei einer gut geleiteten Waldjagd sollte vorher jeder Stand bezeichnet werden. Zu diesem Zweck werden ein Hauptbruch und ein Standplatzbruch verwandt. Letzterer wird aufrecht in die Erde gesteckt, nachdem die unteren Queräste entfernt wurden (halb kahler Bruch), während der Hauptbruch so gelegt wird, dass die gewachsene Spitze in die Richtung der Folge zeigt. Der Schütze steht zwischen beiden Brüchen, vor sich den Standbruch, hinter sich den Hauptbruch. Damit ist ihm der genaue Standpunkt und auch zugleich die Folge vorgeschrieben.

Unter »Folge« versteht man die Richtung, in die der Jäger beziehungsweise der Schütze nach Beendigung eines Treibens den anderen zu einem Sammelpunkt folgen soll. Das Festlegen der Stände durch Standplatzbrüche hat für den Anstellenden den Vorteil, dass er nicht jedem Schützen die Folge zu sagen braucht, außerdem braucht er nicht unbedingt jedes Mal selbst weit um das Treiben herumzugehen. Heute ist es jedoch allgemein üblich, dass der Ansteller seine Schützen am Stand abholt, um sich vor Ort über etwa abgegebene Schüsse informieren zu lassen und sich ein Bild über etwa notwendige Nach- oder Kontrollsuchen zu machen.

Eine andere Möglichkeit, die Bodenstände von Schützen zu kennzeichnen, besteht im Markieren nächststehender Bäume, eventuell mit dem Zeichen der Wolfsangel. Aus Sicherheitsgründen kann es außerdem sinnvoll sein, den Sektor oder Winkel deutlich zu kennzeichnen, in dem gefahrlos geschossen werden kann, bzw. umgekehrt die Sektoren zu markieren, in denen absolutes Schussverbot herrscht. Eine solche Begrenzung des möglichen Schussfeldes muss dem Gelände angepasst und vor allem unübersehbar sein. Sie kann zum Beispiel durch unmissverständliche Markierungen an Bäumen oder in den Boden geschlagene, im oberen Viertel angefärbte Pfähle erfolgen und besonders hilfreich sein, wenn die Schützen nicht in gerader Linie an einem Weg postiert werden, sondern weniger übersichtlich in einem Altholz.

Standplatzbruch (rechts), der Hauptbruch (links) zeigt die »Folge« an.

Wartebruch

Zur Verständigung der Jäger dient der *Wartebruch*. Zwei Brüche in Armlänge (unbefegt) werden gekreuzt hingelegt. Dieses Zeichen deutet »Warten«. Es kommt im Forst- und Jagdbetrieb durchaus vor, dass man sich zu einer bestimmten Zeit an einem bestimmten Punkt verabredet. Muss man jedoch den Platz verlassen, bevor der andere eintrifft, legt man zwei gekreuzte Brüche an den Platz. Der später Eintreffende weiß dann, dass man dort war und dass er warten soll. Wird das Warten aufgegeben, so werden die beiden Brüche mit dem Messer kahl gemacht und gekreuzt wieder an ihren Platz

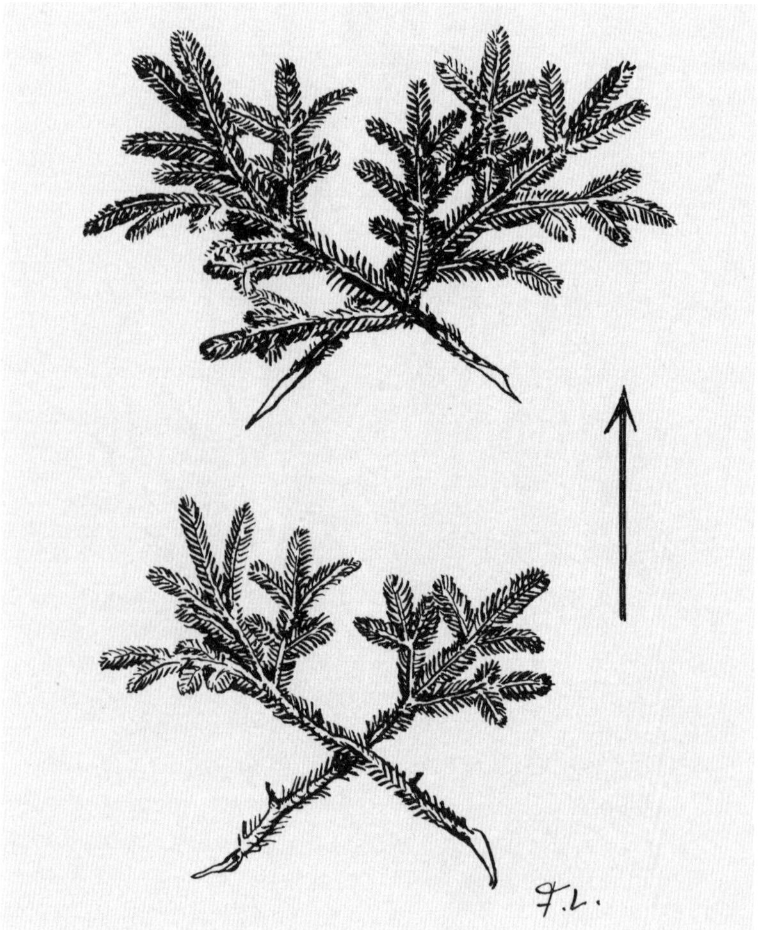

Oben: Wartebruch; unten: Das Warten wurde aufgegeben.

gelegt. Heutzutage ist allerdings oft die Verständigung über Funk oder mit dem Mobiltelefon einfacher. Drei Wartebrüche, nebeneinander gelegt, bedeuten einen Sammelplatz.

Warnbruch

Der *Warnbruch* hatte früher größere Bedeutung als heute. Es können verschiedene Situationen auf der Jagd vorkommen, in denen ein Warnbruch zweckmäßig wird. Man kann z. B. durch einen solchen Bruch vor einem – natürlich im Fangbunker – ausgelegten Mardereisen, wo diese Fallen noch zulässig sind, warnen, man kann Schneisen oder Waldwege, auf denen bei Treibjagden geschossen wird, damit sperren usw.

Der Warnbruch besteht aus einem Kahlbruch, bei dem Rinde und Zweige mit dem Waidmesser völlig abgeschabt sind, sodass das Holz weiß leuchtet. Nur an der Spitze bleiben Nadeln oder Laub sitzen; der Bruch wird dann rund zusammengebogen und zur Schlinge geformt.

Warnbruch

Früher wurde der beschriebene Bruch als »Notbruch« benutzt. In unserer Zeit ist jedoch der Notbruch kaum mehr gebräuchlich. Da dieser Bruch durch das Befegen und die runde, zusammengebogene Form hell und auffällig ist, erscheint es richtig, ihn heute nur noch als Warnbruch zu verwenden: Er bedeutet Gefahr. Man muss sich allerdings darüber im Klaren sein, dass dieses Signal nur von »Eingeweihten«, also mit dem jagdlichen Brauchtum vertrauten Personen, verstanden werden kann. Andere dürften ihn kaum zu deuten wissen.

Strecken- oder Wildbrüche

Inbesitznahmebruch

Der *Inbesitznahmebruch* zeigt an, dass der Schütze ein erlegtes Stück Wild in Besitz genommen hat. Ein anderer Jäger, der in demselben Revier pirscht und das gestreckte Stück mit dem Inbesitznahmebruch findet, weiß sofort, dass das Stück ordnungsgemäß erlegt wurde und nicht etwa gewildert worden ist. Das ist die praktische Bedeutung dieses Bruchzeichens. Da in heutiger Zeit erlegtes Wild aus Gründen der Wildbrethygiene eher selten längere Zeit im Wald oder Feld verbleibt, ist diese Bedeutung des Inbesitznahmebruchs nur noch von untergeordneter Natur.

Daneben hat aber gerade dieses Zeichen einen symbolischen Wert. Der Inbesitznahmebruch ist zugleich eine ehrende Geste des Jägers dem Wild gegenüber, wie sie auch bei Jägern verschiedener Naturvölker Brauch ist. Nur dem Schalenwild wird bei uns dieser Bruch zuteil, ursprünglich überhaupt nur dem Hirsch. Unserer heutigen Einstellung zu Wild und Jagd würde Letzteres jedoch nicht mehr entsprechen. So erhält auf jeden Fall sämtliches Schalenwild, also auch Dam-, Sika-, Muffel-, Gams-, Schwarz- und Rehwild, diesen Bruch. Das gestreckte Stück wird auf seine *rechte* Körperseite gelegt und auf den Wildkörper dann der Bruch gelegt, und zwar so, dass beim männlichen Stück, also Hirsch, Keiler, Rehbock, das abgebrochene Ende zum Haupt zeigt, beim weiblichen Stück umgekehrt, also die gewachsene Spitze zum Haupt. Man kann sich das leicht merken: Das abgebrochene Ende des Bruches zeigt sowohl beim Fährtenbruch als auch beim Inbesitznahmebruch beim männlichen Stück in die Fluchtrichtung beziehungsweise zum Haupt mit der Trophäe; beim weiblichen Stück werden diese Brüche entgegengesetzt gelegt. In manchen Gegenden Deutschlands wird der Inbesitznahmebruch beim weiblichen Stück noch umgedreht, sodass die Blattunterseite nach oben zeigt. Diese unbedeutende Abweichung mag dort, wo sie bislang Geltung hatte, bestehen bleiben, am Wesentlichen ändert sich dadurch nichts.

Letzter Bissen

Dem männlichen Stück wird ein Bruch in den Äser bzw. das Gebrech gegeben: der sogenannte *letzte Bissen*. Dieser Brauch stammt aus der Frühzeit

Gerecht gestreckter Hirsch mit Inbesitznahmebruch und letztem Bissen

und bedeutet etwa so viel wie Versöhnung mit dem erlegten Tier, dessen Seele, dessen Geist und Gott. Zu überdenken ist, ob der letzte Bissen wie in früheren Zeiten ausschließlich männlichem Wild vorbehalten bleiben soll. Das greise Rottier, die alte Ricke, die Gamsgeiß mit den verwaschenen Gesichtszügeln – sind sie nicht mindestens ebenso ehrwürdig in des Wortes wahrster Bedeutung?

In Österreich ist es üblich, auch das Murmel mit dem letzten Bissen zu bedenken und diesen auch dem Auer-, Birk- und Haselwild in den »Brocker« (Schnabel) zu geben.

Gerecht gestrecktes Stück Kahlwild mit Inbesitznahmebruch

Erlegerbruch (Schützen-, Beutebruch)

Ein Bruchzeichen, das heute noch allgemein bekannt ist, ist der *Bruch für den Erleger*. Ursprünglich wurde zumeist nur nach der Erlegung eines Hirsches oder eines starken Keilers ein Bruch an den Hut gesteckt. Heute wird dem Erleger jeden Stückes Schalenwild ein Bruch überreicht. Werden von einem Schützen bei einer Gelegenheit mehrere Stücke Schalenwild erlegt, zum Beispiel auf einer Drückjagd, so erhält er in aller Regel trotzdem nur einen Bruch: Dadurch wird vermieden, dass womöglich ein kleiner Wald am Hut getragen werden muss. In diesem Fall gilt ein Bruch für alle oder wie der Lateiner sagt: »Pars pro toto!« Bei zahlenmäßig kleiner Strecke wird mitunter allerdings dem Erleger mehrerer Stücke für jedes einzelne ein Bruch überreicht.

In vielen Revieren wird außer für Schalenwild auch für die Erlegung eines Fuchses ein Bruch überreicht. Da der Fuchs auf der Bewegungsjagd eine eher seltene Jagdbeute ist, sollte an diesem schönen Brauch, wo bisher üblich, festgehalten werden. Dies gilt besonders für den mit der Kugel geschossenen Fuchs, den Kugelfuchs. Auch für die Erlegung eines Auerhahns, eines Birkhahns und eines Murmeltieres ist dort, wo dieses Wild noch bejagt werden kann, ein Bruch üblich.

Durch Streichen über die Schusswunde wird der Erlegerbruch mit Schweiß des gestreckten Wildes gefärbt und vom Jagdherrn oder vom Jagdleiter überreicht, nach erfolgreicher Pirsch auch vom Pirschführer oder vom Hundeführer, wenn das Stück durch eine Nachsuche zur Strecke

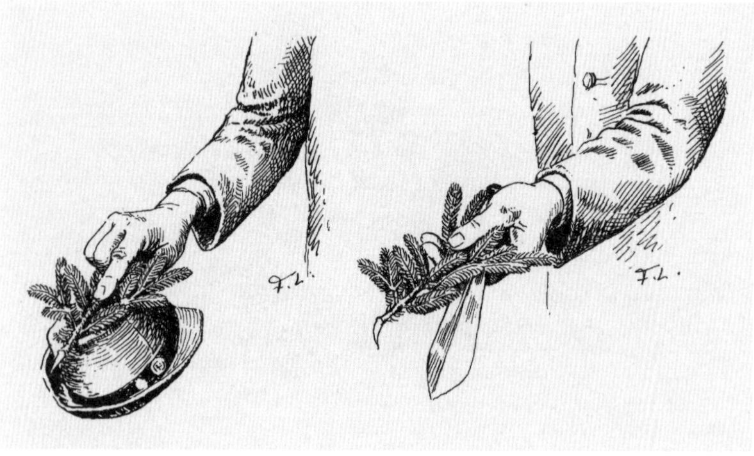

Überreichen des Erleger- oder Schützenbruchs auf dem Hut und auf dem Waidblatt

kam. Dazu wird der Bruch auf den gezogenen Hut eines der Genannten oder auf die Klinge des Waidblattes bzw. des Jagdmessers gelegt. Dem Erleger wird mit »Waidmannsheil« und Händedruck gratuliert, worauf er mit »Waidmannsdank« erwidert, um dann den Bruch an seinen Hut oder seine Mütze zu stecken.

Handelt es sich um eine Nachsuche, bei der das Stück zur Strecke kam, dann bricht der Erleger einen kleinen Zweig von dem ihm überreichten Bruch ab und gibt diesen dem Schweißhundführer. Er zeigt damit, dass Hundeführer und Hund einen hohen Anteil an der Erlegung des Stückes haben. Gerade diese anerkennende Geste des Dankes an Hund und Führer zeugt von feinem Verständnis und Wertschätzung der geleisteten Arbeit beider. Diesen Bruch bekommt der Hund an seine Halsung, so wie es schon vor vielen Jahrhunderten mit dem Leithund geschah.

Sehr schön ist der Brauch, nach der Jagd beim Schüsseltreiben einen kleinen Teil des Schützenbruches auf der linken Seite der Lodenjacke zu tragen.

Im bayerischen Gebirge und besonders in Österreich wird auch wohl ein Bruch am Hut nur als waidmännisches Abzeichen (der »Standes-« oder »Festbruch«) getragen, z. B. von den Teilnehmern einer Prüfungssuche oder einer sonstigen jagdlichen Veranstaltung, auch bei Teilnahme an der Beerdigung eines Waidgenossen. In diesem Fall wird der Bruch stets an die *linke* Seite des Hutes gesteckt, während der Erlegerbruch immer *rechts* getragen werden sollte.

In der Beachtung dieser Gepflogenheiten offenbart sich weitgehend die Einstellung eines Jägers zum Waidwerk, wie es bei uns gepflegt wird. Dem reinen Schießer und Trophäensammler werden diese schönen um die Bruchzeichen entstandenen Bräuche fremd bleiben. Schließlich liegt die Kultur unserer Jagd und des einzelnen Jägers zu einem großen Teil im Befolgen dessen, was wir als jagdliches Brauchtum betrachten.

Andere jagdliche Zeichen

Außer den Bruchzeichen sind noch einige andere Zeichen zu erwähnen, mit denen sich die Jäger vor allem früher verständigten. Meistens handelt es sich jedoch hierbei um örtlich verabredete Zeichen, die in Bäume geschnitzt oder in Felsen eingeritzt werden. Eine Verallgemeinerung dieser »Jägerzinken« wäre schon deshalb unzweckmäßig, weil ja nur einige wenige Eingeweihte davon wissen sollen. Solche Zeichen kommen infrage, um etwa die Stellen zu markieren, an denen Pirschpfade abgehen, um Wechsel zu bezeichnen o. Ä. Bekannt sind die sogenannten »Tauben« oder »Steinmandl«. Das sind etwa faustgroße Steine, die der Hochgebirgsjäger an Stellen legt, die er besonders kennzeichnen will. Der Eingeweihte sieht an der Lage der Steine, dass diese dort von Menschenhand so angeordnet wurden, und erkennt deren Sinn und Zweck.

In Revieren des Hochgebirges, die viel von Wanderern begangen werden, sind solche Tauben manchmal an den Touristensteigen dort ausgelegt, wo etwa 40 bis 50 Meter weiter ein Jägerpfad abgeht. Man lässt diesen Pfad nicht am Hauptweg anfangen, um ihn keinem Unberufenen zu verraten. Ähnlich ist es in viel begangenen Revieren mit den Pirschsteigen. Im Gebirge wird vielfach auch das Zeichen der Hasenspur benutzt, um eine Stelle besonders zu kennzeichnen: Man ritzt vier Punkte in der Anordnung der Hasenspur in einen Baum oder in einen Felsen ein.

Die alte Hannoversche Jägerei hatte das Zeichen der Wolfsangel. Noch heute wird dieses Zeichen von den Führern des Hannoverschen Schweißhundes und gelegentlich auch von Jägern, die Hunde anderer Rassen führen, angewendet. Mancher alte, traditionsbewusste Rüdemann aus dem Harz oder Solling setzt unter seine Unterschrift weiterhin die Wolfsangel.

Es ist nicht sicher, ob das Zeichen der Wolfsangel aus dem altgermanischen Runenalphabet »E« entstanden ist, das schon vor der Karolingerzeit Verwendung fand. Tatsächlich ist die Wolfsangel als Doppelhaken ein Fanggerät für Wölfe gewesen und wurde auch als Fischer-, Schiffer- und Zimmermannshaken verwendet. Im norddeutschen Raum ist das Zeichen der Wolfsangel aus alter Überlieferung gelegentlich auf Grenzsteinen, in Wappen, am Waldhammer (zur Kennzeichnung von Holz) und auf Wegetafeln zu finden.

Jagdhorn

Gefesselt hängt's mir an der Hüfte
Des Waidmanns Schmuck und blanke Zier,
Früh weckt es durch die Morgenlüfte,
Bläst an die Jagd: auf ins Revier!
Es mahnet die Hunde,
Es gellt in der Not,
Es lockt in der Runde,
Es schmettert »Hirsch tot«!
JOH. VAL. GÖRNER, 1744

Hörnerschall und Hundelaut sind untrennbar mit der Jagd verbunden. Die Hornfessel war Zeichen der alten, hirschgerechten Jägerei. Der »Federschütze« durfte sie nicht tragen.

Das Jagdhorn war lange Zeit ein unentbehrliches Hilfsmittel auf der Jagd, es entwickelte sich aus den Erfordernissen der Jagd von der Urzeit an und ist selbst in unserem hochtechnisierten Zeitalter immer noch fester Bestandteil des Jagens. Brauchtumsbewusste Jäger lehnen auch heute noch die Verwendung irgendwelcher Tuten, Tröten oder Pfeifen als Signalinstrumente ab. Der Praktikabilität und größeren Sicherheit wegen ist mittlerweile aber der Einsatz von Funksprechgeräten und Mobiltelefonen vor allem auf Gesellschaftsjagden üblich. Insbesondere der Ablauf dieser Jagden kann damit gut geleitet und organisiert werden. Beginn und Ende der Treiben werden mittlerweile über Uhrzeiten definiert und nur noch selten über – je nach Gelände- und Witterungsbedingungen unter Umständen kaum zu hörende – Hornsignale. Für die stimmungsvolle Umrahmung von Gesellschaftsjagden ist das Jagdhorn aber nach wie vor unverzichtbar.

Brauchtum

Gefördert durch die Jagdverbände, hat das Jagdhornblasen in den letzten Jahren einen enormen Aufschwung genommen. Fast in jedem Kreis gibt es heute Jagdhornbläsergruppen, die bei jagdlichen Anlässen auftreten. Vielfach werden außer den Jagdsignalen auch Märsche und andere Musikstücke

Wie du vff der Jagt mit Horn vnd Stim̃ deinen Gesellen ein Zeichen geben solt.

Das III. Capitel.

DEr vff der Jagt sein Gesellen zu sich beruffen wil/ sol ein langen Hifft blasen/also.

Hifft.

Die andern sollen jhm gleichmessig mit langem Hifft antworten/also.

Hifft.

Wann sie jhme dann geantwort sol er mit zweyen Hifften ferners blasen/also.

Hifft/Hifft.

Gleichmessig der/ so sein Gesellen mit der Stim̃ beruffen wil/ sol schreyen/also.

Hoch da.

Der antwort geben wil/schryt mit langer Stim̃/also.

Hoch da.

Das gegen Geschrey beschicht doppelt/also.

Diese »Noten« sind dem Buch von FEYERABENDT (1582) entnommen. Von solchen primitiven Jagdschreien und Hiftstößen bis zu den heutigen mit Text unterlegten Jagdsignalen war es ein weiter Weg.

unter Verwendung von Ventil- und Parforcehörnern vorgetragen. Dagegen ist nichts einzuwenden, wenn der eigentliche Zweck, nämlich das Blasen der Signale auf der Jagd, Vorrang behält.

Eine besondere Bedeutung haben die Bläserwettbewerbe gewonnen, die seit vielen Jahren auf Jagdschlössern und anderenorts veranstaltet werden. Hierbei wird das Interesse der Öffentlichkeit auf das Jagdwesen hingelenkt. Es ist schon ein imponierender Eindruck, wenn aus über 3 000 Jagdhörnern die Signale »Jagd vorbei« und »Halali« erklingen.

Die Wettbewerbe vermitteln Impulse: Jedes Bläserkorps möchte das Beste sein! Das Einüben erfordert viel Zeit, Energie und Zuverlässigkeit, fördert aber auch die Kameradschaft und die Verbundenheit unter den Jägern. Erfreulich ist, dass viele Mitglieder der Bläsergruppen mit großem Interesse an ihrer Gemeinschaft hängen, die aus vielschichtigen menschlichen Motiven gewachsen ist. Das gemeinschaftliche Blasen verbindet in besonderem Maße. Die aufrichtige Freude am Zusammenwirken sollte im Interesse der Pflege des jagdlichen Brauchtums erhalten und gefordert werden. Die Bläsergruppen müssen aber auch ein Gefühl dafür aufbringen, welchen Sinn jagdliches Blasen hat. Sie sollten Übertreibungen vermeiden und sich Zurückhaltung auferlegen, wenn die Grenzen zu trivialen Blaskonzerten überschritten werden.

Als Gebrauchsjagdhorn gilt heute das *Plesshorn*. Es darf nicht mit dem *Waldhorn* verwechselt werden, das, mit Ventilen versehen, in der Orchestermusik vieler Opern und Konzerte Verwendung findet.

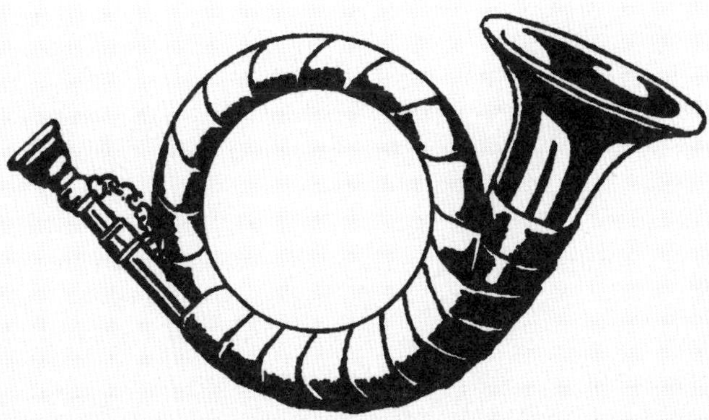

Fürst-Pless-Horn

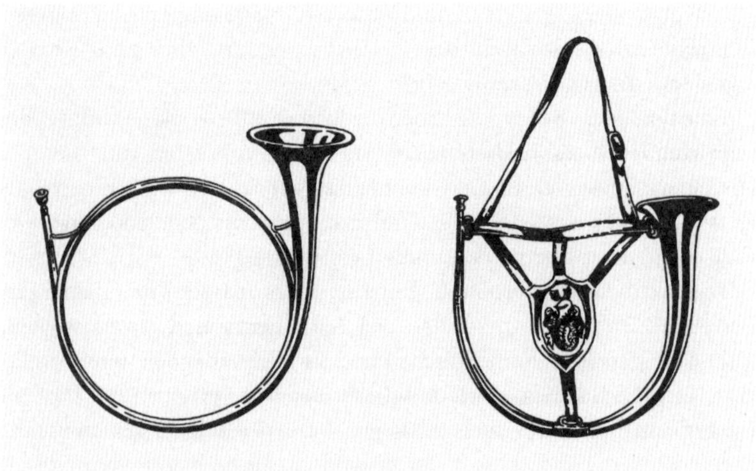

Parforcehorn (links) und Sauerländer Halbmond

Das Jagdhorn der höfischen Jagd im 17. und 18. Jahrhundert war das *Parforcehorn*. Es verlor zwischenzeitlich an Bedeutung, wird aber heute in der B-Stimmung bei besonderen Gelegenheiten zusätzlich verwendet. Es vermag mit fundierter Klangwirkung den Signalen und Fanfaren eine gewisse Feierlichkeit zu verleihen. Vorbedingung ist natürlich, dass beim Blasen in der Gruppe auf eine saubere Abstimmung der Instrumente aufeinander geachtet wird.

Der *Sauerländer Halbmond* gehört speziell zur Brackenjagd mit ihren zum Teil eigenen Signalen.

Die deutschen Jagdsignale sind in einer vollständigen Sammlung aller offiziellen Jagdsignale vom Deutschen Jagdverband zusammengestellt. Maßgebend hierfür waren die wertvollen Arbeiten und Veröffentlichungen von REINHOLD STIEF, in denen auch die geschichtliche Entwicklung der deutschen Jagdsignale enthalten ist.

Ebenso hat sich bereits C. CLEWING (1937) um die Förderung der deutschen Jagdmusik verdient gemacht. Ihm verdanken wir die Komposition des schönen Signals »Muffel tot«. Das Signal »Elch tot« hingegen war auf Veranlassung Kaiser Wilhelms II. schon 1910 entstanden. Andere Signale weisen auf ältere Kompositionen von Joseph Haydn, Wolfgang Amadeus Mozart und Karl Stamitz zurück. Wenn auch der Durchschnittsjäger die Totsignale nicht alle fehlerlos und mit Ausdruck zu blasen imstande ist, so muss er doch auf jeden Fall die Bedeutung wichtiger *Leit-*

signale beherrschen: z. B. »Anblasen«, »Abblasen«, »Treiber rein«, »Sammeln der Jäger«, »Hegeruf«, »Notruf« (aus SOS, lang – kurz – kurz – lang nach »save our souls«; das offizielle Morsezeichen SOS lautet jedoch: … _ _ _ …)

Den Kandidaten für die Jägerprüfung wird in einigen Jagdkreisen das einwandfreie Erkennen der Signale *»Anblasen«*, *»Abblasen«* und *»Treiber rein«* abverlangt, weil hiermit Belange der Sicherheit verknüpft sind.

»Jagd vorbei« und »Halali« werden in dieser Reihenfolge beim Streckelegen nach der Jagd geblasen. Diese Signale erklären die Jagd als beendet und entlassen den Jagdleiter aus seiner weiteren Verantwortung.

Es ist außerdem Brauch, bei dem Begräbnis eines Jägers, wenn der Sarg versenkt wird oder wenn ein Jagdfreund am Ende seiner Ansprache den letzten Bruch niederlegt, aus respektvoller Entfernung »Jagd vorbei« und »Halali« zu blasen. Ebenso ist es üblich, diese Signale feierlich vorzutragen, wenn bei einer Versammlung von Jägern der verstorbenen Waidgenossen gedacht wird. Hierbei erheben die Anwesenden sich von ihren Plätzen.

Die Ansichten darüber, in welcher Reihenfolge diese beiden Signale vorgetragen werden sollen, sind nicht einheitlich. Logisch wäre eigentlich, zuerst »Halali« und dann »Jagd vorbei« zu blasen. Örtliche Gepflogenheiten sollten zweifellos respektiert werden. Es ist jedoch meistens üblich, wohl auch wegen des kompositorischen Charakters der Signale, »Jagd vorbei« vorweg und dann ausklingend das »Halali« zu blasen. Dieser Brauch hat sich allenthalben durchgesetzt.

Die Betonung der Silben im *»Halali«* wird unterschiedlich gehandhabt. Im norddeutschen Raum wird meistens die zweite Silbe, also Haláli, betont. Es ist auch umstritten, ob dieses Signal seinen Ursprung auf das französische »ha, là lit« (etwa: Ha, da liegt er!) zurückgeführt werden kann. Hierbei könnte man einer Betonung auf der letzten Silbe den Vorrang geben. Beide Silbenbetonungen entsprechen dem Brauchtum.

Das sogenannte »Große Halali«, ein melodisch sehr ansprechendes, aus dem Französischen übernommenes Signal, wird gelegentlich bei Reitjagden oder zeremoniellen Veranstaltungen von den »Piqueuren« auf Parforcehörnern geblasen. Inwieweit das »Große Halali« auch zur Ehrung eines entschlafenen Jägers zum Vortrag gelangen soll, hängt von den örtlichen Gepflogenheiten und dem Stil der Trauerfeierlichkeiten ab.

Für die Pflege des jagdlichen Brauchtums sollte die Einheitlichkeit der Signale gewahrt bleiben, die angesichts mancher Erfordernisse ergänzt worden sind und auch noch ergänzt werden.

Jagdliche Praxis

In diesem Buch haben die Signale Vorrang, die bei der Jagd im deutschen Raum im engeren und weiteren Sinne praktisch gebraucht werden. Die Einteilung entspricht der für den deutschen Jagdverband verbindlichen Notierung. Auch hier ist die nachstehende Reihenfolge gewählt: allgemeine Signale, Jagdleitsignale, Totsignale. Wieder aufgenommen wurden in dieser Ausgabe die traditionellen Brackenjagdsignale. Die Jagdsignale werden mit dem Plesshorn in »B« geblasen. Um einen Anhalt für das Vortragstempo zu geben, ist am Beginn der Notenzeichen die Metronomzahl (musikalisches Zeitmaß) ausgezeichnet. Im Einzelvortrag können das Tempo und auch der Ausdruck beliebig gewählt werden.

In der Pflege der Totsignale zeigt sich die Einstellung des Jägers zum Wild, zu dem er mit dem Verblasen eine verinnerlichte, tiefere Beziehung beweist. So ist das Jagdhornblasen niemals Selbstzweck, sondern ein lebendiger Teil der Jagdausübung und unseres jagdlichen Empfindens (E. ANHÄUSER).

Die Fürst-Pless-Hörner und die Parforcehörner haben einen begrenzten Tonumfang. Die Noten sind in C (Dur) notiert, klingen jedoch in B (Dur), d. h. einen Ton tiefer.

Bei aller Begeisterung für das Jagdhornblasen müssen wir uns vor Übertreibungen hüten. Auch gegenüber kompositorischen Neuschöpfungen ist eine gewisse Skepsis angebracht. Manches in unserer Zeit kreierte Signal wirkt doch ziemlich hergeholt und gekünstelt.

Gerade weil der Schall des Jagdhorns weit über den Kreis der unmittelbar an der Jagd Beteiligten hinaus zu vernehmen ist, will wohlüberlegt sein, ob die Gelegenheit und die Örtlichkeit für seinen Gebrauch passend sind. Am falschen Ort zur falschen Stunde kann uns des Jagdhorns Schall und Widerhall manche Sympathie kosten.

Stets muss sich der Jäger mit seinem Horn nach dem richten, was vor Ort jeweils üblich ist. Vor allem bei der Jagd im Ausland ist in dieser Hinsicht äußerste Zurückhaltung ratsam. Längst nicht überall ist man beglückt, wenn unvermutet Jagdfanfaren ertönen. Wir sollten es schon akzeptieren und respektieren, falls anderswo anderes gebräuchlich und bewährt ist, wenn beispielsweise bei der Elchjagd in Schweden, Norwegen oder Finnland eine leere Patronenhülse zur Verständigung dient. Unser Jagdhorn würde da nur fremd und störend wirken.

Deutsche Jagdsignale

Allgemeine Signale

1. Zum Wecken (Das hohe Wecken)

101

2. Begrüßung

102

Willkommen seid uns, schießt gut, trefft gut, Ihr Jä-gers-leut', Ihr Jä-gers-leut'
habt fro - hen Mut. Willkommen seid uns, schießt gut, trefft gut, Ihr
1. Mal
2.Mal
Jä-gers-leut', Jä-gers-leut' habt fro - hen Mut! ho!__ ho!

3. Zum Essen

103

4. Blattschlagen

104

5. Jagd vorbei

105

6a. Halali

106

6b. Das große Halali für Parforcehörner (und Ventilhörner in B)

Jagdleitsignale

7. Hegeruf

8. Antwort (auf Hegeruf)

9. Notruf

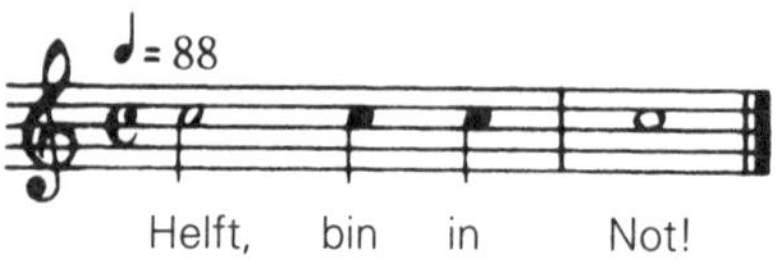

10. Das Ganze

11. *Aufbruch zur Jagd*

107

12. *Anblasen des Treibens (»Das Ganze« wird vorausgeblasen)*

108

13. Laut treiben

14. Stumm treiben

15. Aufmunterung im Treiben

16. Halt 109

17. Treiber in den Kessel 110

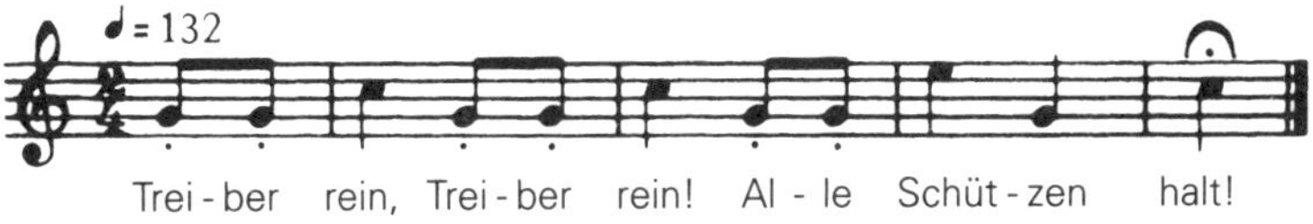

18. Treiben zurück (»Das Ganze« wird vorausgeblasen)

19. Abblasen des Treibens (Aufhören zu schießen) 111

20. Sammeln der Jäger 112

21. *Hunderuf*

22a. *Sammeln der Schützen*

22b. Sammeln der Treiber

23. Wagenruf

Totsignale

24. Wisent tot

25. Bär tot

26. Elch tot

♩= 63
I.
II.
Der Elch, mit den Schau-feln reich ver - eckt, er
liegt in dem Schilf da - hin - ge - streckt. Der
Elch, der Elch ist tot. Brich Dir den
Bruch vom Er - len-baum! Ha - la - li! Ha - la - li!

27. *Rothirsch tot* 113

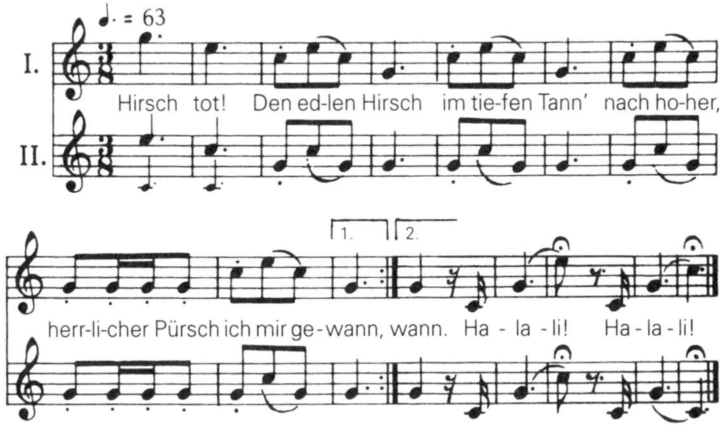

28. Damhirsch tot

114

29. Sika tot

(Verf. A. Drepper)

30. Muffel tot

115

31. Gams tot

116

32. *Sau tot*

117

33. Auerhahn (auch Birkhahn) tot

(Verf. R. Stief)

34. Reh tot 118

35. *Seehund tot*

(aus Schleswig-Holstein)

36. *Fuchs tot*

119

37. Raubwild tot

120

(Verf. R. Stief)

38. Dachs tot

(Verf. Ofö. J. Vetter)

39. Hase tot

121

40. Kaninchen tot

122

41. Flugwild tot

123

42. *Fasan tot*

124

(Aus Niedersachsen, Freih. v. Spörcken-Lüdenburgsche Jägerei)

Brackenjagdsignale

43. Aufbruch zur Jagd

44. Es ist angestellt

45. Hunde los

46. Wild tot

47. Sammeln

48. Hunde aufkoppeln

Nach dem Schuss

Vor dem Treffen und nach dem Treffen zeigt sich die Gesinnung des Waidmanns; Treffen selber ist lediglich eine Nervenangelegenheit.
F. K. Lippert

Ein wesentlicher Teil der Jagd ist Handwerk und dieses Handwerk muss kunstgerecht beherrscht werden. Dazu gehören auch die Gebräuche, die zu beachten sind. Von jedem Jäger, der die Büchse oder Flinte führt, muss verlangt werden, dass er das jagdliche Handwerk beherrscht. Nicht in jedem Falle braucht der Jäger den von ihm erlegten Rehbock unbedingt selbst aufzubrechen und nach Hause zu tragen, aber er muss es können! Überall im Leben gilt der Grundsatz, dass man nichts anordnen darf, was man nicht selbst beherrscht. Er trifft auch bei der Jagd zu. Wer eine saubere Kugel schießen kann, ist deshalb noch lange kein Jäger.

Fangschuss und Abfangen

Wird ein Stück Wild schlecht getroffen oder kommt es durch einen Verkehrsunfall zu Schaden, so erfordert es die Waidgerechtigkeit, das kranke Stück möglichst schnell von seinen Leiden zu erlösen. Bricht das Stück in Sichtweite zusammen, so wird man so rasch wie möglich den Fangschuss geben oder das Stück abfangen.

Es ist viel über Fangschuss und Abfangen mit der blanken Waffe geschrieben und gestritten worden. Der Jäger unserer Zeit sieht sich leider nicht selten in die Lage versetzt, ein Stück Wild töten zu müssen, das durch ein Auto oder sonst einen technisch bedingten Unfall verletzt worden ist. In solchen Notsituationen ist oft ein Fangschuss aus Sicherheitsgründen nicht möglich. Umso wichtiger ist dann das perfekte Beherrschen des Abfangens, zumal es oft an kritisch zuschauenden Augenzeugen nicht fehlt.

Manches, was einst als waidmännisch galt, ist heute unter den Gesichtspunkten tierschutzgerechten Jagens nicht mehr vertretbar. Gerade in dem hier behandelten äußerst sensiblen Teilbereich unseres jagdlichen Tuns sind wir gehalten, uns stets für Mittel und Wege zu entscheiden, die für das Wild die geringste Qual, das denkbar minimale Maß an Leiden bedeuten, zugleich aber auch das Umfeld nicht gefährden. Auf jeden Fall wird die

Abgabe eines gut geziehen Fangschusses, am besten auf das Blatt oder aus der Nähe auf den Trägeransatz, die Leiden des kranken Stückes am schnellsten beenden. Zum Antragen des Fangschusses sollte man möglichst unbemerkt von hinten an das Wild herantreten.

Der Jäger muss aber auch das *Abfangen* beherrschen, da er in Situationen kommen kann, in denen der Fangschuss nicht möglich ist, insbesondere wenn Menschen gefährdet würden oder Hunde das kranke Stück decken.

Unsere Altvorderen fingen meistens mit der blanken Waffe ab. Vorbedingung ist auch heute noch, dass man das Abfangen am verendeten Stück Wild häufig geübt hat. Dieses Üben sollte am besten an frisch erlegten Stücken erfolgen. Beim Aufbrechen kann man dann die Wirkung einschätzen.

Rotwild und Damwild werden am sichersten mit dem Waidblatt abgefangen. Man tritt an das am Boden liegende Stück zum Rücken hin heran und stößt die blanke Waffe tief hinter dem Blatt schräg nach vorn auf das Herz zu. Handelt es sich um einen hoch Blatt getroffenen Hirsch, der noch mit Geweih und Läufen schlägt, so gehören schon Können und Mut dazu, im richtigen Augenblick an der richtigen Stelle zuzustoßen. Niemals trete man von der Seite heran, nach der die Läufe zeigen: Ein Stück Rotwild kann mit den Läufen gefährliche Verletzungen verursachen! Beim Hirsch warte man einen Moment ab, in dem eine Stange den Boden berührt und trete dann blitzschnell mit dem ganzen Körpergewicht auf diese. In demselben Moment stoße man mit dem Waidblatt zu.

Zum Abfangen diente früher oft der Hirschfänger, der aber heute eigentlich nur noch die Funktionen als Ehrengabe oder – bei seltenen hochoffiziellen Gelegenheiten – als Zubehör der Forst- und der Berufsjägeruniform hat. Stattdessen führt man jetzt ein Waidblatt oder entsprechend geformte Jagdmesser, die im praktischen Gebrauch dem Hirschfänger weit überlegen sind. Sie entsprechen in ihren Formen den Waffen früherer Jahrhunderte und erfüllen dabei die Anforderungen, die wir an moderne blanke Waffen stellen. Das Wesentliche eines Waidblattes ist die Verbreiterung und Verstärkung im

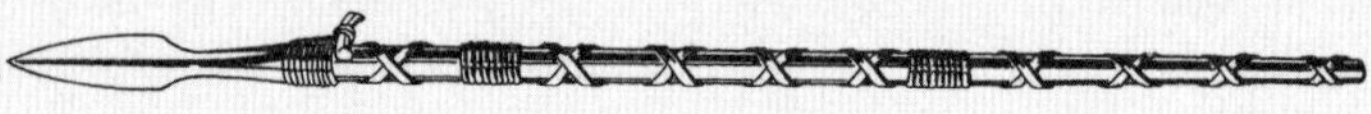

Saufeder mit Parierstange oder »Knebel«

vorderen Drittel. Es ist daher auch zum Schlagen hervorragend geeignet, ähnlich wie ein kleines Beil. Der kurze, fest in der Faust liegende Griff erhöht diese Wirkung noch. Außerdem wird aber durch die Verbreiterung und Verstärkung bewirkt, dass das Blatt beim Abfangen eine erheblich größere Wunde verursacht als ein schmaler, spitzer Hirschfänger. Ein »Ausweichen« der ziemlich harten Arterien und Venen und ganz besonders des Herzens selbst, wie das beim Abfangen mit dem Hirschfänger leicht vorkommen könnte, ist beim Waidblatt mit seiner breiten, schneidenden Spitze fast ausgeschlossen.

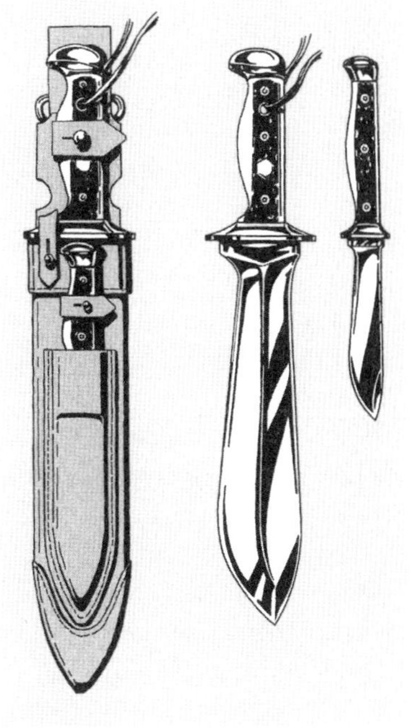

Waidbesteck nach Oberforstmeister Frevert

Ein spitzer, schmaler Hirschfänger »beißt« sich zudem nur zu leicht in den Rippen fest. Die breite Spitze des Waidblatts dagegen gleitet stets zwischen den Rippen hindurch. Der Tod tritt beim Abfangen schnell ein, wenn der Stoß richtig geführt wurde. Das dem sogenannten Waidbesteck beigegebene kleine Waidmesser ist zum Aufbrechen, zum Brotschneiden usw. zu verwenden. Ein Hochwildjäger sollte zumindest bei größeren Jagden stets ein Waidblatt oder ein geeignetes Abfangmesser bei sich führen, zumal es unter der Jagdjoppe oder Parka bequem zu tragen ist.

Zum Abfangen von Sauen benutzt man, wenn ein Fangschuss nicht angetragen werden kann, idealerweise die Saufeder. Es ist nicht ratsam, mit dem Hirschfänger oder dem Waidblatt an stärkere Sauen heranzugehen. Hat man nicht bewährte Packer, die die Sau sicher decken und halten, so kann es böse ausgehen. Es gibt allerdings routinierte Spezialisten, die eine geringe Sau mit einem Waidmesser abfangen können. Mit der Saufeder kann man sich selbst einen Keiler in achtbarer Entfernung halten. Auch das Abfangen mit der Feder aber will verstanden sein, man muss sich vor allem hüten, die Blattschaufel zu treffen, da es vorkommen kann, dass sich die Klinge an dieser festbeißt.

Der Gebrauch der Saufeder kann durchaus praktisch notwendig sein. Bei einer von Hunden gedeckten Sau kann man nicht immer einen Fangschuss anbringen, ohne die Hunde zu gefährden, man muss also zur Saufeder – oder im ungünstigeren Fall zum Saufänger – greifen. Auch bei der Saufeder ist die Art der Konstruktion wesentlich. Die Klinge muss hohl geschmiedet sein, sodass der Eschenschaft in die Hülse hineinragt. Zwischen Hülse und Schaft muss eine Parierstange oder ein »Knebel« (mitunter aus einem kurzen Geweihende gefertigt) befestigt sein, um ein zu tiefes Eindringen der Klinge zu verhindern. Diese Art der Saufeder wurde am alten Hannoverschen Jägerhof benutzt und findet heute noch mancherorts Verwendung.

Saufedern, bei denen die Klinge einfach in einen Spalt des Schaftes geklemmt ist, sind jagdpraktisch nicht zu gebrauchen. Sie können höchstens als Dekoration im Jagdzimmer Verwendung finden.

Die Lederumwicklung des Schaftes ist notwendig, um ein Abgleiten der Hände zu verhindern. Eine Nachsuche auf eine angeschweißte Sau wurde früher nie ohne Saufeder riskiert.

Im Übrigen dürfte es wenig sinnvoll und nicht zumutbar sein, wenn bei Drückjagden auf Schwarzwild, zu denen viele Gäste eingeladen sind, die Mehrzahl der Sauen von Hundeführern mit der Saufeder abgefangen wird.

Außer dem Fang hinter das Blatt wurde in früheren Zeiten noch der sogenannte Kälberfang (Stoß von vorn in den Brustkorb Richtung Herz) praktiziert und bei krankgeschossenem Kahlwild angewandt. Diese Methode des Abfangens ist schon seit langem nicht sehr geschätzt und daher nicht mehr gebräuchlich. Der vom Rücken her blitzschnell geführte Fang hinter das Blatt ist bestimmt wirkungsvoller, tierschutz- und damit auch waidgerechter.

Früher wurde Rehwild vielfach auch abgenickt. Dies ist nach folgerichtiger Auslegung des Tierschutzgesetzes nicht mehr erlaubt. Deshalb ist auch für Rehwild der Fang hinter das Blatt das einzig Richtige, wenn ein Fangschuss nicht angetragen werden kann. Schon mit einem starken, guten Waidmesser lässt sich beim Rehwild das Abfangen wirkungsvoll ausführen.

Nur sei immer wieder angeraten: Es muss am verendeten Stück vorher geübt sein, damit gleich beim ersten Stoß das Herz getroffen wird. Jäger, die sich nicht ständig in solch rauer Jagdpraxis bewähren müssen, sollten die Finger vom Abfangen lassen.

Noch ein Wort zu den Gegnern des Abfangens mit der blanken Waffe: Haben Sie einmal einen scharfen Hund gehabt, der so viel Schneid hatte, dass er ein krankes Stück nicht nur stellte, sondern auch niederzog, und haben Sie dann als Gegner des Abfangens hilflos dabeigestanden, wie der Drahthaar an dem Stück unaufhörlich herumriss oder wie sich zwei Teckel mit dem todwunden Stück herumbalgten, und Sie konnten keinen Fangschuss abgeben, ohne die Hunde zu gefährden? Wenn Sie das erlebt haben, dann lernen Sie morgen das Abfangen des Schalenwildes mit der blanken Waffe, und zwar zunächst am verendeten Stück!

Vom Hund lebend apportierte Hasen und Kaninchen werden abgeschlagen. Der Rechtshänder fasst zu diesem Zweck das Stück mit der linken Hand an beiden Hinterläufen, und schlägt mit der Kante der rechten Hand kräftig hinter die Löffel in das Genick. Der Tod tritt dann auf der Stelle ein.

Im Übrigen muss auch bei krankgeschossenem Niederwild der augenblicklich tötende Fangschuss absoluten Vorrang vor jeder anderen Form des Abtuns haben. Eine etwaige Wertminderung von Balg oder Wildbret darf dabei keine Rolle spielen.

Flugwild wird am zweckmäßigsten mit einem harten Gegenstand auf den Kopf geschlagen, beim Rebhuhn kann man außerdem schon mit dem Daumen den Schädel eindrücken und so rasch den Tod herbeiführen.

Raubwild wird zur Schonung des Balges möglichst mit der kleinkalibrigen Kugel (z. B .22 lfB) oder mit einem derben Schlag getötet. Ein Hieb mit dem Eichenstock über die Nasenwurzel wird beim Fuchs und bei kleinem Haarraubwild im Allgemeinen genügen. Beim Dachs empfiehlt es sich, mit einem Stock mehrmals kräftig gegen die Kehle zu schlagen, nachdem man durch einen Schlag über die Nasenwurzel eine Betäubung herbeigeführt hat.

Gleichgültig, auf welches Wild ein Jäger jagt – bevor er ein Stück beschießt, muss er die Fertigkeit besitzen, das kranke Stück auf schnellstem, tierschutz- und waidgerechtem Wege töten zu können. Wer ein Stück krankschießt und dann hilflos der leidenden Kreatur gegenüber steht, weil seine Kenntnisse und Fähigkeiten nicht ausreichen, den schnellen, schmerzlosen Tod zu geben, ist kein waidgerechter Jäger!

Neben dem Einsatz der blanken Waffe gibt es noch die Möglichkeit des Fangschusses mit der Kurzwaffe. Das Kaliber der Faustfeuerwaffe muss dafür (nach § 19 Abs. 1, Ziff. 2 d BJagdG) eine Mündungsenergie (Eo) von mindestens 200 Joule haben. Wie der Gebrauch der blanken Waffe, so muss auch der Einsatz von Pistole und Revolver gewissenhaft geübt werden, um den Fangschuss waidgerecht antragen zu können.

Tierschutzgerechtes Jagen verlangt auf jeden Fall, das Wild so qualfrei wie irgend möglich zu töten. Daraus ergibt sich die Forderung, den Fangschuss unbedingt dem Abfangen vorzuziehen und todwundem Wild die Annäherung des Menschen tunlichst zu ersparen.

Versorgen des erlegten Wildes

Voraussetzung für die Gewinnung hochwertigen Wildbrets ist der sichere, saubere Schuss, dem das Aufbrechen innerhalb kürzester Frist – von möglichst nicht länger als einer Stunde – folgen soll. Zumindest müssten die Stücke bis dahin gelüftet werden.

Wer ein Stück Schalenwild erlegt, muss es selbst aufbrechen. Ausnahmen hiervon sind zulässig, manchmal sogar notwendig. Auf einer Wildjagd, bei der zahlreiches Schalenwild geschossen wird, werden die Schützen im Allgemeinen das Aufbrechen nicht selbst ausführen. Auf solchen Jagden pflegen auch genügend Hilfskräfte zugegen zu sein, die das Aufbrechen übernehmen.

Dass ein jüngerer Jäger einem älteren das Aufbrechen abnimmt, ist ein Akt der Höflichkeit. Wer aber allein pirscht, muss ein geschossenes Stück auch selbst aufbrechen. Von dieser waidmännischen Verpflichtung kann ihn keine Entschuldigung befreien.

Altem Brauch entspricht es, das Stück sofort im Wald zu versorgen. Früher wurde das Wild sogar im Wald zerwirkt und zerlegt. Im Hochgebirge ist das manchmal heute noch üblich, wenn man auf andere Art und Weise ein stärkeres Stück Hochwild nicht zu Tal bringen kann.

Sind bei der Erlegung am Stück Merkmale bzw. Veränderungen festgestellt, die den Verzehr des Wildbrets bedenklich erscheinen lassen, so muss es einer amtlichen Untersuchung durch einen dafür bestellten Tierarzt unterzogen werden. Als bedenkliche Symptome gelten vor allem:

- Abnorme Verhaltensweisen und Störungen des Allgemeinbefindens;
- Fehlen von Anzeichen äußerer Gewalteinwirkung als Todesursache (Fallwild ist stets als untauglich zu beurteilen);
- Geschwülste und Abszesse, wenn sie zahlreich oder verteilt in inneren Organen oder in der Muskulatur vorkommen;
- Schwellungen der Gelenke oder Hoden, Hodenvereiterung;
- Leber- oder Milzschwellung;

- Darm- oder Nabelentzündung;
- fremder Inhalt in den Körperhöhlen, insbesondere Magen- und Darminhalt oder Harn, wenn Brust- oder Bauchfell verfärbt sind;
- erhebliche Abweichungen der Muskulatur oder der Organe in Farbe, Konsistenz oder Geruch;
- offene Knochenbrüche, soweit sie nicht unmittelbar mit dem Erlegen in Zusammenhang stehen;
- erhebliche Abmagerung oder Schwund einzelner Muskelpartien;
- frische Verklebungen oder Verwachsungen von Organen mit Brust- oder Bauchfell;
- sonstige erhebliche sinnfällige Veränderungen außer Schussverletzungen wie z. B. stickige Reifung.

Zunehmend mehr Jäger lüften draußen das Stück nur und brechen es erst unter hygienisch einwandfreien Bedingungen an oder in der Wildkammer auf. Beim Lüften öffnet man die Bauchhöhle, indem man Decke und Bauchfell durchschärft und ein sauberes Stück Holz oder einen Spreizer aus Edelstahl in die Öffnung steckt, damit die Bauchhöhle auskühlen kann. Beim

Aufbrechen eines liegenden Hirsches im Revier

Schwarzwild gehören zum Lüften noch Trennschnitte zwischen den Blättern und dem Brustkorb, die das Auskühlen der Kammer begünstigen.

Auf keinen Fall darf in den Pansen bzw. Weidsack gestochen werden, da dadurch die Bauchhöhle verschmutzt und genau das Gegenteil von dem erreicht würde, was bewirkt werden soll. Nach Vorverlagerung des Gescheides aus der Bauchhöhle ermöglicht das Aufschärfen des Zwerchfells entlang der Rippen den Abfluss von Schweiß aus der Kammer.

Aufbrechen

»Schlachtermethode«

Nach aktuellem Kenntnisstand ist das Aufbrechen des an den Hinterläufen fixierten und kopfunter hängenden Wildes möglichst in der sauberen Wildkammer dem Aufbrechen des liegenden Wildes vorzuziehen. So weiden professionelle Schlachter seit jeher das Nutzvieh aus, weshalb diese Methode auch die »Schlachtermethode« genannt wird.

Aufbrechen liegenden Wildes ohne Öffnung des Brustkorbs

Auch im heutigen Jagdalltag wird Wild noch oft aufgebrochen, während es liegt, so wie es über viele Jahrzehnte üblich war. Dies geschieht zumeist aus Gründen der Praktikabilität und ist manchmal nach den gegebenen Umständen auch gar nicht anders möglich. Betrachten wir hierbei zunächst das Aufbrechen »nach altem Brauch«, bei dem der Brustkorb geschlossen bleibt.

Angenommen, es handelt sich bei dem erlegten Wild um einen Hirsch, so wird dieser zunächst auf den Rücken gelegt und das Haupt so weit zurückgebogen, dass das Geweih nach rückwärts zeigend auf der Erde liegt. Alsdann tritt der Erleger neben den Träger und schärft mit dem Waidmesser die Decke und das darunter liegende Hautgewebe vom Stich bis zum Drosselknopf auf, fasst mit der einen Hand die Drossel und den darunter liegenden Schlund und zieht beide heraus, indem er mit der anderen Hand gegen den Träger drückt. Schlund und Drossel einschließlich Drosselknopf werden nun vorn abgeschärft und der Schlund längs der Drossel, mit der er durch Hautgewebe verbunden ist, abgetrennt.

Der Schlund wird darauf entweder verknotet, und zwar so, dass man zunächst mit dem Waidmesser das an ihm sitzende Wildbret abschabt, damit der Knoten nicht rutschen kann, oder man schließt ihn, indem man einen Längsstich durch den Schlund macht und dann das obere Ende mehrfach durch diesen Schlitz hindurchschlingt.

Nunmehr schärft man den Drosselknopf von der Drossel, da sich dieser nur schwer in die Brusthöhle hineinziehen lässt, und drückt den Schlund mit dem Daumen möglichst tief nach der Brusthöhle hin in den Wildkörper hinein. Früher waren das Ablegen des Hirschfängers und das Abnehmen des Hutes beim Aufbrechen ebenso verpönt wie das Aufkrempeln der Ärmel oder das Ausziehen des Rockes. Heute müssen aber sauberes Arbeiten und Reinlichkeit in jedem Falle Vorrang haben.

Ein mit Blattschuss erlegter Hirsch kann aufgebrochen werden, ohne dass man sich den Rock oder die Manschetten zu beschmutzen braucht, bei waidwunden Schüssen ist das schwieriger; man kann eventuell Stulpen über die Unterarme ziehen, wie sie früher noch bei größeren Jagden mitgeführt wurden. Nachdem Drossel und Schlund gelöst sind, tritt man zwischen die Hinterläufe, spreizt die Keulen auseinander und schärft mit dem Waidmesser in der Mitte zwischen den beiden Brunftkugeln die Decke durch, und zwar nach vorn bis zur Ausmündung der Brunftrute, also bis zum Pinsel.

Alsdann löst man die Brunftkugeln aus der Decke heraus, indem man sie mit der linken Hand greift und mit der rechten die Samenstränge nachfassend herauszieht. Darauf wird mit dem Waidmesser die Brunftrute ausgelöst und beim Hirsch mit der Ausmündung, mit dem Pinsel, abgeschärft, es wird also vorn an der Brunftrute ein Stückchen Decke belassen. Hinten wird die Brunftrute so tief wie möglich an der Keule abgeschärft. Man kann sie auch erst zurücklegen und nach dem Öffnen des Schlosses abschärfen. Brunftkugeln und Brunftrute werden zur Linken niedergelegt (vom Aufbrechenden aus gesehen), also neben die rechte Keule des Hirsches. Jetzt wird mit dem Waidmesser die Decke weiter aufgeschärft bis zum Brustbein hin.

Bei dem nun folgenden Öffnen der inneren Bauchdecke schafft man vorsichtig schneidend zunächst eine kleine Öffnung, wobei peinlich darauf zu achten ist, dass man nicht in das Gescheide hineinschärft. Diese Öffnung braucht nur einige Zentimeter lang zu sein, sodass man Zeigefinger und Mittelfinger der linken Hand hineinzwängen kann. Indem man nun mit diesen beiden Fingern vorwärtsgleitet, drückt man das Gescheide nach unten und kann mit dem von der rechten Hand geführten Waidmesser – Schneide nach oben zeigend – die Bauchdecke aufschärfen, ohne das Gescheide zu verletzen. Nachdem man die Bauchdecke bis zum Brustbein aufgeschärft hat, schärft man sie nach hinten bis zum Schloss durch. Dabei muss das Wildbret zwischen den Keulen durchgeschnitten werden.

Beide Keulen sind aneinandergewachsen, aber sie haben eine Trennungshaut. Es zeigt den Künstler in seinem Fach, wenn diese Trennungshaut beim Durchschärfen so genau gefasst wird, dass auf keiner Seite rotes Wildbret sichtbar wird, sondern das Wildbret auf beiden Seiten mit einer dünnen, weißlich-bläulich schimmernden Haut überzogen ist. Die rechte Hand fasst nun zwischen Pansen und Leber in die Bauchhöhle hinein und ergreift den Schlund an der Stelle, wo er durch das Zwerchfell in den Brustkorb tritt. Kräftig, aber vorsichtig wird der Schlund herausgezogen, er darf dabei keinesfalls abreißen, da sich sonst Panseninhalt in den Brustkorb ergießt und diesen verschmutzt. Hat man den Schlund herausgezogen, so fasst man mit beiden Händen den Pansen, drückt die Leber nach vorn, löst das ganze Gescheide durch Ziehen und Zurückdrücken aus der Bauchhöhle und legt es nach rechts (vom Aufbrechenden aus gesehen) heraus.

Die Leber, die am Zwerchfell festgewachsen ist, bleibt also noch im Wildkörper, wogegen die am Pansen sitzende Milz mit herausgezogen wird. Das Gescheide ist jetzt nur noch durch den Weiddarm mit dem Wildkörper verbunden. Um den Weiddarm auszulösen, muss man zunächst das Schloss aufschlagen. Das Schloss hat eine Naht, die durch eine kleine, von unten fühlbare Erhöhung leicht zu finden ist. Bei einem jungen Stück ist die Naht nur verknorpelt und kann mit dem Waidmesser geöffnet werden. Bei älteren Stücken ist die Naht fest verwachsen und muss aufgeschlagen oder aufgesägt werden. Der moderne Jäger verwendet hierzu meistens eine Messersäge.

Mit einem Waidblatt, welches den Schwerpunkt vorne hat, lässt sich das Schloss bequem aufschlagen, so wie es schon vor Jahrhunderten unsere Vorfahren taten. Man führt leichte Schläge auf die Naht, wobei man natürlich immer wieder in dieselbe Kerbe treffen muss, was bei einiger Übung nicht so schwer ist. Auch die Verwendung eines Beils hat sich bewährt. Danach wird das Schloss aufgebrochen. Dazu greift man mit beiden Händen in das Schloss hinein, sodass die Handflächen beiderseits nach außen zeigen, und hebt nun mit durchgedrückten Knien aus dem Kreuz heraus das Stück hinten hoch, bis ein krachendes Geräusch zu hören ist und das Schloss auseinanderbricht.

Das Aufbrechen des Schlosses ist bei einem alten Hirsch oder Keiler gar nicht so einfach; zu zweit tut man sich leichter. Beim Schwarzwild erleichtert man sich das Aufbrechen des Schlosses durch Packen des Pürzels und Anheben der Keulenpartie.

Ist das Schloss aufgebrochen, werden Blase, Nebenhoden und der Weiddarm mit der linken Hand gefasst, und die rechte Hand führt das Waidmesser, um das Ganze durch ständiges Nachschärfen herauszulösen. Man zieht alles nach hinten heraus und schärft am Weidloch ab. Zum Schluss wird das Geräusch herausgenommen. Zu diesem Zweck schärft man das Zwerchfell innen an den Rippen ab, greift mit der rechten Hand in den Brustkorb, fasst die Drossel und zieht Herz, Lunge, Leber und Drossel heraus. (Beim Schwarzwild muss ein Stück vom Zwerchfell im Wildkörper zurückbleiben, um es zur Untersuchung auf Trichinen zur Verfügung zu haben.) Schließlich sticht man die Brandadern auf und hebt das Stück vorne hoch, um es gut ausschweißen zu lassen.

Diese Art des Aufbrechens gilt für alles Schalenwild mit folgenden Abweichungen: Beim männlichen Rehwild bleibt der Pinsel an der Decke, die Brunftrute wird also unterhalb des Pinsels abgeschärft, und zwar so, dass der Pinsel links von dem durch die Decke geführten Längsschnitt sitzen bleibt (vom Aufbrechenden aus gesehen).

Beim weiblichen Rehwild bleibt das Feuchtblatt mit der Schürze an der Decke, und zwar ebenfalls auf der linken Seite (vom Aufbrechenden aus gesehen). Dies dient vor allem dazu, bei der Lieferung von Rehwild sofort das Geschlecht erkennen zu können.

Beim Aufbrechen von Sauen, die ja keine Wiederkäuer sind, ist das Verknoten des Schlundes überflüssig. Deshalb werden Drossel und Schlund bei diesem Wild einfach durch einen Querschnitt abgeschärft, ohne dass man Gefahr läuft, das Wildbret durch Mageninhalt zu verschmutzen.

In schwierigem Gelände, in dem das Stück noch bis zum Aufladen auf den Wagen geschleift werden muss, empfiehlt es sich, sofern man keinen Rucksack bei sich hat, das Geräusch nicht herauszunehmen. Man durchsticht dann auf beiden Seiten das Zwerchfell so, dass es mit dem Brustbein und dem Rücken noch verbunden bleibt; dadurch werden das Abfließen des Schweißes aus dem Brustkorb und ein Auskühlen der Kammer ermöglicht. Erst später nimmt man dann das Geräusch heraus.

Sinnvoll ist es, das Geräusch kurzzeitig an einem Ast aufzuhängen, damit der Schweiß abtropfen kann, und das Herz nach Aufschärfen der Kammern zu säubern.

Hat man im Winter ein Stück aufgebrochen, das gut feist ist, so hängt man den Weiddarm so auf, dass sich Meisen und andere Vögel an dem daran sitzenden Feist gütlich tun können.

Aufbrechen liegenden Wildes mit Öffnen des Brustkorbs

Unter Würdigung des herkömmlichen Brauchtums hat sich beim Aufbrechen von Schalenwild ein abgewandeltes Verfahren ergeben, das besondere Vorteile in der Schnelligkeit und Sauberkeit hat: Hierbei wird auf den Drosselschnitt verzichtet, jedoch der Brustkorb ganz geöffnet und der Hals bis zum Kinnwinkel aufgeschärft.

Ein Unterschied zum alten Brauch besteht darin, dass nach Aufschärfen der Bauchhöhle »von hinten her« das Schloss – also die Beckenfuge – zuerst aufgetrennt wird und auch die Brandadern gleich geöffnet werden, ehe Schweiß aus dem Brustbereich nach hinten läuft (die Brandadern sind dann besser zu erkennen). Der Aufbrechende stellt sich dann mit dem Rücken zum Haupt, sodass er das Brustbein leicht von hinten nach vorne aufschärfen oder aufsägen kann. Auf diese Weise wird die gesamte Brusthöhle freigelegt. Man ist dann in der Lage, nach Aufschärfen des Zwerchfelles und nach Abtrennen der Drossel und des Schlundes unmittelbar am Trägeransatz mit festem Griff um die freigelegte Drossel in einem Zug den gesamten Aufbruch nach hinten herauszuziehen. Da und dort wird noch mit dem Messer schärfend nachgeholfen, und man erreicht so, dass auch bei Weidwundschüssen der innere Bereich des Wildkörpers relativ sauber wird und gut auskühlen kann.

Ein weiterer Vorteil besteht darin, dass z. B. bei einem Muffelwidder die Trägermähne, die mancher Jäger für die Präparation erhalten möchte, nicht durch den gewohnten Drosselschnitt beschädigt wird.

Bei dieser Methode gibt es verschiedene Vorgehensweisen: Man kann beispielsweise die Drossel mit Schlund und Lecker herauslösen, außerdem auf das Öffnen des Schlosses zunächst verzichten, wie es in manchen Gegenden üblich ist, um die Qualität des Wildbrets zu erhalten. Dies hat sich speziell im Hochgebirge, in Skandinavien und in einigen osteuropäischen Ländern bewährt. Anstelle eines Durchtrennens der Schlossnaht wird dann das Weidloch nur kreisförmig umschärft und mit dem Weiddarm entnommen. Man spricht hier von der »Ringelmethode« oder schlicht dem »Ringeln«.

Die Verwendung von Wasser zur Säuberung von Brust- und Bauchhöhle ist nach neuer Erkenntnis – vor allem solange das Wildbret noch nicht ausgekühlt ist – im Gegensatz zu früheren Meinungen unverzichtbar.

Der Gebrauch moderner, zum Teil raffiniert konstruierter Messer und Scheren (Aufbrechklinge u. a.) findet, obwohl sie durchaus praktisch sein können, nicht so verbreitet Anklang, wie erwartet wurde. Es sollte jedem Jäger vorrangig darauf ankommen, entsprechend seiner individuellen Einstellung und seinen Fähigkeiten, ein ihm gewohntes, handliches, natürlich stets scharfes Messer und auch eine kleine Säge zur Hand zu haben; normalerweise kommt er damit aus.

Nach dem Aufbrechen ist Haarwild so aufzubewahren, dass es gründlich auskühlen (auf eine Kerntemperatur von +7 °C und darunter; Feldhase, Kaninchen und Federwild auf +4 °C) und in der Körperhöhle antrocknen kann. Das spätere Zerwirken darf gemäß Fleischhygienerecht nur noch an Orten vollzogen werden, die z. B. hinsichtlich Ungezieferschutz, Sauberkeit und Wasseranschluss den Vorschriften genügen.

Die in den letzten Jahren deutlich verschärften fleisch- und lebensmittelhygienerechtlichen Bestimmungen müssen jedem Jäger geläufig sein und sorgfältig beachtet werden.

Das Kleine und das Große Jägerrecht

Das Jägerrecht hat eine wechselvolle Entwicklung in der Geschichte der Jagd genommen. Das Bestreben, Jagdbedienstete bei der Erlegung von Wild am Wildbret teilhaben zu lassen, Leistungen mit Deputat abzugelten oder auch mancherlei Verpflichtungen möglichst einfach und praktisch zu erfüllen, wurde sehr unterschiedlich gehandhabt (vgl. S. 27).

Das sogenannte Große Jägerrecht, auch »Ganzes« oder »Volles Jägerrecht« genannt, besteht aus dem Haupt und dem Vorschlag bis zur dritten Rippe *sowie* dem Geräusch. Es gehörte einst zu den Naturallöhnen der Berufsjäger, ist aber längst nicht mehr üblich.

Das »Kleine Jägerrecht« ist dagegen mittlerweile zu einem feststehenden Begriff, zum eigentlichen Jägerrecht geworden. Zum ihm zählen das Geräusch (Herz, Lunge, Leber, Nieren), Lecker, Feist oder Weißes, welches man ohne Zuhilfenahme des Waidmessers mit den Fingern losreißen kann, außerdem Drossel, Lunge, Milz und Pansen, die zumeist als Hundefutter Verwendung finden; keinesfalls aber die Filets. Das Kleine Jägerrecht erhält der Erleger des Stückes. Dieser Brauch wird heute noch allgemein geübt, er ist auch zumeist in den Jagdnutzungsvorschriften der staatlichen

Forstverwaltungen verankert. Damit der Erleger das Kleine Jägerrecht erhält, gilt aber als Vorbedingung, dass er das Stück selbst aufbricht. Ist dies nicht der Fall, so erhält der Aufbrechende das Kleine Jägerrecht.

Trophäen

Die Trophäe gehört grundsätzlich dem Erleger des betreffenden Stückes. Falls jenes jedoch nicht freigegeben oder sonst eine Unbotmäßigkeit bei der Erlegung im Spiele war, muss der Schütze damit rechnen, dass die Trophäe einbehalten wird. Entsprechendes gilt für die Trophäen von Fallwild. Zu Ausstellungs-, Bewertungs-, Vergleichs- und Planungszwecken können Trophäen wie auch Abwurfstangen vorübergehend zusammengezogen werden. Dafür sollte jeder Jäger Verständnis haben.

Gebräuche bei der Verwertung des Niederwildes

Warum früher mancher Jäger Hasen oder Kaninchen, die er selbst essen wollte, wochenlang – ohne sie vorher auszunehmen – abhängen ließ, bis die »Mürbebraten« grün aussahen, ist heute vollkommen unverständlich.

Für Feldhasen und Wildkaninchen besteht eine Ausnahmeregelung dahingehend, dass Aufbrechen und Ausweiden spätestens bei der Anlieferung in den verarbeitenden Betrieben zu erfolgen haben. Dies entbindet jedoch nicht von der grundsätzlichen Pflicht des unverzüglichen Aufbrechens bzw. Ausweidens, im Rahmen von Treibjagden möglichst nach jedem Treiben. Zuallererst, gleich nach der Erlegung, ist nach wie vor bei Hasen und Kaninchen die Blase auszudrücken. Im Übrigen muss es selbstverständlich sein, diesem schmackhaften Wildbret dieselbe Sorgfalt angedeihen zu lassen, wie dem des Schalenwildes; allerdings muss das alsbaldige Abkühlen der beiden vorgenannten Wildarten auf eine Innentemperatur von +4 °C hinauslaufen.

Waldhühner (und früher Trappen) werden »ausgefahren«. Die alte Jägerei sprach auch beim Auerhahn, weil er zur hohen Jagd gehört, von »Aufbrechen«. Da das Federwild jedoch kein Schloss hat, welches man aufbricht, ist diese Bezeichnung wenig zutreffend, und der Ausdruck »Ausfahren« klarer und besser. Man schärft den Vogel vom Weidloch bis zum Brustkern auf und zieht mit der rechten Hand das Gescheide heraus. Das früher übliche Aushaken des erlegten Federwildes ist heute nach dem Geflügelfleischhygienegesetz nicht mehr zulässig.

Alles Federwild muss baldmöglichst nach der Erlegung ausgenommen und auf ebenfalls +4 °C heruntergekühlt werden. Bei Tauben und Hühnervögeln ist das Entfernen des Kropfes von besonderer Bedeutung für die Qualität des Wildbrets, da die dort ablaufende Säuerung sonst den Wohlgeschmack beeinträchtigt. Genauso, wie man verpflichtet ist, Schalenwild aufzubrechen, sollte es eine Selbstverständlichkeit sein, dass man Federwild und sonstiges Niederwild mit entsprechender Sorgfalt behandelt. Jeder Jäger ist dazu verpflichtet. Bei großen Treibjagden ist es Sache des Jagdleiters, genügend Hilfskräfte hierfür bereitzuhalten.

Während des Transports schließlich muss das erlegte Wild möglichst luftig, mit guter Gelegenheit zu weiterem Auskühlen und sauber verladen sein, um die Gefahren des Verhitzens bzw. der stickigen Reifung zu vermeiden. Längere Strecken im verschlossenen Kofferraum oder weite Wege im vollgepackten Rucksack, womöglich noch mit luftdichter Schweißeinlage, verbieten sich von selbst.

Niederwild ist während eines Treibjagdtages auf dem Wildwagen an Stangen, nicht zu eng, aufzuhängen, und den Rehbock oder die Gams hängt man am besten mit verschränkten Läufen über den Pirschstock.

Zur Strecke legen

Nach dem Aufbrechen wird das Wild zur Strecke gelegt, sämtliches Wild auf die rechte Seite. Beim männlichen Stück wird das Haupt aufrecht gestellt, um so den Kopfschmuck besser zur Geltung zu bringen. Alsdann wird das Stück mit dem Inbesitznahmebruch gerecht verbrochen. Um ein gutes Auslüften zu sichern, hält man die Bauchhöhle durch quer geklemmte, saubere Hölzer oder Edelstahlspreizer offen.

Seit Beginn des vorigen Jahrhunderts hat sich der Brauch entwickelt, dem gestreckten Stück eine angemessene Zeit der Totenwacht zu widmen. Dieses gedankenverlorene Innehalten ist ein schöner Brauch: Der Jäger erlebt in der Erinnerung noch einmal alle Pirschgänge, die er dem erlegten Stück gewidmet hat. Im Geist sieht er wieder all das Interessante und Schöne, das er um dieses Stück Wild willen erlebt hat. Es ist eine Stunde der Einkehr und Besinnung, wenn das Auge voll Freude und Stolz auf dem gestreckten Wild und vielleicht gar auf einer starken Trophäe ruht. Eine solche Totenwacht ist aber nur dann stilvoll, wenn das Stück sauber aufgebrochen, das Gescheide ordentlich eingegraben oder wenigstens abgedeckt ist (sofern Schwarzwildgescheide je nach den örtlichen Umständen nicht sogar mitgenommen und entsorgt werden muss) und das Stück gerecht gestreckt und verbrochen ist.

Das Legen der Strecke nach einer Drückjagd oder Treibjagd wird je nach Gegend manchmal unterschiedlich gehalten. In den einzelnen Fürstentümern hat sich das jagdliche Brauchtum in früherer Zeit zum Teil individuell entwickelt, weshalb wir auch heute noch in einigen Gebieten auf eigenständige Bräuche stoßen.

Hochwildstrecke

»Wie Jäger will obern Falckner seyn, also o hertrifft Hirsch das Schwein«

Diesem alten Jagdspruch folgend, wird nach gemeinsamem Jagen die Hochwildstrecke folgendermaßen gelegt: In der ersten Reihe liegt das Rotwild, Hirsche am rechten Flügel, nach links hin die schwächeren Stücke, also das stärkste Stück stets am rechten Flügel. In der zweiten Reihe liegt das Damwild, dann das Muffelwild, die Sauen, das Rehwild und in der letzten Reihe die Füchse (deren Lunte aufwärts gebogen wird), am linken Flügel der Füchse sonstiges noch erlegtes Wild, vielleicht auch eine im Treiben gefundene Abwurfstange.

Alles Wild liegt auf der rechten Seite. Jedes Stück wird mit dem Inbesitznahmebruch versehen, außerdem erhalten alle männlichen Stücke Schalenwild den letzten Bissen.

Dem Raubwild, z. B. Bär, Luchs, Wolf und Fuchs wurde früher in manchen Revieren ein besonderer Platz auf der Strecke eingeräumt. Es wurde in der ersten Reihe, und zwar auf die linke Körperseite gelegt. Es wurde auch zuerst verblasen. An manchen Orten wird dieser Brauch für den Fuchs noch heute gepflegt.

Niederwildstrecke

In der ersten Reihe liegen die Füchse, alle auf der rechten Seite, die Lunten nach oben gebogen. In der zweiten Reihe die Hasen, jeder zehnte ist eine halbe Hasenlänge vorgezogen, beim rechten Flügel anfangend; in der dritten Reihe Kaninchen; in der vierten Reihe die Fasanen und am linken Flügel der Fasanen diverses Flugwild, also etwa Schnepfen, Rebhühner, Tauben usw. Früher legte man im östlichen Deutschland, besonders in Schlesien, die Fasanen in die erste Reihe. Es geschah dies, weil der Fasan ursprünglich zur

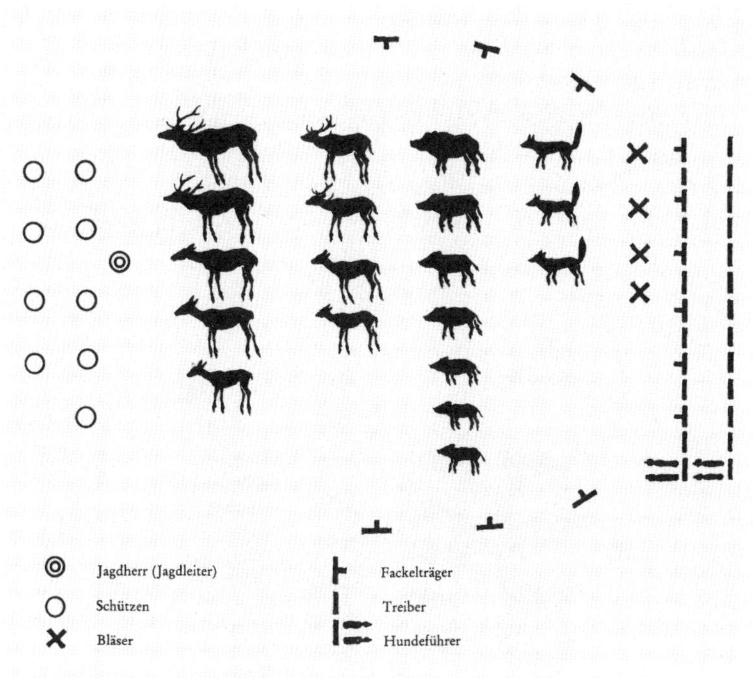

Korrekt gelegte Strecke aus Hochwild und Füchsen

hohen Jagd gehörte. Da der Fasan heute zum Niederwild zählt, sofern das Jagdrecht überhaupt noch zwischen Hoch- und Niederwild unterscheidet, besteht keinerlei Veranlassung, an diesem Brauch festzuhalten, zumal er nur in begrenzten Gebieten üblich war. Bei allem Wild wird wie bei den Hasen jedes zehnte Stück eine halbe Wildlänge vorgezogen.

Strecke aus Hoch- und Niederwild

Bei Waldtreibjagden kommt es häufiger vor, dass neben Fuchs und Hase auch Sauen zur Strecke kommen, es wird auch wohl Rotwild freigegeben, sodass also Strecken mit Wild der hohen und der niederen Jagd vorhanden sein können. Man legt dann stets das Hochwild – für die Begriffe Hoch- und Niederwild sind die Jagdgesetze maßgebend – vor das Niederwild.

Nehmen wir an, auf einer Waldtreibjagd sind zwei Schmaltiere, drei Sauen, sechs Füchse und 30 Hasen geschossen worden. In die erste Reihe wird man dann am rechten Flügel die beiden Schmaltiere und – da bei der geringen Zahl eine neue Reihe nicht sinnvoll wäre – die Sauen in dieselbe Reihe links anschließend an das Rotwild legen; in die zweite Reihe die Füchse; in die dritte Reihe die Hasen.

Grundsätzlich sollte die Strecke möglichst nicht tiefer als breit werden. Wenn also von einer Wildart nur wenige Stücke erlegt sind, schließt man die folgende Wildart in derselben Reihe an. Nur für das Raubwild gilt das nicht. Füchse und anderes Raubwild liegen stets in einer Reihe für sich.

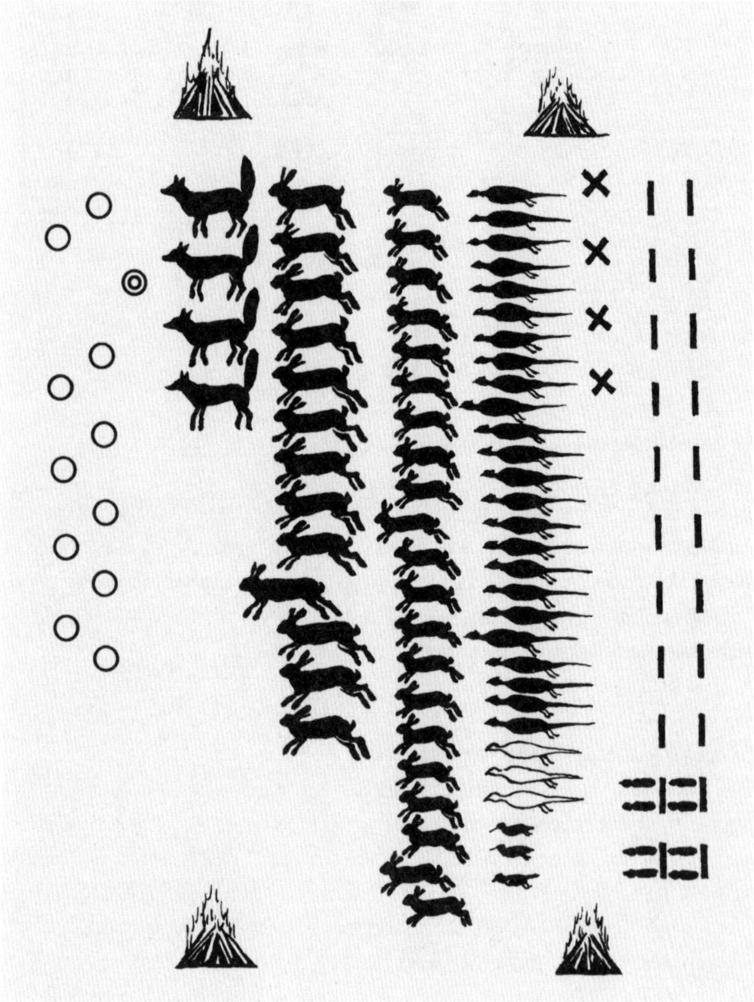

Korrekt gelegte Niederwildstrecke

Abschluss an der Strecke

Bei jeder gelegten Strecke, also Hochwild- und Niederwildstrecke, stehen die Schützen und der Jagdherr vor der Strecke, die Bläser hinter der Strecke am rechten Flügel. Hinter den Bläsern stehen die Treiber, die Hundeführer mit den Hunden am linken Flügel.

Nicht überall einheitlich wird das Tragen des Jagdgewehrs gehandhabt, das natürlich zum Jäger gehört: Während früher vielerorts die Schützen sowohl bei der Versammlung und Begrüßung vor der Jagd als auch beim Streckelegen das Gewehr (auf der linken Seite, mit der Mündung nach oben) tragen sollten, wird heute aus Sicherheitsgründen mitunter darum gebeten, auf das Tragen der Waffe vor und nach den Treiben zu verzichten. Im Übrigen ist die Unfallverhütungsvorschrift (UVV »Jagd«) der landwirtschaftlichen Berufsgenossenschaft maßgeblich; hinzukommen die »Hauptregeln für das Verhalten der Jäger auf Treibjagden und sonstigen Gesellschaftsjagden«, wie sie auf der Rückseite des Jagdscheins stehen. Beide gehören längst zu unserem jagdlichen Brauchtum. Darüber hinaus hat sich jeder an die Weisungen des Jagdleiters zu halten.

Verblasen der Strecke

Nachdem die Strecke gerecht gelegt ist und alle ihren Platz eingenommen haben (vgl. Abb. S. 117 u. 118), kann das Zeremoniell des Verblasens, das ein eindrucksvoller, würdiger Ausklang der Jagd sein soll, beginnen. Hier wird ein Beispiel für den Ablauf gegeben; örtliche Gepflogenheiten sollen Berücksichtigung finden.

Der Jagdleiter lässt das Signal »Das Ganze« blasen. Danach meldet er dem Jagdherrn die Strecke nach Wildart und Anzahl. Der Jagdherr dankt und kann hier die Gelegenheit nutzen, seinen Dank den Mitwirkenden an der Jagd zum Ausdruck zu bringen. Dann gibt er ein Zeichen, die Strecke zu verblasen. Ist der Jagdherr zugleich Jagdleiter, so übernimmt er die Bekanntgabe der Strecke und die weiteren Weisungen an die Bläser sowie die notwendigen Handlungen. Sodann erklingen die »Totsignale« in der Reihenfolge, wie die Strecke liegt.

Bruchübergabe und Ende der Jagd

Handelt es sich um eine *Hochwildstrecke*, überreicht der Jagdleiter (Jagdherr) nach dem ersten Totsignal mancherorts den ersten Bruch an den erfolgreichs-

Verblasen der Strecke

ten Schützen der Jagd und ernennt diesen zum Jagdkönig. Ein solcher wird in heutiger Zeit aber nicht mehr überall »proklamiert« (s. S. 121). Anschließend werden die weiteren Totsignale geblasen und danach jeweils den an der Strecke beteiligten Schützen ein Bruch überreicht. Der Jagdleiter muss darauf achten, dass niemand vergessen wird, dem ein Bruch zusteht. Er sollte einfallsreich auch feine Nuancen einflechten: Einem Schützen, der ein falsches Stück geschossen hat, kann er z. B. nur einen winzigen Bruch mit einer passenden (nicht verletzenden) Bemerkung geben.

Es ist auch ein schöner Brauch, einen verdienten Treiber angesichts der Strecke mit einem kunstvoll geschnitzten Treiberstock auszuzeichnen oder ihn zum Ehrentreiber zu ernennen.

Handelt es sich um eine Niederwildstrecke, so steht den Erlegern offiziell kein Bruch zu (Ausnahme: für einen Kugelfuchs). Wohl aber kann der Jagdleiter (Jagdherr) dem erfolgreichsten Schützen einen Bruch überreichen und – soweit es in dem Revier üblich ist – diesen zum Jagdkönig ernennen.

Wenn die Brüche ausgehändigt sind, kündigt der Jagdleiter/Jagdherr die Signale »Jagd vorbei« und »Halali« an, und mit ihrem Ertönen ist die eigentliche Jagd draußen im Revier beendet.

In zahlreichen Jagdrevieren, auch des osteuropäischen Raumes, ist es üblich, bei dem Signal »Halali« die Kopfbedeckung abzunehmen oder als

Uniformträger den Handgruß zu erweisen. In Jägerkreisen ist die Ansicht hierüber durchaus geteilt, weil Übertreibungen die Grenze zum falschen Pathos leicht überschreiten können.

Ergänzende Anmerkungen

Jeder Teilnehmer am Streckeverblasen sollte sich so verhalten, wie es guter jagdlicher Stil und Geschmack erfordern. Zumeist und zumindest ist eine würdigende, respektvolle Haltung angebracht. Wer sich nicht sicher ist, richte sich danach, in welcher Weise der Jagdleiter (Jagdherr) seine Achtung dem gestreckten Wild gegenüber entbietet.

Zur Organisation einer Jagd gehören auch alle Vorbereitungen für das stilvolle Verblasen der Strecke: Fackeln und Holzfeuer sollten das erlegte Wild am Abend beleuchten. Eine betonte Rücksichtnahme im Interesse eines würdigen Verlaufes der Zeremonie muss von jedem Teilnehmer erwartet werden. Es gebietet der Respekt vor dem Brauch, Lärm (auch von Kraftfahrzeugen) und Störungen (z. B. durch z. B. übermäßiges Fotografieren u. a.) fernzuhalten. Niemand darf über die Strecke treten oder sie überspringen. Alle Teilnehmer möchten den Jagdtag in schöner Erinnerung behalten.

Jagdkönig

Über den Brauch, nach der Jagd einen *Jagdkönig* zu ernennen, sind die Meinungen der Jäger sehr unterschiedlich. Die einen lehnen den Jagdkönig ab, weil ein »Vielschießer« nicht gerade der würdigste Jäger zu sein braucht, andere wiederum haben in dem Jagdkönig gern eine Persönlichkeit, die im Namen der Teilnehmer den Dank an den Jagdherrn und alle diejenigen ausspricht, die sich um das Gelingen der Jagd verdient gemacht haben. Dies geschieht gemeinhin beim Schüsseltreiben. Es darf kein Zwang sein, dass der Jagdkönig verpflichtet wird, eine »Lokalrunde« zu spendieren, insbesondere, wenn es sich um einen bescheiden bemittelten Jäger handelt. Es müsste gerade umgekehrt sein: Die Teilnehmer am Schüsseltreiben sollten den Jagdkönig freihalten!

Im Übrigen kann sich der Jagdherr auch das Recht nehmen, den Jäger des Jagdtages zum »Jagdkönig« zu ernennen, der sich durch rücksichtsvolles, sauberes Schießen oder sonst vorbildliches Verhalten ausgezeichnet hat. Es braucht nicht der Schütze zu sein, der am meisten erlegt hat; bei einer Saujagd aber müsste es zum Beispiel derjenige sein, der die meisten Frischlinge zur Strecke beigetragen hat. Nach dem Brauchtum werden dem Jagdkönig keine besonderen Rechte eingeräumt, doch sollten der Jagdherr und die Korona ein dreifaches »Horrido« auf ihn ausbringen.

Transport des Wildes

Jedes Stück *Schalenwild* wird nach altem Brauch stets mit dem Haupt nach vorn getragen, gezogen, gefahren oder gekarrt. Dies hat auch eine praktische Bedeutung. Zieht man etwa das Wild umgekehrt, so wird das Stück rasch unansehnlich, außerdem schleift es sich erheblich schwerer. Man sieht leider allzu häufig, dass ein Hirsch so auf einen Wagen verladen wird, dass das Haupt hinten herausragt. Das entspricht nicht jagdlichem Brauchtum, auch wenn es vielleicht eindrucksvoller wirkt! Ein Stück Schalenwild wurde in

Tragen eines Bockes im Rucksack – eine nur bedingt geeignete Transportmethode

Wildtransport in alter Zeit (nach A. W. Graf von Mellin, 1779)

früheren Zeiten auf dem Wagen oder Karren eingebracht und mit Brüchen bedeckt (s. Abb. oben), zum einen, um die Fliegen fernzuhalten, und zum anderen, weil es so geschmückt einen besseren Anblick bietet.

Rehwild wurde bei der Einzeljagd vor allem früher oft im Rucksack transportiert. Vor allem im Hochsommer ist das nur eine bedingt geeignete Transportmethode, da das Wildbret leicht verhitzt. Sehr praktisch zum Tragen von Rehwild, Gams oder Wildkälbern ist der sogenannte *Gamsträger*, ein im Hochgebirge seit alten Zeiten bewährtes Lederkoppel.

Niederwild wird im Allgemeinen, sofern es sich um geringe Mengen handelt, im Rucksack getragen. Das ist aber auch nur bei kurzer Dauer gutzuheißen. Zum einen werden Hasen und Flugwild sehr unansehnlich im Rucksack; zum anderen besteht auch hierbei die Gefahr des Verhitzens. Man sollte daher Flugwild grundsätzlich am Galgen oder an einer Wildtrage transportieren. Der Fuchs wird, um den Balg zu schonen, nicht in den Rucksack gesteckt, sondern mit verschränkten Läufen außen auf dem Rucksack getragen.

Bei Drückjagden und Treibjagden muss ein Wildwagen eingesetzt werden. Wer die Kosten einer solchen Jagd aufwendet, darf am Wildwagen nicht sparen wollen. Der Wildwagen einer Treibjagd auf Niederwild muss mit querlaufenden Stangen versehen sein, an die Hasen und Kaninchen mit durchgehessten Hinterläufen, mit dem Kopf nach unten, aufgehängt werden. Flugwild dagegen wird umgekehrt, also mit Hals und Kopf oben, transportiert. Das Wild muss so hängen, dass es sich möglichst nicht berührt; niemals darf es unordentlich durcheinandergeworfen auf einem Haufen liegen.

Auch bei dem heute vielfach üblichen, oft unvermeidbaren Transport im Auto muss das Wild sorgfältig behandelt werden. Vor allem ist darauf zu achten, dass es nicht im geschlossenen Kofferraum verhitzt.

Zerwirken von Schalenwild

Das Zerwirken von Schalenwild beginnt mit dem Aus-der-Decke-Schlagen, beim Schwarzwild mit dem Abschwarten. Dazu und zum anschließenden Zerlegen wird das Stück aus Gründen der Wildbrethygiene heute zumeist aufgehängt.

Muss es am liegendem Stück geschehen (z. B. bei einer schweren Sau und idealerweise auf einem Aufbrechschragen), geht man vor wie folgt: Angesetzt wird am rechten Vorderlauf. Eine Handbreit oberhalb des Geäfters wird die Decke ringsum durchgeschärft, dann schärft man sie mit einem geraden Schnitt auf der Innenseite des Laufes bis zum Brustkern auf. Alsdann wird die Decke vom Brustbein bis zum Äser aufgeschärft. Nunmehr wird sie durch Drücken mit dem Daumen oder der Faust und unter Zuhilfenahme des Waidmessers abgelöst, und zwar zunächst nach dem Haupt hin und dann vom Schulterblatt nach der Keule zu. Man darf nicht umgekehrt von der Keule aus nach vorn arbeiten, weil dann die Decke nur schwer von den Lappen zu trennen ist. Ist man bis vor die Keule gekommen, so verfährt man genau wie am Vorderlauf. Der Schnitt durch die Decke des Hinterlaufes wird hier in Richtung des Weidloches geführt.

Alsdann tritt man um das Stück herum und beginnt am linken Vorderlauf und arbeitet genauso wie auf der anderen Seite. Ist das Stück aus der Decke geschlagen, so bleibt das Wildbret bei dem nun folgenden Zerlegen auf der Innenseite der Decke liegen, damit es nicht schmutzig wird.

Zum Zerlegen eines Stückes war eine Säge zu früherer Zeit nicht unbedingt nötig. Zuerst wird das rechte Blatt, dann das linke mithilfe des Waidmessers ausgelöst. Dann schlägt man das Brustbein bis zum Trägeransatz mit dem Waidblatt durch oder benutzt heute dazu eine Küchensäge. Um nun die Rippen– die »Wandl«, wie man in Süddeutschland sagt – abzutrennen, ritzt man die einzelnen Rippen vier Finger breit von der Wirbelsäule mit dem Waidmesser von innen deutlich an, sodass eine gerade Linie längs der Wirbelsäule gebildet wird. Hierauf wird mit dem Messer das Wildbret längs dieser Linie zwischen den Rippen durchstochen. Früher fasste man die letzte Rippe mit der linken Hand kurz an und steckte die Messerklinge etwa ein Drittel zwischen den Rippen hindurch, benutzte das Messer als Hebel in der rechten Hand und drückte mit der linken die Rippe zu Boden, bis sie durchbrach, und so fort bis zur letzten Rippe.

Heute haben sich feine Sägen und Aufbrechzangen bewährt. So verbleiben keine spitzen Knochen, die Gefrierbeutel allzu leicht durchstechen. Zum Schluss schärft man mit einem geraden sauberen Schnitt die Lappen bis zur Keule durch und vor der Keule ab.

Nunmehr trennt man genau vor den Keulen den Rücken mit dem Waidmesser durch und sägt von innen den Wirbelknorpel an. Um sich diesen Arbeitsgang zu erleichtern, kreuzt man die Hinterläufe übereinander, klappt also die Keulen zusammen, kreuzt dann die Läufe und drückt diese gegen den Boden. Dadurch entsteht unter dem Rücken ein Hohlraum. Die beiden Keulen lassen sich nun durch einen Schnitt mit dem Waidmesser, der am Wedel entlanggeführt wird, und durch eine gegenläufige Drehung leicht auslösen.

Alsdann wird der Rücken am Trägeransatz durchgeschlagen und der Rücken selbst nach Bedarf in Vorderziemer und Wedelziemer geteilt. Auch der Träger kann je nach Wunsch noch einmal geteilt werden. Das Haupt wird beim Zerwirken meistens schon vorher abgetrennt.

Dieses Zerwirken und Zerlegen gilt für alles Schalenwild. Man sollte es sich jedoch auf jeden Fall von einem versierten Jäger zeigen lassen, bevor man selbst zu Werke geht.

Da man im Hochgebirge mitunter ein Fahrzeug an den gestreckten Hirsch nicht heranbringen kann, muss dort Rotwild öfter an Ort und Stelle zerwirkt werden. Beim Abtransport kann ein Pferd, eine Schleppe oder eine Karre, wie sie sonst im Forstbetrieb oder in der Landwirtschaft verwendet wird, außerordentlich nützlich sein.

Vermarktung und Wertermittlung

In diesem Zusammenhang seien noch einige Sätze zum Absatz des Wildbrets erlaubt. In einer Zeit, in der außer Jägern kaum noch jemand mit unzerwirktem Wild etwas anfangen kann, ist es ratsam, das Wildbret vollständig zerlegt – möglichst sogar entbeint in Kleinbraten – abzugeben. Der Erlös steigt dabei deutlich. Wichtig zu kennen ist dafür jedoch der »Wildbret-Aufteilungsschlüssel« (s. Tabelle).

Wildbretteil	*a. nach Gewicht*	*b. nach Wert in Decke/Schwarte*	*c. nach Wert ohne Decke/ Schwarte*
Rücken	ca. 1/6	27,5 %	29,0 %
Keulen	ca. 2/6	44,0 %	46,2 %
Blätter	ca. 1/6	16,6 %	17,5 %
Kochwildbret, Hals, Rippen	ca. 1/6	6,9 %	7,3 %
Decke/Schwarte	ca. 1/6	5,0 %	–

Unter Anwendung der Tabelle (Spalten b, c) ist es möglich, auch ohne die einzelnen Partien zu verwiegen, angemessene Einzelpreise zu erlangen, vorausgesetzt, dass ein Stück nur in die aufgeführten Teile zerlegt wird. Der Kaufpreis der einzelnen Teile ergibt sich aus dem Gesamtkaufpreis mal dem Prozentsatz, geteilt durch 100. Beispiel:

Ein Reh kostet in der Decke 120,– Euro. Dann kostet der Rücken 120 x 27,5 : 100 = 33,– Euro. Diese Berechnungsgrundlage vereinfacht manche Wildaufteilung. Da heute allerdings kaum jemand die Decke oder Schwarte haben will, sie also unverkäuflich sind, gilt in der Regel die letzte Spalte c der Werttabelle.

Bei kleineren Portionen empfiehlt es sich, sie zu wiegen. Der Preis wird dann über die Tabelle der relativen Werte (Spalte c) bestimmt.

Das Gewicht des Schalenwildes wird stets aufgebrochen angegeben. Hierunter ist einheitlich zu verstehen: das Stück ohne Gescheide und Geräusch und ohne Kopfschmuck, also versandfertig.

Das *Abbalgen des Raubwildes* gehört nicht zum Brauchtum im engeren Sinne, sondern ist eine handwerkliche Tätigkeit, die zu beschreiben nicht Aufgabe dieses Buches sein kann, zumal sie bereits in jagdlichen Lehrbüchern vielfach dargestellt worden ist.

Tottrinken und Schüsseltreiben

Der Jäger ist einem guten Trunk im Allgemeinen nicht abgeneigt.

Von den ältesten Zeiten bis in unsere Tage sind Trinksitten mit der Jagd verknüpft. Das verdeutlicht so mancher derbe Jagdvers wie der folgende.

»Der Jäger, der nicht säuft,
Der Hund, der nicht läuft,
Und das Mädchen, das nicht stille hält –
Das sind die drei größten Wunder der Welt!«

Beim frohen Becherklang erlebt man noch einmal die ganze Jagd, bei schäumendem Bier erzählt es sich besser und freier, bei golden schimmerndem Wein leuchten die Augen der Jungen vor Begeisterung, die der Alten in stiller Freude.

So schön es sein mag, nach der Jagd den Humpen zu schwingen, so verwerflich ist es, während der Jagd selbst Alkohol zu trinken. Der Umgang mit dem Gewehr ist eine ernste Sache, die Verantwortung verlangt; und man sollte nicht durch Alkoholgenuss dieses Verantwortungsgefühl schwächen. Nichts ist schlimmer, als wenn nach dem Frühstück eine leicht angeheiterte Jagdgesellschaft aufbricht und nun, von inneren Hemmungen befreit, achtlos mit der Waffe umgeht. Während der Jagdausübung Alkohol zu trinken – und Jagdausübung beginnt schon mit der Anfahrt zur Jagd mit der Waffe und endet erst, wenn das Gewehr wieder sicher im Waffenschrank verschlossen ist –, ist im höchsten Grade verantwortungslos und strafbar. Einschlägige Gerichtsurteile haben dies in jüngerer Vergangenheit klargestellt. Ist nach der Jagd die Waffe ordnungsgemäß verwahrt, sollte sich dagegen niemand von einer fröhlichen Runde ausschließen. Wer jedoch mit dem Auto unterwegs ist, muss sich natürlich auch diesbezüglich strenge Mäßigung auferlegen. Mit dem Führerschein gerät sonst leicht auch der Jagdschein in Gefahr. Immer mehr gehen daher Jagdgesellschaften dazu über, gemeinsame Fahrten zu organisieren. Dann sind dem frohen Zechen keine Schranken gesetzt, solange die Waffen der mitfahrenden Jäger nicht im Auto sondern ordnungsgemäß versorgt sind.

Hat man ein Stück Schalenwild, insbesondere einen starken Hirsch, Rehbock oder Keiler erlegt, so ist es guter Brauch, ihm Stunden der Besinnung und Erinnerung und einen entsprechenden Trunk zu widmen. Vom *Tottrinken* sprechen wir Jäger dann. Am stimmungsvollsten ist es beim Feuer am gestreckten Stück draußen im Revier, in der Jagdhütte oder zu Hause am offenen Kamin. Der glückliche Erleger sitzt so, dass er das Geweih oder Gehörn stets vor Augen hat, das warme Kerzenlicht oder der Schein des flackernden Feuers spielt an den weißen, blitzenden Enden und wirft vervielfachte Schatten. Im Feuer prasseln die Birken- oder Buchenscheite und gute Freunde trinken auf das edle Waidwerk. Der wärmende

Kamin ist überhaupt der beste Platz, um nach der Jagd Erinnerungen nachzuhängen, und kein Ort ist auch sonst geeigneter für Vergeben und Vergessen. Wie wohlig sitzt es sich, von außen gewärmt durch das lodernde Feuer, von innen durch den heißen, dampfenden Grog, von unten durch die mächtige, vor dem Kamin liegende Sauschwarte! Man wird vor einem Kamin niemals Langeweile empfinden- wer ein Feuer hat, ist nie allein!

Nach gemeinsamer Jagd folgt das *Schüsseltreiben* oder der *Knödelbogen*, wie der Bayer sagt. An diesem Brauch halten in heutiger Zeit leider nicht mehr alle Jagdgesellschaften fest. Und doch bildet das gemeinsam eingenommene Abendbrot an langer, mit Grün geschmückter Tafel einen stilvollen Abschluss des Jagdtages, den man zusammen erlebt hat.

»Wer nach froh verlebter Jagd eilig aus dem Staub sich macht- der ist kein Jäger nicht!«, heißt es in dem schönen, alten Jägerlied. Einmal pflegt eine Treibjagd oder Drückjagd eine mehr oder weniger anstrengende Sache zu sein, sodass ein kräftiges Essen hinterher schon aus gesundheitlichen Gründen zu empfehlen ist. Andererseits wird durch das Schüsseltreiben auch die Geselligkeit gepflegt, man lernt seine Mitjäger näher kennen, es werden Erlebnisse und Erfahrungen ausgetauscht.

Es braucht durchaus nicht ein Jagddiner zu sein, eine Erbsensuppe mit Schweinefleisch oder Sauerkraut mit Pökelrippen sind gute Jägeressen, die auch in einer einfachen ländlichen Gastwirtschaft schmackhaft zubereitet werden können. Findet das Jagdessen im Hause des Jagdherrn statt, so muss auf der Einladung der angemessene Anzug angegeben werden. Kaum etwas ist peinlicher, als wenn man als Einziger in Schmierstiefeln und Lodenjoppe im Salon der Hausfrau erscheint, und alles andere glänzt in gestärkter Hemdenbrust.

Immer aber muss die ganze Jägerei einschließlich der Treiber und Hundeführer am Schüsseltreiben teilnehmen; hier Unterschiede zu machen, ist nicht jagdlicher Brauch. Maßgebend für uns Jäger können und dürfen nur die jagdlichen Fähigkeiten und Leistungen und vor allem die jagdliche Gesinnung sein. Dass für die Treiber ebenfalls nach der Jagd gesorgt werden muss, ist eine Selbstverständlichkeit.

Manche Jagdherren vermeiden das Schüsseltreiben, weil ihnen die Sache zu teuer wird. Aber es ist keineswegs erforderlich, dass der Jagdherr zu dem Schüsseltreiben einlädt; es ist den Gästen zumeist viel angenehmer, sich nicht so verpflichtet fühlen zu müssen. Man lasse also ruhig jeden Gast selbst bezahlen, was er verzehrt, aber man organisiere als Jagdleiter das Schüsseltreiben richtig und bereite es sorgfältig vor, indem man mit dem Gastwirt genau abspricht, was er kochen soll, und indem man für eine schlichte Ausschmückung des Raumes mit grünen Brüchen sorgt. Auch hier kann Kerzenlicht viel zur stilvollen, festlichen Atmosphäre beitragen.

Horrido

Es ist guter Brauch, dass beim Schüsseltreiben ein dreifaches »Horrido« auf das edle Waidwerk ausgebracht wird. Das Horrido-Rufen wird vielfach falsch gemacht.

Der Jagdherr oder der Jagdkönig: »Auf das edle deutsche Waidwerk: Horrido«. Alle: »Joho.« Jagdherr: »Horrido.« Alle: »Joho.« Jagdherr: »Horrido.« Alle: »Joho.« Es ist stillos, hinterher noch etwa »Hussassa« oder ähnlichen Unsinn anzuschließen.

Ein Jagdgast, am besten der älteste oder angesehenste oder der *Jagdkönig*, hat in einer Ansprache im Namen aller Jäger dem Jagdherrn Anerkennung und Dank für die Durchführung der Jagd und die gewährte Gastfreundschaft auszusprechen. Er bringt ein dreifaches »Horrido« auf den Jagdherrn und auf diejenigen aus, die ihn unterstützt haben. Findet das Essen im Hause des Jagdherrn statt, so ist selbstverständlich die Hausfrau in den Dank und das »Horrido« mit einzuschließen.

Trinksitten

Zahlreiche Trinksitten sind beim Schüsseltreiben üblich. Ein alter Brauch ist es, einen Humpen, etwa einen Stiefel oder Pokal, kreisen zu lassen. Jeder, der daraus trinkt, erhebt sich von seinem Platz und spricht einen Jägerspruch oder bringt ein Wohl aus und reicht, nachdem er einen guten Zug getan hat, den Humpen dem nächsten weiter.

»Bring einer es dem andern rum
Dass es von einm zum andem kumm!«

Eine ähnliche Sitte ist der *Willkommenstrunk*. Kommt ein Gast zum ersten Mal in ein Jagdhaus, so wird ihm aus einem besonders schönen Pokal ein Trunk, der sogenannte »Willkomm«, dargeboten.

Es gibt alte, berühmt gewordene Willkommpokale, zu denen vielfach Gästebücher gehören, in die sich alle eintragen sollten, die aus dem Pokal getrunken haben.

In Österreich besteht die Sitte des *Waidmannsheiltrinkens*. Beim Zutrinken wünscht man sich gegenseitig »Waidmannsheil«, muss aber stets dabei das Glas mit der *linken* Hand erheben. Dieser Brauch ist auch in vielen Gegenden Deutschlands üblich geworden.

Jagdgericht

Ein weiterer Brauch ist die Einberufung eines *Jagdgerichtes*. Diese Institution hatte einst ein strenges Reglement. Hatten sich Jagdteilnehmer Verstöße zu Schulden kommen lassen, so wurde das Gericht in vorgerückter Stunde einberufen. Drei ältere, angesehene Jäger kostümierten sich in humorvoller Weise als Richter, Verteidiger und Ankläger, und ein Gerichtsbüttel schleppte die Angeklagten vor den mit grünen Brüchen, Gewehr, Hirschfänger und Jagdhorn geschmückten Richtertisch. Jeder Vorgeführte musste auf das Wohl des hohen Jagdgerichts trinken, wobei der Büttel stets mitzutrinken hatte. Bei längeren Sitzungen des Jagdgerichts war daher der Posten des Büttels sehr anstrengend. Es war Sache der Richters, des Anklägers und des Verteidigers, durch Humor und Witz die Sitzung zu einem heiteren Erlebnis für alle zu gestalten. Als Strafen kamen Geldspenden für einen guten Zweck in Betracht, oder es wurden dem Angeklagten die Pfunde gegeben. Der Büttel schlug mit dem flachen, gezogenen Hirschfänger oder Waidblatt dem Bestraften auf die Kehrseite, und der Richter rief beim ersten Schlag: »Joho, das ist für unser Deutsches Reich«, beim zweiten: »Joho, das ist für Ritter, Reiter und Knecht«, beim dritten und letzten: »Joho, das ist das edle Jägerrecht!« Dabei wurde auf den Jagdhörnern das Signal »Blattschlagen« geblasen: »Gebt die Pfunde ihm! Drei Schlag mit hell blinkendem Blatt, gebt die Pfunde ihm!«

Selbstverständlich können und vielleicht sogar sollen auch heute nach Gesellschaftsjagden noch Jagdgerichte einberufen werden. Diese sind, wenn sie geistvoll, angemessen und gekonnt abgehalten werden, ungemein unterhaltend. Bei den Ansprüchen, die heute jeder an Eloquenz und Witz stellt (durch das Fernsehen verwöhnt), muss ein solches Jagdgericht sorgfältig vorbereitet sein und lässt sich nicht aus dem Handgelenk schütteln. Die beteiligten Richter, Ankläger und Verteidiger müssen es sehr gut verstehen, mit Humor einen hohen Grad der Heiterkeit zu erzeugen. Sonst wirkt eine solche Veranstaltung dürftig, lächerlich oder gar peinlich – man sollte dann besser darauf verzichten. Die Urteile sollten für alle – auch den Delinquenten – eher witzig sein, weniger kostspielig und auf keinen Fall kränkend. Ströme von Alkohol brauchen da nicht zu fließen. Und überholte Bräuche wie derbe Schläge auf den Allerwertesten müssen auch nicht mehr sein.

In diesem Zusammenhang sei darauf verwiesen, dass vor allem sicherheitsrelevant oder jagdrechtlich gravierendes Fehlverhalten nicht vor dem Jagdgericht verhandelt werden kann. Hier ist es Sache des Jagdherrn bzw. Jagdleiters, gegebenenfalls noch während der Jagd den fahrlässigen Jäger von der Jagd auszuschließen oder zumindest ein ernstes Gespräch mit ihm zu führen.

Liedgut

Dass beim Schüsseltreiben alte Jägerlieder gesungen und gespielt werden und nicht etwa moderne Schlager, dürfte eine Selbstverständlichkeit sein für Jäger, denen jagdliches Brauchtum mehr ist als eine hohle Phrase. Unsere Jägerlieder sind auch wertvolles jagdliches Kulturgut, das gepflegt und lebendig erhalten werden muss.

Dazu ist es allerdings erforderlich, Melodien und Texte so zu beherrschen, dass der Gesang selbst im meist nüchterneren Umfeld noch zu ertragen ist.

Jagd und Alkohol

Zum Konsum von Alkohol bei jagdlichen Gelegenheiten bleibt schließlich anzumerken: Ein Übermaß kann nicht nur den Führerschein und außerdem den Jagdschein kosten, sondern gleichzeitig viel zerstören von unseren Erinnerungen und den feinen Stimmungen mit allen Sinnen erlebter Jagd. Daher liegt der sprichwörtliche Genuss ohne Reue sicher auch hier in maßvoller Beschränkung.

Waidgerechtigkeit und anderes

Das ist des Jägers Ehrenschild,
Dass er beschützt und hegt sein Wild,
Waidmännisch jagt, wie sich's gehört,
Den Schöpfer im Geschöpfe ehrt.

Das Gebot der Waidgerechtigkeit ist ein prägender Bestandteil unserer jagdlichen Kultur. Waidgerecht jagen heißt anständig jagen! Anständigkeit ist ein Ausdruck der Gesinnung, der Einstellung. Man ist ein anständiger Jäger oder ist es nicht. Alle Kenntnisse und Fähigkeiten können eine mangelhafte Einstellung nur übertünchen, nie beseitigen. Waidgerecht jagen heißt Achtung haben vor Gottes Geschöpfen und der Natur, zu allem, was draußen kreucht und fleucht, heißt Mitgefühl zu haben mit der Kreatur.

Aber waidgerecht sein schließt waidmännisch gekonntes, sachgerechtes Jagen ein; es verlangt auch, Kenntnisse zu besitzen. Man muss über die Lebensweise des Wildes genauso gut Bescheid wissen wie über Ökologie und Wildbrethygiene – um nur einiges zu nennen. Man muss einen guten Hund führen und ein sicherer Schütze sein, und – man muss das jagdliche Brauchtum kennen, schätzen und beachten.

Waidgerechtes Jagen heißt, mehr Wert auf das Wie als auf das Was zu legen, heißt, das Beglückende der Jagd höher zu schätzen als den Schuss. Waidgerecht jagen heißt, ein guter Jäger und Heger zu sein in des Wortes tiefster Bedeutung!

Die Verpflichtung des Jägers, waidgerecht zu jagen, ist uralt. HADAMAR VON LABAR schrieb schon 1340: »Swer jagt gerechtiglichen – den soll man Guotes wisen.« Heute ist die Verpflichtung für uns Gesetz, denn in unseren Jagdgesetzen wird es dem Jäger zur Pflicht gemacht, »nach den allgemein anerkannten Grundsätzen deutscher Waidgerechtigkeit« die Jagd auszuüben.

Dieser Auftrag beschäftigt Juristen und Jäger seit langem. 1979 hat Professor KURT LINDNER eine aus der Historie entwickelte Definition veröffentlicht, in der er als waidgerecht »eine durch ethisches Pflichtgebot bestimmte Verhaltensweise des Jägers gegenüber einem als Wild bezeichneten

Tier, gegenüber den jagdverbundenen Mitmenschen und gegenüber der Umwelt« bezeichnet. Auf das Brauchtum bezogen »sind die Vorstellungen von gerecht und nicht gerecht im Laufe der Geschichte dem Wandel unterworfen gewesen und werden es auch zukünftig bleiben, aber niemand enthebt uns der Pflicht, sie immer wieder mit neuem Inhalt zu erfüllen«.

Da nicht alles, was dem Brauchtum zuzuzählen ist, ein Kriterium für das Prädikat waidgerecht sein kann, wird man von Fall zu Fall abwägen müssen, ob ein Vorgang oder eine Verhaltensweise der Waidgerechtigkeit entspricht.

Brauchtumsvorstellungen, die zwischen ethischer und sittlicher Jagdauffassung unterscheiden (CHAMPENOIS/SCHULZE), sind Wandlungen der Auffassungen im Zeitgeschehen unterworfen. Die Ansicht, dass der zünftige Jäger es für sittlich hält, nicht auf einen laufenden Fasan oder einen Hasen in der Sasse zu schießen, sondern nur in der Bewegung, um dem Wild die Chance des Entkommens zu gewähren, könnte ethisch verworfen werden und auch tierschutzrechtlich nicht mehr haltbar sein. Mit der ökologischen und öffentlich-rechtlichen Aufgabe des Jägers ist mithin ein großer Respekt vor den ethischen Pflichtgeboten dem Wild gegenüber verbunden. Ihm ist laut Tierschutzgesetz jede irgend vermeidbare Qual zu ersparen.

Beispiele waidgerechten Verhaltens

Mit allgemeinen Erwägungen – wenn sie auch einen Rahmen zu geben vermögen- kommt man in der Praxis nicht aus. Deshalb sollen nachfolgend einige Beispiele angeführt werden, die großenteils auch schon durch gesetzliche Bestimmungen fixiert sind.

Man schießt kein Wild an der Fütterung! Dafür gibt es nur bei schwer krankem Wild eine Entschuldigung oder Begründung! Für den gerechten Jäger ist es gleichgültig, ob Notzeit herrscht oder nicht: Wer Wild am Futterplatz schießt, handelt in jedem Falle nicht waidgerecht, er hat den Begriff waidgerechtes Jagen nicht erfasst und den eigentlichen Sinngehalt des Waidwerks nicht begriffen. Insofern ist die heute allenthalben übliche Kirrjagd auf Sauen unter dem Aspekt der Waidgerechtigkeit sehr kritisch zu sehen.

Man schießt auch kein Wild, wenn der Schnee einen Meter hoch liegt und grimmige Kälte und Hunger das Wild alle Vorsicht vergessen lassen. Der waidgerechte Jäger erlegt auch keinen Hirsch oder Rehbock im Bast – nur bei kranken, verunglückten oder aus anderen Gründen dringend abschussnotwendigen Stücken ist eine Ausnahme zulässig.

Hat man ein Stück krankgeschossen, so besteht die Verpflichtung, mit allen zur Verfügung stehenden Mitteln die Nachsuche durchzuführen. Die Anwesenheit des Schützen sollte selbstverständlich sein. Bevor das Ergebnis der Nachsuche nicht vorliegt, schießt man nicht auf ein weiteres Stück. Drückjagden und Treibjagden können Ausnahmen bedingen. Die moralische Pflicht, krankes Wild unter allen Umständen zur Strecke zu bringen, fordert die Haltung eines guten Hundes. Zumindest muss ein solcher für jedes Revier zur Verfügung stehen.

Wer einen Hund führt, hat auch für ihn zu sorgen. Der Mensch kann sich mit seiner Sprache melden, wenn er Hunger und Durst hat, wenn er Schmerzen verspürt. Das Tier dagegen hat es schwerer, sich verständlich zu machen. Der Jäger, der beim Schüsseltreiben nur an sich denkt und seinen Hund vergisst, ist es nicht wert, den Hund zu besitzen.

Es ist unwaidmännisch, auf zu weite Entfernungen auf Wild zu schießen. Genaue Grenzen anzugeben, ist bei der unterschiedlichen Leistungsfähigkeit der heutigen Gewehre und Patronen nicht möglich; man wird im Hochgebirge oft weiter schießen müssen als in tieferen Lagen. Grundsatz muss sein, dass man nur so weit schießt, wie hinsichtlich des eigenen Schießvermögens eine hinreichende Treffsicherheit und eine ausreichende Schusswirkung angenommen werden können.

Wo noch Kesseltreiben abgehalten werden, verletzt es den guten Brauch, auf weite Entfernung in den Kessel zu schießen – nach dem Motto: „Vielleicht langt es noch gerade, und wenn der Hase auch nur angeschossen wird, so kommt er ja noch mal vor die Schützen.« Man beschießt auch kein Stück, das den Nachbarn anläuft. Schussneid ist eine der übelsten jägerischen Eigenschaften. Völlig unzulässig ist es, beim Kesseltreiben einen sogenannten Sack zu bilden. Jäger, die auf solche Weise besseren Anlauf und höhere Strecken zu erreichen trachten, lade man nicht wieder zur Jagd ein, das ist die beste Erziehung.

Eine Gesellschaftsjagd ist auch nicht dazu da, seine Hunde auszubilden. Ein gut abgeführter Hund, der ein verlässlicher Verlorenbringer ist, wird auf jeder Treibjagd gern gesehen. Weder der Jagdherr noch die Jagdgäste sind jedoch erbaut davon, wenn ausgerechnet auf einer Gesellschaftsjagd unfertige Hunde das Hasenapportieren lernen sollen. Eine Rücksichtslosigkeit ist es, Hunde mitzubringen, die bissig sind oder auf dem Stand nicht ruhig liegen.

Unwaidmännisch ist überdies, die Jagdgrenze mit Kanzeln oder Erdlöchern zu bespicken, um Wild, welches über die Grenze kommt, »abzustauben«. Das jagdnachbarliche Verhältnis wird dadurch nicht besser! Für

Grenzschinderei, Schussgier und Jagdneid lässt die waidgerechte Ausübung der Jagd keinen Platz.

Hegepflicht und nicht jagende Öffentlichkeit

Es gehört zu den Pflichten des Waidmanns, sein Wild zu hegen, ihm in extremen Not- und Hungerzeiten nach Maßgabe der geltenden rechtlichen Bestimmungen Erhaltungsfutter zu geben und es nicht unnötig zu stören. Der

Geschickt in das Waldbild eingefügter Hochsitz mit Zugang über Pirschsteig (Zeichnung von Dr. K. H. Snethlage)

Mensch ist dem Wild widerlich, er ist sein Todfeind. Das Wild wird häufig von panischer Angst ergriffen, wenn es die gefürchtete menschliche Witterung windet. Man störe daher sein Wild so wenig wie möglich und bleibe aus den Einständen fort. Man muss »seine« Hirsche nicht jeden Tag sehen wollen!

In der heutigen Zeit ist es mehr denn je notwendig, auch in der Öffentlichkeit als Anwalt des Wildes aufzutreten. Sei es über die Medien oder sei es in vielen Einzelgesprächen – der Jäger muss sich bemühen, ganz uneigennützig für die Belange des Wildes einzutreten, um so öffentliche Anerkennung zu finden. Das Fehlverhalten Einzelner wird heutzutage oft verallgemeinert und schlägt auf alle Jäger zurück.

So sollte es eine Selbstverständlichkeit sein, dass man beim Bau jagdlicher Einrichtungen wie Kanzeln und Hochsitze im Revier sorgsam darauf achtet, dass diese in die Landschaft passen und sie nicht verschandeln: Je weniger die Jagdeinrichtungen im Gelände auffallen, desto mehr Verständnis kann man für deren jagdbetriebliche Notwendigkeit erwarten.

Wer ist der Erleger?

Nach altem Brauch erhält derjenige Schütze ein Stück Wild als Erleger zugesprochen, der es beim Kugelschuss mit dem ersten Schuss und beim Schrotschuss mit dem letzten tödlich getroffen hat. Es gibt aber Grenzfälle, und es ist nicht immer leicht für den Jagdleiter, zu entscheiden, wer als Erleger gelten soll. Beim Niederwild wird das meistens keine große Rolle spielen, wohl aber bei einem Stück Schalenwild, ganz besonders, wenn es sich um einen Hirsch oder um einen starken Keiler handelt.

Grundsatz für die Entscheidung muss sein: Derjenige gilt als Erleger, der dem Stück die erste Kugel so angetragen hat, dass das Stück mit einem Schweißhund, bei Rehwild mit einem Bayerischen Gebirgsschweißhund oder mit einem anderen Gebrauchshund zur Strecke gekommen wäre. Zu diesen Schüssen gehören also auch Laufschüsse, sofern der Knochen verletzt wurde, nicht jedoch leichte Streifschüsse, die in Kürze wieder ausgeheilt wären und die auch nicht ausgereicht hätten, um das Stück mit einem brauchbaren Hund zur Strecke zu bringen. Ein Stück mit Laufschuss, bei dem der Knochen verletzt ist, muss dagegen mit einem guten Schweißhund immer zur Strecke kommen. Es gibt hervorragende Schweißhundführer, die viele Stücke Rotwild, darunter zahlreiche Brunfthirsche, mit Laufschüssen zur Strecke gebracht haben, vielleicht auch einmal einen erst nach dreitägiger Nachsuche; aber selbst in diesem Fall gehört das Geweih dem ersten Schützen. Dabei ist es gleichgültig, wo und wie die Kugeln anderer Schützen, die nach dem ersten Schuss auf das Stück geschossen haben, trafen. So weit das althergebrachte Brauchtum … Es gibt allerdings auch Jagdleiter, die grundsätzlich denjenigen zum Erleger ernennen, der dem Wild eine tödliche Kugel angetragen hat, also nicht denjenigen, der es nur verletzt hat. In der heutigen tierschutzsensiblen Zeit ist auch diese Praxis durchaus vertretbar.

Beim Schrotschuss gilt derjenige als Erleger, der den letzten tödlichen Schuss abgegeben hat. Dazu gehört aber nicht der Fangschuss. Beispiel: Wenn ein Nachbar einen Fuchs oder Hasen schwer krankgeschossen hat, und man gibt dem Wild, um seine Leiden abzukürzen, den Fangschuss – der Nachbar ist dazu vielleicht nicht in der Lage, weil er das Stück nicht mehr sehen kann –, dann gehört das Stück selbstverständlich dem Nachbarn und nicht dem zuletzt Schießenden.

Schießt dagegen ein Jäger ein Stück krank, und das Wild kommt dem Nachbarn noch so flüchtig, dass es ohne weiteren Schuss voraussichtlich entkommen würde, so gilt der letzte tötende Schuss. In Zweifelsfällen, die vorkommen können, entscheidet der Jagdleiter.

Sein Urteil ist endgültig; dagegen Einspruch zu erheben, ist ungehörig und stört die Harmonie auf der Jagd!

Verhalten am erlegten Wild

Man tritt nicht über ein erlegtes Stück oder gar über die Strecke. Wer sich so etwas zu Schulden kommen lässt, wird zum Fall für das Jagdgericht. Völlig unpassend ist es auch, sich auf ein gestrecktes Stück Wild zu setzen oder einen Fuß darauf zu setzen. Lässt man sich in dieser Stellung noch fotografieren, so weiß der gerechte Jäger sofort, was er von diesem Jünger St. Huberti zu halten hat. Will man einen Hirsch oder Rehbock, oder was es auch sei, im Bild festhalten, so sei man sich darüber klar, dass doch in erster Linie das Wild fotografiert werden soll. Man halte sich daher selbst im Hintergrund, vor allem setze man sich nicht auf ein Stück oder trete etwa in Siegerpose mit einem Fuß darauf.

Jagdausrüstung

Der Anzug des Jägers soll zweckmäßig und schlicht sein. Man geht nicht wie ein Dandy gekleidet auf die Jagd, andererseits ist das Schäbigkeitsprinzip auch nicht das Richtige. Wie so oft im Leben liegt auch hier die Wahrheit in der Mitte. Auf Gesellschaftsjagden ist signalfarbene Warnkleidung für alle Teilnehmer inzwischen obligatorisch. Eine Jacke oder Weste ist das Minimum, ein rotes Hutband allein reicht nicht aus und wird von den meisten Jagdleitern nicht mehr akzeptiert. Den Jagderfolg beeinflusst Signalkleidung nicht!

Büchse und Flinte seien stets sauber und gepflegt, viele Verzierungen aus Silber und blinkenden Metallen schätzt der zünftige Jäger nicht.

Sich über die Kaliberfrage zu äußern, gehört nicht unmittelbar zum Brauchtum. Grundsatz muss sein, dass Waffen und Patronen dem Wild entsprechen, auf das gejagt werden soll. Man schießt nicht auf den Brunfthirsch mit einem Kleinkaliber, was ohnehin verboten ist – und nicht auf Wildgänse mit 2,5-mm-Schrot.

Andere Bräuche

Zahlreiche Bräuche und Sitten sind aus Deutschland, Österreich und verschiedenen anderen Ländern bekannt geworden. Derartige Bräuche sollten, als für die betreffende Landschaft charakteristisch erhalten bleiben und gepflegt werden. Dagegen besteht keine Veranlassung, sie allgemein einzuführen. Einige seien hier erwähnt.

In der Eifel ist es vielfach üblich, dem Erleger von Schwarzwild außer dem Bruch auch den Pürzel der geschossenen Sau zu überreichen, der mit dem Bruch zusammen an den Hut gesteckt und zu Hause aufbewahrt wird. Handelt es sich um einen Keiler, so findet der Pürzel hinter dem aufgesetzten Gewaff an der Wand seinen Platz.

In manchen Gegenden ist es Brauch, dem Jungjäger, der seinen ersten Hasen geschossen hat, die Blume als Trophäe an den Hut zu stecken. In einigen Revieren wird dem Erleger einer Schnepfe das Stück Wild stets geschenkt. In Westfalen wird das auch wohl mit dem Fuchs so gemacht. Wer auf einer Treibjagd einen Fuchs schießt, erhält diesen vom Jagdherrn dediziert. Für die erste erlegte Schnepfe im Frühjahr gab es in alten Zeiten einen Schnepfenpfennig, oder es wurde dem Schützen eine sogenannte Schnepfennadel, die als Schlipsnadel verwandt werden konnte, verliehen – ein Brauch, der leicht dazu führte, überwinternde Lagerschnepfen zu schießen, und der daher vielfach abgelehnt wurde. Da die Bejagung der Waldschnepfe auf dem Schnepfenstrich im Frühjahr in Deutschland mittlerweile aber verboten ist, bleiben allerdings nur noch der Spätherbst und der Winter, um dieses Wild zu erlegen.

Im Gebirge nagelt man häufig die Schädel vom Raubwild, insbesondere von Dachs und Fuchs, an die Jagdhütten. Böse Geister sollen dadurch ferngehalten werden.

Geht man auf die Jagd und der Hund muss sich lösen, so bleibt man stehen, zieht den Hut und wartet den Ablauf dieses wichtigen Vorgangs ab – er gilt als gutes Vorzeichen.

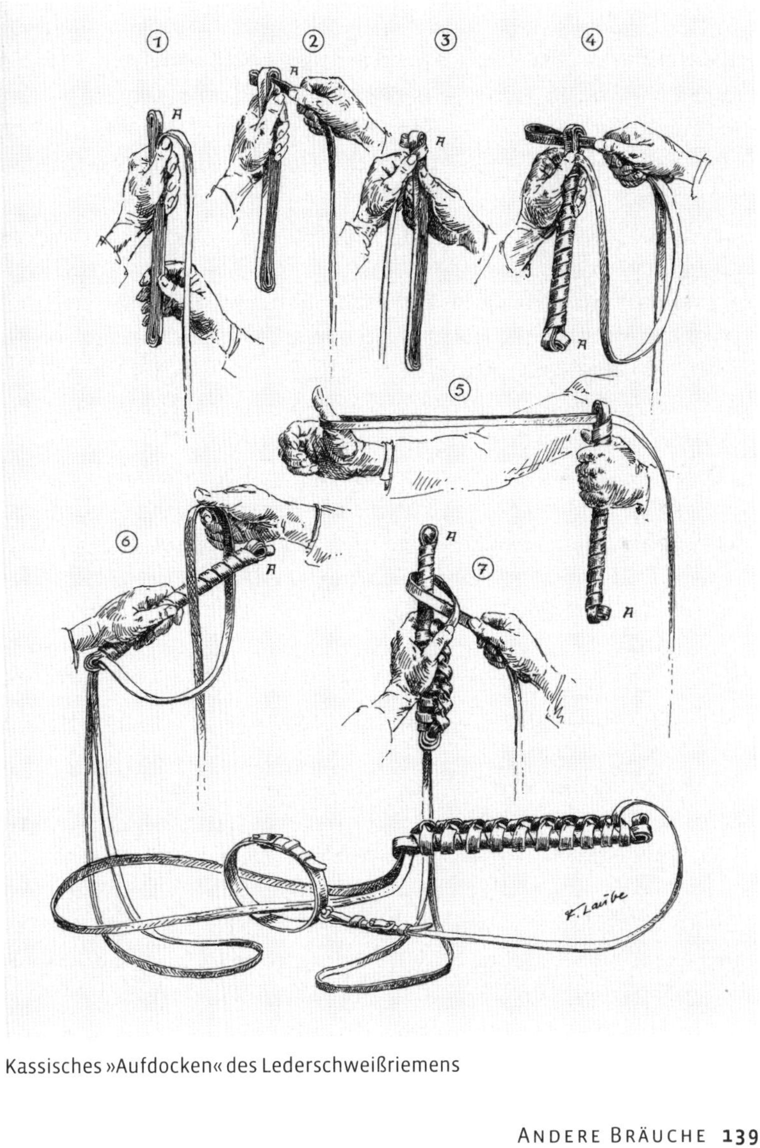

Kassisches »Aufdocken« des Lederschweißriemens

Auf den großen Treibjagden in Schlesien und auch sonst im Osten Deutschlands führte der Jagdherr kein Gewehr, sondern den Spazierstock. Das Jagdpersonal durfte ebenfalls nicht mitschießen. Bei großen Kesseljagden oder Böhmischen Streifen leitete der Jagdherr die Jagd häufig vom Pferde aus. Diese selbstlose Fürsorge für seine Gäste war eine Art der Gastfreundschaft, die vorbildlich war.

Auf den kleineren Jagden schießt der Jagdherr im Allgemeinen mit. Er sorgt aber dafür, dass die besten Stände selbstverständlich seine Gäste erhalten. Nichts ist peinlicher, als wenn der Jagdherr selbst auf seinen Jagden am meisten schießt. Wer es gesundheitlich vermag, der stelle seine Gäste oder zumindest einen Teil der Gäste auf einer Treibjagd persönlich an und bemühe sich, weniger selbst Wild zu schießen, als vielmehr die Jagd tadellos zu leiten.

Die alten Jägerfarben sind Grün-Weiß-Schwarz, es »sind die schönsten Farben drey«, wie es in dem alten »Weydspruch« heißt. Diese traditionellen Farben finden wir heute noch in den Uniformen der Forstbeamten wieder: grüner Rock, weißes Hemd und schwarzer Schlips. Die traditionellen Farben der Jägerei sind Grün und Grau. Diese Farben wurden schon durch Verordnungen des Mittelalters den Jägern vorbehalten und geschützt. Sie durften von keinem »Unehrlichen« getragen werden.

Zum alten Brauchtum gehört auch das Auf- und Abdocken des Schweißriemens. Der Sinn des Auf- und Abdockens ist ursprünglich der, den Riemen beliebig verlängern und verkürzen zu können, ohne den Hund vom Riemen lösen zu müssen. Eine Beschreibung erübrigt sich hier in Anbetracht der beigegebenen Zeichnung.

Ein schöner Brauch ist auch die Führung eines Schussbuches. Ein regelmäßig geführtes Schussbuch ist eine Fundgrube froher und ernster jagdlicher Erinnerungen. Diese Aufzeichnungen können aber auch als statistische Grundlagen dienen.

Am 3. November, dem Tag des Schutzheiligen der Jagd, St. Hubertus, hält es keinen rechten Jäger in seinen vier Wänden. In vielen Revieren werden an diesem Tag Jagden abgehalten, die mit einem festlichen Schüsseltreiben enden. Die Hubertusjagden waren am Sitz forstlicher Ausbildungsstätten kleine Volksfeste, die mit Hörnerblasen in aller Frühe begannen und mit Fackelzug, Legen der Strecke auf dem Marktplatz, Ansprachen, Jagdkommers und Jagdgericht ihr fröhliches Ende fanden. Manche Jäger aber machen am 3. November einen besinnlichen Gang durch ihr Revier.

Beute und Jagdschmuck

Vom Birkhahn die Feder,
Vom Hirsch das Geweih,
Vom Gamsbock die Krucken,
Vom Dirndl die Treu'.

Wer ein Stück Wild erlegt, hat die Verpflichtung, die Trophäe, soweit eine solche vorhanden ist, würdig zu behandeln. Ein schlecht abgeschlagener, nachlässig gesäuberter Schädel, an dem noch Decken- oder Wildbretreste sitzen, in dem sich außerdem nach dem Abkochen das Fett niedergeschlagen hat, ist ein dauernder stummer Vorwurf für den Erleger und ein Zeichen seiner handwerklichen Unfähigkeit. Wer so ungeschickt ist, dass er diese einfachen Arbeiten nicht selbst verrichten kann, wende das Geld auf und lasse sich von einem erfahrenen Präparator seine Trophäe sauber herrichten.

Es würde über den Rahmen dieses Buches hinausgehen, wenn man die Behandlung jeder Trophäe schildern müsste. Es gibt hierüber sehr gute Schriften. Es ist jedoch schlimm, wie viele schlecht präparierte Schädel auf Hegeschauen zu sehen sind, sodass hier ein erprobtes Rezept für das Abkochen der Schädel erläutert werden soll.

Eine Methode der Präparation

Zunächst empfiehlt es sich, die Decke vor dem Abschlagen, das heute normalerweise mit einem geradlinigen Sägeschnitt erfolgt, vom Haupt zu trennen, da das Abschlagen dann leichter geht. Ob man mit kurzem oder langem Schädel abschlägt, ist Geschmackssache. Grundsatz: Lieber etwas zu viel daran lassen als zu wenig; zu viel kann man immer noch absägen oder abschleifen, zu wenig nicht wieder dranflicken. Man nehme vom Wild mit Kopfschmuck das gesamte Haupt. Der Schädel wird nun – also ohne Decke – in einen Behälter mit kaltem Wasser gestellt, das öfter gewechselt werden soll. Am besten ist es, wenn man das Haupt in einen Bach, eine Quelle oder in einen Brunnentrog mit ständig nachlaufendem Wasser legen kann. 24 Stunden sind das Minimum. Dann kommt der Schädel in einen Topf mit so viel Wasser, dass es gerade bis an die Rosen reicht. Man setzt das Wasser mit dem Schädel kalt aufs Feuer und lasse Soda, Persil u. ä. Zusätze weg. Sie sind überflüssig, man läuft nur Gefahr, dass beim starken Kochen die Rosen vom sprudelnden Wasser überspült werden und durch das Bleichmittel die Farbe verlieren.

Man kocht einen Rehschädel nicht länger als etwa 40 Minuten, den vom Hirsch nicht länger als eine gute Stunde. Haben die Schädel vorher sehr lange im Wasser gelegen, geht's noch kürzer. Bei längerem Kochen löst sich zwar das Wildbret leichter ab, aber man hat auch die Verbindungsknorpel zwischen den einzelnen Knochenteilen des Schädels weich gekocht, sodass der Schädel nachher leicht auseinanderfallt; vor allem das Nasenbein ist in dieser Beziehung sehr empfindlich.

Nun nimmt man den Schädel aus dem kochenden Wasser und stellt ihn *sofort* in einen Bottich mit kaltem Wasser. Hier bleibt er bis zur völligen Abkühlung, also etwa beim Rehbock eine Viertel-, beim Hirsch eine halbe Stunde. Ist das Geweih oder Gehörn nämlich noch im Innern heiß, trocknet die Wärme von innen heraus den Knochen, und Fettreste und schmutziges Kochwasser verbleiben in den Poren. Nur mit langwierigen Prozeduren ist ein so verdorbener Schädel wirklich weiß zu bekommen.

Nach dem völligen Abkühlen wird der Schädel mit einem Messer gesäubert und schließlich mit einer Wurzelbürste und Kernseife von allen Haut- und Wildbretresten befreit. Alsdann lässt man ihn in der Sonne trocknen. Endlich wird der Schädel mit 30%igem Wasserstoffsuperoxyd oder einem anderen Bleichmittel eingerieben und zum Nachbleichen in die Sonne oder auch nur ins Tageslicht gestellt. Arbeitet man mit Wasserstoffsuperoxyd und will dessen bleichende Wirkung noch erhöhen, legt man auf den Schädel eine dünne Schicht Watte, die jedoch nicht die Rosen berühren darf, und tränkt die Watte mit der Bleichflüssigkeit. Nach dem Trocknen ist der Schädel schneeweiß. Man kann ihn dann noch mit einer Mischung aus Spiritus und Schlämmkreide behandeln. Er erhält hierdurch einen matt elfenbeinfarbenen Glanz. Schädel, die lange in geheizten Räumen, in denen geraucht wird, gehangen haben, kriegen mit der Zeit eine gelbbraune Farbe. Man bekommt derartige Schädel wieder weiß durch nochmaliges Behandeln mit 30%igem Wasserstoffsuperoxyd und längeres Bleichen in der Sonne.

Wie man den Schädel aufsetzen lässt oder selbst aufsetzt, bleibt dem Schönheitsempfinden des Einzelnen überlassen. Es wirkt jedoch lächerlich, wenn man geringe Trophäen auf riesige, reich geschnitzte Eichenplatten montiert, deren Dimensionen und Ausschmückung in gar keinem Verhältnis zu den Trophäen stehen.

Will man den Bruch aufbewahren, um ihn hinter die an der Wand hängende Trophäe zu stecken, was vielfach Brauch ist, so halte man den Zweig vorher in einen Topf, die Blattspitze nach unten, und schütte allmählich heißen Sand darauf, bis der Bruch völlig bedeckt ist. Nachdem dies einen Tag lang so gestanden hat, gießt man den Sand vorsichtig ab. Der Bruch behält nunmehr seine Farbe und vergilbt nicht so leicht.

Die Aufbewahrung der Keilerwaffen macht vielfach Schwierigkeiten, weil sowohl Gewehre als auch Haderer leicht aufplatzen. Es hat sich als zweckmäßig erwiesen, das Gewaff nicht abzukochen, sondern aus dem Kiefer herauszumeißeln und dann nach dem Trocknen mit Epoxidharz, Leim, Wachs oder Paraffin auszugießen, auch ein leichtes äußeres Einfetten ist von Zeit zu Zeit zu empfehlen. Wer jedoch wenig einschlägige Erfahrung hat, überlässt das Präparieren und Aufsetzen der Keilerwaffen besser einem Fachmann.

Besonderes Flugwild, speziell der Große und der Kleine Hahn, wird meistens ausgestopft. Wir haben heute vorzügliche Dermoplastiker, die ausgezeichnete Arbeit liefern. Aber man sei sich darüber klar, dass ein gut präparierter Hahn viel Geld kostet. Man soll sein Jagdzimmer jedoch nicht in ein Museum für Vogelkunde verwandeln, doch hier gilt ebenfalls: De gustibus non est disputandum – über Geschmack lässt sich schlecht streiten!

Jagdschmuck

Seit den ältesten Zeiten haben Jagdtrophäen dem Menschen auch als Schmuck gedient: von der Halskette des Steinzeitmenschen aus Bärenzähnen bis zur goldenen Hirschgrandel-Nadel unserer Gegenwart.

Es entspricht jagdlichem Brauchtum, nichts zu tragen, was man nicht selbst erbeutet hat, man »schmückt sich nicht mit fremden Federn«, so wie man nicht Geweihe und Gehörne an die Wand hängt, deren Träger man nicht selbst erlegt hat; es sei denn, im Einzelfall verbinden sich ganz spezielle Erinnerungen damit, beispielsweise an einen guten Freund, an das Revier in der Heimat oder an den treuen Hund, dem wir die Beute zu verdanken haben. Ausnahmen sind natürlich ebenfalls denkbar, wenn es um Geschenke geht, zum Beispiel in Form von Grandelschmuck.

In dieser Beziehung erlebt man die kuriosesten Dinge. Untersuchen Sie bitte einmal bei einer Jägerversammlung die Hüte der Teilnehmer, und Sie werden feststellen, dass über die Hälfte künstlich gefärbte Haare, die einen

Reifes Wild bringt meist auch reife Trophäen – der Jäger muss ihm nur Zeit zum Reifen lassen. (Zeichnung von Dr. K. H. Snethlage)

Dachsbart oder Gamsbart vorstellen sollen, oder sonst einen fertig gekauften, rasierpinselähnlichen Gegenstand am Hut tragen. An den Hüten vieler Jäger findet man Saubärte, die mit Wasserstoffsuperoxyd angereift sind. Das ist eine Geschmacklosigkeit und sollte nicht vorkommen. Wer keine Gelegenheit hat, Bartgams, Brunfthirsch oder Sau zu schießen, der begnüge sich mit Erpelfedern, den Malerfedern der Schnepfe oder mit Federn von Fasan oder Rebhuhn. Und wer nur Gelegenheit hat, auf Hasen zu jagen. der sammle sich die Schnurrbarthaare der erlegten Mümmelmänner, und er erhält einen Hutschmuck, der gut aussieht und unbegrenzt haltbar ist. Aber selbst erlegt sollte das Wild tunlichst sein, dessen Trophäe der Jäger am Hut trägt! Für die Forstbeamten und Berufsjäger gilt natürlich auch hier, was die Dienstkleidungsvorschrift verlangt.

Sehr hübscher Hutschmuck lässt sich aus Malerfedern und Schnepfenbart herstellen. Der Schnepfenbart ist ein kleines Haarbüschel, das auf der Bürzeldrüse der Schnepfe sitzt und mit den Malerfedern zusammen zu geschmackvollen Hutagraffen verarbeitet werden kann. Ein repräsentativer Hutschmuck ist ein selbst erbeuteter guter Gamsbart mit schönem Reif. Die Gamsbärte müssen jedoch sehr sorgfältig behandelt werden, wenn sie nicht unansehnlich werden sollen.

Die Grandeln oder Haken des Rotwildes werden wohl am häufigsten zu Jagdschmuck verarbeitet. Vom Manschettenknopf bis zur Anstecknadel und Hutagraffe, vom Westenknopf bis zum Fingerring.

Gelegentlich sieht man Jäger, die an der Uhrkette eine Vielzahl von gefassten Grandeln herumschleppen. Eine derartig aufdringliche Anhäufung von Schmuck wirkt unschön. Außerdem kann man auf diese Weise die Grandeln leicht verlieren.

Ein Nachteil bei allem Grandelschmuck ist der Umstand, dass die Grandeln bei häufigem Tragen bleichen und schließlich fast weiß werden. Ihr Wert und ihre Schönheit bestehen aber vor allem in der braunen, dunklen Farbe. Man kann durch Erhitzen über einer Flamme die Haken wieder nachdunkeln, der Kenner sieht das jedoch sofort. Vor allem muss man den Schmuck, wenn man ihn nicht trägt, im Dunkeln, also in einer Schachtel aufbewahren, da allein das Licht an dem Bleichwerden Schuld ist.

Auch Fuchs- und Marderfänge werden zu mehr oder weniger geschmackvollem Schmuck verarbeitet. Eine sehr originelle Schmucknadel, für eine Dame geeignet, kann man aus den orange-braunen Schneidezähnen des Murmeltieres, den »Nagern«, herstellen.

Gemeinschaftliches Jagen

Die Art und Weise, wie wir heute im mitteleuropäischen Raum jagen, wird vornehmlich durch die jeweiligen Revierverhältnisse, durch das zu bejagende Wild, durch jagdbetriebliche Erfahrungen und durch unser jagdliches Brauchtum bestimmt.

Hinsichtlich der Beschreibung der zahlreichen Jagdarten der Einzeljagd und der Jagd in der Gemeinschaft wird auf die einschlägige Literatur verwiesen. Im Folgenden sollen nur exemplarisch die Waldtreibjagd, die Riegeljagd, das Vorstehtreiben im Feld sowie das Kesseltreiben dargestellt werden.

Allgemeines

Nach den Unfallverhütungsvorschriften der Landwirtschaftlichen Berufsgenossenschaft ist zwingend vorgeschrieben, für Gesellschaftsjagden einen Jagdleiter zu bestimmen. Die Begriffe Jagdleiter und Jagdherr sind früher nicht immer eindeutig getrennt worden.

Heute verstehen wir unter »Jagdherr« die Person oder Personengemeinschaft, die Eigentümer, Besitzer oder Pächter eines Jagdreviers ist und in diesem Bezirk das Jagdausübungsrecht hat.

»Jagdleiter« bezeichnet die Person, die vom Jagdherrn zur Durchführung einer Gesellschaftsjagd bestimmt worden ist. Die Leitung einer Jagd oder von Teilen einer Jagd kann aber auch an andere Personen delegiert werden.

Häufig ist der Jagdherr selbst der Jagdleiter.

Die UVV Jagd definiert außerdem den Begriff des Jagdleiters im Rahmen einer Nachsuche: In diesem Fall ist es der Hundeführer oder eine von ihm beauftragte Person.

In den letzten Jahrzehnten haben sich jagdliche Bräuche und Gepflogenheiten unter der Prämisse entwickelt, dass der Jagdleiter als verantwortlich gilt und bei eventuellen Unfällen haftpflichtig werden kann. Deshalb gelten für Gesellschaftsjagden, d. h. Jagden in Gemeinschaft von vier und mehr Personen, folgende Regeln und Hinweise:

1. Inhalt der Einladung

- Ort, Datum, Treffpunkt und Beginn der Jagd (Begrüßung, Uhrzeit, Art der Jagd, auf welche Wildarten gejagt wird; ggf. Empfehlung bezüglich Büchsenkaliber und Patronen),
- Zeit und Ort der Beendigung der Jagd (Ort des Streckelegens),
- Angaben über Ort und Zeit der Mittagspause,
- Frühstück aus dem Rucksack oder Frühstück (Suppe wird gereicht, o. a.),
- Angabe über Schüsseltreiben (Ort, Einladung, Anzug, Telefonnummer),
- Hinweis auf Sicherheitsvorschriften, ggf. mit der Aufforderung, Signalkleidung mitzubringen.
- Jeder Teilnehmer als Schütze hat seinen gültigen Jagdschein dem Jagdleiter unaufgefordert vorzuzeigen.
- »Um Antwort wird gebeten (u. A. w. g.) bis ...«

2. Vorbereitung

- Auswahl der Treiben im Revier, Festlegung der Stände für die Schützen mit Standplatzbruch (ggf. Nummerierung),
- Ansteller der Schützen bestimmen, sie müssen auf jeden Fall ortskundig sein,
- Weisung, wer die Treiber einteilt und führt,
- Signalwesten für die Treiber vorhalten,
- Anweisungen für den Einsatz der Hunde,
- Beachtung einschlägiger Gesetze,
- Abschluss von Versicherungen für Transportfahrzeuge (Schlepper mit Hänger u. a.).

3. Durchführung

Es ist ein schöner Brauch, bei offiziellen Jagden die Gäste mit einem besonders stimmungsvollen Echoblasen zu begrüßen. Voraussetzung ist natürlich, dass die vorgesehenen Treiben in genügender Entfernung liegen. Im Zweifelsfall muss auf das Blasen am Treffpunkt ganz verzichtet werden. An kalten Tagen sollte hingegen ein wärmendes Feuer zur Begrüßung nicht fehlen.

Nach dem Signal »Begrüßung«, das pünktlich zur festgesetzten Zeit erklingen sollte, begrüßt der Jagdherr die Jagdgesellschaft und überträgt dann die Leitung dem Jagdleiter, wenn er nicht persönlich als solcher fungiert. Der Jagdleiter gibt das freigegebene Wild bekannt und erteilt klare Anweisungen, was geschossen werden darf. Man hört gelegentlich die Regel »Alles, was das Gesetz erlaubt, außer …«. Besser und eindeutiger ist jedoch, wenn das zu erlegende Wild konkret genannt wird, und außerdem hervorzuheben, was auf keinen Fall geschossen werden darf.

Der Hinweis, inwieweit auf krankes Wild geschossen werden muss, ist zu bedenken. Dann sollte der Ablauf der Jagd genau geklärt werden: Wie viele Treiben und sonstige organisatorische Angaben, wer anstellt u. a. Es hat sich bewährt, den Schützen und Treibern eine Kartenskizze über den geplanten Ablauf der Jagd an die Hand zu geben.

Die Zuteilung der Stände kann z. B. über eine Auslosung – u. U. mit humorvoll gezeichneten Losen – erfolgen.

Der Jagdleiter darf nicht vergessen, sich zu vergewissern oder kontrollieren zu lassen, dass jeder Schütze im Besitz eines gültigen Jagdscheines ist. Hat ein Schütze seinen Jagdschein nicht bei sich, kann er sich als Treiber in die Treiberwehr einreihen lassen – eine solche Regelung bedeutet einen durchaus nützlichen Auftrag für den Betroffenen.

Der Jagdleiter ist außerdem verpflichtet, auf die Sicherheitsvorschriften zu verweisen, die sich auf der Rückseite der Jagdscheine verzeichnet finden. Es muss auch erwähnt werden, dass nach dem Signal »Abblasen« (Hahn in Ruh') nicht geschossen werden darf, soweit nicht noch ein Fangschuss erforderlich wird. Wichtig ist der Hinweis über den Schuss in das Treiben hinein. Der Jagdleiter muss (gemäß Punkt 6 auf der Rückseite des Jagdscheins) den Schuss mit der Kugel in das Treiben hinein ausdrücklich erlauben oder untersagen bzw. für besondere Fälle im einzelnen Weisungen erteilen.

Nachdem alle Erfordernisse der Sicherheit und der Organisation erklärt worden sind (sie sollten kurz und prägnant erläutert werden), wünscht der Jagdleiter »Waidmannsheil« und lässt »Aufbruch zur Jagd« blasen.

Waldtreibjagd

Die Jagdteilnehmer setzen sich entsprechend der Einteilung durch den Jagdleiter in Bewegung. Es kommt darauf an, dass sich alle leise verhalten und Türenklappen, lautes Sprechen oder gar Rufen vermeiden (»kein Palaver«).

In der Regel stellt der Jagdleiter einen Teil der Schützen an, und andere Jäger, die Revier und Jagdablauf genau kennen, die übrigen Schützen. Es ist ein Zeichen guter Vorbereitung, wenn die Stände eindeutig gekennzeichnet sind. Jeder Schütze sollte beiderseits mindestens 30 Meter Schussfeld haben.

Bei engen Schneisen ist es ausgespochen ratsam, die Schützen anzuweisen, nur in eine vorgegebene Richtung zu schießen, wobei es sich bewährt hat, die Jäger Rücken an Rücken zu stellen. Bei Dickungstreiben stehen die Jäger hart mit dem Rücken am Treiben. Die Schützen laden ihre Gewehre erst auf dem Stand und dürfen auf bereits anlaufendes Wild nur dann schießen, wenn dies vom Jagdleiter ausdrücklich erlaubt ist. Normalerweise ist der Schuss erst nach dem Beginn des Treibens erlaubt, wobei das Anblasen oder – heute üblicher – eine Zeitvorgabe maßgeblich ist.

Im ersten Fall bläst der Jagdleiter die Signale »Das Ganze – langsam treiben!«. Bläst der Jagdleiter nicht selbst, so muss er einen guten Bläser bei sich behalten, sonst kann er die Jagd nicht richtig leiten. Das Signal wird von den Teilnehmern, die ein Horn führen, weitergegeben. Dabei ergibt sich eine ganz eigene Stimmung, wenn es weithin durch den Herbst- oder Winterwald schallt.

Der Stand darf auf keinen Fall vor Ende des Treibens verlassen werden!

Es ist – auch aus Sicherheitsgründen – eine vernünftige Regel, dass sich die deutlich durch Signalwesten gekennzeichneten Treiber vor Beendigung des Treibens ausrichten, um dann in einer Linie die letzten 20 Meter auf Weg, Gestell oder an den Dickungsrand zu treten. Dann ertönt das Signal »Abblasen!«, das von allen Bläsern wiederholt wird. Die Schützen sind verpflichtet, sofort zu entladen: Es darf also nicht mehr geschossen werden! Die Jagdgesellschaft geht dann zum nächsten Treiben.

Krankgeschossenes Wild ist dem Jagdleiter unverzüglich zu melden, damit er für die Nachsuche die erforderlichen Anweisungen geben kann.

Die erlegten Hasen, Füchse usw. werden nach jedem Treiben zum Sammelplatz mitgenommen oder so gelegt, dass der Wildwagen oder die Treiber sie aufnehmen können. Jeder Schütze hat sich selbst davon zu überzeugen, dass das von ihm geschossene Wild auch tatsächlich aufgenommen wird.

Um die Mittagszeit ist es üblich, eine Pause einzulegen, in der sich Jäger, Treiber und Hundeführer nebst ihren vierläufigen Gefährten ausruhen und stärken können. Hierzu wird »Zum Essen!« geblasen. Die rechtzeitige Auswahl eines geeigneten, geschützten Platzes ist Vorbedingung. Hier sollten ein oder auch mehrere Feuer entzündet werden, um die sich die Jagdteilnehmer auf Bänken, Baumstämmen oder Sitzstöcken gruppieren können. Oft wird bei dieser Gelegenheit eine warme Suppe gereicht.

Am Ende der Pause gibt der Jagdleiter Anweisungen für den weiteren Ablauf der Jagd. Er gibt auch bekannt, was bisher erlegt worden ist, und weist auf eventuell unterlaufene Fehler hin.

Eine Waldtreibjagd sollte vor Einbruch der Dämmerung beendet werden. Dann erfordert es noch eine gewisse Zeit, auf einem sorgfältig vorbereiteten Platz die Strecke zu legen und sich dort zu versammeln, um die Jagd stimmungsvoll ausklingen zu lassen (siehe auch Seiten 115 ff.). Dies alles gilt auch für die anderen hier beschriebenen Arten gemeinschaftlichen Jagens.

Neun Gebote für die Niederwildjagd

- Nicht ohne brauchbare Hunde jagen,
- nicht mit Schrot weiter als 35 Meter schießen,
- keine überlagerten Patronen verwenden,
- nur freigegebenes Wild erlegen,
- dem Nachbarn kein Wild streitig machen,
- nicht mehr Schützen als Treiber einsetzen,
- Treiber sowie die Schützen durch Signalwesten bzw. Signalhutbänder deutlich kennzeichnen,
- während der Jagd keinen Alkohol trinken,
- nicht zögern, einen Gast nach Hause zu schicken, der gegen Weisungen des Jagdleiters, Sicherheitsvorschriften oder Grundregeln der Waidgerechtigkeit verstößt!

Bewegungsjagden

Die Tatsache, dass in vielen Revieren der Abschuss nicht auf der Einzeljagd erfüllt werden kann, macht Gemeinschaftsjagden, wie sie hier beschrieben werden, erforderlich. Freilich werden von Ort zu Ort die Jagden im Wald unterschiedlich durchgeführt: Als Drückjagd oder Ansitzdrückjagd auf vor allem Sauen, aber auch anderes Schalenwild und ggf. den Fuchs, mit Einsatz von Treibern und Hunden oder auch als Stöberjagd, bei der nur stöbernde Hunde für die Beunruhigung des Wildes sorgen.

Mitunter stößt man auch auf den Begriff der »Wildjagd« für Bewegungsjagden auf Schalenwild, die nicht zuletzt der Erfüllung nachbarlicher Pflichten dienen. Dieser Begriff geht im Wesentlichen auf die Bezeichnung »Wild« für Rot- und Damkahlwild zurück. Wildjagden dienen vor allem der Abschusserfüllung beim weiblichen Wild in größeren Hochwildrevieren. Im Gegensatz zu früheren lauten Waldtreibjagden werden Jagden auf Schalenwild heute so organisiert, dass das Wild den Schützen möglichst nicht hochflüchtig kommt.

Ansitzjagden mit und ohne Beunruhigung des Wildes sind in einer Reihe von Revieren üblich geworden. Im Folgenden soll in Anhalt an eine Darstellung des verstorbenen Forstdirektors Dr. Türcke eine sogenannte Riegeljagd beschrieben werden, wie sie sich im Forstamt Saupark bei Springe auf Schwarzwild und Damwild als sehr erfolgreich erwiesen hat.

Die Jagdfläche des Sauparks von 1 200 Hektar wird in zwei fast gleich große Treiben von je 600 Hektar eingeteilt. Das eine Treiben wird am Vormittag, das andere am Nachmittag bejagt. Innerhalb der Treiben werden zwei bis vier Bezirke gebildet, in denen »Riegelgruppen« – jede für sich selbstständig – das Riegeln des Wildes übernehmen.

Die Riegelgruppen bestehen aus zwei bis drei Hundeführern, denen je ein Gehilfe beigegeben werden kann. Die Anzahl der Hundeführer und der Hunde sowie der Personen, die hier mitwirken, richtet sich nach den örtlichen Gegebenheiten, nach Größe der Dickungskomplexe sowie nach der Übersichtlichkeit des Geländes.

Voraussetzung ist, dass der Führer der Riegelgruppe und deren Mitglieder über genaue Ortskenntnis verfügen. Jener bestimmt das Vorgehen, insbesondere auch den Einsatz der Hunde. Prinzip der Riegelgruppenarbeit ist es, in drei Phasen eine Beunruhigung des Wildes in dem betreffenden Bezirk in der folgenden Weise zu erreichen:

1. Phase eins: Ruhiges, fast lautloses Durchgehen, ohne einen Hund zu schnallen.
2. Phase zwei: Zurückgehen, einen Hund (Finder) schnallen und, wenn notwendig, eine Koppel Hunde freigeben, wenn Sauen (oder anderes Wild) sich in der Dickung hartnäckig halten.
3. Phase drei: Wieder Vorwärtsgehen mit dem Ziel, den gesamten Riegelbezirk wildleer zu treiben. Die Hauptarbeit leisten die Hunde.

Die übrigen Riegelgruppen des Treibens handeln in der gleichen Weise zur gleichen Zeit, sodass das Wild von einem Bezirk in den anderen und auch wieder zurückwechselt. Zunächst ziehen oder trollen die Rotten und Rudel aus den Einständen, verhoffen und flüchten natürlich auch auf bestimmten Wechseln (es sind andere als die, die zur gewohnten Äsungsaufnahme führen). Durch das Hin und Her zwischen den Riegelbezirken werden Rotten gesprengt, und es wird dadurch erreicht, dass Einzelstücke verhoffen, gewissermaßen aus Ratlosigkeit ob der Beunruhigung an vielen Stellen des Treibens.

Für die Schützen (es sollten möglichst nicht mehr als 12 bis 16 sein) sind an den Hauptwechseln Stände vorbereitet, die als Schirme oder ein bis zwei Meter hohe Kanzeln (nicht höher) hergerichtet sind, und in denen zwei Personen bequemen Platz haben. Die Stände – es sind vielfach Fernwechselstände – müssen so platziert sein, dass man das Wild anwechseln sieht und dabei gut ansprechen kann. Wenn möglich, erhält jeder Schütze einen erfahrenen Begleiter, der den Stand und die Wildwechsel genau kennt. Der Begleiter soll mit seinem Jagdgast selbstständig und unabhängig von anderen seinen Stand aufsuchen und nach dem Treiben auch wieder verlassen. Die Stände stehen in der Regel so weit auseinander, dass sich die Schützen nicht sehen, auch nicht gefährden können. Der Begleiter kann mit Fernglas das anwechselnde Wild sorgfältig ansprechen und seinen Gast beraten, was erlegt werden soll. Beispiel: »Achtung, von rechts kommt eine Rotte Überläufer, das zweite Stück ist sehr gering, bitte dieses zuerst schießen …«

Verendet das Stück nicht sogleich, so ist der Begleiter verpflichtet, mitzuhelfen und einen Fangschuss anzutragen. Dabei wird sorgfältiger geschossen, es sind weniger Nachsuchen erforderlich, und – was besonders wichtig ist – man kann sogar selektieren, also in der Rotte, im Rudel ein abschussnotwendiges Stück auswählen.

Der Begleiter hat außerdem den Auftrag, das erlegte Wild zu versorgen, an einen Weg zu ziehen, wenn notwendig, Anschüsse zu verbrechen und alle Einzelheiten über die Ereignisse an dem betreffenden Stand der Jagdleitung zu berichten.

Neuerdings hat es sich bewährt, am Anschussbruch signalrotes Markierband zu befestigen, das für den Nachsuchenden weithin sichtbar ist. Außerdem sollte man die Stelle, wo das erlegte Wild vom Wildwagen aufgenommen werden muss, ebenfalls markieren. Dies erleichtert und beschleunigt das Auffinden und den Transport des Wildes zum Streckenplatz.

Vorstehtreiben im Feld

Im Großen und Ganzen gilt hier sinngemäß das für die Waldtreibjagd zuvor Geschriebene. Diese Feldtreibjagden gelten in erster Linie dem Hasen, aber auch dem anderen vorkommenden Niederwild – mit Ausnahme des Rehwildes. Geschossen wird in der Regel mit Schrot, wobei die Mitnahme von Flintenlaufgeschossen bei eventuellem Vorkommen von Schwarzwild ratsam sein kann. Die Schützen werden lediglich an der Stirnseite des Treibens, möglichst nicht ganz ohne Deckung, postiert. Jeder Jäger sollte beiderseits mindestens30 Meter Schussfeld haben. Nach dem Anblasen darf so lange in das Treiben geschossen werden, bis die Treiberwehr auf etwa 350 Meter (Gefahrenzone für den Schrotschuss) herangekommen ist. Danach ist nur noch nach außen zu schießen.

Eine gute Organisation dieser Feldjagden zeigt sich – wie auch bei allen anderen Gesellschaftsjagden – darin, dass die Treiben alsbald beginnen, wenn die Schützen ihre Stände eingenommen haben. Wichtig ist bei der Vorbereitung die Berücksichtigung der Windrichtung: Die Treiber sollten nicht gegen, sondern mit dem Wind gehen. Die Treiberwehr, geleitet von einem ortskundigen Obertreiber, rückt dann langsam vor, wobei häufig die beiden Flügel etwas vorgezogen werden. Es kommt weniger auf die Lautstärke als vielmehr auf die Disziplin der Treiber an. Laute Phasen wechseln mit leiseren ab, wobei der Obertreiber auch immer wieder zum Verharren (Signal: »Das Ganze« – »Halt«) und Ausrichten auffordert. Die sogenannte Sackbildung ist, wie auch beim Kesseltreiben, tunlichst zu vermeiden, da Wild genau diese Schwachstellen zum Ausbrechen nutzt.

Unter Umständen werden auch Jäger aufgefordert, die Treiberwehr zu verstärken. Der Jagdleiter muss dann entscheiden, ob und was diese treibenden Jäger schießen dürfen. Vorrangig sind jedoch die einschlägigen Sicherheitsvorschriften zu beachten. Erlegtes Wild ist von den Treibern aufzunehmen, Hasen und Kaninchen sind auszudrücken. Krankgeschossenes Wild ist waidgerecht abzuschlagen.

Wegen der möglichen Verlorensuchen ist grundsätzlich eine genügende Anzahl erfahrener Jagdhunde mitzuführen. Die Art des Hundeeinsatzes wird vom Jagdleiter bestimmt.

Kesseltreiben

Kesseltreiben werden fast ausschließlich auf dem Feld, jedenfalls in übersichtlichem Gelände durchgeführt. Sie dienen der großflächigen Bejagung des Hasen – je nach Vorkommen auch von Fuchs, Kaninchen und Fasan. Da sie in der Regel mit hohen Entnahmezahlen verbunden sind, findet

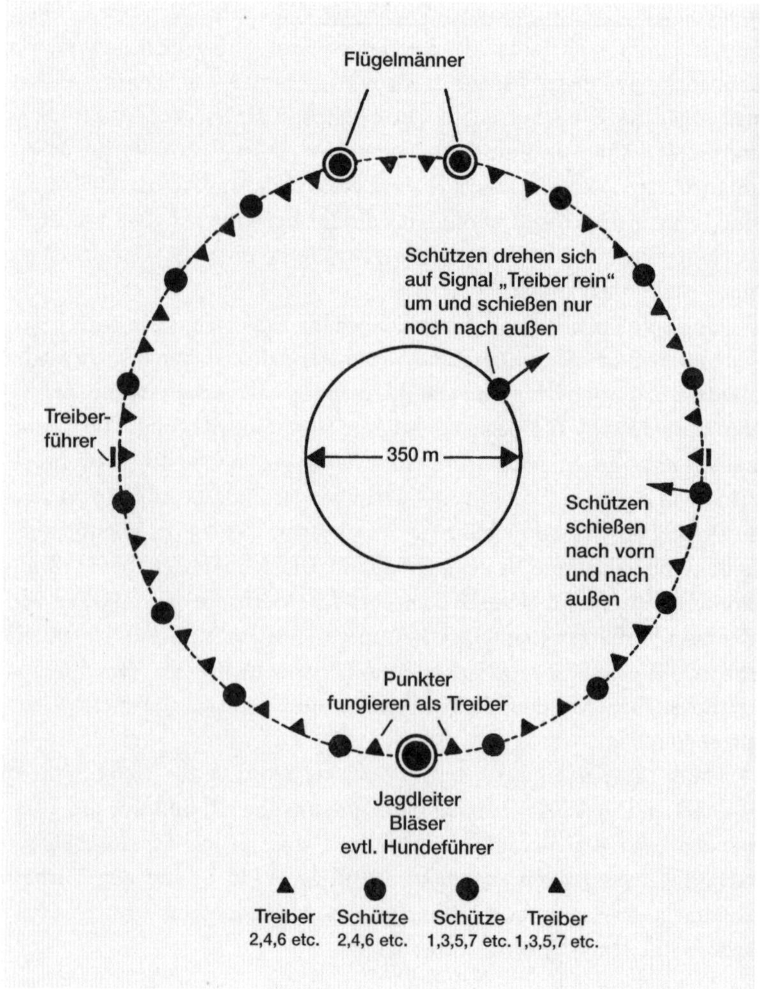

Schema Kesseltreiben

diese Art der Treibjagd angesichts seit langer Zeit rückläufiger Hasenbesätze nur noch selten statt. Das Vorgehen soll hier aber dennoch beschrieben werden.

Eine besonders sorgfältige Vorbereitung ist deshalb notwendig, weil der Umfang des Kessels mit dem zu bejagenden Raum und der Anzahl der Schützen und Treiber abgestimmt werden muss. Wenn möglich, sollten an einem Kesseltreiben mehr Treiber als Schützen teilnehmen. Der Jagdleiter muss für das Auflaufen des Kessels die Abstände der Schützen und Treiber berechnen. Beispiel: Beträgt der Durchmesser des Kessels einen Kilometer und stehen 15 Schützen sowie 45 Treiber zur Verfügung, so muss der Abstand von Mann zu Mann 50 Meter betragen; mithin ist die Entfernung von Schütze zu Schütze 200 Meter. Von der Ablaufstelle – und darauf kommt es an – sollte auf 50 Meter sowohl nach links als auch nach rechts ein Zeichen (Pfahl oder auch ein Treiber als Punkter »Point«) aufgestellt werden, das für den entsprechenden Halbkreis maßgebend ist. Vorweg gehen jeweils Flügelmänner (mit je einem Treiber), die den Umfang des Kessels im Gelände genau kennen.

Jeder Teilnehmer hat exakt den Spuren des Vordermannes zu folgen, damit keine Einbuchtungen an der Grenze des Kessels entstehen. Sobald die Spitzenführer (bzw. deren begleitende Treiber) auf etwa 50 Meter zusammengetroffen sind, bleibt alles stehen und macht eine Wendung zur Kesselmitte. Auf das Signal »Anblasen« dürfen die Schützen ihre Flinte laden. Nun geht alles auf die Mitte des Kessels zu, der allmählich enger wird. Es muss darauf geachtet werden, dass die Schützenlinie ausgeglichen rund bleibt und keine »Säcke« entstehen. Die anlaufenden und nach hinten durchbrechenden Hasen werden beschossen, nicht aber die, die in den Kessel flüchten. Wenn dann der Kessel etwa 350 Meter im Durchmesser eng geworden ist, wird »Treiber rein« geblasen; dann darf nicht mehr in das Treiben hineingeschossen werden. Die Schützen drehen sich um, mit Blickrichtung nach außen. Die Treiber gehen bis in die Mitte des Kessels vor, der Jagdleiter lässt abblasen (»Hahn in Ruh«) – und das Treiben ist beendet.

Von der Jagdleitung müssen klare Anweisungen gegeben werden, wie sich die Schützen und Treiber zu verhalten haben: ob z. B. nach dem Signal »Treiber rein« noch Hunde geschnallt werden dürfen und wie ein Kesseltreiben abläuft, wenn auf großem Durchmesser z. B. von zwei Seiten her abgestellt wird. In einem solchen Fall gab der Jagdleiter seine Anweisungen früher zu Pferde und sorgte so für einen geordneten Ablauf.

Umgang mit der Waffe

In jüngerer Zeit wird immer häufiger die Frage laut, ob beim Treffen vor einer Gesellschaftsjagd die Jagdwaffe getragen werden dürfe. Für strenge Vertreter althergebrachten Brauchtums gehört die Waffe nach wie vor zum Jäger, auch beim Treffen und bei der Begrüßung vor der Jagd, ebenso wie am Schluss einer Jagd beim Überreichen der Brüche und Verblasen der

Strecke. Nicht zuletzt aus Sicherheitsgründen bitten mitterweile allerdings viele Jagdleiter darum, beim Treffen und an der Strecke ohne Waffe zu erscheinen.

Die Unfallverhütungsvorschrift »Jagd« muss jedem Jäger geläufig sein, ebenso die Hauptregeln für den Umgang mit der Waffe, wie sie auf der Rückseite des Jagdscheins abgedruckt sind. Daraus ergibt sich, dass der Jäger das Gewehr mit der Mündung nach oben trägt und es nicht geladen hat, bevor die eigentliche Jagd beginnt.

Wenn vom Jagdleiter nichts anderes bestimmt ist, dürfen unter diesen Bedingungen die Waffen vor einer gemeinschaftlichen Jagd und an der Strecke getragen werden. Doch sollte ein Jäger seine Waffe, so viel Freude er an ihr haben mag, nicht zur Prahlerei missbrauchen.

Und es dürfte sich von selbst verbieten, die Waffe als Werkzeug zu benutzen, um einen Zaundraht niederzuhalten, Wild zu erschlagen, eine Hochsitzluke aufzustoßen oder sich im Gebüsch einen Weg zu bahnen.

Zum sicheren Umgang mit der Waffe gehört nicht nur das Befolgen der angegebenen Sicherheitsregeln. In einer Zeit, in der die Mehrzahl der Jäger viel zu selten dazu kommt, draußen im Revier einen Schuss abzugeben, ist eine regelmäßige Kontrolle der eigenen Treffsicherheit und der Zuverlässigkeit der Waffe auf dem Schießstand unabdingbar. Es ist dies bei weitem nicht nur eine »technische« Frage, sondern mindestens ebenso sehr eine Frage der Waidgerechtigkeit. Das verlässliche Treffen und qualfreie Erlegen des Wildes ist ein Prinzip des Tierschutzes wie auch waidgerechtes Jagen.

Des Jägers Lied

Es lebe, was auf Erden stolziert in grüner Tracht:
die Wälder und die Felder, die Jäger und die Jagd.

Wie lustig ist's im Grünen, wenn's helle Jagdhorn schallt,
wenn Hirsch' und Rehe springen, wenn's blitzt und dampft und knallt.

Im Walde bin ich König, der Wald ist Gottes Haus,
da weht sein starker Odem lebendig ein und aus.

Ein Jäger will ich bleiben, so lang die Tannen grün,
mein Mädchen will ich küssen, so lang die Lippen glüh'n.

Komm, Kind, mit mir zu wohnen im freien Waldrevier,
aus immergrünen Zweigen bau ich ein Hüttchen dir.

Dann steig ich nimmer wieder ins graue Dorf hinab,
im Walde will ich leben, im Walde grabt mein Grab!

Wilhelm Müller, 1822

Wörterbuch der Jägerei

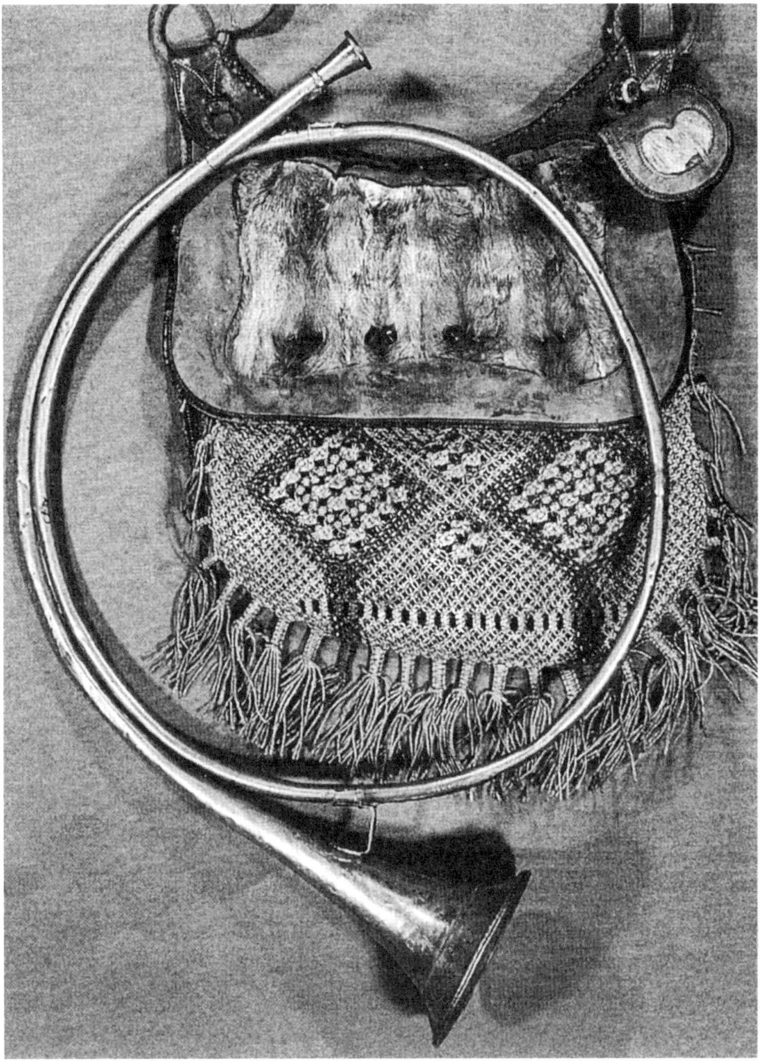

A

AALSTRICH, DER dunkler, vom Nacken bis zum *Wedel* reichender Streifen in der *Decke* bei Hirscharten, Gamswild (Sommer), Steinwild und Hunden *(Schweißhund, Teckel)*

AASER, DER ► *Jagdtasche*

AASJAGD, DIE unwaidmännisch betriebene Jagd

AASJÄGER, DER unwaidmännischer, gewissenloser Jäger und *Schießer*; kein *Heger* und Pfleger seines Wildes

ABÄSEN auch *abbeißen, abprossen*: Abfressen von Pflanzen durch das Wild

ABÄUGEN das Absuchen des Geländes mit den Augen durch *Hochwild*

ABBACKEN (GEWEHR) Das Gewehr absetzen, es von der Backe nehmen

ABBALGEN das Abziehen der Haut beim *Haarwild* der *Niederjagd* und beim gesamten *Federwild*, ► *Balg*

ABBALZEN das Beenden der Begattungszeit bei allem *Federwild*, z. B.: »Die Hahnen haben *abgebalzt*«, ► *Balz*

ABBAUMEN 1. *abstreichen* aufgebaumten *Federwildes; abreiten, abfallen, abdonnern, abstehen*; 2. *absteigen* aufgebaumten *Haarwildes, abholzen*

ABBEISSEN 1. *abäsen*; 2. das *Raubwild beißt* die erwachsenen Jungen aus seinem Lebensbereich *ab*, die noch nicht paarungsbereite Hündin den Rüden

ABBISS, DER 1. Köder oder *Abzugsbissen* an einer Fangvorrichtung; 2. der Teil der Pflanze, der vom Wild oder vom Eichhörnchen *abgebissen* wurde

ABBLASEN durch Hornsignal ein *Treiben* beenden

ABBRECHEN 1. ein *Treiben* vorzeitig beenden, unterbrechen, z. B. wegen schlechten Wetters; auch eine *Jagd abbrechen*: sie aufgeben; 2. ein Hund *bricht* die Spurarbeit *ab*, d. h. gibt sie auf; 3. einen an Wild verbissenen Hund losmachen, mit einem Knebel den *Fang* öffnen, auch *ausknebeln*

ABBRUNFTEN Beenden der Brunft bei allen Wildarten, deren Begattung *Brunft* genannt wird: »Die Hirsche hatten schon *abgebrunftet.*«, »Sie sind *völlig abgebrunftet.*«, d. h.durch die *Brunft* geschwächt.

ABBRÜTEN Beendigung des Brutgeschäftes bei allem *Federwild*, z. B.: »Die meisten Rebhühner hatten schon Ende Mai *abgebrütet.*«

ABDANKEN den Hund für gute Arbeit streicheln, *abliebeln*

ABDOCKEN den *Schweißriemen* oder das *Hängeseil* ablaufen lassen, die *Docke* lösen

ABDRÜCKEN mit dem Finger den Abzug eines Gewehrs betätigen

ABENDANSTAND, DER die am Abend ausgeübte Jagd; Erwarten des Wildes, am Boden stehend

ABENDBALZ, DIE das *Balzen* des Auerhahns oder Birkhahns beim Abend*einfall*

ABENDRUF, DER der am Abend zu hörende Sammelruf gesellig lebender Vögel, z. B. der Rebhühner, analog *Morgenruf*

ABENDSTRICH, DER das *Streichen* (Fliegen) manchen *Federwildes* am Abend zur *Äsung*, insbesondere *Schnepfen-, Gänse-* und *Entenstrich*

ABERWIND, DER besser *Aperwind*: der Tauwind im Gebirge, der aper, d. h. schneefrei macht

ABFÄHRTEN, DAS Absuchen eines Reviers nach *Fährten* zum *Bestätigen* oder *Einkreisen* des Wildes

ABFALLEN 1. Abspringen des Hirsches, Rehbockes usw. vom weiblichen Stück, wenn er es *beschlagen* hat; 2. Herabfliegen von Auer- und Birkwild vom Baum auf die Erde; 3. Abkommen des Hundes von einer *Fährte*, die er vorher *angefallen* hatte, besonders beim *Schweißhund* gebräuchlich; 4. Magerwerden von Wild, Hunden, Pferden und *Beizvögeln* ► *(abkommen)*

ABFANGEN auch *den Fang geben*: 1. Töten eines Stückes *Schalenwild* durch einen Stich schräg hinter das *Blatt* mit *Hirschfänger, Waidblatt* oder *Saufeder* bzw. von vorne am *Stich* in die Brust, insbesondere bei Kahlwild *(Kälberfang)*; 2. Töten des Rehwildes und des Auerhahns durch einen Stich mit dem *Waidmesser* ins Genick, *abgenicken* oder *abnicken*; 3. Einfangen jagender Hunde

ABFEDERN das Töten eines Vogels durch Einstoßen einer *Schwungfeder* durch das Hinterhauptloch ins Gehirn

ABFEGEN ► *fegen*

ABFÜHREN das *Abrichten* der Jagdhunde; bei *Hatzhunden* sagte man: *einhetzen*. Man sagt: »ein *gut abgeführter* Hund«

ABGEHEN 1. Verlassen der Fährte durch den Jagdhund, insbesondere beim *Schweißhund* gebräuchlich; 2. *Begehen* eines Reviers zu einem jagdlichen Zweck; 3. *Flüchtigwerden* von Wild, das den Jäger wahrgenommen hat; 4. Gehen der Schützen und *Treiber* vom Sammelpunkt zu ihren Plätzen, ► *auslaufen*

ABGELLEN oder *abgelten*, auch *gellen* oder *gelten* das Abweichen eines Geschosses von der Zielrichtung durch Auftreffen auf ein Hindernis, z. B. Äste, Steine, Wasserflächen

ABGENICKEN auch *abgnicken, abnicken* oder *abknicken*: das Töten eines Wildes durch einen Stich ins Genick, insbesondere beim Rehwild

ABGREIFEN das Stumpfwerden der Klauen *(Schalen)* beim *Schwarzwild*; mit zunehmendem Alter *greift* das *Schwarzwild* die *Schalen ab*, hat stark *abgegriffene Schalen*

ABHÄCHSEN auch *abhäcksen, abhässen, abhäsen, abhessen, abheesen*: das Durchtrennen der Sehnen an den Hinterläufen eines bei der *Parforcejagd* gestellten Hirsches, um ein gefahrloses *Abfangen* zu ermöglichen

ABHALSEN dem Hund das Halsband, die *Halsung* oder die *Halse* abnehmen und ihn so losmachen, ► *abkoppeln, ablassen*

ABHÄREN oder *verhären*: das Wechseln des Haares im Herbst oder Frühjahr beim *Haarwild* und den Jagdhunden

ABHASPELN das Abwickeln der *Lappen* von der ► *Haspel*

ABHAUEN das *Abschneiden, Abbeißen* bzw. *Abnagen* sowie das Fällen von Bäumen durch den Biber

ABHOLZEN das Herabklettern und Hinabspringen von einem Baum bei Luchs, Wildkatze, Marder, Iltis, Wiesel und Eichhörnchen

ABJAGEN 1. einen bestimmten Revierteil *abjagen*, d. h. intensiv bejagen; 2. anderen die Beute *abjagen*

ABKÄMPFEN 1. Vertreiben des Rivalen in der Brunft- oder Balzzeit bei allem *Schalenwild* und bei den *Waldhühnern*; beim Wild der *Hohen Jagd* auch: *abschlagen* und *abstreiten*; 2. Abbrechen von Geweihenden beim Kämpfen besonders in der *Brunft*, z. B.: »Der Hirsch hatte die rechte *Eissprosse abgekämpft*.«

ABKNICKEN ► *abgenicken*

ABKOMMEN, DAS 1. der wirkliche (nicht der erwünschte) Haltepunkt beim Brechen des Schusses; er erzeugt das Gefühl des Schützen, insbesondere beim Kugelschuss, er sei gut oder schlecht *abgekommen*; auch: »Ein gutes Abkommen war unmöglich.«; 2. das *Abgehen* oder *Abfallen* des Jagdhundes von der *Fährte* des Wildes; 3. das Abmagern bei Wild, Hunden und Pferden

ABKOPPELN ► *Abhalsen* der Hatzhunde

ABLASSEN ► *abhalsen*

ABLAUFEN LASSEN 1. aufgerollte *Lappen ablaufen lassen, abhaspeln*, auch *abladen*; 2. eine Schützenkette oder Treiberwehr bzw. die Schützen oder Treiber *ablaufen lassen*

ABLEGEN 1. Liegenlassen des Jagdhundes

an einer gewünschten Stelle, entweder ohne Leine: *frei ablegen*, oder angeleint; 2. Beendigung der Legeperiode bei allem *Federwild*: »Die Fasanenhennen haben *abgelegt*«

ABLIEBEN oder *abliebeln*: das Schmeicheln und Beloben eines Jagdhundes nach erfolgreicher Arbeit, auch des *Beizvogels* mit einer Feder zur Ermunterung

ABLOCKEN das Locken der Auer- und Birkhennen in der Balzzeit, wodurch der Hahn veranlasst wird, ihnen zu folgen: »Er wird *abgelockt*.«

ABLÖSEN muskelgerechtes Abtrennen von *Wildbret* beim *Zerwirken*

ABNEHMEN Die Hunde werden *abgenommen*, wenn man sie von der falschen *Fährte* nimmt, um sie auf der richtigen *Fährte* wieder *anzulegen*.

ABNICKEN ▸ *abgenicken*

ABNORM jede regelwidrige oder krankhafte Abweichung, z. B. bei Geweih- und Gehörnbildung, Körperform, Färbung, u. Ä.; üblicher, aber kein im engeren Sinne jagdlicher Ausdruck

ABPFEIFEN das Heranholen eines Jägers, eines *Treibers* oder eines Hundes durch einen Pfiff

ABRAMMELN das Beendigen der *Rammelzeit* bei Hase, Alpenhase und Kaninchen: »Die Hasen haben um den 20. September *abgerammelt*.«, oder: »ein alter, *abgerammelter* Hase«

ABRANZEN das Beendigen der *Ranzzeit* bei allen Wildarten, deren Begattung *Ranzen* genannt wird

ABRAUSCHEN das Beenden der Paarungszeit beim *Schwarzwild*

ABREITEN das *Abstreichen, Abfliegen, Abstehen* des Auer- und Birkhahns

ABREVIEREN das *Absuchen* eines Revierteiles 1. durch Jäger und Hund; 2. durch *Raubwild* oder *Raubzeug*

ABRICHTEN das *Abführen* eines Hundes, auch eines *Beizvogels* (bei Letzterem jedoch besser: ▸ *abtragen)*, d. h. ihm die für den Einsatz bei der Jagd notwendigen Kenntnisse und Fähigkeiten beibringen

ABROLLEN ▸ *abranzen*

ABRUFEN das Wegrufen oder Zurückrufen eines Schützen, eines *Treibers* oder eines Hundes

ABSCHÄRFEN 1. Abschneiden; man *schärft*, d. h. schneidet mit dem *Waidmesser* ab; 2. Abziehen des Fells *(Decke)* beim Bären

ABSCHLAG, DER *Hauptschlag* beim *Balzen* des Auerhahns, der zwischen *Knappen* und *Schleifen* liegt

ABSCHLAGEN 1. Töten des an den Hinterläufen frei hochgehaltenen Hasen und Kaninchens durch Schlag mit Handkante oder mit einem Stock hinter die *Löffel*; 2. die Hirsche *schlagen* den *Bast* vom *Geweih ab*, gebräuchlicher: ▸ *fegen, abfegen*; 3. Welpen *schlägt* man die *Rute ab* (für: Kupieren); *Schwarzwild schlägt* die Hunde *ab*, wenn es sie mit seinem *Gewaff* abwehrt; 4. das Muttertier des *Schalenwildes schlägt* zu Beginn der *Brunftzeit* sein Junges *ab*, d. h., es duldet das Junge nicht in seiner Nähe; auch der starke *Keiler schlägt* sich von der *Rotte* ab, d. h., er hält sich von ihr entfernt; 6. *abkämpfen*: »Der geringe *Zehner* ist *abgeschlagen*.«; 7. Absägen (früher *Abschlagen* mit dem Waidblatt) von *Geweihen* und *Gehörnen*

ABSCHNEIDEN 1. Abtreten von Grashalmen durch den *Rothirsch*, der sog. *Abschnitt*; 2. das *Abhauen* von Bäumen durch den Biber; 3. Abbeißen der Leine durch den Hund; 4. abschießen, jedoch nur in Bezug auf Haare, ▸ *Schnitthaar*; 5. Abbeißen von Halmen durch den Hasen

ABSCHRECKEN das Verscheuchen des Wildes von Saatfeldern usw. durch Aufstellen von *Scheuchen* u. Ä.

ABSCHUSS, DER eine bestimmte Zahl von

Wild, die in einem Revier geschossen werden soll oder abgeschossen ist

ABSCHUSSBOCK, ABSCHUSSHIRSCH, DER abschussnotwendiges Wild, das wegen mangelhafter Entwicklung im *Wildbret* oder der Trophäe, also aus hegerischen Gründen, erlegt werden muss

ABSCHUSSETAT, DER ▸ *Abschussplan*

ABSCHUSSPLAN, DER alljährliche Festsetzung des *Abschusses* (bei *Schalenwild* und ggf. anderem abschussplanpflichtigem Wild)

ABSCHWARTEN das Abziehen des Fells (der *Schwarte*) bei Sau und Dachs

ABSEHEN, DAS Zieleinrichtung im Zielfernrohr

ABSETZEN 1. wenn man das Gewehr *angeschlagen* hatte, es jedoch, ohne zu schießen, wieder von der Wange nimmt: *abbacken*; 2. den jungen Hund an der Hündin nicht mehr saugen lassen, auch *absperren*

ABSPANNEN ein Gewehr bzw. dessen Hahn in Ruhe setzen, ebenso eine gespannte Fangvorrichtung

ABSPRENGEN das Forttreiben eines bestimmten, meist schwächeren Stückes aus einem *Rudel*; der Hirsch oder Rehbock *sprengt* in der *Brunft* das *geringere Stück ab*, ebenso die *Ricke* ihr vorjähriges *Kitz* bei herannahender *Setzzeit*

ABSPRINGEN das *Flüchtigwerden* bei Reh und Damwild

ABSPRUNG, DER 1. Wenn *Haarwild*, insbesondere Hirsch oder Hase, bei einem *Widergang* einen Sprung zur Seite macht, so nennt man das einen *Absprung machen*. 2. die Stelle, an der Marder oder Wildkatze vom Baum herabspringt und die Erde berührt; 3. die Stelle, an der das Wild mit den Hinterläufen *abschnellt*, im Gegensatz zum *Aufsprung*

ABSPÜREN das Absuchen eines Reviers nach Spuren, um Wild zu *bestätigen* oder *einzukreisen*, ▸ *abfährten*

ABSTÄUBEN ▸ *abstieben*

ABSTEHEN das *Abstreichen* allen größeren *Federwildes* vom Baum, besonders des Auerhahns

ABSTEHLEN das Fortschleichen des Wildes, wenn es sich unbemerkt entfernen will, z. B.: »Der Fuchs *stahl* sich unbemerkt aus dem *Treiben ab.*«

ABSTELLEN 1. Besetzen bestimmter Linien eines *Treibens* mit Schützen oder *Treibern*: »Das *Treiben* wird *abgestellt.*«; 2. eine Fangvorrichtung aus der fängischen Stellung bringen; 3. gestellte Schlingen zuziehen

ABSTIEBEN das plötzliche und rasche Abfliegen von allem *Federwild*, besonders von den Hühnervögeln, auch *abstäuben*

ABSTREICHEN 1. Abfliegen bei allem *Federwild;* 2. Absuchen eines Gebietes durch Greifvögel nach Beute, ▸ *abrevieren*

ABSTREIFEN 1. Abziehen des *Balges* bei Hase und Kaninchen und beim *Raubwild*, ▸ *streifen*; 2. *Abäsen* der reifenden Getreidekörner durch *Schalenwild*: »Die Ähren (oder Rispen) werden *abgestreift.*«

ABSTREITEN ▸ *abschlagen* (4.), besonders gebräuchlich beim *Schwarzwild*

ABSTÜRZEN Ein Adler oder ein Geier *stürzt* ein Stück Wild *ab*, wenn er es durch Flügelschläge am Rand eines Abgrundes zum Abstürzen drängt.

ABSUCHEN mit dem Hund ein Feld *absuchen* nach Hasen, Fasanen, Rebhühnern *(Hühnersuche)* und anderem *Niederwild*

ABTRAGEN 1. der *Schweißhund* wird *abgetragen*, wenn er eine *gerechte Fährte* nicht weiterverfolgen soll: er wird auf den Arm gehoben und ein Stück weggetragen. Hat er dagegen eine *falsche Fährte angefallen* oder *changiert*, wird er ▸ *abgezogen*. 2. Der *Beizvogel* wird *abgetragen*, d. h. zur *Beize* abgerichtet.

ABTREIBEN das Durchlaufen eines bestimmten Revierteiles während einer *Treibjagd:* »eine Dickung oder eine Fläche *abtreiben*«

ABTRETEN *Raustreten*; Wild mit Absicht zum *Abspringen* oder *Abreiten* bringen, insbesondere beim Auerhahn. Geschieht dies während der *Balz* des Auerwildes versehentlich, so sagt man: »Der Jäger hat den Hahn *vertreten.*«

ABTRITT, DER 1. ein altes *Fährtenzeichen* beim Rothirsch: beim *Ziehen* über kurzes Gras *tritt* der Hirsch manchmal Hälmchen *ab*, die im Tritt liegen bleiben; 2. *Dachsabtritt*: Dachsklosett: Der Dachs gräbt sich ein Loch, in welches er sich immer wieder *löst.*

ABTROLLEN das Entfernen des *Schalenwildes* im Trab

ABTUN 1. *sich abtun*: die Absonderung von krankgeschossenem Wild aus dem *Rudel*, der *Rotte*, der *Kette* oder dem *Schof*; 2. *abtun*: das Töten eines *kranken* Stückes Wild durch den Hund

ABWECHSELN 1. *auswechseln*; 2. das Stumpfwerden der *Schalen* in höherem Alter bei allem *Schalenwild*: »Der Hirsch hat die *Schalen abgewechselt.*«; jedoch mit Ausnahme des *Schwarzwildes*, für Letzteres: *abgreifen*

ABWEHRER, DER *Treiber* oder sonstige Personen, die bei einer *Treibjagd* an denjenigen Stellen zum *Abwehren* des Wildes aufgestellt werden, die man mit Schützen nicht besetzen kann, ▸ *abstellen*

ABWERFEN 1. Alle Hirscharten *werfen* das Geweih (oder Gehörn) *ab*, wenn sie zu bestimmten Zeiten ihren Kopfschmuck abstoßen, um *neu aufzusetzen* oder zu *schieben.* 2. den *Beizvogel* in Richtung auf erblickte Beute werfen

ABWÖLFEN das Fertigsein mit dem *Wölfen*, bei allem *Raubwild*, bei dem das Gebären *Wölfen* genannt wird, sowie beim Hund: »Die Hündin hat *abgewölft.*«

ABWURF, DER die abgeworfenen Stangen von Hirschen und Rehböcken; man sagt aber auch: »Der *Abwurf*« (besser: das *Abwerfen* der Stangen) »vollzog sich in diesem Jahr sehr früh.«, und: »Von dem bekannten *Zwölfer* liegen vier *Abwürfe* vor.«, d.h. die Stangen aus vier verschiedenen Jahren

ABWURFFLÄCHE, DIE obere Fläche des *Rosenstockes,* auf der die abgeworfene Stange gesessen hat; Gegenstück zu ▸ *Petschaft*

ABWURFSTANGE, DIE Geweihstange, die *abgeworfen* wurde

ABWURFZEIT, DIE oder *Abwurfperiode*: die Zeit, während der sich das *Abwerfen* vollzieht

ABWÜRGEN wenn ein Hund ein größeres Stück Wild an der Kehle fasst und es *niederzieht* oder ein kleineres Wild *totbeißt*; auch *würgen*

ABZANKEN Wenn Greifvögel, Krähen und Elstern bei einem Stück *Fallwild* zusammenkommen, so werden die Schwächeren durch die Stärkeren fortgetrieben, *abgezankt.*

ABZIEHEN 1. den *Schweißhund* am *Schweißriemen* von einer *falschen Fährte* wegziehen, ▸ *abtragen*; 2. eine gestellte Fangvorrichtung losschlagen lassen; 3. von Zugvögeln: das *Wegziehen*

ABZUG, DER 1. die Vorrichtung zum Auslösen eines Gewehrschusses; *Abzughebel*: *Drücker* oder *Schneller; Abzugbalken*: Arm des *Drückers*, der in das Schloss eingreift; *Abzugblech*: der in den Schaft des Gewehres eingelassene Beschlag, an dem die *Abzugvorrichtung* befestigt ist; *Abzugbügel*: der halbrunde Bügel, der den *Drücker* umfasst und schützt; *Abzugfeder*: die Feder, die beim gespannten Schloss denjenigen Teil des Schlosses, der das Losschlagen bewirkt, am selbsttätigen Zurückweichen hindert; 2. *Stellvorrichtung* bei *Fangeisen* und sonstigen Fallen; 3. Ruck mit dem *Schweißriemen*, um den Hund zu strafen; 4. das *Wegziehen* der Zugvögel im Frühjahr und Herbst

ABZUGBISSEN, DER oder *Abzugbrocken,*

Abbiss oder *Anbiss*: Köder, der an der *Abzugvorrichtung* von Fallen angebracht wird

ABZUGFADEN, DER oder *Kontrafaden*: der Faden, der durch die *Abzugröhre* der *Pfeife* beim *Schwanenhals* läuft und den *Abzug* betätigt

ABZWINGEN ► *abtreten* oder ► *abschneiden*

ACHTER, DER auch *Achtender*: Hirsch oder Rehbock, dessen *Geweih* oder *Gehörn* auf jeder Stange vier Enden aufweist: *gerader Achter*; hat er an einer Stange weniger als vier Enden, so sagt man *ungerader Achter.*

ACHTERREIHE, DIE Eine Reihe von achtendigen Geweihbildungen eines Rothirsches, die mehrere Jahre hintereinander *geschoben* sind und daher nicht der regelmäßigen Entwicklung entsprechen; beim Beibehalten dieser Endenzahl spricht man vom *ewigen Achter.*

ACHTERSTUFE, DIE Geweihentwicklung, bei welcher der Hirsch normalerweise acht Enden trägt

ACHTZEHNENDER, DER ein Rothirsch, der auf einer Stange neun, auf der anderen ebenso viel oder weniger Enden aufweist, folglich *gerader* oder *ungerader Achtzehnender*

ACKERKRÄHE, DIE ► *Saatkrähe*

ADLER, DER Seeadler, Fischadler, Steinadler, Kaiseradler: alle geschont

ADLEREULE, DIE ► *Uhu*

AFFE, DER das junge Murmeltier

AFTERBALZ, DIE zur Unzeit erfolgende (Nach-)Balz

AFTERBRUNFT, DIE *Nachbrunft*, besonders beim Rehwild im November und Dezember; tritt auf bei *Schmalrehen* und *Ricken*, die im Juli/August nicht *aufgenommen* haben, im November oder Dezember dann wieder begattet *(beschlagen)* werden

AFTERBRUT, DIE Nachbrut bei allem *Federwild*, meist nach verloren gegangenem Erstgelege

AFTERDRÜSE, DIE vorgelagerte Drüse über dem Weidloch des Hundes

AFTERFLÜGEL, DER »Daumen« des Vogelflügels mit den in ihm haftenden Federn

AFTERGEHÖRN, DAS selten vorkommendes *Gehörn* bei einer alten *Ricke*

AFTERKLAUE, DIE auch das *Geäfter*: die *Sparren* beim Rotwild, auch *Oberrücken* oder *Oberklauen*; die über dem Fesselgelenk rückwärts stehenden, rückgebildeten Zehen beim *Schalenwild*, beim Hund und bei den zur Familie der Hunde gehörenden Raubtieren

AFTERKLAUIG nennt man einen Hund, der mehr als die normale Zahl an *Afterklauen* besitzt.

AFTERN besser *äftern*: 1. das Abdrücken der *Oberrücken* im *Tritt* beim *Schalenwild*; 2. einen *Bruch äftern,* d.h. seine Hinweisrichtung markieren

AFTERROSE, DIE beim Rehbock eine weitere vorn oder seitlich des *Rosenstocks* auftretende kleinere *Rose*; falls aus dieser noch eine Stange herauswächst, so nennt man diese *Afterstange*. Beim Rothirsch und anderen Hirscharten sehr selten

AHLSCHWANZ, DER auch *Klashanik* oder *Klashahn*: ► *Eisente*

ALPENGEIER, DER *(Gyps fulvus)* weißköpfiger Geier, auch Gänsegeier, fahler Geier

ALPENHASE, DER ► *Schneehase*

ALPENMURMELTIER, DAS ► *Murmeltier*

ALPENSCHNEEHUHN, DAS *(Lagopus mutus)*, auch kleines Schneehuhn, Felsenschneehuhn; lebt in den Alpen

ALPHAHN, DER ► *Auerhahn*

ALSTER, DIE *(Pica pica)* Elster. Einer der Rabenvögel, auch Azel, Heister, Häkster, Ärgerst, Aglaster

ALT 1. Eine Fährte ist *alt*, wenn sie mindestens 24 Stunden *steht; kalt* ist dagegen eine Fährte bereits nach etwa drei Stunden. 2. *alter Hirsch: jagdbarer Hirsch*, etwa vom zehnten Kopf ab; *altes* Tier, *Alttier, alte Ricke*, auch *Altricke, Altgeiß, Altreh*. Scherzhaft: »alteTante« statt *Gelttier, Geltgeiß* und *Geltricke*; »alter Herr« oder »alter Bursche« für alles alte männliche Wild

ALTDEUTSCH Den schweren deutschen *Vorstehhund* älterer Zuchtrichtung, vielfach triefäugig mit starken Lefzen, nennt man *Altdeutschen Vorstehhund.*

ALTERSKLEID, DAS die Befiederung der ausgewachsenen *Federwildarten* im Gegensatz zum *Jugendkleid*

ALTERSSCHLIEFEN, DAS *Preisschliefen*, zu dem nur ältere *Erdhunde* zugelassen werden; im Gegensatz zum *Jugendschliefen*

ALTERSSUCHE, DIE *Preissuche* für *Vorstehhunde*, im gleichen Sinne wie ▸ *Altersschliefen*; im Gegensatz zur *Jugendsuche*

ALTREH, DAS *Ricke, Altgeiß*, ▸ *alt*

AMSEL, DIE *(Turdus merula)*, Schwarzdrossel, auch Schwarzamsel, Kohlamsel, Stockamsel, Grünamsel

ANAASEN besser *anludern* oder *anködern*: Anlocken von *Raubwild* durch Auslegen von *Luder*

ANÄSEN das Anlocken von Rotwild, Damwild usw. durch Auslegen von *Äsung* an einen bestimmten Ort; *Schwarzwild* wird *angekörnt, Federwild* wird *angeposcht*

ANÄUGEN anschauen, anblicken, von allem Wild und den Hunden

ANBACKEN (GEWEHR) Das Gewehr in Anschlag bringen, es anlegen, *ins Gesicht gehen*; im Gegensatz zu *abbacken*

ANBEISSEN das Annehmen des *Anbisses* an allen Fangvorrichtungen

ANBIRSCHEN ▸ *anpirschen*

ANBLASEN durch Hornsignale den Beginn einer Jagd oder eines *Treibens* kundtun

ANBLATTEN das Anlocken eines Rehbockes in der *Brunftzeit (Blattzeit)* durch Nachahmung der Fieptöne oder des *Angstgeschreis* des weiblichen Rehs

ANBORSTEN das Hochstellen der Rückenborsten oder *Federn* bei dem in Erregung befindlichen *Keiler*

ANBRINGEN 1. den Hund zu einer *Fährte legen*; 2. einen Schuss auf Wild *anbringen*, d. h., es gezielt beschießen

ANBRÜCHIG Wildbret, das wegen zu langer Lagerung oder durch ▸ *Verhitzen* bereits in Verwesung übergeht, nennt man *anbrüchig.*

ANBÜRSCHEN ▸ *anpirschen*

ANFAHREN das Heranfahren an Wild in einem Wagen oder im Kahn

ANFALL, DER 1. Platz, an dem die Vögel *anfallen* bzw. *einfallen.* 2. Wenn der *Schweißhund* die richtige Fährte findet, hat er den *rechten Anfall.*

ANFALLEN 1. Der *Schweißhund fällt eine Fährte an*, wenn er die Fährte findet und arbeitet; 2. Wölfe oder anderes *Raubwild fallen* ein Beutetier *an*, d. h., sie greifen es an.

ANFEDERN oder *Anfiedern*: Aufreihen einer Anzahl erlegter Vögel, indem man eine lange Feder oder Draht durch die Nasenlöcher steckt und dann eine zum Tragen geeignete Schlinge macht

ANFEUCHTEN das *Nässen*, also Harnen von *Raubwild* oder Hund an einen Gegenstand (Stein, Baum usw.)

ANFLICKEN ▸ *flicken* (2.)

ANFLIEHEN das *Anprellen* von Wild in höchster Flucht gegen einen Baum, ein Gatter oder sonstiges Hindernis

ANFRISCHEN das Ermuntern des Hundes durch Zuspruch

ANFUSSEN das Sich-Niedersetzen von stärkerem *Federwild*

ANGEHEN 1. ▸ *anpirschen*; 2. *annehmen* oder angreifen, beim *Schwarzwild* und stärkerem *Raubwild*; 3. ▸ *anbrüchig* werden, z. B.: »Das Wildbret ist bereits *angegangen.*«

ANGEHEND Wild, das sich dem Höhepunkt seiner Entwicklung nähert, nennt man *angehend*; z. B. *ein angehendes Schwein*, i. e. ein *Keiler* von vier Jahren, oder ein *angehender Schaufler* beim Elch- und Damwild; auch: *angehend jagdbarer Hirsch*.

ANGEL, DIE 1. Teil des Klingenstahls, der bei blanken Waffen *(Hirschfänger, Waidmesser, Saufeder)* in den Griff oder Schaft hineinragt; 2. früher ein Fanggerät, insbesondere für den Wolf, ► *Wolfsangel*

ANGEREIMELT weiße Spitzen des Gamskammhaares, ► *Gamswild*

ANGSTGESCHREI, DAS Das Geschrei eines beim *Treiben* durch den Bock scharf bedrängten weiblichen Stückes Rehwild

ANGSTGESCHREIBLATTER, DER ► *Klageblatter*

ANHALSEN das *Anlegen* eines Hundes an die Leine *(Riemen)*; besonders beim *Schweißhund* gebräuchlich, im Gegensatz zu *abhalsen*

ANHALTEND Wenn ein Hund ausdauernd jagt, so sagt man, er jagt *anhaltend*; auch *anhaltend vorliegen*: beim *Erdhund* im Bau.

ANHATZEN oder *anhetzen*: das Anfeuern der Hunde zum *Anfall* einer *Fährte*, zum Verfolgen eines Wildes oder auch zum Angriff auf Tier oder Mensch

ANHEULEN das Anlocken eines Wolfes durch Nachahmen seines Heulens

ANJAGD, DIE Beginn einer *Parforcejagd*

ANKIRREN das Anlocken von *Wild* an eine bestimmte Stelle durch ausgelegtes Futter

ANKÖDERN das Anlocken von *Raubwild*

ANKOMMEN sich einem Stück Wild auf schussgerechte Entfernung annähern: »Der Bock ließ mich auf ganz nahe Entfernung *ankommen*.«

ANKOPPELN das *Anhalsen* von jeweils zwei Hunden, insbesondere Hatzhunden, an eine *Koppel*

ANKÖRNEN das Anlocken von *Schwarzwild* mit Mais, Hafer o. Ä.

ANLAUF, DER Der Jäger hat *guten* oder *schlechten Anlauf*, je nachdem, ob ihm auf seinem Stand viel oder wenig Wild kommt; er hat *keinen Anlauf*, wenn nichts kommt.

ANLAUFEN-LASSEN ein gesundes oder krankes Stück Wild an sich herankommen lassen

ANLEGEN 1. Anbringen eines Hundes an eine Leine oder eine Kette; 2. einen *Schweißhund* zur *Fährte legen*; 3. ein *Treiben anlegen*, d. h. planen und vorbereiten; 4. ein Gewehr *anschlagen* oder *anbacken*; 5. das Wild *legt* im Herbst das *Winterkleid* und im Frühjahr das *Sommerkleid an*

ANLUDERN das Auslegen eines *Luders* an einem bestimmten Platz *(Luderplatz)*, um *Raubwild*, auch *Schwarzwild*, anzulocken

ANNEHMEN 1. das Angreifen von Mensch (Jäger) oder Hund durch Sau, Hirsch oder größeres Raubwild; 2. Wild aller Art *nimmt* eine *Fütterung* oder *Salzlecke an*, wenn es diese regelmäßig zur Nahrungsaufnahme aufsucht; 3. man *nimmt* einen Hund *an* die Leine, um ihn daran zu führen; 4. *anfallen*: der Hund *nimmt* eine Fährte *an*; 5. das Wild *nimmt* den *Wechsel an*, wenn es darauf entlangzieht

ANPOSCHEN das Anlocken von *Federwild* mittels Futter

ANPRELLEN seltener auch *anfliehen*: das Anfliehen von Wild gegen Hindernisse, früher auch gegen gestellte Netze

ANPÜRSCHEN vorsichtiges Anschleichen an ein Stück Wild, auch *anpürschen*; in Süddeutschland und Österreich auch *anbürschen* oder *anbirschen*

ANREITEN die Annäherung zu Pferde an Wild auf schussgerechte Entfernung

ANRUFEN 1. Der Jäger *ruft* den Wilddieb *an*, um ihn zum Stehenbleiben zu veranlassen; 2. der *Keiler* wird mit »Hu Sau« angerufen, um ihn zum *Annehmen* zu veranlassen; 3. der Jäger ruft flüchtiges

Wild an, um es zum *Verhoffen*, zum Anhalten zu bringen.

ANRÜHREN das vorsichtiges Beunruhigen von Wild

ANSAGEN 1. Angeben des vermuteten Treffpunktes der Kugel nach Auslösen des Schusses durch den Schützen; 2. *Ansagen* der Strecke nach dem *Treiben* oder der Jagd

ANSCHIESSEN 1. *Einschießen* eines Gewehrs mittels Probeschüssen; das Gewehr wird richtig *an-* und *eingeschossen*; 2. Verwunden eines Wildes, sodass dieses noch fortflüchtet, jedoch nur beim *Niederwild*; beim Wild der *Hohen Jagd* sagt man *anschweißen* oder *krankschießen*, seltener *anfärben*. Ankratzen, anflicken und anbleien sind keine *gerechten* Ausdrücke und tunlichst nicht zu gebrauchen.

ANSCHLAG, DER Man bringt ein Gewehr in *Anschlag*, wenn man anlegt; auch: »Das Gewehr hat einen *guten* oder *schlechten Anschlag*«, je nachdem, ob es für einen Schützen gut oder schlecht passt.

ANSCHLAGEN 1. Gewehr anlegen, um zu schießen, auch *ins Gesicht gehen*; 2. Bellen eines Hundes beim Nahen eines Fremden

ANSCHMECKEN Wenn der *Schweißhund* eine Fährte *windet* und *anfällt*, so sagt man, er hat die *Fährte angeschmeckt*.

ANSCHNEIDEN 1. das Anfressen von geschossenem Wild durch *Raubwild* oder *Sauen*: »Die Füchse hatten den Rehbock bereits *angeschnitten*.«; 2. beim Hund, wenn er geschossenes Wild, anstatt es zu bringen oder zu *verbellen*, anfrisst

ANSCHRECKEN das Anrufen von Wild, um es zum *Verhoffen* zu veranlassen; insbesondere durch Nachahmung des *Schrecklautes* von Rehwild oder Rotwild

ANSCHREIEN 1. Anrufen eines *Brunfthirsches* durch Nachahmung des *Röhrens*; 2. eine Sau *anschreien*, um sie zum *Annehmen* zu veranlassen

ANSCHUSS, DER Platz, an dem das Wild den Schuss erhielt: *Anschussplatz, Anschussstelle*

ANSCHWEISSEN das Anschießen von Wild der *Hohen Jagd*; seltener: *anfärben*

ANSEILEN 1. den *Leithund* oder *Schweißhund* an das *Hängeseil* nehmen; 2. bei der Jagd im Hochgebirge: sichern durch *Anseilen*

ANSETZEN 1. Der Jäger *setzt sich an*, um das Wild zu erwarten; 2. das Jagdhorn wird zum Blasen *angesetzt*; 3. das Wild *setzt Feist an*; 4. der Hund wird *zur Fährte gelegt*.

ANSITZ, DER die Stelle, an welcher der Jäger *ansitzt*, um das Wild zu erwarten

ANSITZLEITER, DIE einfacher ► *Hochsitz*

ANSITZLOCH, DAS eine Grube, in welcher der Jäger verdeckt *ansitzen* kann

ANSPRECHEN Genaues Erkennen und Beurteilen eines Stückes Wild: »Ich konnte den Hirsch *genau ansprechen*.«

ANSPRINGEN 1. sprungweises Herangehen an den *balzenden* Auerhahn; 2. das Anlaufen von *Haarwild* der *Hohen Jagd* an den Stand des Schützen, insbesondere bei *Gamswild*

ANSTAND, DER im gleichen Sinne wie ► *Ansitz*; der Jäger *geht auf den Anstand* oder *Ansitz*

ANSTELLEN 1. die Schützen und *Treiber anstellen*, d.h. ihnen ihre (Jagd)Stände zuweisen; 2. *sich anstellen*: sich auf seinen Schützenstand begeben

ANSTREICHEN 1. seitliches Abstützen des Gewehrs beim Zielen an einem *Zielstock*, einem Baum, einer Felskante o.Ä.; 2. das Herbeifliegen von *Federwild* zu einem Schützen: »Die *Hühner streichen an*.«; 3. *ziehendes* Wild *streicht* mit dem Körper an hohem Gras, Getreide, Schilf, Zweigen *an* und hinterlässt dabei seine *Wittrung* und ggf. *Schweiß*; der Hirsch *streicht* mit seinem Geweih an Ästen und Zweigen *an*

ANSUCHE, DIE Stelle, an welcher der

Schweißhund zur Fährte gelegt wird; aber auch zeitlich gebraucht: »Mit *der Ansuche* wurde um 7 Uhr begonnen.«

ANTRABEN Herankommen im Trab von Wolf und Fuchs

ANTRAGEN (DEN SCHUSS) auf ein Stück Wild einen Schrot- oder Kugelschuss abgeben

ANTREIBEN 1. ein *Treiben* beginnen; 2. Wild durch *Treiber* an einen Schützen herantreiben. 3. Der *Erdhund treibt* im Bau den Fuchs oder Dachs *an.*

ANTROLLEN Trabendes Herankommen von Elch-, Rot-, Dam-, Rehwild und anderem *Schalenwild*

ANZEIGEN Der Hund *zeigt an* oder *zeigt*, wenn er durch sein Verhalten dem Jäger die Nähe von Wild oder *Schweiß* kundgibt; beim *Vorstehhund* durch das *Anziehen* und *Vorstehen*, beim *Schweißhund* durch Stupfen mit der Nase auf den *Schweiß*, ▸ *verweisen.*

ANZIEHEN das vorsichtige Vorgehen des Hundes mit hoher Nase, wenn er *Wittrung von* Wild bekommt

APERWIND, DER ▸ *Aberwind*

APPELL, DER Gehorsam des Hundes; der Hund hat *»guten* oder *schlechten Appell«*, hat *»überhaupt keinen Appell.«*

APPORT(E)! *Bring her!* Zuruf an den Jagdhund, wenn er ein geschossenes Stück Wild aufnehmen und bringen soll

APPORTIERBOCK, DER auch *Apportierholz, Dressierbock*: ein besonders ausgeformtes Stück Holz, womit dem Hund das Apportieren beigebracht wird

APPORTIEREN das Herbringen von geschossenem Wild durch den Hund

ARBEITEN das Abrichten und Führen eines Jagdhundes: »den *Schweißhund* auf *kalter Fährte arbeiten*«; »Der Hund *leistet gute Arbeit.*«

ARME, DIE Vorderfüße des Bären

ARMSCHWINGE, DIE die am Arm des Vogels angesetzten Schwungfedern; ▸ *Handschwinge*

ARP, DER Wachtelkönig *(Rex crex)*, auch Schnarp oder Wiesenschnarrer

ASER, DER ▸ *Aaser*

ÄSEN auch *sich äsen*: die Nahrungsaufnahme bei allem Wild mit Ausnahme des *Schwarzwildes* und des *Raubwildes*

ÄSER, DER Maul von allem *Haarwild* mit Ausnahme des *Schwarzwildes* und des *Raubwilds*; auch *Geäse*

ÄSUNG, DIE Nahrung des Wildes, welches *äst*

ÄTSCHEN Die Bekassine und gelegentlich auch die kleine Sumpfschnepfe stoßen beim *Herausstreichen* einen Schreckton aus: »Die Bekassine *ätscht.*«

ATZEN 1. einen gefangenen Greifvogel *kröpfen*, d.h. fressen lassen *(Beizvogel)*; 2. das Füttern junger Greifvögel durch die Altvögel

ATZUNG, DIE Nahrung der Greifvögel, aber auch der Vorgang des Fütterns bei Nestlingen

AUENHIRSCH, DER Rothirsch, der in Flussauen seinen Einstand hat, im Gegensatz z.B. zum *Berghirsch*

AUERHUHN, DAS *(Tetrao urogallus)* Auerhahn und Auerhenne, zusammen *Auerwild*, auch *Auergeflügel. Großer Hahn* (Mehrzahl: *Hahnen)* im Gegensatz zum *Kleinen Hahn* (Birkhahn), auch *Urhahn.* Die Henne macht ein *Gelege* und bildet mit den Jungen ein *Gesperre*, auch *Kette.* Die rote Haut des Hahnes oberhalb der Augen oder Lichter heißt *Rose* oder *Flamme.* Der Hahn hat ein grünliches, die Henne ein braunes *Schild.* Die verlängerten Kehlfedern heißen *Federbart* oder *Kehlbart*, der Hals *Stingel* oder *Stängel*; die gesträubten Halsfedern heißen beim balzenden Hahn *Balzkragen*, die langen Schwanzfedern *großer Stoß* und *Schaufeln*, die unteren kürzeren *kleiner Stoß*, der gesamte Stoß heißt auch *Ruder*, *Schaufel* oder *Fächer.* An der Achsel hat der Hahn einen weißen Fleck, den *Spie-*

gel. Das Auerwild hat *Läufe, Füße, Ständer.* An den Seiten der Zehen stehen kleine Hornfedern, welche *Balzstifte, Balzfedern, Balzgräten, Balzstockeln, Zehenstifte* oder *Zehenfedern* genannt werden. Das Auerwild hat Schwingen und *fällt* auf der Erde *ein*, auf einem Baum *an* oder *auf*, es *fußt, tritt, steht* auf diesem *an* oder *schwingt sich ein*, wenn es sich setzt. Es *streicht, steht, stößt, holzt, reitet* oder *donnert ab*, wenn es von einem Baum wegfliegt, es *fällt* oder *steigt ab*, wenn es dies tut, um sich auf der Erde niederzulassen. Es *steht auf* dem Baum und *überstellt sich* oder *stellt sich um*, wenn es von einem Ast auf einen anderen tritt. Es macht eine *Fährte* oder besser ein *Geläuf.* Im Sande *hudert* es *(Huderplätze)* und formt dabei eine *Pfanne*; es nimmt Steinchen auf, die im Magen bleiben, sog. *Weidkörner, Magensteine* oder *Auerhahnsteine.* Das *Auerwild geht* auf *Äsung* oder *verbeißt.* Es tritt in die *Balz* oder *Falz.* Man unterscheidet *Vorbalz, Hauptbalz, Nachbalz, Bodenbalz, Frühbalz, Sonnenbalz, Abendbalz.* Der Hahn *knappt* oder *klippt (spielt sich ein), schnalzt, schnappt, glöckelt, zählt*, macht den *Haupt- oder Abschlag* und *schleift* oder *wetzt*; das sehr schnelle, sich fast überschlagende *Knappen* kurz vor dem *Hauptschlag* nennt man auch *Triller.* Das Ganze nennt man *Balzarie, Vers, Spiel*, auch *Gesetzl, Gesetzel.* Der Hahn *tritt* die Henne oder *tritt sie ab*, wenn er sie begattet. Nach dem abendlichen *Einschwingen* oder *Einfallen* lässt der Hahn ein *Worgen, Wörgen, Kröpfen, Kröchen* oder *Grölen* hören. Wenn er sehr *vertraut* ist, *knappt* er mehrfach, er *schnackelt* oder *schnalzt.* Die Henne lockt durch das *Gocken*, sie warnt, wenn sie den gockenden Ton hart und hintereinander hören lässt. Junges Auergeflügel *piept.* Der Jäger *springt* den balzenden Hahn *an*, da der Hahn während des *Schleifens* taub ist; er muss dabei darauf achten, dass der Hahn von ihm nicht *vertreten* wird. Beim *Einfall* am Abend werden die Hähne oder die *Hahnen* vom Jäger *verlost, verlust* oder *verhört*, um die *Standbäume, Balzbäume* und *Schlafbäume* genau festzustellen. Zu diesem Zweck versucht er auch, die *Balzlosung* oder das *Falzpech* zu finden. Der erlegte Auerhahn wird *aufgebrochen* oder besser *ausgefahren*

AUF, DER ► *Uhu*

AUFARTEN einen Wildbestand durch *Hegeabschuss*, Blutauffrischung oder andere geeignete Maßnahmen scheinbar züchterisch verbessern; früher zeitweilig besonders beim Rot- und Rehwild gebräuchlich

AUFÄSEN das Aufnehmen von Nahrung vom Boden, bei allem Wild, das *äst*

AUFBAUMEN auch *Aufbäumen*: 1. Auf-einen-Baum-Fliegen von *Federwild*; 2. Auf-einen-Baum-Klettern von Luchs, Marder, Wildkatze und Eichhörnchen; 3. übertragen auch für den Jäger, der einen *Hochsitz* besteigt

AUFBLOCKEN das Niederlassen der großen Greifvögel auf Gefels, Gemäuer, Hügeln

AUFBRECHEN 1. bei einem erlegten Stück Wild die Bauchdecke *aufschärfen* und Gedärme, Magen, Leber, Milz, Nieren, Lungen und Herz (*Gescheide* und *Geräusch*) herausnehmen sowie die Beckenhälften *aufbrechen*; bei allem *Schalenwild* und beim Auerhahn. 2. *Schwarzwild bricht* die Erde *auf*, es *steht im Gebräch.*

AUFBRINGEN Aufziehen eines jungen Tieres, auch von den älteren Tieren; sie *bringen* ihre Jungen *auf* oder *hoch*

AUFBRUCH, DER die gesamten herausgenommenen inneren Organe des Wildes, also ► *Geräusch* und ► *Gescheide*

AUFBRUCH ZUR JAGD 1. auf die Jagd gehen; 2. Hornsignal, das hierzu auffordert

AUF-DIE-DECKE-LEGEN Das *Erlegen von* allem *Schalenwild* mit Ausnahme des *Schwarzwildes*

AUF-DIE-WEIDE-GEHEN Wenn Rebhühner auf *Äsung* gehen, *gehen sie auf die Weide*, seltener bei Enten und Gänsen gebräuchlich; auch der Dachs *geht auf die Weide*.

AUFDOCKEN das kunstgerechte Aufwickeln des *Hängeseils* oder des *Schweißriemens*

AUFFAHREN 1. rasches *Anschlagen* mit dem Gewehr; 2. der Hase *fährt* aus dem Lager *auf*

AUFFRISCHEN Erneuern einer *Salzlecke*

AUFFUSSEN das Niederlassen von größerem *Federwild* auf dem Boden oder auf einem Baum

AUFGANG DER JAGD Beginn der *Jagdzeit* nach dem Ende der *Schonzeit*

AUFGEHEN 1. Aufjagen von *Niederwild*, insbesondere von Hasen; 2. Beginn der *Jagdzeit* für einzelne Wildarten, z. B.: »Die Jagd auf Hasen *geht* am 01. Oktober *auf*.«

AUFHABEN das Tragen eines Kopfschmucks bei allem männlichen *Schalenwild*, ausgenommen *Schwarzwild*, z. B.: »Der Rehbock *hat* handbreit über die Lauscher *auf*«, oder: »Der Hirsch *hat* gut *auf*.«

AUFHAKEN das Niederlassen von Greifvögeln auf Ästen, Pfählen, Julen, ► *aufblocken*

AUFHAUBEN dem *Beizvogel* die *Haube* aufsetzen

AUFHOLZEN *aufbaumen*, nur beim aufbaumenden *Haarraubwild*

AUFHÜTTE die *Uhuhütte* oder ► *Krähehütte*

AUFKOPPELN *ankoppeln*; Gegensatz zu ► *abkoppeln*

AUFLAUFEN-LASSEN Der Jäger *lässt* ein Stück *Schwarzwild* zum Abfangen mit *der Saufeder auflaufen*.

AUFLEGEN 1. Wild *legt Fett* oder *Feist auf*; 2. *Haarwild legt Sommer-* oder *Winterhaar auf*, gebräuchlicher *an*, wenn es *verfärbt*; 3. um ein sicheres *Abkommen* zu haben, wird das Gewehr *aufgelegt*, d. h. man macht sich aus dem Rucksack oder Mantel eine Auflage.

AUFLÖSEN das Öffnen des *Schlosses* beim *Schalenwild*, besser *aufschlagen*

AUFMODEN bei der *Nachsuche* ein krankes Stück Wild, das im *Wundbett* sitzt, *hochmachen*

AUFNEHMEN 1. Der Jagdhund *nimmt* das geschossene Stück Wild *auf*, d. h. er *apportiert* oder *bringt* es; 2. das Wild *nimmt* seine *Äsung auf*; 3. der *Schweißhund nimmt* eine *Fährte auf*, wenn er sie *anfällt* und *arbeitet*; 4. eine Hündin hat *aufgenommen*, wenn sie nach dem Decken trächtig wird; 5. der *Schweißhund* wird *aufgenommen*, wenn er *abgetragen* wird.

AUFREIBEN Eine *Kette* Hühner wird *aufgerieben*, wenn man sie restlos oder fast restlos abschießt.

AUFSATZ, DER 1. Stahlschiene auf dem *Lauf* der Büchse mit einem Einschnitt zur Aufnahme des Korns; 2. die höhere, zweite Klappe eines Klappvisiers, die zum Schießen auf weitere Entfernungen dient; 3. ein kleines Zusatzrohr zwischen Mundstück und Horn, das dem Jagdhorn einen tieferen Ton gibt; 4. Hörner des Wisents, ► *Helm*, ► *Holm*

AUFSCHÄRFEN aufschneiden, z. B. der *Decke*, des *Balges oder der Schwarte* bei allem Wild

AUFSCHLAG, DER im selben Sinne gebraucht wie ► *Kugelschlag*

AUFSCHWINGEN das Niederlassen von größerem *Federwild*, besonders Greifvögeln, auf einem Baum, besser ► *einschwingen*

AUFSETZEN die Neubildung eines Gehörns oder eines Geweihs, z. B.: »Der Hirsch hat eine gute Krone *aufgesetzt*.«

AUFSITZEN 1. Bei einem hoch schießenden Gewehr muss man das Ziel unten anvisieren; man lässt das Ziel *aufsitzen*; 2. das Besteigen des Tieres beim *Beschlag* durch das männliche Wild

AUFSPRENGEN Aufjagen von Wild, Auseinandersprengen des Rebhuhnvolkes

AUFSTÄUBEN ▸ *aufstieben*

AUFSTECHEN oder *stechen*: das *Hochmachen* eines Hasen durch den Hund

AUFSTECKEN 1. *Hochmachen* eines *Hasen* durch Jäger oder *Treiber*; 2. einen *Bruch* an Hut oder *Halsung* befestigen

AUFSTEHEN das Erheben, Aufspringen oder Auffliegen bei allem Wild, besonders beim *Federwild*, das sich am Boden befindet

AUFSTIEBEN oder *aufstäuben*: 1. das plötzliche, erschreckte Auffliegen von *Federwild*, besonders Rebhühnern; 2. das Aufjagen von *Federwild* (selten; besser: *aufstöbern)*

AUFSTIEG, DER die Stelle, von der aus *Raubwild* einen Baum erklettert, ▸ *aufbaumt* oder *aufsteigt*

AUFSTÖBERN auch *aufstäuben*: das Aufjagen des Wildes vom Boden, besonders gebräuchlich für die Arbeit der *Stöberhunde*

AUFSTOSSEN ▸ *aufstecken*

AUFSTREICHEN das Auffliegen vom Boden weg bei allem *Federwild*

AUFTUN 1. Aufjagen, Aufscheuchen des *Niederwildes*; 2. *sich auftun*: erheben, *Hochwerden* von *Schalenwild* im Gegensatz zu *niedertun*

AUFWERFEN plötzliches, aufmerksames Hochnehmen des Hauptes bei allem *Schalenwild* bei drohender Gefahr

AUFZUCHT, DIE das Aufziehen von Hunden und Jungwild aller Art

AUGE, DAS waidmännisch nur beim *Flugwild*. Die Augen des *Schalenwildes* heißen *Lichter*; die Augen des *Haarraubwildes* sowie des Hasen, des Kaninchens und des Murmeltieres heißen *Seher*.

ÄUGEN Sehen oder Schauen bei Wild und Hunden

AUGSPROSS, DER oder die *Augsprosse*, seltener auch *Augende*, *Augsprüssel*: das unterste Ende des Geweihs unmittelbar über der *Rose*, bei Rot-, Dam- und Sikahirsch

AUHIRSCH, DER Hirsch der Auwälder; ▸ *Auenhirsch*

AUS! Befehl für den apportierenden Hund, das gebrachte Wild loszulassen

AUSARBEITEN eine *Fährte* oder *Spur* vom *Anschuss* bis zum Stück verfolgen: »die *Fährte ausarbeiten*«

AUSBLEIEN das Reinigen der Gewehrläufe von Bleiresten

AUSBRECHEN das *Flüchtigwerden* des Wildes beim *Treiben* über eine Flanke; das Wild *bricht aus*. Geht es rückwärts durch die *Treiberwehr* oder *Treiberkette*, so *bricht* es *durch*.

AUSBRINGEN Ausbrüten bei allem *Federwild*

AUS-DER-DECKE-SCHLAGEN das Abziehen des Fells (der *Decke*) bei allem *Schalenwild*, ausgenommen *Schwarzwild* und Bär

AUSDRÜCKEN Erlegte Hasen und Kaninchen werden *ausgedrückt*, d. h., die Harnblase wird durch Druck darauf entleert.

AUSFAHREN 1. Fuchs, Dachs und Kaninchen *fahren aus* dem *Bau*, wenn sie diesen verlassen; der Hase *fährt* aus seiner *Sasse*; Sauen *fahren* aus dem Kessel; 2. Waldhühner und Trappen *werden ausgefahren*, d. h. ausgeweidet.

AUSFAHRT, DIE Ausgang einer *Röhre* beim Fuchs-, Dachs- und Kaninchenbau

AUSFALLEN das Schlüpfen von jungem *Federwild*; man sagt auch: »Die Eier sind *ausgefallen*.«, d. h., die Küken sind aus ihnen hinausgekrochen.

AUSFLIEGEN 1. Junge Vögel *fliegen aus*, wenn sie flügge geworden sind; 2. wenn *Federwild* dem Schützen so nahe kommt, dass er es bei sofortiger Abgabe des Schusses zu sehr zerschießen würde, lässt er es *ausfliegen* oder *ausstreichen*, d. h., sich fliegend bis auf schussgerechten Abstand entfernen.

AUSFÜHREN 1. einen Hund ins Freie führen; 2. das Wegtragen oder Fortbringen der Jungfüchse oder Jungdachse durch die Elterntiere, wenn der *Bau* gestört wurde; man sagt: »Die Fähe hat die Jungen *ausgeführt.*«; 3. Fuchs und Dachs *führen aus*, wenn sie die Erde aus ihrem *Bau* hinauswerfen: »Sie *führen* Erde *aus.*«

AUSGANG, DER 1. ▸ *Ausfahrt*; 2. Wenn der Dachs seinen Bau verlässt, so *macht* er seinen *Ausgang.*

AUSGEBALZT ▸ *abgebalzt*

AUSGEBEN das Loslassen des vom Hund apportierten Gegenstandes bzw. Wildes: »Gib aus!«

AUSGEFIEDERT Das Federkleid des jungen *Federwildes* ist fertig gewachsen.

AUSGEHEN 1. das Verfolgen einer *Fährte* oder einer *Spur* (besonders beim Marder), bis der Jäger auf das Wild stößt oder es *eingekreist, festgemacht* hat. 2. Der Bär oder Dachs *geht aus*, wenn er am Abend sein *Lager* bzw. seinen *Bau* verlässt.

AUSGELEGT Wenn die Stangen eines Geweihs weit auseinanderstreben, dann ist das Geweih *gut ausgelegt*, hat eine *gute Auslage.*

AUSGESCHOSSEN 1. Ein Büchsenlauf ist *ausgeschossen,* wenn die Felder und Züge der Laufinnenwand so abgenutzt sind, dass sie dem Geschoss keine richtige Führung mehr geben; 2. ein *Revier* ist *ausgeschossen*, wenn zu viel Wild darin erlegt wurde.

AUSGRABEN das Herausholen von Fuchs oder Dachs aus dem *Bau* durch Graben

AUSHAKEN auch *aushakeln* oder *ausziehen*: Herausziehen des *Gescheides* mithilfe eines Hakens aus dem *Weidloch* bei allem *Federwild*; aus Gründen der Wildbrethygiene (Gefahr der Verschmutzung) nicht mehr zulässig

AUSHALTEN 1. die Jäger nah herankommen lassen, ohne flüchtig zu werden: »Im Oktober *halten* die Hühner schlecht *aus*« oder »*halten* schlecht«; auch: »Der im Getreide sitzende Rehbock *hielt* mich bis auf 30 Schritt *aus.*«; 2. beim Blasen des Jagdhorns einen Ton lange anhalten, den Ton *aushalten*

AUSHEBEN 1. Entnehmen von Jungvögeln aus dem Nest. 2. Eine Sau, die von den Hunden *gedeckt* ist und *abgefangen* werden soll, wird an einem Hinterlauf gefasst und hochgehoben; sie wird *ausgehoben.*

AUSHORSTEN ▸ *Ausnehmen* junger Greifvögel, speziell zur Verwendung für die Beizjagd

AUSKNEBELN das Öffnen des Hundefanges, nachdem der Hund sich in ein Stück Wild oder einen anderen Hund verbissen hat

AUSKOMMEN ▸ *Ausfallen* von Gelegen

AUSLAGE, DIE ▸ *ausgelegt*

AUSLAUFEN 1. Verlassen des Nestes durch die Jungen aller Nestflüchter; 2. geordnetes Ausgehen der Schützen und *Treiber* von einer Stelle aus, insbesondere bei *Kesseltreiben*; 3. ein Stück *Haarwild auslaufen* (d. h. davonlaufen) lassen bis auf die richtige Schussentfernung

AUSLÖSEN 1. Herausnehmen ganzer Körperteile beim *Zerwirken* von Wild (die Keulen werden *ausgelöst)*; Muskelpartien dagegen werden abgelöst, ▸ *ablösen*; 2. gefangenes Wild aus Netzen oder Schlingen nehmen; 3. die *Grandeln* beim Rotwild entnehmen

AUSMACHEN den Standort oder *Wechsel von Wild* feststellen und genau *bestätigen*

AUSMAUSERN Beendigen der Mauser

AUSNEHMEN 1. Eier aus einem Nest oder Horst herausnehmen; 2. die Innereien des *Niederwildes* entnehmen

AUSNEUEN das *Ausgehen* einer Marderspur bei Neuschnee, einer *Neuen*

AUSÖDEN ein Revier durch unwaidmännisches Verhalten seines Wildbestandes berauben

AUSPOCHEN Marder oder Iltis durch Lärm aus dem Versteck *treiben*

AUSRÄUCHERN auch *ausbrennen* oder *ausflämmen*: das Heraussprengen eines Dachses, Fuchses oder Marders aus einem *Bau* oder hohlen Baum mittels Entzünden eines Rauchfeuers

AUSRISS, DER Die Stelle, an der ein Stück *Hochwild* plötzlich flüchtig wird, weist einen länglichen, tiefen *Schaleneingriff* auf, den *Ausriss.*

AUSSCHIEBEN Wenn *Schwarzwild* den Kessel verlässt, so *schiebt* es sich *aus*, Gegenteil: Es *schiebt* sich *ein.*

AUSSCHIESSEN 1. einen Gegenstand (Ehrenscheibe, Preis) beim Scheibenschießen im Wettstreit erstreben; 2. alle mitgenommene Munition auf der Jagd verbrauchen: »Ich hatte mich leider völlig *ausgeschossen.*«; 3. ► *ausgeschossen*

AUSSCHINDEN unwaidmännisches Leerschießen eines *Reviers*

AUSSCHLAGEN das Wegschlagen der *kalten, blanken Waffe* des Jägers durch wehrhaftes Wild

AUSSCHUSS, DER 1. die Stelle, an der das Geschoss den Wildkörper wieder verlassen hat, im Gegensatz zum *Einschuss*, *Ausschussseite*; 2. die Möglichkeit zum Abgeben eines Schusses, ohne durch Bäume oder Gebüsch gehindert zu sein; ein breiter Weg oder gar freies Feld bieten den günstigsten *Ausschuss*

AUSSCHWINGEN von einem Baum abfliegen, im Gegensatz zum ► *Einschwingen* von starkem *Federwild*

AUSSETZEN das Freilassen von Wild

AUSSPRINGEN das *Auswechseln* von Wild aus einem *Gatter*, im Gegensatz zu *einspringen*

AUSSPRUNG, DER Vorrichtung am *Gatter*, die dem Wild ein *Ausspringen* ermöglicht, das *Einspringen*, auch den ► *Einsprung*, aber verhindert

AUSSTEIGEN Otter, Biber, *Wassenwild* sowie der Jagdhund bei der *Wasserarbeit steigen aus* dem Wasser an Land; die Stelle, wo dies geschieht, heißt der *Ausstieg.*

AUSSTIEBEN ► *ausschwingen*

AUSSTIEG, DER ► *aussteigen*

AUSSTREICHEN 1. eine *Fährte* mit einem Zweig, Stock oder Fuß unkenntlich machen; 2. *Federwild ausstreichen lassen* bis auf die richtige Schussentfernung; 3. einen *Vorsteh-* oder *Stöberhund* weit hinaus suchen oder *stöbern* lassen: »ihn weit *hinausstreichen* lassen.«. 4. Wenn man über ein Feld ein mit *Lappen* oder *Schellen* versehenes Seil hinzieht, um Hühner oder Hasen herauszutreiben, so nennt man das *ausstreichen* (in Deutschland verboten).

AUSTREIBEN ► *auspochen*

AUSTRETEN 1. *Schalenwild tritt aus*, wenn es aus der Deckung ins Freie zieht; 2. es *tritt* in die *Brunft* oder *aus der Brunft.* 3. eine *Fährte* oder eine *Spur* verwischen, auch ► *ausstreichen*

AUSWECHSELN das Verlassen des *Reviers* oder des *Einstandes* bei allem *Schalenwild.* Wenn das Wild für dauernd das *Revier* verlässt, sagt man auch: »Es ist *abgewandert.*«

AUSWEIDEN das Herausnehmen des *Gescheides* beim Wild

AUSZIEHEN 1. ► *aushaken*; 2. der Jäger *zieht aus* zur Jagd; 3. *Hochwild zieht zu Holz* (► *ziehen*) oder *zieht aus*

B

BACHE, DIE das weibliche Wildschwein vom dritten Lebensjahr an; im zweiten Lebensjahr *Überläuferbache*, auch *überlaufende Bache*; vom vierten Lebensjahr an *gute, alte, starke*, auch *grobe Bache*

BACHER, DER (selten) das männliche Wildschwein nach vollendetem ersten und vor Beginn des vierten Lebensjahres; gebräuchlicher: *überlaufender Keiler, Überläufer, zwei-* bzw. *dreijähriger Keiler*, ► *Schwarzwild*

BACHIN, DIE ► *Bache*

BACKE, DIE auch der *Backen*: die Stelle des Gewehrschaftes, die an die Wange angelegt wird, ein meistens seitlich verstärkter Teil am Gewehrhinterschaft

BÄHEN das Blöken der Schafe beim Muffelwild

BAIL, DER ► *Ball*

BAIZE, DIE ► *Beize*

BALBAN, DER auch *Bulban, Pulwan*: baltisch-russischer Ausdruck für einen ausgestopften Birkhahnbalg, der als Lockvogel bei der Birkhahnjagd verwendet wird

BALG, DER das Fell des gesamten *Haarraubwildes*, mit Ausnahme des Bären und des Dachses (der Bär hat eine *Decke*, der Dachs eine *Schwarte*), außerdem des Hasen, des Kaninchens und des Murmeltieres, auch die samt Federn abgezogene Haut aller Vögel *(Vogelbalg)*

BALGBRETT, DAS das zum Spreizen und Trocknen der *Bälge* bestimmte *Spannbrett*

BALL, DER auch *Bail, Boll* oder *Keif.* Wenn die *Finder* eine Sau gestellt haben und verbellen, dann wird die *Hatzmeute* auf den *Ball gehetzt*, sog. *Ballhatz*; wenn die *Finder*, durch die *gestellte* Sau bedrängt, aufhören zu bellen, so sagt man: »Sie *brechen den Ball.*«

BALLEN, DER die Unterseite der Fußsohlen bei allem *Haarwild* und beim Hund, beim *Schalenwild* nur der weiche Wulst am unteren Ende der *Läufe* innerhalb der ► *Schalen* (Klauen)

BALLENZEICHEN, DAS ► *Vierballenzeichen*

BALZ, DIE auch *Falz, Pfalz, Palz*: Paarung bei Waldhühnern, Trappen, Kranichen, Schnepfen, Fasanen und Wildtauben

BALZARIE, DIE ► *Auerhuhn*

BALZBAUM, DER ► *Auerhuhn*

BALZEN Balzspiele und Balzlaute bei allem *Federwild*, bei dem die Paarung *Balz* heißt, ► *Balzzeit*

BALZFEDERN, DIE ► *Auerhuhn*

BALZFLUG, DER *An-* und *Abstreichen* zum und vom *Balzplatz*, insbesondere gebräuchlich bei der Waldschnepfe und der Ringeltaube, aber auch zur Bezeichnung der Flugspiele der Greifvögel im Frühjahr

BALZGESANG, DER *Balzarie* des Birkhahns und anderer Vögel, ► *Birkhuhn*

BALZJAGD, DIE Bejagen von Federwild in der *Balz*

BALZKRAGEN, DER ► *Auerhuhn*

BALZLAUT, DER wird von den Raufußhühnern und anderen Hühnervögeln in der Paarungszeit, aber auch bei der Scheinbalz ausgestoßen.

BALZLOSUNG, DIE ► *Auerhuhn*

BALZMORGEN, DER Morgen, an dem die *Balz* stattfindet: »Es war ein herrlicher *Balzmorgen.*«

BALZPECH, DAS oder *Falzpech*: ► *Auerhuhn*

BALZPFEIFE, DIE Instrument zur Nachahmung des *Balzlautes* des Haselwildes

BALZPLATZ, DER Platz, an dem das Paarungsspiel stattfindet

BALZROSEN, DIE Rote Hautwülste über den Augen der Waldhühner, Fasanen, Schnee- und Steinhühner; während der *Balz* schwellen die *Rosen* an.

BALZSPÄNE, DIE feste *Losung* aller Waldhühner in der Balz, im Gegensatz zum flüssigen *Balzpech*, der *Blinddarmlosung* des Auerhahns

BALZSPRUNG, DER Hochspringen des am Boden balzenden Hahns der Waldhühner, Fasanen, Schnee- und Steinhühner

BALZSTÄNDE, DIE die Gegenden, in denen *Balzplätze* liegen

BALZSTIFTE, DIE ► *Auerhuhn*

BALZZEIT, DIE die Paarungszeit beim *Federwild*, ► *Balz*

BAND, DAS der obere Teil des Haarschaftes des Rotwildes, kurz unterhalb der Haarspitze; ausschlaggebend für die Gesamtfärbung des Stückes

BÄR, DER *(Ursus arctos) Gemeiner* oder *Brauner Bär,* auch *Landbär.* Das männliche Tier heißt *Bär,* das weibliche Tier *Bärin,* bis zum vollendeten dritten Lebensjahr *junger Bär oder Jungbär,* vom vierten bis sechsten Lebensjahr *Mittelbär,* danach *Hauptbär.* Der Bär hat *Pranken* oder *Branken* oder *Tatzen,* der Schwanz heißt *Bürzel.* Seine Lautäußerungen nennt man *Brummen.* Er *geht von* oder *zu Holz;* er verlässt sein *Lager* oder *Loch* und *sucht es auf; er erhebt sich,* wenn er sich auf die *Hinterbranken* stellt, und *erniedrigt* sich, wenn er sich wieder niederlässt; er hinterlässt eine *Spur* (auch *Fährte*); er *schlägt* seine Beute oder Angreifer mit den *Vorderbranken;* wenn er sein *Winterlager* bezieht, *schlägt* er sich *ein.* Die Begattungszeit heißt *Bärzeit,* die Begattung selbst das *Bären;* die Bärin *bringt, setzt* oder *bärt* Junge. Der erlegte Bär wird *auf-,* seine *Haut* oder seine *Decke* (d. h. sein Fell) *abgeschärft*

BÄRENBEISSER, DER ein starker, schwerer Hund, der zur *Bärenhatz* verwendet wurde

BÄRENEISEN, DAS 1. ein Speer zum *Abfangen* eines *angeschweißten* Bären, ähnlich der *Saufeder;* 2. ein schweres *Tellereisen* zum Fangen von Bären oder sonstigen großen Raubtieren

BARREN, DER die Vorrichtung, in der die Winterfütterung gereicht wird, *Futterbarren*

BART, DER 1. die Borstenhaare (Schnurrhaare) an den Lefzen der Hasen, Katzen, der Hunde, des Fuchses usw.; 2. die längeren Rückenkammhaare des Gamsbocks, des Dachses und der Sauen *(Gams-, Dachs-* und *Saubart);* 3. die Haare des Hirsches am unteren Teil des *Trägers* in der Brunft und im Winter *(Hirschbart);* 4. der am *Träger* herabhängende Haarbeutel beim Elch; 5. das Federbüschel am Kinn des Auerhahns, Bartgeiers usw. *(Federbart);* 6. den Bürzeldrüsenausgang der Schnepfe bildendes Federbüschel *(Schnepfenbart)*

BÄRTELN das Rupfen der besonders langen Widerristrückenhaare für einen Gamsbart

BARTGAMS, DER Gambsbock in der *Brunft,* d. h., wenn seine Kammhaare ausgewachsen sind

BASSE, DER starker *Keiler*

BAST, DER die samtartige Haut, die während des Wachstums das Geweih oder Gehörn einhüllt: »Der Rehbock war im *Bast.*«, er hatte also nicht *gefegt,* weil noch *Bastzeit* war.

BÄTZE, DIE auch *Betze* oder *Petze: Fähe* (weiblicher Fuchs). »Wenn die Bätze rennt«, ist *Ranzzeit* des Fuchses.

BAU, DER die natürliche oder selbst gegrabene Behausung unter der Erde von Fuchs, Dachs, Otter, Kaninchen, Murmeltier, auch Iltis und Wildkatze *(Hauptbau, Nebenbau, Notbau)*

BAUEN das Graben eines *Baus*

BAUHUND, DER ► *Erdhund*

BAUMEN auch *bäumen:* ► *aufbaumen*

BAUMFALKE, DER *(Falco subbuteo),* auch Lerchenfalke, Lerchenstößer, Lerchenhabicht oder Weißbäckchen genannt

BAUMFALLE, DIE ► *Prügelfalle*

BAUMKATZE, DIE ► *Wildkatze*

BAUMMARDER, DER ► *Edelmarder,* auch *Waldmarder*

BÄUSCHEL, DAS auch *Beuschel:* ► *Geräusch*

BEÄUGEN betrachten, besehen, bei allem Wild und den Hunden

BEDECKEN 1. Packen und Festhalten einer Sau durch die *Hunde,* auch *Decken:* »Die Hunde hatten den Keiler *bedeckt.*« oder auch »*gedeckt*«; 2. das Begatten *(Beschlagen)* beim Rotwild (selten) und bei Hunden

BEEREN das Aufnehmen von Beeren aller Art durch das *Federwild*

BEERVOGEL, DER ► *Haselhahn*

BEFAHREN Wenn ein Bau durch Fuchs,

Dachs, Kaninchen u. Ä. bewohnt ist, so sagt man: »Der Bau ist *befahren.*«

BEFLOGEN *ausgefiedertes*, also flügge gewordenes, junges *Federwild*

BEGANG, DER 1. ► *Reviergang*; 2. ein bestimmter Revierteil, der einem Jäger als Dienst- oder *Pirschbezirk* zugeteilt wurde, in diesem Sinne auch *Belauf*

BEGEHEN das Abgehen eines *Reviers* zur Ausübung des Jagdschutzes und zur Beobachtung

BEGEHREN das *Ranzen* des Luchses

BEHANG, DER 1. die herabhängenden Ohren aller Jagdhunde; je nach Länge, Form und Ansatz sagt man: »Der Hund hat einen *guten* oder *schlechten* Behang.«, ist »*gut* oder *schlecht behangen*«; 2. der *Schweißhund* steht im ersten, zweiten, dritten usw. *Behang*, d. h., er ist zwei, drei usw. Jahre alt; 3. in früherer Zeit wurden die Lehrjahre des Jägerburschen *Behang* genannt; er musste drei *Behänge durchmachen*

BEHÄNGEN das *Anhalsen* des *Leithundes* und *Schweißhundes*, um einer *Fährte nachzuhängen*

BEHÄNGEZEIT, DIE die Zeit, in welcher der *Leithund* und *Schweißhund* am meisten *behangen* wird, d. h. auf *kalter, gesunder Fährte* geübt wird, Juni bis August

BEHOST nennt man Greifvögel, die im oberen Drittel befiederte Beine haben.

BEIGARTEN, DER Aus dem *Saufang* kamen die *Sauen* früher in den *Beigarten*, dann ins *Saugatter* oder den *Saugarten.*

BEIHIRSCH, DER So heißt der schwächere Hirsch, der in der *Feistzeit* mit einem stärkeren zusammensteht und sich in der *Brunftzeit* in der Nähe des *Rudels* aufhält, aber nur selten zum *Beschlag* kommt, weil der stärkere *Platzhirsch* ihn *abschlägt.*

BEIL, DER ► *Ball*

BEISCHLAGEN, Wenn ein *Finder* Wild gefunden hat und *Laut gibt*, so *schlagen* die übrigen Hunde der Meute sich bei, d. h., sie eilen hinzu, *jagen* ebenfalls *an* dem gefundenen Wild.

BEITREIBEN Wild aus einem Gelände, welches nicht von Schützen *abgestellt* wird, vor der Jagd ins *Treiben* drücken; besonders bei Fasanen

BEITRITT, DER Altes, *hirschgerechtes Zeichen* des Rothirsches: Insbesondere der *Feisthirsch* tritt mit dem *Hinterlauf* nach außen neben den *Vorderlauf*, sodass die beiden *Tritte* nebeneinander *stehen*; der Beitritt kommt auch beim *hochbeschlagenen* Tier vor.

BEIZE, DIE Jagd mit dem *Beizvogel: Falkenbeize, Habichtsbeize*

BEIZEICHEN, DIE Im Unterschied zu den *gerechten Hauptzeichen* des Rothirsches werden die weniger wichtigen *Fährtenzeichen* usw. *Beizeichen* genannt.

BEIZVOGEL, DER für die *Beize* abgetragener *Greifvogel,* ► *abtragen*

BEJAGEN das Jagen auf Wild, aber auch ein *Revier bejagen*, d. h. in demselben die Jagd ausüben

BEKASSINE, DIE *(Gallinago gallinago)* die Gemeine Bekassine, auch Heerschnepfe, Herdschnepfe, Haberbock und *Himmelsziege* genannt, Letzteres wegen des meckernden Balztones, den das Männchen beim Balzflug mit den gespreizten *Stoßfedern* verursacht

BELAPPEN das Umhängen eines *Treibens* mit der Lappenschnur, besser *einlappen*, ► *Lappen*

BELAUF, DER ► *Begang*

BELEGEN (HÜNDIN) Eine Hündin durch einen Rüden decken (lassen); die Hündin ist *belegt*

BELL, DIE Signalglöckchen am Bein *(Fang)* des *Beizvogels*

BELLEN das Bellen des Fuchses zur *Ranzzeit;* beim Hund sagt man *anbellen, verbellen, anschlagen, Laut geben, Standlaut geben, Hals geben*

BELLER, DER 1. *Auerhahnbeller*, ein Hund, der den Auerhahn vom Boden aufjagt und dann den *aufgebaumten* Auerhahn so lange verbellt, bis der Jäger sich auf Schussentfernung *herangepirscht* hat; 2. der ► *Vogelhund*

BEMALEN das Markieren eines *Horstbaumes* oder *Schlafbaumes* durch *Geschmeiß* eines Greifvogels

BENGELN das Anhängen eines Knüppels (Holzbengels) an das Halsband eines Hundes, um ihn daran zu hindern, Wild zu hetzen

BENIESSEN auch *benossen*: einen Hund *genießen* oder *genossen machen*, indem man ihm zur Belohnung Wildbret und *Schweiß* des zur Strecke gebrachten *Hochwildes* zu fressen gibt

BEPERLT geperlt, ► *Perlen*

BEREITEN 1. Packen einer Sau durch die *Jagdhunde*, auch *decken, bedecken*; 2. ein *Revier* zu Pferde abreiten. Ein Forst- oder Jagdbezirk hieß früher *Beritt, Forstberitt, Jagdberitt*; folglich *Forstbereiter, Jagdbereiter*.

BERGENTE, DIE *(Aythya marila)* nordische Tauchentenart

BERGHASE, DER Hase des Gebirges im Gegensatz zu dem der Ebene

BERGHIRSCH, DER ein Rothirsch, der im Gebirge seinen ► *Einstand* hat

BERLINER EISEN, DAS ► *Schwanenhals*

BERUFSJÄGER, DER Hauptberuflicher Jäger; ein Jägerlehrling, der nach dreijähriger Lehre seine Prüfung abgelegt hat, wird *Revierjäger*, nach mehrjährigem Revierdienst und weiterer Prüfung *Revierjagdmeister*, kann später zum *Wildmeister* ernannt werden.

BERUPFEN auch *rupfen*: unerwünschtes Herumzerren und Zausen eines geschossenen Hasen oder von geschossenem *Flugwild* durch den Hund

BESATZ, DER die Gesamtzahl des in einem *Revier* vorhandenen *Niederwildes* oder einer *Niederwildart*, z. B.: »Das *Revier* hat einen ausgezeichneten *Hühnerbesatz*.«, ► *Bestand*

BESAUGEN Das Rotwildkalb (seltener bei anderen Wildarten) *besaugt* das Muttertier.

BESCHICKEN Das Futter in einer *Wildfütterung* darbieten; man *beschickt* die *Fütterung*.

BESCHIESSEN 1. auf ein Stück Wild schießen; 2. Festigkeitsprüfung bei Schusswaffen mit starker Pulverladung

BESCHLAG, DER Deckakt bei allem *Schalenwild*; das männliche *beschlägt* das weibliche Wild, es vollführt den *Beschlag*; beim *Schwarzwild* auch *berauschen* (selten).

BESCHLÄGE, DIE 1. alle Metallteile am Gewehr, die nicht zum Lauf oder Schloss gehören, sowie die Metallverzierungen und Schnallen an der *Hornfessel*; 2. der an den Bäumen und Sträuchern haftende Schlamm, den ein Stück Rot- oder Schwarzwild abgestreift hat, nach dem es in der *Suhle* war; 3. ► *Gefege*

BESCHLAGEN 1. die Ausübung des *Beschlags*. 2. Weibliches *Schalenwild* ist *beschlagen*, wenn es befruchtet ist.

BESCHLEICHEN ► *anpirschen*

BESCHLUSS, DER Wenn der Hirsch beim *Ziehen* den Hinterlauf genau in den *Tritt* des Vorderlaufs setzt, dann macht er den *Beschluss* oder den *Schluss* (ein *hirschgerechtes Zeichen)*.

BESETZEN 1. Einnehmen eines *Standes* bei einer *Treibjagd*, man *besetzt* die *Stände* oder *Wechsel* mit Schützen. 2. Das *Revier* ist (mit Wild) *gut besetzt*.

BESPRINGEN 1. Besteigen, d. h. Aufreiten des Hirsches auf dem *Tier* beim *Beschlag*; 2. *anspringen* an den Auerhahn (selten)

BESTAND, DER 1. die Häufigkeit (auch Stückzahl) des im *Revier* vorhandenen *Schalenwildes*; 2. Häufigkeit bzw. Stückzahl der einzelnen Arten, ► *Besatz* (beim *Niederwild)*

BESTÄNDER, DER Jagdherr, Jagdausübungsberechtigter, vor allem im süddeutschen Bereich

BESTÄTIGEN auch *bestatten*: Das Feststellen und genaue *Ansprechen* eines Stückes Wild, seines Standortes und *Wechsels*; besonders bei Hirsch, Rehbock und Auerhahn gebräuchlich: »Der Jäger hat den Hirsch *bestätigt*.«

BESTEIGEN, Der Auer- und der Birkhahn *besteigt* die Henne, um sie zu *treten*, d. h. zu befruchten, seltener gebräuchlich beim Rotwild, ▸ *bespringen*.

BESTREITEN Das Befruchten einer bestimmten Zahl von Hennen durch den Hahn: »Der Fasanenhahn *bestreitet* acht bis zehn Hennen.«, d. h., er kann sie erfolgreich, also fruchtbar *treten*.

BESUCH, DER *Auszug* des Jägers mit dem *Leithund zu Holz* (früher üblich); die Führer der *Leithunde* wurden früher *Besuchsjäger* oder *Besuchsknechte* genannt.

BETRETEN ▸ T*reten*, Begattungsakt beim *Federwild*

BETT, DAS Die Stelle, an der sich ein Stück *Schalenwild niedergetan* hat, um zu ruhen. Ausnahme: Beim *Schwarzwild* heißt es *Lager* oder *Kessel*.

BETZ, DIE ▸ *Bätze*

BEUCHEL, DAS Wenn der Hirsch an einem Hang entlang *flüchtig* gewesen ist, so entstehen nach der Unterseite des Hanges zu, also unterhalb der *Tritte*, eiförmige kleine Erderhöhungen, kommt bei weichem Boden auch beim Tier vor; altes Zeichen des Rothirsches.

BEUTE, DIE erbeutetes Wild, *Strecke*; ursprünglich Raub, Kriegsbeute, später auch Jagdbeute

BEUTELN 1. *sich beuteln*: das Schütteln des Gefieders beim Auerhahn frühmorgens, wenn er erwacht, auch beim Birkhahn gebräuchlich; 2. das Schütteln von Raubwild durch den Jagdhund

BEWOHNEN Der Dachs *bewohnt* den Bau, wenn er sich darin befindet oder ihn regelmäßig aufsucht.

BEZOAR, DAS 1. *Hirschbezoar* nennt man die in den *Tränenhöhlen* des Rothirsches befindliche zähe, braune Masse; 2. *Bezoarsteine*: kugelförmige, harte Gebilde im Pansen von Gams- oder Steinwild, bestehend aus Haaren, Harz und Pflanzenteilen, auch bei anderen Wiederkäuern, ▸ *Gamswild*.

BIBER, DER *(Castor fiber)*. Für Männchen und Weibchen keine besondere Bezeichnung. Die Nase des Bibers heißt *Nase*, die Augen *Seher*, die Haut *Balg*, auch *Fell* oder *Pelz*, die Ohren *Lauscher*, der breite Schuppenschwanz *Schwanz*, auch *Biberkelle, Biberzagel*. Wo der Biber in das Wasser steigt, hat er seinen *Einstieg*, wo er heraussteigt, seinen *Ausstieg*. Er bewohnt einen *Bau (Biberbau)*. Wenn die Baue aus Knüppeln und Erde hoch über das Wasser hinausgebaut sind, nennt man sie *Burgen*. In der Ruhe *steigt* der Biber ins Wasser, beunruhigt *fährt* oder *fällt* er *hinein*. Er *geht auf Äsung* oder *geht seiner Äsung* nach. Er *schneidet* oder *haut* Bäume und Sträucher *ab* oder *um*, wenn er sie durch Nagen und Abbeißen zum Umfallen bringt, er baut damit Dämme zum Wasserstau. Er *brunftet*, und das Weibchen *bringt Junge*. Die beim Männchen und Weibchen an den Geschlechtsorganen vorhandenen Drüsensäcke enthalten das früher als Arzneimittel sehr begehrte *Bibergeil*. Die Jagd wurde früher mit einem Biberhund betrieben, der dem *Otterhund* ähnlich war. Das Töten des von Hunden aus der Burg gehetzten Bibers mit einer dreizinkigen Gabel hieß das *Stechen* des Bibers, der *Biberstich*. Die durch den Transport von Holz und Reisig zu den Bauen entstehenden Spuren nennt man *Bibergeschleife*. Fabelname: Meister Bockert

BILCH, DER Siebenschläfer, Baumschläfer, Gartenschläfer oder Haselmaus (geschützte Tiere)

BILLWISSGÄNGE, DIE Auch *Billwisssteige*,

Hasensteige oder *Billwissschnitt*, auch *Bilmiss-* oder *Bilmess-Hasensteig*: Billweiß ist nach altem Volksglauben ein Dämon, der Streifen in die Saaten schneidet.

BINDEN 1. Der Greifvogel hält seine *Beute* fest, er *bindet* sie; 2. die Hunde *binden* die Sau, wenn sie sie *stellen* oder *halten*; ▸ *hängen*.

BIRKFUCHS, DER auch *Goldfuchs*: ein hell gefärbter Fuchs mit weißer Kehle und weißer *Blume*, ▸ *Fuchs*

BIRKHUHN, DAS *(Lyrurus tetrix)* gehört zu den *Waldhühnern* (Raufußhühnern). *Birkhahn*, auch *Schild-*, *Spiel-*, Moos-, *Brenn-* oder *kleiner Hahn* und *Birkhenne*. Der Stoß des Birkhahns heißt *Spiel, Leier* oder *Schere*; die äußeren, gekrümmten Federn werden auch *Sichel* genannt. Das untere Schwanzdeckgefieder ist der *kleine Stoß*. Die roten Augenwülste heißen *Rosen*. Der *balzende* Birkhahn wird durch Nachahmung der *Balzlaute* angelockt, *gereizt, angereizt* und aufs *Reizen* geschossen. Der zischende *Balzlaut* des Birkhahns heißt *Fauchen, Blasen* oder *Schleifen*. Der einem leisen Trommelwirbel ähnliche *Balzlaut* heißt *Kollern, Kullern, Rodeln, Grugeln*. Sonst wie beim ▸ *Auerhuhn*

BIRSCHE, DIE ▸ *Pirsche*

BIRSCHEN *pirschen*

BIRSCHFAHRT, DIE ▸ *Pirschfahrt*

BIRSCHGANG, DER ▸ *Pirschgang*

BIRSCHJÄGER, DER ▸ *Pirschjäger*

BIRSCHSTEIG, DER ▸ *Pirschsteig*

BIRSCHSTUTZEN, DER auch ▸ *Pirschbüchse*: ein kurz geschäftetes Kugelgewehr, das bei der *Birsche (Pirsch)* geführt wird

BIRSCHZEICHEN, DAS ▸ *Pirschzeichen*

BISAM, DER *(Ondatra zibethika): nordamerik.* »Wühler«, reiner Pflanzenfresser (fälschlich Bisamratte genannt), seit 1905 in Europa. Seitlich abgeplatteter Schwanz; gefährdet wegen seines Unterwühlens Deiche und Dämme

BISTEN das *Locken* der Haselhenne, ▸ *spissen*

BLÄDERN auch *plädern*: die meckernden *Brunftlaute* des ▸ *Gamsbockes*

BLANKE WAFFEN, DIE *Hirschfänger, Standhauer, Waidmesser, Waidblatt, Genickfänger, Saufeder, Bäreneisen*, auch sog. *kalte Waffen*, im Gegensatz zu dem Gewehr

BLASEN 1. das Schnauben des *Schwarzwildes*; 2. Zischen oder Fauchen beim Birkhahn, ▸ *Birkhuhn*

BLASENGEHÖRN, DAS ein Rehgehörn mit rundlichen, blasenförmigen Auftreibungen

BLÄSSHUHN, DAS *(Fulica atra)*: Blesshuhn, Hurbel, Lietze, Papke, Papchen, Belchen, Plärre und Zappe nennt man auch das schwarze Wasserhuhn mit weißer Blässe/Blesse.

BLATT, DAS 1. der vordere Teil des Rumpfes beim *Haarwild*, an dem die Schulterblätter sitzen; der waidgerechteste Schuss ist der Schuss aufs oder kurz hinter das *Blatt, Blattschuss* bzw. *Kammerschuss*; 2. die Klinge des *Waidmessers* und ein besonders großes, breites *Waidmesser (Waidblatt)*; 3. der Rehbock *springt aufs Blatt*, d. h. auf den mit einem Blatt nachgeahmten Fiepton des weiblichen Rehes; dieser Ton wird auch mit einem ▸ *Blatter* oder Grashalm in der *Blattzeit* nachgeahmt; 4. das weibliche Geschlechtsteil des Rot- und Rehwildes in der Verbindung *Feuchtblatt*

BLATTER, DER Auch die *Blatte* oder der *Rehblatter*: ein Instrument zur Nachahmung des Fieplautes der Ricke, *Fiepblatter*, mit dem man *blattet; Klageblatter* oder *Geschreiblatter* nennt man ein ähnliches Instrument, das den Angstlaut wiedergibt, den die vom Bock scharf getriebene, *brunftige Ricke* ausstößt; ein auf diese Töne herbeieilender Rehbock *springt aufs Blatt*.

BLATTSCHLAGEN (nur noch selten gebräuchlich): die *Pfunde geben*. Hatte sich ein Jäger einen jagdlichen Verstoß zu Schulden kommen lassen, dann wurden ihm die *Pfunde gegeben*, d.h., ihm wurde zur Strafe mit der flachen Klinge des *Waidblatts* dreimal auf die Kehrseite geschlagen.

BLATTSCHUSS, DER ▸ *Blatt*

BLATTZEIT, DIE ▸ *Blatt*

BLATTZIEMER, DER der vordere Teil des Rückens *(Ziemers)*, an dem die Blätter anliegen, im Gegensatz zum hinteren Teil, dem *Blumenziemer, Blumenziemer* oder *Wedelziemer*

BLAUE HOLZTAUBE, DIE ▸ *Hohltaube*

BLAUFUSS, DER 1. frühere Bezeichnung für kleinere Waldschnepfen, im Gegensatz zum *Eulenkopf*, 2. früher auch gebräuchlich für den Würgfalken

BLEI, DAS zur Jagd verwendetes und heute vielfach verbotenes Geschossmaterial, *grobes* oder *feines Blei*

BLEIZEICHEN, DAS Wenn ein Hirsch auf einem nackten Felsen stark auftritt, so erscheint manchmal die *Fährte* wie mit Blei gezeichnet; gehört zu den alten *Fährtenzeichen* des Rothirsches.

BLENDEN 1. Wenn der Hirsch mit dem Hinterlauf nicht ganz genau in den *Tritt* des Vorderlaufes tritt, dann erscheint die *Fährte* breiter, als sie in Wirklichkeit ist, der Hirsch *blendet*, er macht das *Blenden*; altes *Fährtenzeichen* des Rothirsches; 2. ein Geweih oder ein Gehörn *blendet*, wenn es weiß polierte Enden hat und daher stärker wirkt, als es in Wirklichkeit ist; 3. ein *Treiben* oder ein *Revier* wird *geblendet* oder besser *verblendet*, wenn man es *verlappt*; 4. die im Luftzug spielenden Feder- oder Wimpellappen *blenden* das Wild, d.h. scheuchen es zurück; 5. der *Vorstehhund blendet*, wenn er ohne Wildwittrung vorsteht.

BLENDFALLE, DIE *Kastenfalle*, in der das gefangene Wild im Dunkeln sitzt

BLENDZEUG, DAS alle Arten von ▸ *Lappen*

BLIND 1. nennt man einen Schuss, der ohne ein Ziel in die Luft abgegeben wird, z.B. als Signalschuss; 2. ein *Gamsbart* ist *blind*, wenn er keinen *Reif* hat.

BLOCKEN auch *blochen*: das ruhige Sitzen eines Greifvogels auf einem Felsen, Baum oder Pfosten, *aufblocken*

BLOHM, DIE auch *der Blohm*: alte Bezeichnung für *Hirschbrunft, Blohmplatz*

BLUME, DIE 1. der Schwanz des Hasen und Kaninchens, seltener bei Rot-, Dam- und Gamswild gebräuchlich; 2. die Endspitze der *Lunte* oder *Standarte* des Fuchses

BLUMENZIEMER, DER der hintere Teil des Rückens, besser *Wedelziemer*

BOCK, DER 1. das männliche Gams-, Reh- und Steinwild, seltener beim Muffelwild; 2. ▸ *Apportierbock* und ▸ *Dressierbock*; 3. ein doppelläufiges Gewehr, bei dem die Läufe nicht neben-, sondern übereinander liegen, *Bock(doppel)büchse, Bockbüchsflinte und Bock(doppel)flinte*

BOCKKALB, DAS das männliche Kalb beim Dam- und Rehwild; bei Damwild ist *Hirschkalb*, bei Rehwild *Bockkitz* gebräuchlicher

BOCKERT, MEISTER Name des ▸ *Bibers* in der Fabel

BOCKKITZ, DAS das männliche *Kitz* des Gams-, Stein- und Rehwildes

BOCKKRUCKE, DIE das stark gehakelte Gehörn des ▸ *Gamsbockes*

BODEN, DER der allgemeine waidgerechte Ausdruck für Erde, z.B.: »Die *Fährte steht im Boden.*«, »Der Hund sucht mit der Nase *am Boden.*«, »Die Hasen brauchen warmen *Boden.*«

BODENBALZ, DIE ▸ *Auerhuhn*

BOGEN, DER auch *Jagdbogen*: ein bestimmter Revierteil bzw. ein *Treiben*; in Bayern gebräuchlich; *Knödelbogen*: scherzhafter Ausdruck für ▸ *Schüsseltreiben*

BÖHNHASE, DER auch *Beinhase*: ein schlechter, unerfahrener Jäger

BÖHMISCHE STREIFE, DIE eine Jagdart, bei der die Schützen zwischen den Treibern gehen und das vor ihnen flüchtende *Niederwild* schießen

BOHRER, DER ein *Vorstehhund*, der bei der Suche die Nase nicht hochnimmt

BORSTEN, DIE Die steifen, harten Deckhaare des *Schwarzwildes*; die besonders langen auf dem Rücken *(Kamm)* werden *Federn* genannt.

BRACKE, DIE Jagdhund zum Stöbern und Jagen: *Dachsbracke, Westfälische Bracke, Olper Bracke, Steinbracke, Tiroler Bracke* usw.

BRACKIEREN Jagen unter Verwendung von Bracken, *Brackierjagd*

BRÄGEN, DER oder *Bregen*: Gehirn des *Schalenwildes*

BRAND, DER 1. Den in der *Brunft* metallisch schimmernden Fleck um den *Pinsel* herum nennt man *Brunftbrand* oder *Brunftfleck*. 2. die mit *Schweiß* unterlaufene und daher meist dunkel gefärbte Stelle im *Wildbret* um den *Einschuss* und *Ausschuss* herum; 3. alter Ausdruck für Bezeichnung der Güte eines Gewehrs: »Das Gewehr hat guten *Brand*.«; 4. bestimmte, bei dunklen Hunden heller gefärbte Abzeichen an Fang, Läufen, Rutenunterseite u. a.

BRANDADERN, DIE starke Venen, die nahe beim *Schloss* innerhalb der Keulen des Schalenwildes verlaufen und beim *Aufbrechen* durch Hineinstechen mit dem *Waidmesser* geöffnet werden, um das Stück besser *ausschweißen* zu lassen

BRANDENTE, DIE *(Tadorna tadorna)*, große, gänseähnliche Ente, auch Fuchsgans, Grabgans oder Höhlengans sowie Brandgans genannt

BRANDFUCHS, DER oder *Kohlfuchs*: ein dunkel gefärbter Rotfuchs, bei dem Kehle und Bauchseite schwärzlich sind

BRANDHIRSCH, DER ein besonders dunkel gefärbter Rothirsch

BRANKEN, DIE auch *Branten, Pranken* oder *Pranten*: der untere Teil des *Laufes* des *Haarraubwildes* (die Pfoten); bei Bär, Wolf, Luchs, Fuchs, Dachs, Wildkatze

BRAUNTIGER, DER ein *Vorstehhund* mit dichten, kleinen, braunen Flecken, auch größeren braunen Platten und hellem Untergrund, *Dunkeltiger* und *Helltiger*

BRAV 1. so viel wie gut, ein *braver Bock*, ein *braver Hirsch*; 2. Lob für den Jagdhund: »So *brav*, mein Hund.«

BRECHEN 1. *Schwarzwild* bricht den Boden mit seinem *Gebrech*, wenn es ihn umwühlt, um darin die *Erd-*, *Brut-* oder *Untermast* zu suchen; man sagt dann: »Die Sau steht im *Gebräch*.« (hier nicht: »Gebrech«!); 2. wenn starkes Wild durch eine Dickung *zieht* und dabei Geräusch verursacht, dann hört man das Wild *brechen*, auch *wegbrechen* oder *fortbrechen*.

BRECHFALLE, DIE ► *Schlagbaum*

BREIT 1. Wenn das Wild dem Jäger die volle Körperseite zeigt, *steht* es ihm *breit*, *Breitschuss*; 2. ein Geweih *steht breit*, wenn es bei wohlgekrümmten *Stangen* eine *weite Auslage hat*, im Gegensatz zu *steil*.

BREITSCHNÄBEL, DIE umgangssprachlich für *Wildenten*

BRING oder *Bring her!*: der Befehl an den Hund, wenn er erlegtes Wild suchen, im *Fang* aufnehmen und herbeibringen *(apportieren)* soll

BRINGEN 1. *apportieren*; 2. Alle Raubtiere mit Ausnahme des Bären und des Wolfes *bringen Junge* zur Welt, der Bär *bärt*, der Wolf *wölft*; 3. bei einer *Treibjagd bringt* man ein Stück Wild *an* die Schützen, *bringt es zu Schuss, bringt* einen Jäger *darauf zu Schuss*.

BRINGSEL, DAS Hilfsmittel zum ► *Totverweisen* bzw. *Bringselverweisen*

BROCKEN, DER Köder an einer Fangvorrichtung, *Abzugsbrocken, Anbiss, Kirrbrocken*, ► *Abbiss*, ► *Stellbrocken*

BRUCH, DER 1. Abgebrochener, grüner

Zweig von Eiche, Erle, Kiefer, Fichte und Weißtanne, im Hochgebirge auch Lärche, Alpenrose und Wacholder; wird als sogenanntes *Bruchzeichen* bei erlegtem Wild (*Wildbruch* und *letzter Bissen*) sowie zur Verständigung der Jäger untereinander (*Haupt-, Leit-, Anschuss-, Fährten-, Standplatz-, Warte-* und *Warnbruch*) und als Schmuck *(Erlegerbruch)* verwendet; 2. auch die grünen Äste, auf die das Wild zur Strecke oder beim Transport gelegt wird, nennt man *Brüche*.

BRUMMEN, DAS die Lautäußerung des Bären

BRUNFT, DIE Paarung und Paarungszeit allen *Schalenwildes*; bei Rehwild besser: *Blattzeit*; Ausnahme: *Schwarzwild*, bei ihm heißt es *Rauschzeit*

BRUNFTFALTE, DIE eine bei Rot- und Damwild in der *Brunft* anschwellende Drüse der Kopfhaut

BRUNFTFEIGE, DIE eine am Hinterhaupt des Gamswildes sitzende Drüse, die während der *Brunft* anschwillt und unangenehm riecht, auch *Brunftkappe, Brunftdrüse, Brunftrose*

BRUNFTFLECK, DER ► *Brand* (1.)

BRUNFTGERUCH, DER der aufdringliche Geschlechtsgeruch in der *Brunftzeit*, besonders bei Hirsch, Gams etc.

BRUNFTHIRSCH, DER ein Hirsch, der in der *Brunft* steht

BRUNFTKUGELN, DIE die Hoden des männlichen *Schalenwildes*

BRUNFTMÄHNE, DIE auch der *Brunftkragen*: die langen Haare am *Träger* des *Rothirsches*

BRUNFTPLATZ, DER auch *Brunftplan*: eine Fläche, auf der sich die *Brunft* abspielt

BRUNFTRUDEL, DAS das von einem ► *Brunfthirsch* beherrschte weibliche Rotwild

BRUNFTRUTE, DIE das männliche Glied des ► *Schalenwilds*, auch *Brunftstange*

BRUNFTSCHREI, DER die Lautäußerung des *Brunfthirsches*

BRUNFTSTANGE, DIE ► *Brunftrute*

BRUNFTSTRANG, DER Samenstrang des Hirsches

BRUNFTZEIT, DIE Paarungszeit, ► *Brunft*

BRUSTSCHILD, DAS ► *Schild*

BRUT, DIE das Brüten der Vögel, aber auch die Jungvögel selbst. Manche Vögel machen in einem Jahr eine *erste, zweite* und *dritte Brut*.

BRUTFLECK, DER die kahlen Stellen am Unterleib des brütenden Vogels

BRUTHENNE, DIE das brütende Weibchen bei allen Vogelarten, bei denen das weibliche Stück Henne heißt

BRUTMAST, DIE ► *Erdmast*

BRUTVOGEL, DER eine Vogelart, die in einer Gegend regelmäßig brütet: »Die Schnepfe war in dem *Revier Brutvogel*.«

BRUTZEIT, DIE 1. die Brutdauer; 2. die Zeit, in der sich das Brüten abspielt

BUCHMAST, DIE häufiger *Buchelmast*: die Früchte der Rotbuche, sofern man sie als Nahrung für das *Schalenwild*, aber auch als Samenfall der Buche betrachtet

BÜCHSE, DIE ein Gewehr mit gezogenem Lauf, aus dem mit Kugelpatronen gefeuert wird, *Doppelbüchse, Repetierbüchse, Kipplaufbüchse* usw.

BÜCHSENFUTTER, DAS 1. auch *Büchsenfutteral* oder *Büchsensack*: ein aus Leder, kräftigem Gewebe o. Ä. gefertigter Behälter, in den man die Büchse zum Transport und Schutz hineinsteckt; 2. Hundefutter in Konservendosen

BÜCHSENLAUF, BÜCHSLAUF, DER gezogener Kugellauf

BÜCHSENLICHT, DAS *Schusslicht*, d.h. ausreichendes Licht, bei dem man schießen kann: »Ich schoss bei schwindendem (oder werdendem) *Büchsenlicht*«

BÜCHSFLINTE, DIE Ein Gewehr, das einen gezogenen Lauf zum Kugelschießen, sowie einen glatten zum Schrotschießen aufweist; die Läufe sind nebeneinander oder übereinander *(Bockbüchsflinte)* angeordnet.

BÜGEL, DER 1. der halbkreisförmig gebogene eiserne Arm des *Schwanenhalses*; 2. Schutz der *Abzüge* am Gewehr, *Abzugsbügel*; 3. der vom oberen Griffende eines *Hirschfängers* nach der *Parierstange* führende gebogene Metallstab, der zum Schutz der Hand dient

BÜGELVERSCHLUSS, DER eine Verschlussart des Gewehrs, bei dem der Bügel, welcher die Abzüge schützt, durch Vor- und Zurückklappen oder auch durch seitliches Verschwenken das Öffnen und Schließen des Gewehrs bewirkt

BUKETT, DAS mehrere im *Treiben* am selben Ort zugleich aufstehende Fasanen (-hähne)

BUKETTFLÜGEL, DER im *Fasanentreiben* angelegte, winkelige Flechtwerke, vor denen die getriebenen Fasanen *aufstehen* müssen

BUND, DER Maßeinheit für *Lappen*; ein Bund *Lappen* reicht aus, um eine Strecke von 15 Schritten *abzulappen*

BURG, DIE ► *Biber*

BURGSTALL, DER oder das *Grimmen*, selten *Grannen*: die kleine Erhöhung im *Tritt* des Hirsches zwischen *Ballen- und Schalenabdruck*, die durch den ► *Zwang* entsteht; altes *Fährtenzeichen* des Rothirsches

BÜRZEL, DER auch *Pürzel*: der Schwanz des Bären, des *Schwarzwildes* und des Dachses; beim *Schwarzwild* selten auch: *Federlein* oder *Schnörkel*

BUSCHIEREN die Suchjagd »unter der Flinte« mit *Vorsteh-* oder *Stöberhunden* auf *Niederwild* in deckungsreichem Gelände

BUSEN, DER die Einbuchtung eines nicht straff gespannten, sondern faltig, busenreich, gestellten Netzes

BUSSARD, DER *(Buteo buteo)*, auch Mäusebussard, Gemeiner Bussard, Mauser, Mausadler, genannt

C

CHANGIEREN Wechseln des *Schweißhundes* von der *Fährte*, auf die er angesetzt wurde, auf eine andere

COUTEAU DE CHASSE (französisch) Jagdmesser; bei der althannoverschen Jägerei wurde nach diesem französischen Ausdruck das *Waidblatt* der *Kuto* genannt.

CURÉE, DIE das *Genossenmachen* der Hunde nach Beendigung der *Parforcejagd* mit Hirn, *Wildbret* und *Schweiß* des Hirsches, in Deutschland das *Gepfneisch* genannt

D

DACHROSE, DIE Die dachförmige, d.h. nach unten gezogene *Rose des Gehörns*, gilt manchen als Indiz für alten Rehbock.

DACHS, DER *(Meles meles)*, auch *Gräber, Gräwing, Grimbart* genannt. Das Männchen heißt Dachs, auch wohl *Dachsbär*, das Weibchen *Dächsin*, das Junge *Jungdachs*. Der Dachs hat *Pranken, Branken* oder *Branten* mit daran sitzenden *Klauen*. Er ist ebenso wie der Bär *Sohlengänger*. Sein Schwanz heißt *Bürzel, Pürzel, Zain* (veraltet) oder *Rute*, sein Fell *Schwarte, Dachsschwarte*. Der Dachs *schleicht* oder *trabt*; er bewohnt einen *Bau, Dachsbau*, und sitzt *im Kessel*. Er *fährt* durch die *Röhren* oder *Einfahrten* oder *Geschleife* ein oder *er fährt aus*. Der Dachs *weidet sich* oder *geht zur Weide*, wenn er frisst, er *sticht* oder *wurzelt* nach der *Erd-* oder *Untermast*. Der Dachs wird mit Hunden *gegraben*, die vor ihm *fest vorliegen*. Manchmal *springt* der Dachs, oder er *schlägt* die Hunde, wenn sie ihm zu nahe kommen, und *verhängt* oder *verbeißt sich* mit ihnen. Wenn die Hunde nicht *scharf* genug sind, *verklüftet* oder *versetzt* er sich, d.h., er scharrt Erde zwischen sich und den Hund, sodass dieser ihn nicht erreicht. Sitzt der Dachs in der *Endröhre*, so macht man einen *Einschlag* und hält den Dachs mit der *Dachsgabel* oder *Dachszange* fest. Der Dachs hat ein *Stinkloch, Schmalzröhre* oder *Saugloch*, d.h. eine Drüse unterhalb des *Pürzels* gleich oberhalb des *Weidlochs*. Der Dachs hat *Fett* oder *Weißes (Dachsfett, Dachsweiß)*. Die Dächsin *bringt* Junge. Die *Schwarte* des Dachses wird *auf-* und *abgeschärft*. Den von der *Schwarte befreiten* Körper nennt man *Dachskern*. Der Dachs *murrt*, wenn er in Angst oder Erregung gerät, er *schreit* in der *Ranzzeit (Ranzschrei)*, selten zu vernehmen. Der Dachs *löst* sich mehrfach in ein eigens gescharrtes Loch, den *Abtritt, Dachsabtritt*.

DACHSBRACKE, DIE ► *Bracke*

DACHSEISEN, DAS *Dachsgabel* oder *Dachszange*: Fangeisen zum *Ausheben* des Dachses

DACHSHAKEN, DER (veraltet) ein mit Widerhaken versehenes Eisen zum Herausziehen des Dachses beim Graben; tierschutzwidrig und nicht waidgerecht

DACHSHATZ, DIE das nächtliche Hetzen des Dachses mit Hunden (in Deutschland verboten)

DACHSHAUBE, DIE Bei der Dachshatz wird ein sackförmiges Netz in die *Einfahrtsröhre* gestellt, in dem sich der von den Hunden gehetzte, *einfahrende* oder auch der vom *Teckel* oder *Terrier* aus dem Bau *gesprengte* Dachs fängt.

DACHSHUND, DER ► *Teckel*

DAMAST, DER ein Erzeugnis der Eisentechnik, welches durch Zusammenschweißen von Stäben aus hartem und weicherem Material gewonnen und zur Herstellung von Messerklingen und früher Gewehrläufen verwendet wird bzw. wurde. *Damastläufe* halten dem Gasdruck von rauchlosem Pulver nicht stand.

DAMPF, DER Ein beschossenes Stück Wild *liegt im Dampf*, d.h., es bricht *verendet im Feuer* zusammen.

DAMWILD, DAS *(Dama dama)*. Das männliche heißt *Damhirsch*, weniger gut *Dambock*, das weibliche *Damtier*, weniger gut *Damgeiß*, im zweiten Lebensjahr *Damschmaltier*. Das junge Wild *Damkitz*, auch *Damkalb*, je nach dem Geschlecht *Damhirschkalb, Damwildkalb*. Auf der ersten Geweihbildungsstufe nennt man den Hirsch *Dam-* oder *Schmalspießer*, auf der zweiten Stufe *Zweiköpfer*, auch *Knieper* oder *Sprossler*, auf der dritten *Löffler*, auch *Dreiköpfer*, später *Halbschaufler, angehender Schaufler*, dann *guter, starker Schaufler* und endlich *Kapital-* oder *Hauptschaufler*. Der Hauptschmuck heißt *Geweih*. Sobald die Stangenverbreiterung eingetreten ist, spricht man von *Schaufeln, Damschaufeln*. Das hakenförmige Ende am hinteren unteren Teil der *Schaufeln* bezeichnet man als *Schauflerhaken* oder *Sporn*. Der Rufton der Tiere und Kälber heißt *Mahnen*, auch *Gluchsen*. Im Übrigen gelten dieselben Ausdrücke wie beim ► *Rotwild*.

DECKE, DIE 1. das Fell von allem *Schalenwild* (Ausnahme *Schwarzwild: Schwarte*), außerdem des Bären und Wolfes; 2. Die mittleren *Stoßfedern* des *Flugwildes*, besonders der Greifvögel

DECKEN, DIE 1. ► *bedecken*. 2. Wenn ein Schrotgewehr die Schrote gut verteilt ins Ziel bringt, also nicht zu sehr streut, *deckt es gut*, man sagt auch, *schwächere* (dünnere) Schrote *decken besser*, haben eine bessere *Deckung* als grobe (dickere) Schrote; 3. wenn der Jäger sich verbirgt, *deckt er sich* oder sucht *Deckung* auf.

DECKFEDERN, DIE Federn eines Vogels, welche die Schwung- und Schwanzfedern teilweise bedecken, also *Flügeldeckfedern* und *Schwanzdeckfedern*

DECKGARN, DAS auch *Decknetz*: ein Garnnetz, mit dem *Federwild gedeckt*,

d. h. gefangen wird; seltener für *Dachs-* oder *Fuchshaube* gebräuchlich

DECKGELD, DAS der Geldbetrag, den der Besitzer einer Hündin für die Paarung an den Besitzer des Rüden zahlen muss

DECKUNG, DIE alles, was vor dem Gesehen-Werden schützt, also Gebüsch, Getreide, Erderhöhungen, ▸ *decken* (3.)

DEUTSCH-DRAHTHAAR Jagdhundrasse, ▸ *Vorstehhund*

DIANA ▸ *Jagdgöttin*

DICK trächtig; die Hündin *wird, ist, geht dick*, auch bei *Raubwild*; seltener beim Hasen und Kaninchen, ▸ *innehaben*

DICKICHT, DAS ein schwer durchdringlicher, keinen Einblick gewährender Bestand aus Jungwald, Gestrüpp, Dornen, Gebüsch, Unterwuchs u. a.

DICKUNG, DIE dicht geschlossener Baumbestand in jungem Alter, vor Einsetzen der natürlichen Astreinigung

DIEZEL, CARL EMIL (1779–1860), Oberförster, Jäger und Jagdschriftsteller. Hauptwerk: »Diezels Niederjagd«, 1849

DIOPTER, DER Ringvisier und *Korn* (r.), meist an Scheibenbüchsen, um genaues Zielen zu ermöglichen

DÖBEL, HEINRICH WILHELM (1866–1760), Oberförster, bedeutender Jagdschriftsteller. Hauptwerk: »Döbels Jägerpractica«, 1746

DOCKE, DIE der kunstgerecht aufgewickelte, *aufgedockte* Teil des *Hängeseils* und des *Schweißriemens; docken, aufdocken* und *abdocken*

DOHNEN, DIE auch *Sprenkel*: Rosshaarschlingen und Bügel zum Vogelfang; je nach der Art des Bügels und der Befestigung wurden unterschieden *Hängedohnen, Steckdohnen, Laufdohnen* und *Falldohnen*, auch *Spriegel* oder *Schnelldohnen* genannt. *Dohnenfang, Dohnenstieg, Dohnenschneise, Dohnenstrich.* Jeder Vogelfang mit Dohnen ist in Deutschland seit den 1930er-Jahren gesetzlich verboten.

DOPPELBOCKBÜCHSE, DIE ▸ *Bock* (3.)

DOPPELBOCKFLINTE, DIE ▸ *Bock* (3.)

DOPPELBÜCHSE, DIE eine zweiläufige Büchse mit *quer*, d. h. nebeneinander oder übereinander *(Bockdoppelbüchse)* angeordneten Läufen

DOPPELFLINTE, DIE zweiläufige Flinte

DOPPELKOPF, DER auch *Doppelgeweih* oder *Doppelgehörn*: Beim Damhirsch, seltener beim Rothirsch und Rehbock, kommt es in seltenen Fällen vor, dass *Stangen* nicht rechtzeitig abgeworfen werden und an deren Basis schon das Folgegeweih angelegt wird.

DOPPELKRONE, DIE die geteilte *Krone* beim Hirschgeweih, sofern jeder Teil mindestens drei Enden zählt

DOPPELN Wenn infolge eines Fehlers am Schloss der zweite Schuss eines Doppelgewehrs gleichzeitig mit dem ersten losgeht, so sagt man, das Gewehr *doppelt*; kommt gelegentlich auch bei fehlerhaften Drillingen vor.

DOPPELRIEGELVERSCHLUSS, DER eine Verschlussart für Kipplaufgewehre, bei der in zwei Laufhaken beim Schließen des Gewehrs je ein Riegel eintritt

DOPPELROSE, DIE zwei ▸ *Rosen*, die fest miteinander verwachsen sind; selten bei Rot-, Dam- und Rehwild

DOPPELSCHAUFEL, DIE Vergleichbar mit der ▸ *Doppelkrone* beim Rothirsch sind beim Damhirsch manchmal die *Schaufeln* geteilt.

DOPPELTREFFER, DER Wenn mit einem Schuss unbeabsichtigt zwei Stück Wild gleichzeitig getroffen werden, nennt man das *Doppeltreffer*; nicht zu verwechseln mit der ▸ *Dublette*.

DORN, DER 1. auch *Sporn* oder *Haken*: rückwärtiges Ende am Geweih des Damhirsches unterhalb der Schaufel; 2. beim Fasanenhahn ein rückwärts gestellter Sporn am Bein *(Ständer)*

DORNSCHNEPFE, DIE ▸ *Blaufuß*

DOWN! *Nieder!* Befehl für den Jagdhund, sich niederzulegen; ein gut abgeführter Jagdhund muss sich auf das Hochstrecken des rechten Armes hin oder auf Trillerpfiff niederlegen, *down machen*.

DRAHTHAARIG nennt man Hunde, die raues, hartes Haar haben.

DRAHTSCHLINGE, DIE auch *Drahtschleife* oder *Schlinge*: eine aus Draht hergestellte Schlinge, um Wild aller Art darin zu fangen. Jagdgesetzlich verboten, von Wilddieben viel angewandt: *Schlingensteller, Schlingenstellerei*

DRALL, DER die Windung der Züge in einem Büchsenlauf; je nach der Stärke der Windung unterscheidet man einen *starken* oder *schwachen Drall*. Der *Drall* bewirkt die rotierende Bewegung des Geschosses um seine Längsachse.

DREILÄUFER, DER 1. Drillinggewehr, meistens *Drilling* genannt: ein Gewehr mit drei Läufen, meist ein Kugellauf und zwei Schrotläufe; auch *Doppelbüchsdrilling*: zwei Kugelläufe und ein Schrotlauf, oder gar drei Schrot- oder drei, auch verschiedenkalibrige Kugelläufe; 2. Bezeichnung für einen etwa dreiviertel ausgewachsenen Hasen

DRESSEUR, DER ein Jäger, der Hunde abrichtet

DRESSIERBOCK, DER ein Gerät aus Holz, um *Vorstehhunden* das *Apportieren* beizubringen, mit auswechselbaren Holz- und Eisenscheiben zum unterschiedlichen Beschweren

DRESSIEREN ▸ *abrichten*

DRESSUR, DIE *Abrichtung* der Jagdhunde zum Jagdgebrauch

DRESSURHALSBAND, DAS ein mit Stacheln versehenes Halsband, welches vor allem früher bei der Abrichtung sehr *harter* Hunde angewandt wurde

DRILLING, DER ▸ *Dreiläufer*

DROSSEL, DIE 1. Luftröhre beim *Schalenwild*; 2. Krammetsvogel, früher nur für Wacholderdrossel; 3. Schwarzdrossel

DROSSELKNOPF, DER Kehlkopf des *Schalenwildes*

DRÜCKEN 1. Drücken des erlegten Wildes beim *Apportieren* durch den Hund, auch *Knautschen*; 2. vorsichtiges Durchgehen eines oder weniger *Treiber* durch eine *Dickung*, um das Wild vor die Schützen zu bringen; *Drückjagd*, nur bei *Hochwild* gebräuchlich. 3. Wild *drückt sich*, wenn es in voller Deckung verharrt und sich von Schützen und *Treibern überlaufen* lässt, ohne *flüchtig* zu werden.

DRÜCKER, DER ▸ *Abzug*

DUBLETTE, DIE früher *Doublette*: das Erlegen von zwei Stück Wild unmittelbar hintereinander, ohne das mehrschüssige Gewehr abzusetzen, oder nur unterbrochen vom Repetieren

DÜNNUNG, DIE auch *Dünne, Dünnwildbret, Weichen, Flämen, Wammen*: die Flanken des *Schalenwildes*, von den Rippen bis zu den Keulen

DUNST, DER feinstes Schrot zum Erlegen schwachen *Federwildes, Vogeldunst*

DURCHBRECHEN 1. Beim *Treiben durchbricht* das Wild die *Treiberkette*, wenn es sich zurückwendet und zwischen den *Treibern* durchflieht; 2. *Schwarzwild bricht* oder *durchbricht* den Boden, um zur *Unter-* oder *Erdmast* zu gelangen.

DURCHDRÜCKEN *drücken*

DURCHGANG, DER Fehlstoß des Greifvogels *(Beizvogels)*

DURCHGEFIEDERT ▸ *fiedern*

DURCHRINNEN durchschwimmen, bei allem *Haarwild* gebräuchlich

DURCHSCHLAG, DER 1. Auftreffen auf die *Röhre* (einen unterirdischen Gang) beim Aufgraben eines Fuchs- oder Dachsbaus; 2. die Fähigkeit eines Geschosses, einen Wildkörper oder einen anderen Gegenstand zu *durchschlagen, Durchschlagskraft*

DURCHSCHLAGEN 1. einen ▸ *Durchschlag machen* (beim *Baugraben)*. 2. Ein Geschoss *schlägt durch*, wenn es einen *Aus-*

schuss aus dem Wildkörper liefert; 3. wenn *Schwarzwild* mit Gewalt ein Gatter oder eine Einzäunung durchbricht, so sagt man: »Es *schlägt sich durch.*«

DURCHSCHNEIDEN Zerbeißen der Netze und Holzfallen durch gefangenes *Raubwild*

DURCHSTELLEN das *Anstellen* von Schützen auf einer Linie quer durch das *Treiben*

DURCHTREIBEN das Durchgehen der *Treiber* durch ein *Jagen* bzw. *Treiben*

DURCHZIEHEN 1. langsames *Hinwegziehen* des *Schalenwildes* über eine Wiese, Feld usw., z. B.: »Der Hirsch *durchzog* die Wiese.«; 2. verbotenes Verhalten eines Schützen, der mit angebacktem Gewehr ein Stück Wild bezielt, das gerade aus dem *Treiben* oder *Kessel* durch die *Schützenlinie* auswechselt bzw. flüchtet

E

EDEL In der Waidmannssprache ist alles, was gut und schön ist, *edel*: Der *edle Hirsch (Edelhirsch)*, das *edle Geweih* oder *Gehörn*, der *edle Leithund* usw.

EDELFALKE, DER die größeren zur *Beizjagd* verwendeten Falkenarten, besonders für Gerfalken

EDELMARDER, DER auch *Goldmarder, Baummarder, Waldmarder, Holzmarder* oder *Goldkehlchen* genannt. Das Männchen heißt Marder, das Weibchen *Fähe*. Die Marder *baumen* oder *holzen auf. Holzen fort, baumen ab*; die Stelle, an der sie *baumen*, nennt man *Aufstieg*, die Stelle, an der sie *abbaumen, Absprung. Marderschlagbaum* ► *Schlagbaum*. Im Übrigen sind die waidmännischen Ausdrücke wie beim *Raubwild*, ► *Fuchs*. Man unterscheidet bei der Marderspur den *Paartritt*, den *Dreitritt* und den *Hasentritt*.

EHRENLAUF, DER Bei der *Parforcejagd* wurde früher der rechte *Vorderlauf des erlegten Hirsches abgelöst* und mit einer darangelassenen Hautschlinge dem würdigsten Jagdteilnehmer überreicht, der ihn über den Griff des *Hirschfängers* hing. Der *Lauf* wurde später präpariert und als *Trophäe* aufbewahrt.

EICHELMAST, DIE die Früchte der Eichen (Eicheln), sofern sie als Nahrung für das Wild oder eingetriebenes Vieh genutzt werden bzw. wurden; forstlich: zur Gewinnung von Saatgut und für die Naturverjüngung

EICHELSPIESSER, DER ein Rehbock, der nur aus einem *Perlenkranz* bestehende, kümmerliche *Knopfspieße* trägt

EIDERENTE, DIE *(Somateria mollissima)*, auch *Eidergans*: eine nordische Entenart, die auch auf den nord- und ostfriesischen Inseln vorkommt. In Deutschland geschützt

EIGENJAGD, DIE Eigenjagdbezirk; das Recht zur Jagdrechtsvergabe bzw., bei Jagdscheinbesitz, Jagdausübung auf eigenem Grund und Boden; an eine Mindestflächengröße gebunden

EINBALZEN auch *einspielen*: Das Übergehen vom unterbrochenen *Knappen* zum vollen *Balzvers* beim Auerhahn; der Hahn, auch der Birkhahn, *balzt* oder *spielt sich ein*.

EINBRECHEN 1. ► *durchbrechen*; 2. Das *Schwarzwild bricht sich ein*, wenn es sich ein *Lager* wühlt, in das es sich dann *einschlägt* oder *einschiebt*.

EINFAHREN 1. das In-den-Bau-Schlüpfen von allen Wildarten, die einen Bau haben, sowie vom *Erdhund* und Frettchen; 2. in die *Netze einfahren*, vor allem vom Kaninchen beim *Frettieren*

EINFAHRT, DIE *Eingangsröhre* eines Baues

EINFALLEN das *Federwild fällt ein*, wenn es sich aus der Luft auf einen Baum, auf der Erde oder auf dem Wasser niederlässt; der Auerhahn *fällt* abends auf seinem *Schlafbaum ein*; die Enten *fallen* auf einem Teich oder einem Feld ein, *Morgeneinfall* und *Abendeinfall.*

EINFANGEN das Lebendfangen von allem Wild

EINGÄNGER, DER auch *Einzelgänger*: ein *Hauptschwein*, das sich von der *Rotte* getrennt allein hält (außer in der *Rauschzeit)*

EINGATTERN das Errichten eines Zaunes oder eines Gatters um einen Revierteil oder ein *Revier; Gatterwild*

EINGEHEN Sterben von Wild ohne jagdlichen Einfluss, z. B. durch Alter, Winternot, Unglücksfälle, Seuchen, Krankheiten, ▸ *verenden*

EINGEJAGT sind Hunde, wenn sie häufig gejagt haben: »Die Hunde sind gut auf Sauen *eingejagt.*«

EINGERONNEN nennt man eine *Fährte*, die durch Regen oder durch tauenden Schnee unkenntlich geworden ist.

EINGESTELLTES JAGEN ▸ *einstellen* (1.)

EINGRIFF, DER Alles Wild macht mit den *Schalen* bzw. *Klauen, Waffen* usw. bei der Fortbewegung Vertiefungen in den Boden, die *Eingriffe*; gut sichtbar sind diese beim ▸ *Ausriss.*

EINHÄCHSEN auch *einhäcksen, einhässen, einhäsen, einheesen* oder *einhessen*: das Durchstechen des *Hinterlaufs* erlegten *Haarwildes* über dem Sprunggelenk, um die Läufe ineinanderstecken *(schränken)* zu können

EINKAMMERN das Einsetzen gefangener, lebender Fasanen zwecks Überwinterung in geschlossenen Räumen, *Fasanenkammern*

EINKESSELN *Einschieben* einer *Rotte Schwarzwild* im *Kessel*; sie *kesselt sich ein.*

EINKREISEN das Umgehen, *Umschlagen* einer Dickung oder überhaupt eines Revierteils, um nach *Fährten* und *Spuren* zu suchen und festzustellen, ob sich das Wild noch in dem *umschlagenen* Revierteil befindet, insbesondere bei Neuschnee. Man sagt: »Die Sauen sind *eingekreist.*« Jäger, die das *Kreisen* oder *Einkreisen* besorgen, nennt man *Kreiser* oder *Einkreiser.*

EINLAPPEN das Umgeben eines Revierteils, eines Rudels oder einer Rotte mit *Lappen*: »Das Wild wird *eingelappt.*«

EINLAUF, DER 1. eine Abart des ▸ *Einsprungs*, also eine Vorrichtung, durch die das Wild zwar in ein Gatter hineingelangen, aber nicht wieder herauskommen kann; verschiedene Konstruktionen: hängende Klapptüren, im spitzen Winkel gegeneinander federnde Stangen u. a. 2. Man schießt den morgens vom Feld zum Holz *rückenden* Hasen auf dem *Einlauf.*

EINLAUFEN 1. *Einwechseln* des Wildes durch den *Einlauf.* 2. Die *Fährte* ist *eingelaufen*, ▸ *eingeronnen.*

EINLEGEN 1. Senken des Geweihs durch den Rothirsch, wenn er den *stellenden* Hund *annehmen* will. 2. Der Hund *legt sich* in den *Riemen*, d. h., er will hitzig einer *Fährte* folgen und zieht am Riemen.

EINLEGLÄUFE, DIE Wechselläufe, die zu ein und demselben Gewehr gehören

EINRICHTEN 1. Vorbereiten einer Jagd. 2. Ein *Revier* wird *eingerichtet*, wenn alle Anlagen für eine ordnungsgemäße Jagdausübung und für die *Hege* hergestellt werden

EINSCHIEBEN Ein einzelnes Stück *Schwarzwild schiebt sich* in das *Lager*, die *Rotte* in den *Kessel* ein.

EINSCHIESSEN 1. Jedes neue Gewehr wird *eingeschossen*, d. h., es werden die günstigste Lage und die richtige Höhe von *Kimme* und *Korn* bzw. die richtige Einstellung des Zielfernrohrs durch Probeschüsse ermittelt; 2. der Jäger *schießt sich ein*, d. h., er übt sich im Schießen, z. B. mit einem neuen Gewehr.

EINSCHLAG, DER 1. ▸ *Durchschlag.* 2. Der Hirsch klemmt beim *Ziehen* abgetretenes

Gras zwischen die *Schalen*, das erst später herausfällt, sodass es auf einem unbewachsenen Boden oder auf einem Weg in der *Fährte* liegt, auch *Mitnehmen* (altes *Fährtenzeichen* des Rothirsches).

EINSCHLAGEN 1. ► *durchschlagen.* 2. Ein gut veranlagter und abgerichteter *(abgeführter)* Jagdhund ist *gut eingeschlagen*; 3. das Einrichten von *Salzlecken* im Frühjahr, die *Sulzen* werden *frisch eingeschlagen.*

EINSCHLIEFEN Die *Erdhunde*, auch Frettchen, *schliefen* in einen Bau *ein*, man lässt sie *einschliefen*; beim Frettchen auch *einkriechen.*

EINSCHUSS, DER die Stelle, an der das Geschoss in den Wildkörper eindringt, *Einschussseite*, ► *Ausschuss*

EINSCHWINGEN, DAS das Sich-auf-einen-Baum-Setzen von Auer- und Birkwild und großen Greifvögeln

EINSIEDLER, DER ► *Eingänger*; auch bei alten Gamsböcken gebräuchlich

EINSPIELEN ► *Auerwild*

EINSPRINGEN 1. Wild springt durch einen *Einsprung* in ein *Gatter*; 2. ein *Vorstehhund springt ein*, wenn er das gefundene *Federwild* vorzeitig herausstößt; 3. *einstellen* beim Gamswild; 4. Damwild und Muffelwild *springt ein*, wenn es plötzlich *flüchtig* wird und hierbei eine Strecke weit mit allen vier *Läufen* gleichzeitig hochspringt.

EINSPRUNG, DER eine Anlage an einem *Gatter*, die das Hineinspringen des Wildes von außen ermöglicht, aber das Wieder*auswechseln* verhindert

EINSTAND, DER *Hochwild* hat seinen *Einstand* im Revier, d.h., es *steht* darin; *Lieblingseinstand, Wintereinstand, Sommereinstand.*

EINSTECHEN das Spannen des Feinabzugschlosses durch Zurückziehen eines zweiten Abzuges oder durch Vorschieben des Drückers je nach der Gewehrkonstruktion, auch *stechen*

EINSTECKLAUF, DER in einen Gewehrlauf einsetzbarer, kleinkalibriger Lauf, meist für *Schonzeitpatronen*

EINSTEHEN ► *einschwingen*

EINSTELLEN 1. Ein *eingestelltes Jagen* war ein Revierteil, der mit *Tüchern* und *Lappen* umstellt war, um das *Auswechseln* des Wildes zu verhindern; vielfach waren auch Revierteile fest eingezäunt oder ummauert, und vorher gefangenes Wild wurde dort hineingebracht; heute nicht mehr üblich; 2. das Gams- oder auch Rotwild *stellt* sich in einem bestimmten Revierteil *ein*, d.h. *nimmt seinen Einstand* dort.

EINSTIEG, DER die Stelle am Ufer eines Gewässers, wo ein Otter oder Biber *einsteigt*, d.h. sich ins Wasser begibt, ► *Ausstieg*

EINSTREICHEN 1. *Einfallen* von Rebhühnern am *Äsungsplatz*; 2. das Zusammenlegen der gespreizten Schwingen und des *Stoßes* des beim *Balzen* misstrauisch gewordenen Auerhahns

EINWECHSEL, DER die Stelle, an der das Wild in ein Revier oder in eine Dickung *hineingezogen, eingewechselt* ist, ► *auswechseln*

EINZELLADER, DER ein Gewehr, in das die Patrone für den Schuss jeweils einzeln eingeführt werden muss (im Gegensatz zum *Mehrlader)*

EINZIEHEN *Einwechseln* des Wildes am Morgen vom Feld zu Holze, aber auch jedes *Einwechseln* z.B. in eine Dickung: »Das Wild war schon in die Dickung *eingezogen.*«

EISBEIN, DAS die Hüft- und Kreuzbeine beim *Schalenwild*, deren Verbindungsstelle das *Schloss* genannt wird

EISEN, DAS auch *Fangeisen*: der allgemeine Ausdruck für eiserne Fanggeräte, also *Abzugeisen, Schwanenhals*, auch *Saufeder, Fuchseisen, Bäreneisen*

EISENDE, DAS (selten) ► *Eisspross*

EISENTE, DIE *(Clangula hyemalis)*, auch Eisschellente, Klashanik, Klashahn, Ahlschwanz; meist im Norden vorkommende Tauchentenart

EISKNOCHEN, DER ► *Eisbein*

EISSPROSS, DER oder die *Eissprosse*: das zwischen *Augsprosse* und *Mittelsprosse* wachsende *Ende* am Hirschgeweih

EISSPROSSENACHTER, DER ein Hirsch, dessen Geweih als *Enden Augsprossen, Eissprossen* und *Mittelsprossen* aufweist

EISSPROSSENZEHNER, DER ein Hirsch, dessen Geweih *Augsprossen, Eissprossen, Mittelsprossen* und am Stangenende *Gabeln* aufweist

EITERBISSIG nannte man Hunde mit schwarzem oder schwarz geflecktem Gaumen, da Bisse von solchen Hunden bösartig sein sollten (Aberglaube!).

EJEKTOR, DER Hülsenauswerfer an Gewehren

ELCHHUND, DER in Skandinavien gebräuchlicher langhaariger Spitzhund (Jämthund, Grauhund)

ELCHWILD, DAS *(Alces alces)*. Im Allgemeinen dieselben waidmännischen Ausdrücke wie beim Rotwild: *Elchhirsch, Elchtier, Elchhirschkalb, Elchtierkalb*. Die auf dem *Träger* stehende kurze Mähne heißt *Schopf*, der behaarte Kehlbeutel *Bart*, auch *Glocke*. Der männliche Elch wird Spießer, *Gabler, Stangenelch*, auch *Stangler* oder aber ein *geringer, angehender, starker, kapitaler* oder *Hauptschaufler*. Die *Schaufeln* sind gegliedert in *Vorschaufel* und *Hauptschaufel*. Beim *Trollen* wird das durch das Knacken der Gelenke sowie durch das Anschlagen der *Oberrücken* gegen die *Schalen* hervorgerufene Geräusch *Schellen* genannt. Bei Störungen lässt das Elchwild häufig ein *Schnauben* hören.

ELSTER, DIE *(Pica pica)* ► *Alster*

ENDE, DAS Die oberen *Vereckungen* des Rothirschgeweihes werden *Enden* genannt. Die drei unteren heißen *Sprossen*, also *Aug-, Eis-* und *Mittelsprosse*; vgl. aber: *Gabelenden* bzw. *Kronenenden*

-ENDER in Zusammensetzungen wie *Acht-, Zehn-, Zwölfender* usw.: Als Ende wird ein solches gewertet, dessen Länge das Aufhängen einer ► *Hornfessel* erlaubt.

ENTE, DIE das Weibchen der ► *Wildente*

ENTENEINFALL, DER ► *Einfall*

ENTENFANG, DER eine Vorrichtung, in der lebende Enten in großer Menge gefangen werden können; heute nur noch üblich zu wissenschaftlichen Zwecken wie Beringung; auch: *Entenkoje*

ENTENFLINTE, DIE ein Schrotgewehr von großem Kaliber und langen Läufen, mit dem besonders weit geschossen werden sollte

ENTENGRÜTZE, DIE Wasserlinse, eine beliebte Äsungspflanze der Wildenten

ENTENHAGEL, DER die zum Beschießen der Wildenten geeigneten Schrotsorten

ENTENKOJE, DIE ► *Entenfang* und ► *Vogelkoje*

ENTENRUF, DER Lockinstrument zum Nachahmen des Entengeschnatters und damit Anlocken der Wildenten

ENTENSTRICH, DER ► *Strich*

ENTERICH, DER jagdlich *Erpel* oder *Entvogel*, auch *Antvogel*: das Männchen der Ente

ERDHUND, DER *Bauhund*, Sammelbegriff für Hunderassen, die zur *Baujagd*, also unter der Erde, verwendet werden; Teckel und Terrier

ERDMANN beliebter Name für einen Dachshund/Teckel

ERDMAST, DIE auch *Brutmast, Untermast*: Insektenlarven, Wurzeln, Schwämme, die das *Schwarzwild* frisst; dieses *bricht* nach der *Erdmast*, während der Dachs danach *sticht* oder *wurzelt*.

EREILEN, DAS *Hirschgerechtes Zeichen*: Wenn der Hirsch mit dem Hinterlauf nur bis zur Hälfte oder auch mehr in den *Tritt* des *Vorderlaufes* tritt, nennt man das *Er-*

eilen; ein geringerer Grad des ► *Zurückbleibens.*

ERFÜLLUNG, DIE Altes, *hirschgerechtes Zeichen*: das *Zurückbleiben* oder *Hinterlassen*; der Hirsch tritt mit dem *Hinterlauf* hinter den *Tritt* des *Vorderlaufs;* im Gegensatz zum *Übereilen.*

ERHEBEN, SICH Der sich auf die *Hinterpranken* hochreckende Bär *erhebt sich*; auch beim *Hochwild* gebräuchlich, besser jedoch: *es wird hoch.*

ERKALTEN Eine *Fährte* oder *Spur*, die so *alt* geworden ist, dass der Hund sie nicht mehr halten kann, ist *erkaltet.*

ERLEGEN das Töten eines Wildes in *waidgerechter* Weise, vornehmlich mit dem Jagdgewehr

ERNIEDRIGEN 1. Der hoch aufgerichtete Bär *erniedrigt sich*, wenn er sich wieder auf die *Vorderpranken* niederlässt; 2. der Hirsch *erniedrigt sich*, wenn er sein Geweih *abwirft* (selten gebräuchlich).

ERPEL, DER *Entvogel* oder *Enterich*: männliche Ente

ERPELLOCKE, DIE gebogene Schmuckfeder am Bürzel des ► *Erpels*

ERSTE, DIE der erste Schnee des Jahres, im Gegensatz zur *Neuen*, dem Neuschnee auf altem Schnee

ERWÜRGEN ► *abwürgen*

EULEN, DIE *(Strigidae)*, Nachtgreifvögel. In Deutschland hauptsächlich vertreten: Waldohreule, Sumpfohreule, Waldkauz, Raufußkauz, Steinkauz, Sperlingskauz, Schleiereule und der ► *Uhu*

EULENKOPF, DER größerwüchsige Waldschnepfe mit dickerem Kopf, ► *Blaufuß*

F

FÄCHER, DER *Stoß* (Schwanzgefieder) des *Auerhahns*, ► *Auerhuhn*

FÄDLEIN, DAS Altes, *hirschgerechtes Zeichen*: Die Verlängerung des vorne zwischen den *Schalen* des Rotwildes hochstehenden Erdstreifens *(Näslein)* nennt man das *Fädlein* oder *Fädchen.*

FÄHE, DIE auch *Fähin, Fehe, Föhe*: das Weibchen des zur *Niederjagd* gehörenden *Raubwildes*, beim Fuchs heißt sie auch *Betze*

FAHLWILD, DAS ► *Steinwild*

FAHNE, DIE 1. die langen Haare am Schwanz *(Rute)* langhaariger Hunde. 2. Vogelfedern haben eine *Innen-* und eine *Außenfahne.*

FAHREN 1. aus dem *Lager* aufspringen (vom Hasen); 2. aus dem Bau herausspringen (vom Fuchs); 3. ins Wasser *fallen* (von Otter und Biber)

FÄHRTE, DIE die Abdrücke der *Schalen* im Boden von allem *Schalenwild* und *Trappen*; in manchen Gegenden auch das *Geläuf* des Auerhahns und für *Brackenjäger* die Spur der Hasen

FÄHRTEN 1. auch *Abfährten*: das Suchen nach einer *Fährte*, z. B.: »Ich *fährtete* einen starken Hirsch.«; 2. *Sich fährten*: seine Fährte ziehen beim Wild, z. B.: »Ein starker Hirsch *fährtete sich* im Revier.«

FÄHRTENARBEIT, DIE mit dem Jagdhund auf einer *Fährte* arbeiten, d. h. eine *Fährte* verfolgen

FÄHRTENBAHNEN, DIE ► *Spürbahnen*

FÄHRTENBRUCH, DER ► *Bruch* (1.)

FÄHRTENGERECHT derjenige, der eine *Fährte* richtig *ansprechen* (deuten) kann

FÄHRTENKUNDE, DIE die Lehre von den *Fährten* und *Spuren* aller Wildarten

FÄHRTENLAUT ist ein Hund, wenn er *geschnallt* laut auf einer *warmen* (also frischen) *Fährte* von *Schalenwild*, das eine *Fährte* zieht, jagt.

FÄHRTENREIN oder *fährtensicher* ist ein Jagdhund, der einer bestimmten *(Schweiß-) Fährte* zuverlässig folgt.

FÄHRTENZEICHEN, DIE diejenigen Merkmale einer *Fährte*, aus denen der erfahrene Jäger Schlüsse auf die Art und Stärke des Wildes ziehen kann; besonders auch die von der alten Berufsjägerei auf uns überkommenen *hirschgerechten Zeichen*

FAISCH, DER auch *Pasch* oder *Feisch*: ▸ *Schweiß*

FALKE, DER Gattung der *Greifvögel*. Die bekanntesten Falken bei uns sind der Wanderfalke *(Falco peregrinus)*, der Baumfalke *(Falco subbuteo)* und der Turmfalke *(Falco tinnunculus)*. Die Falken sind gekennzeichnet durch den sog. *Falkenzahn*, einen beidseitig hervortretenden scharfen Zahn am Oberschnabel.

FALKENRÖNNE, DIE auch *Falkenrinne*: ein *Stoßgarn* zum Fangen von Greifvögeln

FALKENTERZEL, DER das Männchen der Falken

FALKNER, DER mit Beizvögeln jagender Jäger, auch *Beizjäger*

FALLBAUM, DER 1. ein bei der *Krähenhütte* stehender, zum Einfallen der durch den Uhu angelockten Vögel bestimmter dürrer Baum, auch *Krakel* genannt; 2. ▸ *Fallprügel* der *Knüppelfalle*

FALLE, DIE alle Vorrichtungen und Geräte zum Fangen von Wild

FALLEN 1. Zugrundegehen von Wild durch Krankheit, Hunger, Kälte oder Unfall, besonders beim *Haarwild* der *Hohen Jagd* gebräuchlich, *Fallwild*; 2. *Schalenwild fällt über* ein Hindernis, insbesondere *überfällt* es die *Lappen*, einen Zaun oder Ähnliches; 3. die jungen Hunde *fallen*, wenn sie von der Hündin *geworfen* werden; 4. ein Hund *fällt auf* eine *Fährte* oder *fällt* eine *Fährte an*, wenn er sie wahrnimmt und verfolgt; 5. das *Federwild fällt ein*, Rebhühner *fallen auf die Weide*; 6. Fischotter und Biber *fallen* ins Wasser, wenn sie hineinspringen.

FALLENSTEIG, DER oder *Fangsteig*: ein schmaler Pfad, der zu dem Zweck angelegt wird, Fallen darauf zu stellen

FALLGRUBE, DIE auch *Fanggrube*: eine mit Zweigen *abgedeckte/verblendete* Grube, um darin Wild zu fangen

FALLNETZ, DAS ▸ *Schlagnetz*

FALLPRÜGEL, DER auch *Fallknüppel* oder ▸ *Fallbaum*: der Knüppel an einer *Schlagfalle*, der beim *Losschlagen* der Falle das betreffende Tier tötet

FALLRUTE, DIE das *Trittholz* beim *Habichtskorb* und das *Stellholz* beim ▸ *Schlagbaum*

FALLSTOCK, DER ein Signalstock, der auf der Fallenklappe steht; er fällt bei Fang um und erlaubt Kontrolle aus der Ferne, ▸ *Hängsel*

FALLWILD, DAS ▸ *fallen*

FALZ, DIE ▸ *Balz*

FALZPECH, DAS *Balzlosung* des Auerhahnes, ▸ *Auerhuhn*

FANG, DER 1. die Füße oder auch nur die Zehen oder Klauen der Greifvögel; 2. das Maul des Jagdhundes und des *Raubwildes*; 3. das Fangen von Wild mit Fanggeräten, *Fuchsfang, Marderfang* usw.; 4. Bezeichnung für eine Fangvorrichtung, z. B. *Entenfang, Saufang*; 5. einem Stück Wild den *Fang geben*, d. h. das kranke, aber noch nicht verendete Stück mithilfe der *kalten Waffe* töten, *abfangen*

FANGEISEN, DAS ▸ *Eisen*

FANGEN 1. Der Jäger *fängt* ein Stück Wild, wenn er es mithilfe von Fangvorrichtungen tot oder lebend erbeutet; aber auch: das Wild *fängt sich* in einer Fangvorrichtung; 2. ▸ *abfangen*.

FANGGARN, DAS oder *Fangnetz*: zum Fangen von Wild bestimmtes Netz

FANGGELD, DAS die Belohnung, die der Jäger von seinem Jagdherrn für das Fangen von *Raubwild* und *Raubzeug* erhält

FÄNGISCH Eine gespannte und entsicherte Fangvorrichtung ist *fängisch gestellt*.

FANGPLATZ, DER die Stelle, an der eine Fangvorrichtung eingerichtet wird

FANGSCHUSS, DER das Töten eines *kranken*, aber noch nicht *verendeten* Wildes durch einen meistens aus geringer Entfernung abgegebenen Schuss; wird heute von vielen Jägern vorzugsweise statt ▸ *Abfangen* oder ▸ *Abgenicken* angewandt

FANGTAG, DER Tag, an dem der Jäger gute Beute gemacht hat. Sprichwort: »Es ist wohl alle Tage Jagdtag, aber nicht alle Tage *Fangtag.*«

FANGWARZEN, DIE die an den Füßen der Greifvögel sitzenden kleinen, warzigen Ballen

FANGZÄHNE, DIE die Eckzähne des *Haarraubwildes* und der Hunde, ▸ *Reißzähne*

FANGZEIT, DIE diejenige Zeit, in der *Raubwild* am besten gefangen wird

FARBE, DIE ▸ *Schweiß*

FÄRBEN 1. Die läufige Hündin *färbt*, wenn ihr aus der *Schnalle* schweißiger Schleim austritt; 2. das *Schalenwild färbt* oder *verfärbt sich*, wenn es das Haar im Frühjahr oder Herbst wechselt; beim *Schwarzwild* sagt man jedoch *versetzen.*

FASAN, DER *(Phasianus)*, zu den Hühnervögeln gehörige *Federwildgattung.* In Deutschland zahlreiche Arten eingeführt *(Ph. colchicus, mongolicus, torquatus* u. a.). Hahn und Henne, *Gesperre, Sporn, Ohren* oder *Hörner* (abstehende Federn am Kopf), weitere Ausdrücke auch bei Auer- und Birkwild, ▸ *Auerhuhn,* ▸ *Birkhuhn*

FASANERIE, DIE Anlage zur *Aufzucht* von Fasanen; der Leiter: *Fasanenmeister.* Die Volieren heißen *Fasanenkammern*, ihre Gesamtheit *Fasanengarten.*

FASANENBELLER, DER ▸ *Vogelhund*

FASCH, DER ▸ *Faisch*

FASELN Ein Hund, der herumsucht, ohne die *Fährte* oder *Spur* (wieder)finden zu können, *faselt.*

FASELZEUG, DAS auch *Scharwild, Geraffel*: Gamswildrudel aus Geißen, Kitzen und jungen Böcken

FAUCHEN 1. der Zornlaut des kleinen *Haarraubwildes*; 2. Balzlaut des Birkhahns, ▸ *Birkhuhn*

FEDERHASPEL, DIE eine Haspel zum Aufwickeln der an einer Schnur aufgereihten *Federlappen*

FEDERLAPPEN, DIE Schnüre, in die an Stelle von Tüchern Federbüschel eingeknotet sind

FEDERLEIN, DAS der *Pürzel* beim *Schwarzwild*, seltener beim Hasen oder Rotwild gebräuchlich

FEDERN, DIE 1. die Rückenkammborsten des *Schwarzwildes*; 2. ▸ *Saufeder*; 3. die Dornfortsätze am Rückgrat des *Schalenwildes*; 4. bei langhaarigen Hunden die längeren Haare auf der Rückseite der Vorderläufe

FEDERN 1. ein Stück Wild durch die Dornfortsätze schießen *(Federschuss)*: »Der Hirsch ist nur *gefedert.*«, ▸ *Krellschuss*; 2. *Flugwild* so leicht treffen, dass ihm nur Federn abgeschossen werden; 3. ▸ *abfedern*

FEDERRÜCKEN, DER das Rückgratteil, an dem die *Federn* (Rippen) sitzen

FEDERSCHÜTZE, DER 1. Bezeichnung für einen Jäger, der nur die *Niederjagd*, insbesondere die *Federwildjagd*, ausübt und von der *Hohen Jagd* nichts versteht; 2. aber auch ein guter Federwildschütze oder Flugwildschütze, d. h. ein Jäger, der besonders gut auf *Flugwild* schießt

FEDERWILD, DAS oder *Flugwild*: Sammelbegriff für sämtliche jagdbaren Vogelarten

FEDERZEIT, DIE ▸ *Mauserzeit*

FEGEN das Abreiben des Bastes von den Geweihen und Rehgehörnen an Bäumen und Sträuchern

FEHLEN vorbeischießen

FEHLFANG, DER ohne Fangergebnis zugeschnappte Falle

FEHLHATZ, DIE eine erfolglose *Hetze*

FEHLJAGD, DIE eine erfolglose Jagd, besonders früher bei *eingestellten Jagen* gebräuchlich

FEHLSCHUSS, DER ein Schuss, der das Ziel verfehlte, ▸ *fehlen*

FEINKORN nimmt der Jäger, wenn er beim Zielen nur den obersten Teil des

Kornes in dem Visier sieht; wenn das *Korn* in Visierhöhe steht, sagt man *gestrichen Korn*, und wenn das *Korn* über das Visier herausragt, *Vollkorn*.

FEISCH, DER ► *Faisch*

FEIST, DAS (Winter-)Vorratsfett des *Schalenwilds* mit Ausnahme des *Schwarzwildes*; und zwar das auf dem Wildbret liegende Fett, während das innere Fett *Inselt, Inslicht*, auch *Unschlitt* genannt wird. Beim *Schwarzwild* und Dachs sagt man anstatt Feist: *Weißes* oder *Weiß*.

FEIST gut genährt, fett; also alles Wild, das *Feist* oder *Weiß* hat

FEISTHIRSCH, DER Hirsch in der Zeit vom *Fegen* bis zur *Brunft*, also in der Zeit, in der er am meisten *Feist* ansetzt

FEISTZEIT, DIE auch *Feiste*: diejenige Zeit, in der das Wild am meisten *Feist* ansetzt

FELD, DAS bei Jagdhunden angewandt: 1. Nach Vollendung des ersten Lebensjahres steht der *Vorstehhund* im ersten *Feld*, man spricht weiter vom zweiten, dritten usw. *Feld*; 2. der Hund *nimmt viel Feld* oder *zu wenig Feld*, d.h., er sucht weit oder zu kurz.

FELDARBEIT, DIE das Jagen mit dem Hund im Feld, im Gegensatz zu *Waldarbeit* und *Wasserarbeit*

FELDGEFLÜGEL, DAS Sammelname für das im Feld lebende *Federwild* im Gegensatz zum *Waldgeflügel* oder *Wassergeflügel*

FELDHASE, DER ► *Hase*

FELDHUHN, DAS ► *Rebhuhn*

FELDJAGD, DIE 1. eine Jagd im Feld; 2. ein *Jagdrevier*, das nur Felder und keinen oder wenig Wald umfasst

FELDJÄGER, DER 1. ein Jäger, dem nur ein *Feldrevier* untersteht; 2. Angehöriger des von Friedrich d. Großen 1740 gegründeten und 1919 aufgelösten »Reitenden Feldjäger-Corps«, einer forstlich-jagdlich vorgebildeten, wegekundigen Kuriertruppe des preußischen Königs und später des deutschen Kaisers; 3. Polizei der Bundeswehr

FELDREH, DAS Rehwild, das seinen Stand vornehmlich im Feld hat, im Gegensatz zum *Waldreh*

FELDSTECHER, DER zur Jagd benutztes Fernglas

FELDTREIBEN, DAS *Treiben* im Feld

FELL, DAS in der Jägersprache nur bei Biber (neben *Balg*) und Seehund gebräuchlich

FERM auch *firm*: vollendet oder vollkommen mit Bezug auf die Arbeit des Hundes; in demselben Sinne auch für den Jäger gebräuchlich

FERTIG WERDEN zum schnellen Schuss: beim Schießen gebräuchlich; z.B.: »Ich konnte auf den Rehbock nicht *fertig werden*.«

FESSEL, DIE 1. der Umhängeriemen des Jagdhorns, *Hornfessel*; 2. die Riemen an den Beinen *(Fängen)* des Uhus und der *Beizvögel*, ► *Geschüh*

FESTLIEGEN sagt man von Rebhühnern und Hasen, wenn sie *gut halten*.

FESTMACHEN 1. den Aufenthalt von Wild, z.B. von Sauen, *bestätigen*; 2. *Schwarzwild* ist *festgemacht*, wenn es von den Jagdhunden *gedeckt* ist

FESTSEIN Der Fuchs oder Dachs ist *im Bau fest*, wenn der Hund *fest vorliegt*; auch ein *bestätigter* Marder und *gekreiste* Sauen *sind fest*.

FETT, DAS Alles *Flugwild*, alles *Raubwild*, mit Ausnahme des Dachses, sowie Hase und Kaninchen haben *Fett*. Der Dachs hat *Weiß, Weißes* oder *Schmalz*, das Murmeltier *Fett* oder *Schmalz*, der Seehund *Speck*.

FETTLOCH, DAS *Schmalzröhre, Saug-* oder *Stinkloch* beim ► *Dachs*

FEUCHTBLATT, DAS auch *Feuchtglied*: der äußere weibliche Geschlechtsteil beim *Schalenwild*

FEUCHTEN Wasserlassen *(Nässen)* bei allem Wild und beim Hund

FIEDERN Ein Vogel *fiedert sich*, wenn er ein neues Federkleid anlegt; ist er mit der Mauser fertig, so heißt er *durchgefiedert*; ein voll befiederter Jungvogel ist *ausgefiedert*.

FIEPEN der Lockton der *Ricke* und des *Rehkitzes*, auch Ausdruck von Angst und Erregung; der Jäger ahmt das *Fiepen* beim ▸ *Blatten* nach, um den Rehbock in der *Brunft* zum *Anspringen* zu bringen

FINDER, DER ein zum Auffinden und Jagen von *Schwarzwild* besonders geeigneter Hund, ▸ *Saufinder*

FISCHADLER, DER *(Pandion haliaetus)*, auch Flussadler

FISCHEN Alles fischfressende Wild *fischt*, wenn es auf Fischfang ausgeht.

FISCHOTTER, DER *(Lutra lutra)*, auch *Flussotter, Fischmarder, Otterrüde, Otterfähe* oder *Otterin*. Der Otter hat einen *Balg*, eine *Rute, Branken, Gehöre, Seher*. Er *steigt* aus dem Wasser und ins Wasser *(Ausstieg* und *Einstieg)*, er *fällt* oder *fährt* ins Wasser. Der Otter *schwimmt* und *fischt*; wenn er längere Strecken auf dem Lande zurücklegt, so sagt man, er *geht über Land*. Der Laut des Otters heißt *pfeifen*, seine Begattung *ranzen*. Das Geschlechtsorgan der Otterin heißt *Nuss*.

FISCHREIHER, DER *(Ardea cinerea)*, besser *Graureiher* oder gemeiner Reiher

FLÄHME, DIE auch *Flämme, Flanken, Dünnung, Dünne, Wamme*: die Weichen zwischen Rippen und Keule des *Schalenwildes*

FLAMMEN, DIE die *Rosen* des Auer- und Birkhahns

FLAUME, DIE auch *Lisen* oder *Flomen*: die *Wildbretlappen* beim *Schwarzwild*, die hinter den Rippen das *Gescheide* umgeben

FLECKSCHUSS, DER ▸ *Kernschuss*

FLEHMEN Der Hirsch öffnet die Lippen und nimmt dabei intensiv Witterung auf.

FLEMMING, HANS FRIEDRICH FREIHERR VON geb. in der zweiten Hälfte des 17. Jahrhunderts, gest. nach 1726. kursächsischer Oberforst- und Wildmeister; bekannter Jagdschriftsteller. Hauptwerk: »Der vollkommene Teutsche Jäger«, 1719–1724

FLICKEN 1. scherzhafter Ausdruck für Schlagen durch Sauen oder Hundebeißen; der Keiler hat den Jäger *geflickt*, wenn er ihm die Kleider zerreißt, sog. *Hosenflicker*; 2. *anflicken*: mit dem Schuss schlecht treffen, anschießen; umgangssprachlicher und wenig waidmännischer Ausdruck

FLIEHEN ▸ *anfliehen*

FLINTE, DIE ein Gewehr mit glatten Läufen, aus dem in der Regel Schrot, aber auch (Flintenlauf-)Bleivollgeschosse verschossen werden; *Flintenlauf, Flintenrohr, Doppelflinte*

FLINTENLAUFGESCHOSS, DAS zylindrische Einzelgeschosse, die aus glatten Läufen verschossen werden können

FLINTERN, DIE auch Flindern: Tuchlappen, insbesondere aber hell angestrichene, dünne Holzbrettchen, die anstelle der *Lappen* verwendet wurden

FLOSSEN, DIE Vorder- und Hinterruder des Seehunds

FLUCHT, DIE ein weiter Sprung, den ein Stück *Schalenwild* macht: »Ich schoss den Hirsch in voller *Flucht*.«; »Das Stück *zeichnete* mit einer hohen *Flucht*.«

FLUCHTBAU, DER oder die *Fluchtröhre*: ein als Notbehelf dienender *Bau*, der vom Dachs oder Fuchs gelegentlich als Zuflucht benutzt wird; besteht er nur aus einer Röhre, so sagt man *Notröhre*

FLÜCHTEN Alles *Haarwild flüchtet* oder *ist flüchtig*, wenn es sich in schnellster Gangart fortbewegt; auch: *hochflüchtig*.

FLUCHTFÄHRTE, DIE die *Fährte* eines flüchtigen Stückes Wild

FLÜCHTIG 1. ▸ *flüchten*. 2. Der *Vorstehhund* hat eine *flüchtige Suche*, wenn er beim Suchen viel *Feld nimmt*, also schnell und weit voraus sucht.

FLUG, DER Mehrere *Ketten* oder *Schoofe Flugwild* bilden einen *gering* oder *starkzähligen Flug*, besonders üblich beim Birkwild; mehrere Hundert Stück *Flugwild*, also insbesondere Enten und Gänse, bilden eine *Schar* oder *Schule*.

FLÜGEL, DIE 1. die vorderen Gliedmaßen der Vögel; 2. die beiden Seiten der Schützen- und *Treiberlinie* (linker *Flügel*, rechter *Flügel*)

FLÜGELBUG, DER der Ellbogen am Flügel des Vogels, in dem er den Flügel auch zusammenfaltet und dann am Körper liegend trägt

FLÜGELDECKEN, DIE oder *Flügeldeckfedern*: jene Federn des Flügels, die bei zusammengelegtem Flügel die Schwungfedern teilweise verdecken

FLÜGELFÜHRER, DIE die beiden Jäger, die bei einer *Streifjagd* die beiden *Flügel* anführen

FLÜGELLAHM auch fluglahm: So nennt man einen Vogel, dem durch einen Schuss oder aus anderer Ursache ein oder beide Flügel so verletzt sind, dass er nicht mehr fliegen kann.

FLÜGELN 1. Ein Stück *Federwild* ist *geflügelt*, wenn ihm durch einen Schuss ein oder beide Flügel schwer verletzt sind. 2. Begriff bei der *Treibjagd: vorflügeln, mitflügeln, Leitflügel*

FLÜGELWEHREN, DIE die beiden *Treiberwehren*, die bei einer *Streife* das seitliche Ausbrechen der Hasen verhindern sollen

FLUGENTEN, DIE ► *Hochbrutflugenten*

FLUGWILD, DAS *Federwild, Wildgeflügel*

FOLGE, DIE 1. das Nachfolgen auf einer *Schweißfährte* über die Grenzen des eigenen *Jagdreviers* hinaus (*Wildfolge* oder *Jagdfolge*); 2. die Richtung, in welcher der angestellte Schütze nach Beendigung eines *Treibens* folgen soll: »Wohin ist *Folge*?«

FORKELN das Kämpfen (Stoßen) eines Geweih- oder Gehörnträgers gegen einen Nebenbuhler, aber auch gegen Menschen und Hunde, oft mit Verletzungen

FORSTGERECHT ist ein auch im Forstwesen bewanderter Jäger; in früherer Zeit mussten die Jäger *hirschgerecht, holzgerecht, fährtengerecht, hundegerecht* und *waidgerecht* sein.

FORTBAUMEN oder *fortholzen*: von einem Baum zum anderen springen (besonders beim Marder) oder fliegen (beim *Flugwild)*

FORTBRINGEN Bei der *Nachsuche bringt* der Jäger bzw. der Hund eine *Fährte* gut *fort*, wenn er sie sicher verfolgt, ohne *abzukommen.*

FORTHOLZEN ► *fortbaumen*

FORTSTIEBEN auch *fortstäuben*: rasch fortfliegen, besonders bei Rebhühnern

FORTSTREICHEN das Fortfliegen von allem *Flugwild*

FORTZIEHEN 1. Die Zugvögel *ziehen* im Herbst *fort*; 2. alle Wildarten *ziehen fort*, wenn sie ein *Revier* verlassen, sie *wechseln aus*; 3. ein Stück Wild *zieht fort*, wenn es weiterzieht.

FOXTERRIER, DER eine aus England stammende Hunderasse, die als *Erdhunde* und als *Stöberhunde* auf *Saujagden* verwendet wird. Man unterscheidet drahthaarige und glatthaarige Foxe.

FRASS, DER die Nahrung des *Haarraubwildes* und des *Schwarzwildes*, auch *Gefräß*; seltener bei Hunden gebräuchlich

FREIE WILDBAHN nicht gezäunte Landschaft im Gegensatz zu einem *Gatterrevier*

FREIPIRSCH, DIE auch *Freipürsch, Freibirsch*: Recht, frei zu jagen, insbesondere von jagdgeschichtlicher Bedeutung

FREISPRECHEN In früherer Zeit wurde der Jägerlehrling, nachdem er drei Lehrjahre *(Behänge)* durchgemacht hatte, von seinem *Lehrprinzen freigesprochen* und erhielt den sog. *Jägerbrief*. Erst dann war er berechtigt, den *Hirschfänger* zu tragen, er wurde *wehrhaft gemacht*.

FRESSEN waidmännisch nur bei *Haarraubwild, Schwarzwild* und Hunden

FRETTCHEN, DAS *(Mustela putorius furo)* iltisfarbene oder weiße Iltisart, auch *Frett* genannt, die zur Jagd auf Kaninchen verwendet wird

FRETTIEREN das Jagen von Kaninchen im Bau mithilfe des Frettchens

FRIEDWILD, DAS im Gegensatz zu *Raubwild*

FRISCHEN 1. Gebären des *Schwarzwildes (Frischling)*; 2. das Einschneiden der Züge in den Kugellauf, wenn diese durch Bleiablagerung stumpf geworden sind; 3. *sich frischen*: trinken oder *schöpfen* beim *Schalenwild* und beim Hund; 4. *anfrischen*: die Hunde anfeuern, *anrüden*

FRISCHKESSEL, DER der Platz *(Kessel)*, in den die *Bache gefrischt* hat

FRISCHLING, DER junges Schwarzwild beider Geschlechter bis zur Vollendung des ersten Lebensjahrs (biologisch), bis zum 31. März des darauffolgenden Jahres (jagdbetrieblich und rechtlich)

FRISCHUNG, DIE das dem Hund gereichte Wasser, aber auch beim *Schalenwild*: Wenn der Hirsch *schöpft*, so nimmt er *Frischung* an.

FROSCH, DER oft gebrauchter Ausdruck für *Frischling*, solange er gestreift ist

FRUCHTGLIED, DAS das männliche Glied des *Haarraubwildes* und der Hunde (selten), gebräuchlicher: *Rute*

FROHBALZ, DIE ▸ *Auerhuhn*

FUCHS, DER (Rotfuchs, *Vulpes vulpes*), scherzhaft Reineke, Rotvoss, Rotrock, roter Schelm, Frau Ermeline. *Rüde* und *Fähe*, auch *Fähin* oder *Föhe* oder *Betze*. Man unterscheidet nach der Färbung *Birkfuchs, Brandfuchs, Kohlfuchs, Kreuzfuchs*; die Jungen heißen *Jungfüchse*, auch *Welpen*. Der Fuchs *sitzt* oder *steckt* im *Bau*, wenn er ihn *befahren* hat. Er hat einen *Fang* mit *Gebiss* und *Fängen*, auch *Haken*. Er hat *Seher* und *Gehöre, Nase, Läufe* mit *Pranten* oder *Branten* und mit *Klauen*. Er hat eine *Lunte* oder *Standarte* (deren Kern *Rübe* genannt wird) mit einer auf der oberen Seite des ersten Wirbels sitzenden Drüse, der sog. *Viole* oder *Nelke*. Die weiße Spitze der *Lunte* nennt man *Blume*. Der Fuchs hat einen *Balg*, wird *abgebalgt* oder besser *gestreift (Fuchskern)*. Der *Balg* ist *weiß*, wenn er im Winterhaar vollwertig ist, sonst *grün*. Der Rüde hat eine *Rute*, ein *Feucht-* oder *Fruchtglied*, die Fähe eine *Schnalle*. In der Paarungszeit *(Ranz-* oder *Rollzeit) ranzen* oder *rollen* die Füchse. Die *Fähe* geht dann alsbald *dick* und *bringt, wirft* oder *wölft* einen *Wurf*, ein *Geheck Junge*. Der Fuchs *schleicht, schnürt, trabt, ist flüchtig*. Er wird mit der *Hasenquäke gereizt*, oder (heran-)gemäuselt und *läuft* dann *an*. Der Fuchs *raubt, reißt* seine Beute, er *schneidet* sie an, *frisst* sie. Er *maust* und *hält* im Allgemeinen seinen *Pass (Fuchspass)*. Sein *Bau (Hauptbau, Notbau, Felsenbau, Notröhren, Fluchtröhren)* besteht aus *Röhren* und *Kessel*. Wenn Erdhunde in den Bau *einschliefen*, so *springt* der Fuchs oder er *verklüftet sich, verliert sich*. Der Fuchs *bellt, keckert, klagt*. Bei einer *Neuen* findet man leicht seine *Spur*. In dem *Fuchseisen (Schwanenhals)* kann er gefangen werden; wenn er räudig wird, hat er die *Fuchsfeuchte*. Sein *gestreifter Balg* wird auf das *Fuchsbrett* gespannt.

FÜCHSELN 1. In der *Rollzeit füchselt* der Fuchs, d. h., er verbreitet eine unangenehme *Wittrung*; 2. die Jäger *füchseln sich*, wenn sie sich gegenseitig necken.

FUCHSRIEGELN, DAS eine *Riegeljagd, Drückjagd* auf Füchse

FÜHREN 1. Junge Hunde werden *abgeführt*, zunächst um sie *leinenführig* zu machen; sie werden weiterhin *geführt* oder besser *abgeführt*, wenn sie für die Jagd abgerichtet werden; sie sind *leichtführig*, wenn sie sich gut *abführen* und dann auf der Jagd *führen* lassen; 2. man *führt* ein Gewehr, d.h., man benutzt es: »Ich habe mir einen wenig *geführten* Drilling gekauft.«; 3. ein Muttertier *führt* sein Junges.

FÜHRIG ► *führen* (1.)

FÜHRUNG, DIE 1. im Sinne von ► *führen* (1.). 2. Ein Geschoss hat *starke Führung*, wenn es tief in die *Züge* des Gewehrlaufes eingepresst wird.

FUSS, DER waidmännisch nur bei Auerwild, Birkwild, Haselwild, Fasan, Trappe und *Beizvögeln* gebräuchlich

FUSSEN sich setzen, vor allem bei Waldhühnern, selten bei Greifvögeln

FUTTER, DAS die dem Wild oder dem Hund gereichte Nahrung

FÜTTERUNG, DIE eine Anlage, in der dem Wild Futter dargereicht wird

FÜTTERUNGSPLATZ, DER die Stelle, an der sich eine Fütterung befindet; *Futterraufe, Futterbarren, Futtertrog, Futterschuppen, Futterschirm*

G

GABEL, DIE Ein *Gehörn* oder ein *Geweih*, das nur zwei *Enden* trägt, hat eine *Gabel: Gabelgehörn, Gabelbock*; auch die Teilung einer Stange in zwei Enden wird *Gabel* genannt: *Gabelachter, Gabelhirsch*; ebenso die Teilung einer Sprosse: »Die Mittelsprosse des Geweihs hat eine *Gabel.*« oder »ist *gegabelt.*«

GABELHÜHNER, DIE die jungen Rebhühner, die noch nicht alle, sondern nur die äußeren *Stoßfedern* herausgeschoben haben, sodass der *Stoß* gabelförmig aussieht

GABELWEIHE, DIE auch *der Gabelweih*: Roter Milan

GABLER, DER Rothirsch, dessen Geweih neben einem *Spieß* einen *Augspross* zeigt (selten); Rehbock, dessen Gehörnstangen jeweils nur eine *Vereckung* haben (häufiger)

GALGEN, DER Bündel von Schlingen, an denen die geschossenen Rebhühner getragen werden, *Hühnergalgen*

GÄMSE, DIE ► *Gamswild*

GAMSHÜTER, DER der Nebel, der im Gebirge einfällt und das Gamswild vor Nachstellungen schützt

GAMSLÄUTEN, DAS das klirrende Anstoßen der Spitze des Bergstocks am Fels

GAMSRADEL, DAS eine Kokarde, gefertigt aus Gamshaaren; getragen am Jägerhut

GAMSWILD, DAS *(Rupicapra rupicapra)*, auch Gämswild, Gämse, *Krickelwild*, zur *Hohen Jagd* gehörend. Man sagt *das (oder der) Gams, Gamsbock, Gamsgeiß, Schmalgeiß, Gamskitz (Bockkitz, Geißkitz)*. Man spricht auch von Laub-, Latschen-, Wald-, *Stoß-* und *Pechböcken*. Der *Gamsbock* ist ein *Jährling*, zweijähriger, dreijähriger usw. Bock, *guter, starker* und *Kapitalbock*. Er hat auf dem Rücken (Widerrist!) den *Gamsbart (Bartgams)*. Hat der *Bart* weiße Spitzen (*Reif* oder *Reim*), so ist er *angereimelt*, auch *gut gereimelt*. Dunkle Striche beiderseits des Kopfes heißen *Zügel*. Das Gams trägt stärker gehakelte *Bockkrucken* oder wenig gehakelte *Geißkrucken*, auch *Krickeln* genannt; die *Krucken* können zudem gut oder schlecht *gehakelt* sein. Sind die *Krucken* mit Latschenpech bedeckt, so spricht man von *Pechböcken*. Die führende Geiß heißt *Leitgeiß, Leitgams* oder *Leitgäms*. Das Haupt heißt *Grind*, eine dunkle Farbvarietät nennt man *Kohlgams*. Horngebilde auf dem Fell (der *Decke*) heißen *Hauthörner*. Im Nacken hinter den *Krucken* sitzt die *Brunftfeige*, bei den *Geißen* weniger stark anschwellend als beim *Bock*. Im Pansen der *Gams* kommen ► *Bezoarsteine* oder *Gamskugeln* vor. In der *Brunft blädert* der Bock. Beim Treiben *keucht* er auch. Der Warnruf der Gams heißt *Pfeifen*. Starke Rudel von Geißen und geringen Gams nennt man *Faselzeug* oder *Geraffel*, auch *Scharwild*. Das Gams hat *Einstände*, zu denen vielfach *gezwungene Wechsel* oder *Zwangswechsel* führen. Im Übrigen gelten die beim ▸ *Rotwild* üblichen Ausdrücke.

GANG, DER (selten): im gleichen Sinne gebraucht wie *Fährte* oder *Spur*, z. B. *Widergang*

GÄNGIG *riemenführig* beim Hund

GANS, DIE ▸ *Grau-* und *Saatgans*, häufig auch *Wildgans*

GARN, DAS alle Jagdnetze, die zum Fangen von Wild Verwendung finden

GATTER, DAS 1. Wildzaun; 2. *Gatterrevier* im Gegensatz zur *freien* Wildbahn; 3. Kulturgatter zum Schutz junger Forstpflanzen

GATTERHIRSCH, DER ein in einem Gatter gehaltener Hirsch, *Gatterwild*

GEÄFTER, DAS *Afterklauen*, besonders beim *Schwarzwild*

GEÄSE, DAS 1. ▸ *Äser*; 2. ▸ *Äsung*

GEBÄUDE, DAS 1. der Körperbau des Hundes *(gutes Gebäude)*; 2. der *Bau* des Otters und Bibers (selten)

GEBET, DAS die Pause im *Balzen* der Birkhähne bei Sonnenaufgang: »Die Hahnen halten ihr *Morgengebet*.«

GEBIRGSHIRSCH, DER der im Gebirge lebende Hirsch, auch *Berghirsch*

GEBISS, DAS Sammelname für die Zähne des *Raubwildes* und des Hundes

GEBRÄCH, DAS der von Sauen durchwühlte Boden: »Die Sau steht im *Gebräch*«, ▸ *Schwarzwild*

GEBRECH, DAS das Gebiss des *Schwarzwildes, Obergebrech* und *Untergebrech*

GEBRECHE, DAS nur das *Gestüber* der *Rebhühner* am Schlafplatz

GEFÄSS, DAS der Griff des *Hirschfängers*

GEFEGE, DAS 1. der abgefegte *Bast* von Geweihen und Rehbockgehörnen; 2. Fegestellen an Bäumen und Büschen; ▸ *fegen*

GEFLÜGEL, DAS Wildgeflügel: *Federwild*

GEFLÜGELT Flügellahm geschossenes *Federwild* ist *geflügelt*.

GEFRÄSS, DAS Fraß

GEGENFÄHRTE, DIE Wenn ein Stück Wild auf derselben *Fährte*, auf der es *ausgewechselt* ist, wieder *zurückwechselt*, so nennt man die beim *Einwechseln* entstehende *Fährte Gegenfährte*, im Gegensatz zur *Hinfährte*.

GEGENWIND, DER der Wind, der dem Jäger entgegensteht, also beim *Pürschen* günstig ist, *guter Wind*

GEHÄNGE, DAS *Hirschfängerkoppel* und *Hornfessel*, Ersteres allein auch *Wehrgehänge*

GEHECK, DAS der Nachwuchs *(Wurf)* des *Raubwildes*, insbesondere bei Fuchs und Wolf: »ein *Geheck* Füchse«

GEHEGE, DAS 1. ein *gehegtes* Revier, besonders wenn es eingegattert ist; 2. ein eingegatterter Revierteil, in dem eine bestimmte Wildart gehalten wird, z. B. *Rotwildgehege, Rehwildgehege* usw.; 3. Ein bestimmter Forstort

GEHEN nicht falsch, wenn der *Ausdruck* für die Fortbewegung benutzt wird, aber nicht speziell jagdlich

GEHÖRE, DIE die Ohren des *Haarraubwildes*, des *Bibers* und des Murmeltiers

GEHÖRN, DAS der *Hauptschmuck* des Rehbocks (wenngleich zoologisch ein Geweih) als Sammelbegriff, ▸ *Krone*; für die Kopfzier (selten) bei Gamswild und (früher) bei Muffel- und (früher) Steinwild gebräuchlich

GEILEN, DIE (selten): die Hoden von allem Wild

GEILSÄCKE, DIE die das *Bibergeil* absondernden Drüsen in der Bauchhöhle des Bibers: *Kastorsäcke*

GEISS, DIE das weibliche Tier bei Reh-, Gams- und Steinwild

GEISSKITZ, DAS weibliches *Kitz*, im Gegensatz zum *Bockkitz*

GEJAID, DAS *Waidwerk*

GELACH, DAS alte Bezeichnung für *Suhle*

GELÄUF, DAS auch *Geläufe, Geläuf, Spuren* und *Wechsel des Federwildes*, auch ▸ *Fährte*

GELÄUTE, DAS auch *Gelaut*: das Bellen mehrerer Hunde, wenn sie auf der *Fährte* oder *Spur* des Wildes jagen

GELEGE, DAS die von einem Vogel gelegten Eier, aber auch das ganze Nest zusammen mit den *Eiern*

GELLEN ▸ *abgelten*

GELIEGER, DAS auch Geläger ▸ *Hühnerlager*

GELOCK, DAS ▸ *locken*

GELÖSE, DAS auch *Gelos:* ▸ *Losung*

GELT ein weibliches Stück, das keine Jungen (mehr) bekommt, *Gelttier, Geltricke, Geltbache* usw.

GELÜNGE, DAS ▸ *Geräusch*

GENICKFANG, DER das Töten des Wildes durch Stich zwischen Hinterhauptbein und erstem Halswirbel mit dem *Genickfänger* (heute unüblich, da wenig tierschutzkonform), ▸ *abfangen*

GENICKFÄNGER, DER ein Jagdmesser, mit dem man den *Genickfang* ausführt

GENIESSEN Jagdhunde, insbesondere *Schweißhunde, genießen* den *Schweiß* und Teile des *Aufbruchs* des erlegten Wildes, mit dem sie *genossen gemacht* werden. Die Teile des Wildes, die man ihnen zum Fressen gibt, nennt man den *Genuss*, ▸ *Gepfneisch.*

GEPANZERT ▸ *Panzer*

GEPERLT ▸ *Perlen*

GEPFNEISCH, DAS die früher nach der Hetzjagd übliche Zeremonie des *Genossenmachens* der Meutehunde; franz. *la curée*

GEPISTE, DAS auch *Gebiste*: das *Pisten* oder *Bisten* der Haselhühner

GERADE Geweihe oder Gehörne, die an beiden *Stangen* die gleiche *Endenzahl* tragen, werden als *gerade* bezeichnet, sonst *ungerade*; ein *gerader Zwölfer*, ein *ungerader Sechserbock*.

GERÄFF, DAS ▸ *Geräusch*

GERAFFEL, DAS geringes ▸ *Gamswild*

GERÄUSCH, DAS auch *Gelünge* oder *Geräff*: Herz, Lunge, Leber und Nieren von allem *Schalenwild*

GERECHT ist das, was den Regeln des *Waidwerks* entspricht, *fährtengerecht, hirschgerecht, waidgerecht*; ein *gerechter Jäger*, eine *gerechte Waffe* usw.

GEREIMELT ▸ *Gamswild*

GERING vom Wild: jung, schwach, klein; z. B.: »ein *geringer* Hirsch«

GESÄUGE, DAS das Euter allen *Haarwildes* und des Hundes: Beim *Schalenwild*, mit Ausnahme des *Schwarzwildes*, wird das *Gesäuge* auch *Spinne* genannt.

GESCHALT ist alles Wild, welches *auf Klauen (Schalen)* zieht.

GESCHEIDE, DAS Verdauungseingeweide von allem Wild; der Magen ist das *große*, die Gedärme sind das *kleine Gescheide*, auch *Geschlinge*.

GESCHILDERT nennt man *Federwild*, wenn es einen *Schild*, d. h. einen dunklen Fleck auf der Brust trägt: »Die Hühner haben schon *geschildert.*«; auch die *Ständer, Fänge* oder *Füße* des *Federwildes*, wenn sie mit schuppenförmigen Platten besetzt sind, sind *geschildert*.

GESCHILDET ▸ *Panzer*

GESCHLÄGE, DAS der *abgefegte Geweihbast (Gefege)*, aber auch die Stelle an einem Baum oder einem Gesträuch, wo die Rinde *abgefegt* bzw. *abgeschlagen ist*

GESCHLECHTERVERHÄLTNIS, DAS Zahlenverhältnis von männlichem zu weiblichem Wild einer Art, z. B.: »Im *Revier* X ist das *Geschlechterverhältnis* beim Rotwild 1:1,5.«, d. h., auf einen Hirsch kommen rechnerisch eineinhalb weibliche Stücke.

GESCHLEIF, DAS 1. die *Röhren* eines Baues; 2. ▸ *Geschleppe*

GESCHLEPPE, DAS auch *Schleppe* oder *Geschleife*: Wenn ein Stück Wild das verletzte Bein *(den Lauf)* nachzieht oder der Jäger einen an einen Strick gebundenen Köder hinter sich herzieht, spricht man von einem *Geschleppe* oder einer *Schleppe*.

GESCHLINGE, DAS ► *Gescheide*

GESCHLOSSEN Das Rotwild drückt häufig beim *Ziehen* die *Schalen* dicht zusammen, es *zwingt* oder *macht den* ► *Zwang*, es *geht geschlossen* (altes *Fährtenzeichen* des Rothirsches).

GESCHLOSSENES JAGEN, DAS *eingestelltes Jagen*, ► *einstellen*

GESCHMEISS, DAS der Kot aller Greifvögel und Reiher; auch *Schmelz*

GESCHRÄNKT nennt man ein Stück *Haarwild*, bei dem man, nachdem es *gehächst* ist, das eine Bein *(den Lauf)* durch den Einschnitt des anderen Laufes steckt, um es besser tragen zu können.

GESCHRÖTE, DAS auch *Geschrött*: das *Kurzwildbret* des *Haarraubwildes* und der Hunde

GESCHÜH, DAS *Fesseln* an den Füßen der *Beizvögel* und Beinen des Uhus

GESELL 1. Name für *Schweißhunde*, auch *Gesellmann* oder *Sellmann*, *Söllmann*; 2. in der Zusammensetzung *Waidgesell*: ► *Waidgenosse*

GESELLSCHAFTSJAGD, DIE *Treibjagd* oder *Drückjagd*, d.h. alle Formen der Jagd, an der mehrere Schützen und *Treiber* teilnehmen

GESETZEL, DAS auch *Gesetzl*: die Balzarie des Auerhahns

GESPALTEN ► *spalten*

GESPENST, DAS Der Jäger *macht ein Gespenst*, wenn er unter einem *aufgebaumten* Marder einen Mantel oder einen sonstigen auffallenden Gegenstand aufhängt, wodurch der Marder veranlasst wird, oben sitzen zu bleiben.

GESPERBERT nennt man das Gefieder aller Vögel, das eine ähnliche Querzeichnung auf der Brust besitzt wie der Sperber.

GESPERRE, DAS die Gesamtheit der Jungen mit den Alten bei Auerwild, Birkwild und Fasan; bei Rebhühnern besser *Volk* oder *Kette*

GESPIEGELT nennt man die Jungenten, wenn ihnen auf den Flügeln die metallisch glänzenden *Spiegel* gewachsen sind.

GESPRENGT ► *sprengen*

GESTÄNDERT ist *Flugwild*, dessen Bein(e) vom Schrotschuss verletzt wurde(n), ► *Ständer*.

GESTELL, DAS auch *Gestelle*: eine in den Wald gehauene Schneise, ursprünglich zum Stellen des *Jagdzeuges* bestimmt

GESTELLTSEIN Ein Stück Wild ist *gestellt*, wenn es vor den Hunden nicht mehr weiter *flüchtet*: »Es *stellt sich*.«

GESTRICHEN(ES) KORN ► *Korn* (1.)

GESTÜBER, DAS der Kot des zur *Niederjagd* gehörenden *Federwildes*, besonders beim Rebhuhn gebräuchlich

GESUND Ein vorbeigeschossenes Stück Wild nennt man *gesund*, ebenso die *Fährte* eines unverletzten Stückes: »Der *Schweißhund* wird auf der *gesunden*, kalten *Fährte* gearbeitet.«

GEWAFF, DAS auch *Waffen*: 1. die hervorstehenden Eckzähne im Ober- und Unterkiefer des *Keilers*; die unteren werden *Gewehre*, auch *Hauer* oder *Wetzer* genannt, die im Oberkiefer stehenden *Haderer*; 2. die Krallen der Greifvögel

GEWEHR, DAS 1. Jagdfeuerwaffe des Jägers; 2. *Hauer* des *Keilers* im Unterkiefer

GEWEIH, DAS der Kopfschmuck bei allen Hirscharten

GEWEIHTE, DER ein Hirsch, der ein Geweih trägt: »Drei *Geweihte* zogen heute Abend auf die Wiese.«

GEWENDE, DAS ► *Wenden*

GEWICHT, DAS häufiger *Gewichtl*: *Gehörn* des Rehbocks, auch des Gamsbocks

GEWIRRE, DAS auch *Gewerbe*: der gezahnte Kamm an den Bügeln des *Schwanenhalses*

GEWÖLLE, DAS die von Greifvögeln und Eulen in Form von Klumpen ausgespienen, unverdaulichen Reste der *gekröpften Beute* wie Knochen, Haare, Federn

GEZEICHNET 1. ▸ *markiert*; 2. »Das Stück hat *gezeichnet.*«, ▸ *zeichnen*

GEZOGEN ist der Büchsenlauf, der im Inneren *Züge* zur *Führung* des Geschosses aufweist; *gezogener Lauf* im Gegensatz zum *glatten Lauf* der *Flinte.*

GLOCKE, DIE Kehlbart des Elches

GLOCKEN auch *gocken, glöckeln*: ▸ *Auerhuhn*

GLUCHSEN das *Mahnen* des *Damwildes*

GRABEN Dachs, Fuchs und Kaninchen *graben sich Baue*, sie werden daraus *gegraben, ausgegraben.*

GRABGANS, DIE ▸ *Brandente*

GRANDELN, DIE auch *Grannen, Gränen, Kusen* oder *Haken*: die beiden als Trophäe geltenden, rudimentären Eckzähne im Oberkiefer des Rotwildes, sehr selten bei Rehwild und Damwild

GRASER, DER gebräuchlicher *Lecker*, seltener *Weidlöffel*: die Zunge aller Hirscharten

GRASHIRSCH, DER ein Rothirsch im Vorsommer bis zum Beginn des Ährenschießens, weil er bis dahin noch kein Getreide, sondern nur Gras *geäst* hat

GRÄSLEIN, DAS Wenn der Hirsch den ▸ *Abtritt* macht, dann *gräselt* er, d.h., er tritt ein *Gräslein* ab, und dieses bleibt in der *Fährte* liegen.

GRATTIERE, DIE Gamswild (auch Rotwild), das ständig in der hochalpinen Region steht

GRAUE KRÄHE, DIE ▸ *Nebelkrähe*

GRAUGANS, DIE *(Anser anser)*, große, hellgraue Wildgans, *wilde Gans*, auch *Märzgans* (Stammmutter der Hausgans)

GRAUREIHER, DER ▸ *Fischreiher*

GREENERVERSCHLUSS, DER Verschlussvorrichtung für Kipplaufgewehre mit doppelten Laufhaken und einfach verlängerter Laufschiene (Greener: Londoner Büchsenmacher)

GREIFEN Der Hund greift den Hasen, wenn er ihn fasst; Bär und Greifvogel *greifen* ihre Beute.

GREIFVÖGEL, DIE früher *Raubvögel*: Der Ausdruck *Greifvögel* wird heute häufiger gebraucht.

GRENZWILD, DAS alles Wild, das in der Nähe einer Reviergrenze steht

GREWING, DER auch *Gräwing*: ▸ *Dachs*

GRIFFON, DER eine rauhaarige *Vorstehhundrasse*

GRIMBART, DER Bezeichnung des ▸ *Dachses* in der Fabel

GRIMMEN, DAS 1. ▸ *Burgstall*; 2. Kneifen von Adler und Habicht als *Beizvogel* mit den Füßen auf der *Beute*; 3. der *Basse grimmt*

GRIND, DER das Haupt bei allen Hirscharten und beim Gamswild, seltener beim Otter

GROB Man spricht beim *Schwarzwild* von einer *Rotte grober Sauen*, wenn keine *Frischlinge* und *Überläufer* dabei sind; *grob* ist ein *Keiler* erst vom siebten Lebensjahr an, als *Hauptschwein.*

GROBES KORN volles *Korn*, ▸ *Feinkorn*

GRONNEN, DAS (selten) ▸ *Burgstall*

GROSSE SUMPFSCHNEPFE, DIE *(Capella media)*, auch *Doppelschnepfe*

GROSSER BRACHVOGEL, DER *(Numenius arquata)*, auch *Keilhaken, Kornschnepfe* oder *Regenvogel*

GROSSER HAHN, DER Auerhahn; im Gegensatz zum *Kleinen Hahn*: Birkhahn

GROSSES WIESEL, DAS *(Mustela erminea)*, verfärbt im Winter zum Hermelin

GRÜNDELN Wenn Enten den Kopf tief unter Wasser strecken, um am Gewässerboden Nahrung zu suchen, dann *gründeln* sie.

GRÜNE FARBE, DIE umgangssprachlich für die Gesamtheit aller Forstleute

GRÜNE GILDE, DIE umgangssprachlich für die Gesamtheit aller Jäger

GRÜNES ABITUR, DAS scherzhafte Bezeichnung für die *Jägerprüfung*

GRUSSZEIT, DIE (selten) *Schonzeit, Brutzeit*

GUT allgemeiner Ausdruck für alles, was im jagdlichen Sinn stark, schön und günstig ist; *gutes Geweih, gute Nase, guter Wind, gutes Abkommen, guter Anblick* usw.

H

HAAR, DAS Alles *Haarwild* trägt Haar, Ausnahmen: Hase und Kaninchen tragen *Wolle, Schwarzwild* trägt *Borsten.*

HAARRAUBWILD, DAS alles *Raubwild* aus der Klasse der Säugetiere

HAARWILD, DAS Sammelname für alle zur Jagd gehörenden Säugetiere

HABERL, DAS ▸ *Standerl*

HABICHTSKORB, DER eine Fangvorrichtung für Greifvögel

HABICHTSSTOSS, DER ein zum Fang der Greifvögel verwendetes Netz, auch *Rönne* genannt

HACHSE, DIE die Beugesehne an den Hinterbeinen des *Schalenwildes,* ▸ *abhächsen*

HADERER, DER Eckzahn im Oberkiefer des *Keilers,* ▸ *Gewaff*

HAGARD, DER *Wildfang* eines Greifvogels im *Alterskleid*

HAGEL, DER (veraltet) grobes Schrot

HÄHER, DER 1. Eichelhäher *(Garrulus glandarius),* auch Holzschreier, Holzhäher, Markolf, Markwart, Jäck, Schäck; 2. Tannenhäher *(Nucifraga caryocatactes),* auch Nusshäher, schwarzer Markwart, Nusspicker, Nuss- und Bergjäck

HAHN, DER 1. das Männchen aller jagdbaren Hühnervögel, der Trappe und des Kampfläufers; 2. das außen liegende, hahnförmige Schlagstück am Gewehr

HAHNLOS ein Gewehr ohne außen liegende Hähne. Alle modernen Gewehre sind heute *hahnlos.*

HAHNVERLOSER, DER auch *Hahnverluser* oder *Hahnverhörer*: derjenige Jäger, der das *Bestätigen* der Auer- und Birkhahnen vorzunehmen hat

HAKELN 1. wenn Gamswild mit den *Krucken* in feindlicher Absicht gegen Tier und Mensch stößt (beim Hirsch und Rehbock sagt man *forkeln*); 2. Eine *Gamskrucke* ist je nach der Stärke der Krümmung *gut* oder *schlecht gehakelt.*

HAKEN, DER 1. ▸ *Grandeln*; 2. Eckzahn der *Bache* im Ober- und Unterkiefer. 3. Der Hase *schlägt* einen *Haken*, wenn er vor dem Hund flüchtend plötzlich nach rechts oder links abbiegt.

HALALI das Ende der Jagd; ursprünglich Signal bei der franz. *Parforcejagd*: »Ha, la lit!« – »Ha, da liegt er!«; später Allgemeingebrauch. Heute Jagdsignal; man sagt auch, wenn der gejagte Hirsch nicht weiterkommt und sich den Hunden stellt: »Der Hirsch ist *halali.*« Die Betonung des Wortes liegt auf der zweiten Silbe, also: Haláli.

HALBER WIND der Wind, der im rechten Winkel zur Pirschrichtung des Jägers weht

HALBMANTELGESCHOSS, DAS ein Geschoss, dessen hintere Hälfte des Bleikernes von einem Nickel-, Tombak- oder Stahlmantel umschlossen ist

HALBSCHAUFLER, DER ▸ *Damwild*

HALS, DER 1. der Hals des Wildgeflügels, beim Auerwild jedoch *Stängel* oder *Stingel*; 2. das Gebell des Hundes, z. B.: »Der Hund gibt gut *Hals.*«; »Er hat einen *hellen (tiefen*, auch *groben* oder *lockeren) Hals.*«

HALSBRATEN, DER das *Wildbret* an der *Drossel* des Rotwildes, das früher vielfach zum *Genossenmachen* des *Leithundes* verwendet wurde

HALSUNG, DIE das Halsband des Jagdhundes, besonders beim *Schweißhund* gebräuchlich

HALTEN 1. Der Hund *hält* die *Fährte*, wenn er ihr folgt, ohne abzuirren; 2. Hasen, Fasanen, Rebhühner *halten* (gut), wenn sie trotz suchendem Hund oder nahendem Treiber oder Schützen nicht frühzeitig flüchten bzw. davonfliegen.

HAM, DER auch *Hamer*: seltener Ausdruck für *Keule* oder *Schlegel* des *Schwarzwildes*, manchmal auch für das *Vorderblatt* gebraucht

HAND, DIE ▸ *Fuß* der Beizfalken, Adler

HANDKRONE, DIE Wenn bei einem Rothirschgeweih die *Kronenenden* in einer Ebene stehen, nennt man das *Handkrone*.

HANDSCHEU ist ein Hund, der auf Zuruf nicht zu seinem Herrn kommt, weil er Angst vor ihm hat.

HANDSCHWINGEN, DIE die am vorderen Glied des Flügels angesetzten Schwungfedern bei allen Vögeln

HÄNGEN das Verbundenbleiben von Hunden, Wölfen und Füchsen beim Begattungsakt

HÄNGESEIL, DAS ein Seil, das an Stelle des *Schweißriemens* Verwendung findet; früher beim *Leithund* gebräuchlich

HÄNGSEL, DAS aufgehängter Stecken, den die zuschlagende *Falle* abwirft (Kontrolle aus der Ferne)

HARRO! Zuruf an die Schützen, wenn sich ein Hase nähert, ▸ *Tiro!* ▸ *Wallo!* ▸ *Tajo!* ▸ *Wahrto!*

HART 1. *Hart* nennt man einen Hund, der nicht leicht zu führen ist und auf den man mit starken Mitteln einwirken muss; das Gegenteil ist ein *weicher*, d.h. empfindlicher Hund; 2. auch das Haar eines rauhaarigen oder stockhaarigen Hundes wird *hart* genannt, wenn es dick und borstig ist.

HARTSCHROT, DAS aus Hartblei (durch Antimonzugabe gehärtet) hergestelltes Schrot

HASARDSCHUSS, DER ein Glücksschuss, der getroffen hat, ohne dass richtig gezielt wurde

HASE, DER ▸ *Alpenhase (Lepus timidus)* und *Feldhase (Lepus europaeus)*. Scherzhafte Bezeichnungen: *Lampe* oder *Krummer*. *Rammler* und *Häsin* oder *Setzhase*, auch *Satzhase, Junghase*; ist Letzterer zu einem Viertel ausgewachsen, wird er *Quarthase*, zur Hälfte ausgewachsen *halbwüchsig* und zu drei Vierteln ausgewachsen *Dreiläufer* genannt. Der Hase hat einen *Balg* mit *Wolle*, er hat *Seher, Löffel, Läufe* und eine *Blume*. Die Hasen *rammeln* in der *Rammelzeit*, die Häsin *setzt Junge* mehrmals im Jahr. Sie kann *überfruchtet* werden, d.h. während der Trächtigkeit erneut fruchtbar gedeckt werden, sodass sie verschieden alte Föten in sich trägt und mit entsprechendem Zeitabstand *setzt*. Wenn die Häsin trächtig ist, *hat* sie *inne*. Der Hase *äst, äst sich, nimmt seine Weide*; er ist *schlecht* oder *gut*, er hat *Fett*. Der Hase liegt in der *Sasse* oder im *Lager; er liegt fest* oder weniger fest. Er *sitzt*, solange er alle vier *Läufe* auf dem Boden hat; er *kegelt* oder macht Männchen, wenn er die Vorderläufe beim Aufrichten vom Boden abhebt; er macht einen *Pfahl*, wenn er sich hoch aufrichtet oder auf die Spitzen seiner starken Hinterläufe erhebt. Er *spürt sich*; die Brackenjäger sprechen von einer *Hasenfährte*, im Sauerland der *Faut* genannt. Der Hase wird durch die Jäger oder Hunde *aufgestoßen, aufgestochen* oder *aufgetan*, wenn sie ihn aus seinem *Lager aufjagen*. Der Platz, wo dies geschieht, heißt der *Aufstieg*. Verlässt der Hase aus eigenem Antrieb sein *Lager, so steht er auf*, lässt er Jäger oder Hund nahe herankommen, so *hält* er *gut*, andernfalls *schlecht*. Der Hase *rückt aus* dem Wald ins Feld und umgekehrt, der Hase *geht, geht langsam, schnell, flüchtig, ist flüchtig;* die langsame Fortbewegung nennt man *hoppeln*, die oft unterbrochene beim *Äsen* heißt *rutschen*. Wenn er verfolgt wird, *schlägt* er *Haken*. Er *durchrinnt* das Wasser. Der angeschossene oder vom Hund oder Fuchs gefasste Hase *klagt*; der noch nicht *verendete* Hase wird mit der einen Hand an den Hinterläufen hochgehoben und mit der Schmalseite der anderen flachen Hand oder mit einem Knüppel hinter die *Löffel abgeschlagen*. Der Hase wird *ausgeweidet*; sein *Balg* wird *gestreift*. Herz, Leber, Lunge, die untere Hälfte der Rippen und der Hals werden als *Hasenjung* oder *Hasenklein* bezeichnet, *Hasenpfeffer* ist das aus diesen Teilen hergestellte Gericht. Im jungen Getreide nennt man die *Pässe* des Hasen *Hexensteige*, der Hase *schneidet* Gras und Schösslinge *ab*. Je nachdem, ob es viel oder wenig Hasen gibt, spricht man von einem *guten* oder *schlechten Hasenjahr. Hasenrein* nennt man einen Hund, der einen gesunden Hasen nicht verfolgt. *Hasenquäke* ist ein Instrument, mit dem man den Klagelaut des Hasen nachahmt, um Füchse zu *reizen*. *Hasenkammer* nennt man einen Revierteil, in dem die meisten Hasen vorkommen. *Hasenschrot* ist die zum Schießen auf Hasen passendste Schrotstärke. *Hasensarg* ist die Bezeichnung für eine besonders große altmodische Jagdtasche. *Hasenbart* ist ein aus den längsten Barthaaren des Hasen gefertigter Hutschmuck des Jägers. *Hasenklapper* nennt man eine hölzerne Klapper, mit der die *Treiber* Geräusche verursachen, um die Hasen vor die Schützen zu bringen. *Hasenkur* nennt man den abendlichen oder morgendlichen *Anstand* auf Hasen am Waldrand, man schießt dabei morgens die Hasen auf dem *Einlauf*.

HASELHUHN, DAS *(Tetrastes bonasia)*. Das Haselwild gehört mit Auer- und Birkwild zur Familie der *Waldhühner* und führt dieselben waidmännischen Bezeichnungen. Der Hahn hat auf dem Kopf eine auffälligere *Holle* als die Henne, die Stimmäußerung des Hahns in der Balz heißt *spissen*, der Henne *bisten*. Letzteres gilt auch für das *Locken* der Hennen.

HASENFÄHRTE, DIE nennen die Brackenjäger die *Spur* des Hasen.

HASENQUÄKE, DIE auch *Hasenklage*: Gerät zum Nachahmen des Klagelautes der Feldhasen, um *Raubwild* heranzulocken, auch um den Fuchs zu *reizen*

HASPEL, DIE das Gerät zum Auf- und Abwickeln der *Lappschnüre*

HASSEN Stoßen Krähen oder Greifvögel auf den Uhu, so *hassen sie*.

HATZ, DIE 1. die *Hetzjagd*: Hetzjagd mit Hunden, früher insbesondere auf Rotwild *(Parforcejagd)* und Sauen *(Sauhatz)*; heute in Deutschland verboten; 2. *Hetze* des *kranken* Wildes bei der *Nachsuche*

HATZBAND, DAS die *Halsung* der *Hatzhunde*

HATZLOS! der Befehl des Jägers, die *Hatzhunde* zu *schnallen*

HAUBE, DIE 1. ein Fangnetz, das vor die *Röhren* des Dachs-, Fuchs oder Kaninchenbaus gelegt wird, *Dachshaube, Fuchshaube*; 2. eine Kappe aus Leder, die man dem Uhu und den Beizvögeln aufsetzt; 3. *Schneehaube* oder *Schneegarn*: ein bei hohem Schnee zum Fangen von Rebhühnern verwendetes Netz

HÄUBEN Man *häubt* den Uhu oder Beizvogel und *häubt* ihn *ab*, wenn man ihm die *Haube* aufsetzt oder abnimmt.

HAUBENSTEISSFUSS, DER *(Podiceps cristatus)*, auch großer Haubentaucher, großer Lappentaucher, großer, gehörnter Kronentaucher, auch: Zerch, Lorch, Lork

HAUEN 1. Abhauen eines Stammes *(Abschneiden* durch den Biber); 2. das Schlagen eines *Keilers* gegen Hunde und Menschen, *hauendes Schwein*, ► *Schwarzwild*

HAUER, DIE *Gewehre*, ► *Gewaff*

HAUPT, DAS auch *Grind*: der Kopf von allem *Schalenwild* mit Ausnahme des *Schwarzwildes*

HAUPT-, in der Zusammensetzung mit -Bock, -Hirsch, -Schwein so viel wie: *kapital*, also besonders stark

HAUPTBALZ, DIE die Zeit, in der Auer-, Birk-, Hasel-, Fasanen- und Trapphähne am eifrigsten *balzen*, im Gegensatz zur *Vorbalz* und *Nachbalz*

HAUPTBÄR, DER ein Braunbär, der über sechs Jahre alt ist

HAUPTBAU, DER ein großer, alter Bau mit vielen *Röhren*

HAUPTBRUNFT, DIE die Zeit, in der die *Brunft* des Rotwildes auf der Höhe ist und die Hirsche am stärksten *schreien*

HAUPTJAGEN, DAS früher ein großes *eingestelltes Jagen*, in das von allen Seiten Wild hineingedrückt wurde

HAUPTRÖHRE, DIE diejenige *Röhre* eines Dachs- oder Fuchsbaus, die am stärksten *befahren* ist

HAUPTSCHLAG, DER ► *Auerhuhn*

HAUPTSCHWEIN, DAS ein *Keiler* über sieben Jahre, auch *grobes Schwein*

HAUPTTREIBEN, DAS 1. ► *Hauptjagen*; 2. das beste *Treiben* bei einer *Treibjagd*

HAUPTWECHSEL, DER ein stark benutzter *Wildwechsel*

HAUPTZEICHEN, DIE die wichtigsten Zeichen, an denen der Jäger Geschlecht und Stärke des Rotwildes erkennen kann, ► *Zeichen*. Die Zahl der *Hauptzeichen* variierte im Laufe der Jahrhunderte zwischen sieben und 22.

HAUSMARDER, DER ► *Steinmarder*

HAUT, DIE das Fell (die *Decke)* des *Schalenwildes* (Ausnahme: *Schwarzwild*) und des Bären

HAUTGOUT, DER der eigentümliche, faulige Geruch und Geschmack, den länger abgehangenes *Wildbret* annimmt. Die Wege bis zur Küche waren früher oft lang, daher gab es kaum *Wildbret* ohne *Hautgout*; heute als »anbrüchig« abgelehnt.

HAUTHÖRNER, DIE Horngebilde auf der *Decke* beim Gamswild

HEBEN Jungfasanen picken *(heben)* Körnerfutter (veraltet).

HEBESCHUSS, DER Signalschuss, der den Beginn einer Jagd oder eines *Treibens* ankündigt

HECKE, DIE besser ► *Geheck*

HECKEN nisten, brüten, bei allem *Federwild* der *Niederjagd*

HECKENTE, DIE eine noch nicht völlig flugfähige Wildente

HECKGANS, DIE eine noch nicht völlig flugfähige Wildgans

HECKVOGEL, DER regelmäßiger Brutvogel, im Gegensatz zum *Zug-* und *Strichvogel*

HECKZEIT, DIE Brutzeit; aber auch die Zeit, in der Fuchs und das *kleine Raubwild* Junge haben

HEERSCHNEPFE, DIE ► *Bekassine*

HEESE, DIE ► *Hächse*

HEGE, DIE alle Maßnahmen, die der Jäger zur Pflege und zum Schutze des Wildes ergreift. Wahlspruch: Ohne Hege keine Jagd

HEGEGEMEINSCHAFT, DIE ein Zusammenschluss von mehreren Jagdbezirken, um Hegemaßnahmen und Abschusspläne miteinander abzustimmen und so den Jagdbetrieb und die waidmännische Ausübung der Jagd zu fördern

HEGEN die *Hege* betreiben

HEGENDORF Pseudonym von *Ludwig Mérey von Kapos Mére* (1872–1938), Verfasser von Arbeiten zur Niederwildhege, besonders des Pionierwerks der Hundeausbildung »Der Gebrauchshund«

HEGER, DER ein Jäger, der sein Wild hegt und pflegt

HEGERING, DER Organisation innerhalb der Jägerschaft. Die Aufgaben des *Hegerings* sind denen der *Hegegemeinschaft* ähnlich.

HEGEWALD Pseudonym von *Freiherr Sigismund von Zedlitz und Neukirch*, (1838–1903), Bahnbrecher waidgerechter Jagd sowie des Jagdhundewesens; *Hegewaldsuche*: eine Gebrauchshunde-Leistungsprüfung

HEGEZEIT, DIE *Schonzeit*

HEISS Eine Hündin ist *heiß*, auch *hitzig*, wenn sie paarungsbereit, d. h. läufig ist.

HELL Die Stimme des Hundes (der ▸ *Hals*) ist *hell*, wenn sie hoch ist, *grob*, wenn sie tief ist.

HELM, DER Hauptschmuck des Wisents oder Büffels. Das einzelne Horn heißt ▸ *Holm*, ▸ *Aufsatz*.

HENNE, DIE das Weibchen aller Hühnervögel, der Trappe und des Kampfläufers

HERABSTEIGEN Der balzende Auerhahn *steigt* vom Baum *herab*, wenn er zu den Hennen auf den Boden herunterfliegt.

HERAUSSTOSSEN Ein *Vorstehhund stößt* das Wild, insbesondere Hasen, Fasanen und Hühner *heraus*, wenn er es, ohne *vorzustehen*, aufjagt.

HERAUSTRETEN 1. ▸ *austreten*; 2. das absichtliche Auftreiben von *Niederwild*, insbesondere bei gut ▸ *haltenden* Hasen, Fasanen und Hühnern

HERBSTBALZ, DIE die Balz der jungen Auer- und der Birkhahnen im Herbst, bei der es noch nicht zur Paarung kommt

HERD, DER ▸ *Vogelherd*

HERMELIN, DAS ▸ *Großes Wiesel*

HERZKREUZ, DAS auch *Herzkreuzl*, *Herzbein*, *Herzkugel*: der im Herzen älteren Rot-, Gams- und besonders des Steinwildes vorkommende Knorpel, dem früher zahlreiche Zauberkräfte zugeschrieben wurden

HESSE, DIE ▸ *Hächse*

HETZE, DIE ▸ *Hatz*

HETZEN Wild mit Hunden jagen, besonders beim *Schwarzwild*, aber auch der *Schweißhund hetzt* das *kranke* Stück Wild, um es zu *stellen*; die *Hetzjagd* auf *gesundes* Wild ist in Deutschland verboten.

HETZER, DER 1. ein Jäger, der die *Hatz* ausübte, insbesondere derjenige, der die *Hatzhunde* führte; 2. ein Jagdhund, der das *Hetzen* an gesundem Wild nicht lassen kann

HETZLEINE, DIE die Leine, an der die *Hatzhunde* geführt wurden

HEUEN das Heumachen der Murmeltiere

HEULEN 1. die Stimmäußerung des Wolfes, seltener bei Tauben gebräuchlich; 2. ▸ *hulen*

HEULER, DER junger, vom Muttertier verlassener Seehund

HEXENRING, DER auch *Brunftkreis* oder *Brunftring*: Er entsteht, wenn der Rehbock die Ricke in einem engen Kreis treibt.

HEXENSTEIG, DER der vom Hasen im Getreide angelegte Pass, ▸ *Billwissgänge*

HIEF, DER alte Bezeichnung für den Ton des *Hiefhorns* oder *Hifthorns*

HIFTHORN, DAS altes, einfaches Jagdhorn

HILO! 1. Lockruf für den Beizvogel; 2. alter Zuruf beim *Abfangen* eines *Hauptschweines*

HIMMELN In die Lunge getroffenes *Flugwild* fliegt häufig steil nach oben, bis es tot herunterfällt: »Das Huhn *himmelt*.«

HIMMELSSPUR, DIE alte Bezeichnung für *Fege-* oder *Schlagstellen* des Rothirsches an höherem Ast- und Buschwerk

HIMMELSZEICHEN, DAS *hirschgerechtes Zeichen*: ▸ *Wenden*

HIMMELSZIEGE, DIE ▸ *Bekassine*

HINDIN, DIE auch *Hinde*: alte Bezeichnung für das erwachsene weibliche Rotwild

HINFÄHRTE, DIE im Allgemeinen die *Fährte* vom Holz zum Feld, stets gebraucht im Gegensatz zur *Rückfährte*

HINTERLADER, DER moderne Gewehre, die von hinten geladen werden, im Gegensatz zu dem früheren *Vorderlader*

HINTERLASSEN, DAS altes, *hirschgerechtes Fährtenzeichen*: das *Zurückbleiben* oder die *Erfüllung*, ▸ *Zurückbleiben*

HINTERLAUF, DER das Hinterbein bei allem *Haarwild*, aber: *Hinterpranken* beim Bär und Dachs, *Hinterschwimmer* beim Otter

HIRSCH, DER das männliche Geschlecht des Elch-, Rot-, Dam-, Sikawildes; alle mit Hirsch zusammengesetzten Ausdrücke: ▸ *Rotwild*

HIRSCHFÄNGER, DER zum *Abfangen* des *Hochwildes* dienende degenartige, *kalte Waffe*

HIRSCHFIEBER, DAS Jagdfieber, also große Aufregung, die den Jäger beim Anblick des Hirsches befällt

HIRSCHGERECHT Der mit den Lebensgewohnheiten, der *Fährtenkunde*, der *Hege* und der Bejagung des Rotwildes vollkommen vertraute Jäger ist *hirschgerecht*.

HIRSCHGERECHTE ZEICHEN ▸ *Zeichen*

HIRSCHLAUS, DIE *(Lipoptena cervi)* Schmarotzer auf der *Decke* des Rotwildes

HIRSCHRUF, DER Horn, Muschel oder Röhre zur Nachahmung des *Brunftschreis* des Rothirsches

HIRSCHTOT! Jagdhornsignal, mit dem der *gestreckte* Hirsch *verblasen* wird

HITZE, DIE die Zeit, in der die Hündin läufig, also paarungsbereit ist. Eine Hündin *tritt* oder *kommt* in die *Hitze*.

HITZIG 1. Eine Hündin, auch eine *Fuchsfähe* ist *hitzig* in der Begattungszeit; 2. ein Jäger, der durch Aufregung übereilig ist, ist *hitzig* oder schießt *hitzig*; 3. Auer- und Birkhähne balzen und kämpfen *hitzig*.

HOCHBALZ, DIE 1. *Hauptbalz*; 2. die *Balz* auf Bäumen und Felszacken

HOCHBESCHLAGEN ist das *beschlagene* weibliche *Schalenwild* kurz vor dem *Setzen* bzw. *Frischen*.

HOCHBLATT Wenn ein Stück Wild hoch im Blattbereich getroffen wird, so sitzt der Schuss *hochblatt*, ein *Hochblattschuss*.

HOCHBRUNFT, DIE ▸ *Hauptbrunft*

HOCHBRUTFLUGENTE, DIE für die Entenhege benutzte stockentenfarbige Hausente

HOCHGEHEN Der Hirsch *geht hoch*, wenn er sein neu gebildetes Geweih völlig *vereckt* und *gefegt* hat.

HOCHGEWEIHTER ein Hirsch, der ein sehr starkes Geweih trägt

HOCHLÄUFIG hochbeinig, bei allem *Haarwild* und den Hunden

HOCHLICHT, DAS Der Auerhahn steht im *Hochlicht*, wenn er vollständig frei und bei günstiger Beleuchtung auf einem Ast oder Felsen steht.

HOCHMACHEN gesundes Wild aufjagen

HOCHSCHUSS, DER ein Schuss, der hoch sitzt, insbesondere aber, wenn der Schuss höher trifft, als man gezielt hat. Man sagt: »Das Gewehr hat *Hochschuss*.«

HOCHSITZ, DER auch *Hochstand* oder *Hochschirm*: ein auf Pfählen oder Bäumen erhöht gebauter Sitz zur *Ansitzjagd* oder Wildbeobachtung; man unterscheidet: *offener Hochsitz*, offen (▸ *Ansitzleiter*) oder bis zur Auflagenhöhe verblendet; *geschlossener Hochsitz*, mit Dach und bis zum Dach rundum verblendet; *Kanzel*, mit Dach, aber nur bis zur Auflagenhöhe verblendet

HOCHSUCHE, DIE die Arbeit des *Hühnerhundes* mit hoher Nase

HOCHWILD, DAS alles Wild, das zur *Hohen Jagd* gehört, also: Elch-, Rot-, Dam-, Sika-, Stein-, Muffel-, Gams-, Schwarzwild, Auerwild, Bär, Luchs und Wolf. In manchen Gegenden wird im engeren Sinne unter *Hochwild* nur das Rotwild verstanden.

HOCHZEITSKLEID, DAS das Prachtkleid des männlichen *Federwildes* von der Begattungs- bis zur Mauserzeit

HOHE JAGD, DIE die Jagd auf ▸ *Hochwild* im Gegensatz zur *Niederjagd*, aber auch Sammelname für alles *Hochwild*, z. B.: »Der Auerhahn gehört zur *Hohen Jagd*.«

HOHE SUCHE, DIE der *Vorstehhund* hat eine *hohe Suche* oder ▸ *Hochsuche*, wenn er mit hoher Nase im Feld sucht.

HOHLE, DIE Zwischen *Schalen* und *Ballen* befindet sich beim Rotwild eine leichte Aushöhlung, die sog. *Hohle*, die sich im *Tritt* als Erhöhung abzeichnet.

HOHLSCHUSS, DER ein Schuss, der hinter dem *Blatt* den Wildkörper durchschlägt, ohne ein lebenswichtiges Organ oder einen Rippenknochen schwer zu verletzen.

Meistens ist ein hinterer Lungenflügel glatt durchschlagen; der Ausdruck *Hohlschuss* ist daher etwas irreführend, aber allgemein gebräuchlich.

HOHLTAUBE, DIE *(Columba oenas)*, auch kleine *Holztaube*

HOLLE, DIE die am Kopf einiger Vögel wie eine Haube hochstehenden Federn, besonders beim Haselhuhn, Wiedehopf u. a.

HOLM, DER 1. Horn des Wisents, ► *Helm, Aufsatz*; 2. Leiterstange des Hochsitzes

HOLSTER, DER 1. Jagdtasche; 2. Faustfeuerwaffenhalter

HOLZ, DAS jede Art von Wald; der Jäger und auch das Wild *zieht zu Holz. Holzjagd*: Waldjagd, ebenso *Holztreiben*; ein Wild *zu Holze schießen*: ein Stück Wild *krank schießen*, sodass es nicht gefunden wird und elend *verludern* muss

HOLZEN ► *fortbaumen*

HOLZGERECHT forstgerecht

HONIGILTIS, DER wenn beim Iltis das honigfarbene Unterhaar den Farbton des *Balges* bestimmt

HOPP! Ruf der Jäger und *Treiber*

HOPPELN Langsame Fortbewegung des Hasen und des Kaninchens

HORN, DAS ► *Jagdhorn*

HORNER, DER Rothirsch, im Allgäu gebräuchlich

HÖRNER, DIE 1. die *Federohren* des Fasanenhahns; 2. ► *Hauthörner*, ► *Gamswild*

HORNFESSEL, DIE der Riemen, an dem das ► *Jagdhorn* getragen wird

HORRIDO! früher der *Hetzruf* des *Rüdemeisters* »Ho-Rüd'-ho«. Heute anstelle des Hochs bei festlichen Gelegenheiten, z. B. wird auf den *Jagdleiter* ein *Horrido* ausgebracht: der Sprecher: »Horrido!«, alle: »Joho!«, wird dreimal wiederholt

HORST, DER das Nest aller Taggreifvögel, der Eulen, der Reiher und aller Rabenarten; selten beim Eichhörnchen, hier besser: *Kobel*

HORSTEN das Nisten von jenem *Federwild*, dessen Nest *Horst* genannt wird

HORSTVOGEL, DER 1. alle horstenden Vögel, vorzugsweise jedoch für Greifvögel; 2. diejenigen Vögel, die in einem *Revier* regelmäßig horsten, z. B.: »Der Wanderfalke ist in dem *Revier Horstvogel.*«

HORSTZEIT, DIE Brutzeit

HOSE, DIE die Federn an dem oberen Teil der Beine mancher Greifvögel, z. B.: »Der Steinadler ist *behost.*«

HOSENFLICKER, DER scherzhafte Bezeichnung für einen zwei- oder dreijährigen *Keiler*

HOSENGAMS, DER Deputatgams des Berufsjägers, aus dessen Fell *(Decke)* er sich eine Lederhose machen lässt

HU!, HU FASS! Zuruf für die *Hatzhunde*; »Hu such, Hu hetz«: Zuruf an den *Schweißhund*, wenn er zur *Hetze geschnallt* wird; »Hu Sau«, wenn man eine kranke Sau zum *Annehmen* reizen will

HUBERTUS, DER HEILIGE Schutzpatron der Jägerei. 700 bis 728 Bischof von Lüttich, seine Gebeine sollen in der Abtei St. Hubert in den Ardennen ruhen. Dort wurden früher die berühmten *Leithunde* gezüchtet.

HUBERTUSJAGD, DIE eine am Hubertustag (3. November) abgehaltene Jagd, auch als Reitjagd gepflegt

HUCKSEN nachahmende Lockbewegungen des Jägers auf der Seehundjagd

HUDERKASTEN, DER ein in den Fasanerien zum *Hudern* der jungen Fasanen bestimmter und mit feinem Sand gefüllter Kasten

HUDERN 1. Die Henne *hudert* ihre Jungen, wenn sie diese unter die Flügel nimmt, um sie zu wärmen oder vor einer Gefahr zu schützen; 2. alle Hühnervögel *hudern*, wenn sie ein Sand- oder Staubbad nehmen.

HUDERPLATZ, DER natürlicher Staubbadeplatz des *Federwildes*

HUHN, DAS allein gebraucht im Allgemeinen nur für Rebhühner; in der Zusammensetzung: Rebhuhn, Moorhuhn, Schneehuhn, Auerhuhn, Birkhuhn usw.

HÜHNERADLER, DER Roter ► *Milan*, auch ► *Gabelweihe*

HÜHNERGALGEN, DER ► *Galgen*

HÜHNERHABICHT, DER *(Accipiter gentilis)* auch Habicht oder Doppelsperber genannt

HÜHNERHUND, DER ► *Vorstehhund*

HÜHNERLAGER, DAS auch *Gelieger*: nur für das Nachtlager der Hühner

HÜHNERLOCKE, DIE ein Instrument zur Nachahmung des Lockrufes der Rebhühner

HÜHNERSCHLINGEN, DIE ► *Galgen*

HÜHNERSCHROT, DER die für Rebhühner gebräuchlichste Schrotsorte (2,5 mm)

HÜHNERSUCHE, DIE die Jagd auf Rebhühner mit *Vorstehhunden*

HULEN auch *heulen*: der Ruf verlassener junger Seehunde

HULER, DER ► *Heuler*

HUNDEAMME, DIE eine Hündin beliebiger Rasse, die man als Amme bei der Welpenaufzucht verwendet

HUNDERECHT, DAS die Teile des *Aufbruchs*, die den Hunden gegeben wurden, ► *Gepfneisch*

HUNDSGERECHT alte Bezeichnung für einen Jäger, der die Zucht und Führung der Jagdhunde beherrscht

HUP, DER alter Signalruf der Jäger im Wald; z. B. *abhupen*; auch: auf dem Flintenlauf geblasener Ton; heute gebräuchlich: ► *Hopp!*

HÜTTE, DIE 1. Jagdhütte, in welcher der Jäger im Revier wohnt; 2. ► *Krähenhütte*, ► *Hüttenjagd*

HÜTTENJAGD, DIE Ansitzjagd von einer (Erd-)Hütte aus auf *Raubwild*

I

ILTIS, DER *(Mustoria putorius)*, auch Ilk, Ülk, Stänker, Ratz, Stinkmarder. Dieselben waidmännischen Bezeichnungen wie beim ► *Marder*

INNEHABEN das Trächtigsein bei Hasen, Kaninchen und dem kleinen *Haarraubwild*

INSELT, DAS auch *Unschlitt*: das Fett der inneren Organe bei allem *Schalenwild*, mit Ausnahme des *Schwarzwildes*

INSIEGEL, DAS 1. ein *Fährtenzeichen*: Beim *Ziehen* durch weichen, lehmigen Boden oder auch bei Pappschnee bleiben oft Boden- oder Schneemassen an den *Schalen* hängen und fallen erst später ab; 2. das *hohe Insiegel*: ein weiteres *Fährtenzeichen*: Beim *Ziehen* über Bruch oder moorige Wiesen reißt der Hirsch Bodenteile mit heraus, die dann umgeklappt liegen bleiben.

ISEGRIM, DER Fabelname des ► *Wolfes*

ISLÄNDISCHER JAGDFALKE *(Falco rusticolus)* auch großer Gerfalke, Grönländischer Jagdfalke, Polarfalke. Beliebter *Beizvogel*

J

JACKE, DIE 1. auch *Panzer*: ein aus grobem Leinen oder Leder gefertigter Kittel, der früher den *Hatzhunden* zum Schutz bei Sau-, Bären- und Wolfshetzen angelegt wurde; *gejackte Hunde*; 2. Behaarung des Hundes

JAGD, DIE 1. ursprünglich die Tätigkeit des Menschen, die darauf gerichtet war, frei lebende Tiere tot oder lebend zu erbeuten; 2. Sammelname für den Wildbestand eines Revieres und für das Revier selbst; 3. so viel wie Kenntnis von der Jagd: »Von der Jagd versteht er wenig.«

JAGD AUF DEN RUF, DIE ► *Lockjagd*

JAGDAMT, DAS ein zur Regelung und Führung des Jagdwesens bestimmtes Amt, *Kreisjagdamt*

JAGDARTEN, DIE die verschiedenen Methoden der Jagdausübung

JAGDAUFSEHER, DER übt den *Jagdschutz* aus; eine *Jägerprüfung* ist dazu nicht erforderlich, wohl aber ein Auftrag des Revierinhabers; in manchen Bundesländern gibt es eine eigene Prüfung für den *Jagdaufseher.*

JAGD-(AUSÜBUNGS-)RECHT, DAS die Berechtigung, mit einem ► *Jagdschein* die Jagd in einem bestimmten Gebiet auszuüben

JAGDBAR 1. Alle Tiere, die dem Jagdgesetz unterliegen, sind *jagdbar, jagdbares Wild*, im Unterschied zu nicht jagdbaren Tieren; 2. ein Rothirsch ist *jagdbar* von einem bestimmten, je nach Gegend verschieden hohen Alter und Geweihgewicht an. Bei einem stärkeren Hirsch sagt man *gut jagdbar* oder *hoch jagdbar*; die weitere Steigerung lautet *kapital* und *hoch kapital.*

JAGDBARKEIT, DIE 1. Hauptwort von ► *jagdbar*; 2. als Jagdberechtigung: »Ich habe die *Jagdbarkeit* (besser Jagd) in der Gemarkung X gepachtet.«

JAGDBEZIRK, DER (Eigen- oder gemeinschaftlicher *Jagdbezirk)*: Grundfläche bestimmter Mindestgröße, die zur Jagdausübung berechtigt

JAGDERLAUBNISSCHEIN, DER ein schriftlicher Ausweis für allein jagende (Dauer-) Jagdgäste

JAGDFASAN, DER ► *Fasan*

JAGDFEX, DER verächtliche Bezeichnung für jemanden, der tadellos zur Jagd angezogen und ausgerüstet ist, aber wenig von der Jagd versteht

JAGDFIEBER, DAS die fieberhafte Aufregung, die den jüngeren, aber auch manchmal den älteren Jäger befällt, sogar schüttelt und beutelt

JAGDFOLGE, DIE die Berechtigung, einem *angeschweißten* Stück über die *Reviergrenze* hinaus zu folgen, auch ► *Wildfolge*, ► *Folge*

JAGDFREVEL, DER Nachstellen und Erbeuten von Wild an Orten, an denen jemand zu jagen nicht berechtigt ist

JAGDGAST, DER ein zur Jagd eingeladener Jäger

JAGDGEBER, DER *Jagdherr*, gegendweise auch *Beständer*: der Eigentümer oder Pächter eines *Jagdrevieres*

JAGDGEBIET, DAS ein großes *Jagdrevier*, meistens eine Vereinigung von mehreren *Revieren*

JAGDGEBRAUCHSHUND, DER ► *Jagdhund*

JAGDGÖTTIN, DIE in der griechischen Mythologie Artemis, in der römischen Diana

JAGDGRENZE, DIE die Grenze eines *Jagdreviers*

JAGDHERR, DER der Eigentümer oder Pächter eines *Jagdreviers*

JAGDHOHEIT, DIE Jagdrecht des Landesherrn (das kann auch der Staat sein), auch das Recht der jagdlichen Gesetzgebung

JAGDHORN, DAS ein Horn, mit dem Jagdsignale geblasen werden; heute bevorzugt das *Fürst Pless'sche Horn (Plesshorn)*, das *Volpersdorfer Horn* und das *Clewing'she Taschenhorn*; daneben aber auch die zur Gruppe der *Parforcehörner* zählenden großen Hörner sowie der *Sauerländer Halbmond* der *Brackenjäger*

JAGDHUND, DER Zu den *Jagdhunden* gehören alle zur Jagdausübung verwendeten Hunde; zu den durchgezüchteten Rassen gehören (neben einer Reihe von ausländischen Jagdhunderassen, die hier nicht aufgeführt sind):

I. Deutsche Vorstehhunde:
   1. Deutsch-Drahthaar
   2. Pudelpointer
   3. Deutsch-Stichelhaar
   4. Griffon
   5. Deutsch-Kurzhaar
   6. Weimaraner
   7. Deutsch-Langhaar
   8. Großer Münsterländer Vorstehhund
   9. Kleiner Münsterländer Vorstehhund

II. Schweißhunde:
   1. Hannoverscher Schweißhund
   2. Bayerischer Gebirgsschweißhund
III. Stöberhunde:
   1. Deutscher Wachtelhund
   2. Spaniel
IV. Erdhunde:
   1. Kurzhaarteckel
   2. Langhaarteckel
   3. Rauhaarteckel
   4. Foxterrier
   5. Jagdterrier
V. Jagende Hunde:
   1. Deutsche Bracken (Westfälische, Sauerländer oder Olper Bracke, Alpenländische Dachsbracke, Westfälische Dachsbracke)
   2. Schweizer Laufhunde
   3. Gebirgsbracken (Brandlbracke und Peintingerbracke)
   4. Beagle
   5. Schwedische Stövare (Hamiltonstövare, Schillerstövare, Smålandsstövare)
   6. Finnenbracke
VI. Englische Vorstehhunde:
   1. Gordon- oder Schottischer Setter
   2. Irish Setter
   3. Laverrack oder English Setter
   4. Pointer (kurz- und langhaarig)
VII. Apportierhunde
   1. Golden Retriever
   2. Labrador Retriever

JAGDJAHR, DAS Im Allgemeinen wird es vom 1. April bis 31. März gerechnet.

JAGDJUNKER, DER frühere Bezeichnung für adelige Jünglinge, die bei Fürstenhöfen höhere Jagddienste versahen

JAGDKANZEL, DIE ► *Hochsitz*

JAGDKARTE, DIE heute *Jagdschein*: gesetzlicher Ausweis, der zur Jagd berechtigt (nach Bestehen einer ► *Jägerprüfung*); beinhaltet nicht ein ► *Jagdausübungsrecht*

JAGDKÖNIG, DER derjenige Teilnehmer an einer Jagd, der die höchste *Strecke* erzielt hat

JAGDKUNDE, DIE Jagdwissenschaft

JAGDLEITER, DER leitet die Jagd verantwortlich

JAGDLITERATUR, DIE das gesamte Schrifttum, das sich mit der Jagd befasst

JAGDMESSER, DAS ► *Waidmesser*

JAGDNEID, DER Schussneid, eine sehr üble menschliche Untugend

JAGDPFERD, DAS 1. das zur *Parforcejagd* benutzte Pferd; 2. das zum *Anpirschen* benutzte Pferd, auch *Schießpferd* genannt

JAGDRECHT, DAS 1. alle gesetzlichen Bestimmungen über die Jagd (objektives Jagdrecht); 2. alle sich hieraus für den Grundstückseigentümer ergebenden jagdlichen Befugnisse (im subjektiven Sinne)

JAGDREGAL, DAS der Vorbehalt der gesamten Jagd oder der Jagd auf einzelne Wildarten oder der Jagd zu einer bestimmten Zeit durch den Landesherrn zurzeit des Absolutismus

JAGDREVIER, DAS der eine selbstständige jagdliche Einheit bildende Bezirk, *Eigenjagdrevier, Pachtjagdrevier*

JAGDSCHADEN, DER der bei der Ausübung der Jagd angerichtete Schaden, insbesondere Flurschaden

JAGDSCHEIBE, DIE 1. eine durch den *Nagel* gehaltene Figur, zumeist Vogel (»den Nagel auf den Kopf treffen«); 2. heute bei jagdlichen Schießen gebräuchliche Scheiben

JAGDSCHEIN, DER ► *Jagdkarte*

JAGDSCHIRM, DER eine bodennahe, künstlich aufgerichtete, möglichst im Gelände wenig auffallende Deckung, hinter der sich der ansitzende Jäger verbergen kann

JAGDSCHREI, DER ein kurzer, weithin hörbarer Ruf anstelle eines Jagdsignals, meistens ein lang gezogenes »Hopp« oder »Hup«

JAGDSCHUTZ, DER der Schutz des Wildes, zugleich gesetzliche Pflicht des *Jagdausübungsberechtigten*. Der *Jagdschutz* umfasst den Schutz vor Futternot, Wilderei,

Krankheiten sowie in manchen Bundesländern den Schutz vor wildernden Hunden und Hauskatzen.

JAGDSIGNALE, DIE feststehende Tonfolgen, die zur Durchführung und Leitung einer Jagd oder zur Würdigung des erlegten Wildes geblasen werden, z. B. die deutschen *Jagdsignale*

JAGDSTOCK, DER ein Handstock, an dem ein Sitz angebracht ist, auch *Sitzstock*

JAGDTASCHE, DIE auch *Aaser, Waidtasche*: Umhängetasche aus Leder, stabilem Leinentuch o. Ä., mehrfach unterteilt, mit Patronenschlaufen, Hühnergalgen, einem Netz zur Aufnahme von Jagdutensilien und Mundvorrat

JAGDVERGEHEN, DAS eine Verletzung der jagdrechtlichen Bestimmungen

JAGDWISSENSCHAFT, DIE Sammelbegriff aller Wissenszweige, die mit der Jagd in Berührung stehen

JAGDZEIT, DIE *Schusszeit* im Gegensatz zur *Schonzeit*

JAGDZEUG, DAS Sammelname für alle zur Jagd und zum Fang gebrauchten *Tücher, Netze und Lappen*, einschließlich der zum Stellen erforderlichen Geräte, wie *Leinen, Haspeln, Forkeln* und *Stellstangen*

JAGDZWILLE, DIE eine mit Gummispannung gefertigte Schleuder, die bei der *Abführung* des Hundes Verwendung findet, *Dressurzwille*

JAGEN, DAS 1. eine Waldabteilung in der Ebene, die von geraden Schneisen begrenzt wird; 2. gleichbedeutend mit Jagd, vom Zeitwort »jagen«

JÄGER, DER jeder, der den ► *Jagdschein* besitzt und die Jagd rechtmäßig ausübt; es gibt jedoch gute und schlechte Jäger!

JÄGEREI, DIE Sammelname für eine Anzahl von Jägern z. B. eines Reviers oder einer größeren Jagdverwaltung, aber auch für die gesamte Jägerwelt

JÄGERGEHÄNGE, DAS *Wehrgehänge*, ► *Gehänge*

JÄGERGRIFF, DER das *Wildbret*, das nach dem Ablösen der beiden Rippenseiten (der Wandl) an den Keulen zu beiden Seiten übrig bleibt, also ein Teil der *Dünnung*; deshalb sogenannt, weil es auf jeder Seite eine Hand voll, einen *Griff*, ausmacht

JÄGERHOF, DER (mehrere) Gebäude zur Unterbringung von Jägern und des gesamten Jagdgeräts sowie der Hunde und Pferde; berühmt waren die Jägerhöfe in Hannover, in Dessau und in Kranichstein u. a., an denen waidgerechtes Jagen und das jagdliche Brauchtum besonders gepflegt wurden

JÄGERLATEIN, DAS erfundene oder stark übertriebene Jadgeschichten

JÄGERMEISTER, DER traditioneller Titel (Hofjägermeister), noch heute gebräuchlich: z. B. *Kreis-* oder *Landesjägermeister*

JÄGERPRÜFUNG, DIE Prüfung zum Nachweis hinreichender Kenntnisse vom ganzen Jagdwesen; in vielen Ländern Voraussetzung zur Erlangung eines ► *Jagdscheines*

JAGERN jagen, insbesondere *Gamsjagern*

JÄGERRECHT, DAS Das *große Jägerrecht* bestand aus Kopf, Hals nebst den ersten drei Rippen (dem sogenannten *Vorschlag*), dem Fell (der *Decke)* und dem *Feist*, dem *Mehrbraten* und dem *Aufbruch*, beim *Schwarzwild* außerdem noch den *Wammen*; früher als Naturallohn für die Berufsjäger weithin üblich; heute wohl nirgends mehr; 2. das *kleine Jägerrecht*, bestehend aus *Aufbruch* und jenem *Feist*, das man ohne Zuhilfenahme des *Waidmessers* mit den Fingern losreißen kann; außerdem gehört zum *kleinen Jägerrecht* die *Trophäe*, also *Geweih, Gehörn, Krucken, Grandeln, Gewaff, Bart* usw.

JÄGERSCHLAG, DER aus der alten Berufsjägerei übernommener Brauch, nach Abschluss der Lehrzeit den letzten Schlag vom Lehrherrn zu bekommen *(zum Jäger schlagen)*

JÄGERSPRACHE, DIE Waidmannssprache, die Zunftsprache der Jäger

JÄGERSTÜCK, DAS der hintere Teil des *Wedelziemers*, der nach dem *Auslösen* der beiden *Keulen* am Rückgratende verbleibt

JÄGERZINKEN, DER unauffälliges Zeichen, das die Jäger zur gegenseitigen Verständigung im Revier anbringen, ▸ *Taube* (2.)

JÄHRLING, DER auch *Jahrling*: beim Gamswild gebräuchlich für einjähriges Wild, beim Rehwild für den einjährigen Bock

JOCHGEIER, DER ▸ *Lämmergeier*

JOCHRABE, DER ▸ *Kolkrabe*

JUGENDKLEID, DAS Federkleid der Jungvögel jener Arten, deren *Jugend-* und *Alterskleid* unterschiedlich ist

JUGENDSCHLIEFEN, DAS ein Preisschliefen, bei dem nur jüngere *Bauhunde* zugelassen sind, im Gegensatz zu ▸ *Altersschliefen*

JUGENDSUCHE, DIE eine Preissuche, nur für jüngere Hunde, im Gegensatz zu *Alterssuche*

JULE, DIE Vorrichtung mit einer ▸ *Krücke* vor der *Krähenhütte*, auf welcher der Uhu *aufhaken* soll; wird auch für den Bussard z. B. auf forstlichen Jungwuchsflächen zur Mäusebekämpfung erstellt

JUNGBÄR, DER der Braunbär bis zum vollendeten dritten Lebensjahr

JUNGE BRINGEN für alle Marderarten sowie für Luchs, Dachs und Bär gebräuchlich

JUNGJÄGER, DER ein Jäger, der erst vor kurzem seine ▸ *Jägerprüfung* bestanden hat (unabhängig vom Lebensalter)

JUNGWILD, DAS Wild im ersten Lebensjahr

K

KAHLHIRSCH, DER auch *Mönch* oder *Plattkopf*: ein geweihlos bleibender Rothirsch

KAHLWILD, DAS alles weibliche Wild und die Kälber beider Geschlechter aller Hirscharten, weil sie im Gegensatz zum Hirsch auf dem Haupt »*kahl*« sind

KALB, DAS das *Jungwild* im ersten Lebensjahr bei allen Hirscharten, *Hirschkalb, Wildkalb*

KÄLBERFANG, DER ▸ *abfangen*

KÄLBERSTALL, DER eine Einrichtung an Futterplätzen, die durch eine Umzäunung mit engen Lattenabständen nur den Kälbern, nicht dagegen stärkeren Stücken den Zugang zu der betreffenden Fütterung ermöglicht

KÄLBERTIER, DAS auch *Kälberstück* oder *Kälberstuck*: ein *Rottier*, das ein Kalb führt

KÄLKEN Wo die Schnepfe sich *gelöst* hat, hat sie *gekälkt*; auch bei Greifvögeln als Begriff üblich.

KALT 1. Eine *Fährte* oder eine Spur ist *kalt*, wenn sie wenigstens zwei Stunden alt ist; 2. *kalte Balz* nennt man eine *Balz* ohne daraus folgende Paarung, z. B. die *Herbstbalz*; 3. *kalte Waffe*: ▸ *blanke Waffe*.

KALTSINNIG ist ein *Leithund* oder *Schweißhund*, wenn er keinen Eifer zeigt.

KAMM, DER der obere Teil des Halses beim *Schwarzwild*

KÄMMEN 1. Wenn ein Schrotschuss den Hasen oder das Kaninchen nur streift, sodass viel *Wolle fliegt*, so sagt man: »Das Wild ist *gekämmt*.«; 2. *Treiben* mit zwei gegeneinander laufenden Treiberwehren

KAMMER, DIE 1. *Kessel* im Fuchsbau; 2. der Raum, in dem Wild über Winter eingehegt gehalten wird, *Fasanenkammer, Hühnerkammer*; 3. *Wildkammer* (erste Bedeutung): ein kühler Raum, in dem *Wildbret* aufbewahrt wird; 4. *Wildkammer* (zweite Bedeutung): Bezeichnung des Revierteils, in dem immer viel Wild steht; 5. schießtechnisch: *Brustkammer*, z. B.: »Das Stück hat einen *Kammerschuss*.«

KAMMERSCHUSS, DER ▸ *Kammer* (5.)

KÄMPFEN streitbare Auseinandersetzung

bei sämtlichem Wild, ► *abkämpfen, abschlagen, abstreiten*

KANINCHEN, DAS *(Oryctolagus cuniculus), Karnickel, Kanin, Lapuz*: alle Bezeichnungen wie beim ► *Hasen*. In der *Setzröhre* werden die nackten und blinden Jungen gesetzt. Es warnt durch *Klopfen* mit dem Hinterlauf.

KANINCHENDRÜSE, DIE die beiderseits der Schwanzwurzel sitzenden, beim *Abbalgen* unbedingt zu entfernenden Duftdrüsen

KANINCHENHAUBE, DIE ein Netz, das beim *Frettieren* als Fangnetz über die *Röhren* gelegt wird

KANINCHENMARDER, DER ► *Frettchen*

KANINCHENTECKEL, DER eine kleine Teckelrasse mit unter 30 cm Brustumfang, die zum *Herausstöbern* der Kaninchen aus dem *Bau* verwendet wird

KANTEN ► *verkanten*

KANZEL, DIE ► *Hochsitz*

KAPITAL ungewöhnlich stark, ein *kapitaler Hirsch*, auch *Kapitalhirsch, Kapitalbock, kapitale Trophäe* usw.

KAPPE, DIE 1. eine Vorrichtung zum Schutz der Laufmündung, des *Visiers* und des *Korns* beim Gewehr, *Verschluss-, Schloss-, Visier-/Mündungskappe*; auch *Mündungsschoner*; 2. *Falkenkappe* oder ► *Falkenhaube*

KAPSEL, DIE das Zündhütchen (früher Zündkapsel)

KAPSELGEWEHR, DAS ein Gewehr sehr kleinen Kalibers, bei dem das Zündhütchen nicht nur den Zündsatz, sondern auch den Treibsatz aufnimmt, z. B. *Zimmerstutzen, Flobertgewehre*

KARNICKEL, DAS ► *Kaninchen*

KARRENBÜCHSE, DIE ein meist mehrläufiges Gewehr großen Kalibers, das auf einem besonderen Karren angebracht war und früher zum Schießen auf Wildgänse und Wildenten usw. Verwendung fand

KASTANIE, DIE der etwas dunkler gefärbte Haarwulst unter dem Sprunggelenk der *Hinterläufe* des Reh-, Rot- und Damwildes

KASTEN, DER 1. *Durchschlag* beim *Graben* von Fuchs- und Dachsbauen; 2. die Umfassung, in welcher der Verschluss des Gewehres liegt; 3. Transportkasten für lebendes Wild, z. B. *Hirschkasten, Saukasten, Hasenkasten*; 4. Ausdruck für den Rumpf des Rotwildes, z. B.: »Das Stück hatte einen *Mordskasten*.« (unschöne Bezeichnung)

KASTENFALLE, DIE eine Fangvorrichtung in Form eines länglichen Kastens, der mit Falltüren und einem die Funktion auslösenden *Wippteller* versehen ist und zum Lebendfangen von kleinerem *Raubwild* und *Raubzeug* dient

KASTORSÄCKE, DIE die Drüsen des Bibers, die das *Bibergeil* enthalten

KATER, DER auch *Kuder*: das Männchen bei Wildkatze und Luchs

KATZ, DIE auch *Katze*: 1. das Weibchen des Luchses und der Wildkatze, auch *Kätzin* oder *Kitze*; 2. das Weibchen des ► *Murmeltiers*

KATZENLUCHS, DER junger ► *Luchs*

KATZENPFOTE, DIE eine gut geschlossene Pfote beim Hund, wie sie das Ziel der Zucht ist, im Gegensatz zur gespreizten *Hasenpfote*

KAUZ, DER ► *Waldkauz*

KECKERN Laute vom Fuchs, Marder und Iltis im Zorn und in der Erregung

KEESGAMS, DAS Gamswild der Gletscherregionen, ► *Gamswild*

KEGEL, DER 1. Wenn Hase, Kaninchen oder Wiesel auf den *Hinterläufen* sitzend den Vorderkörper hochheben, sodass sie mit den *Vorderläufen* den Boden nicht mehr berühren, so *kegeln* sie, *machen* einen *Kegel*. 2. eine Vorrichtung am *Stechschloss*, die das Eingreifen der *Stange* in die *Ruhrast* verhindert

KEHLBART, DER auch *Kehlfedern*: die längeren Federn an der Kehle des Auerhahns, der Trappe und des Trutwildes

KEHLBEUTEL, DER »Bart« des Elchhirsches, ein Kehlsack, auch *Glocke*

KEHLBRATEN, DER *Halsbraten*, die beiden neben *Schlund* und *Drossel* liegenden Wildbretstreifen, namentlich beim Rotwild

KEIF, DER auch *Ball*: der *Standlaut* des ► *Saufinders. Auf den Keif* oder *auf den Ball hetzen* heißt, die *Hatzhunde* auf die von dem *Findergestellte Sau hetzen. Eine Sau auf dem Keif schießen*: sie vor dem *Finder* erlegen, ► *Ball*

KEILER, DER das männliche ► *Schwarzwild*

KEILHAKEN, DER ► *Großer Brachvogel*

KELCH, DER oder *Kelchkrone*: eine Kronenform vielendiger Hirschgeweihe, bei denen sich in der *Krone* eine kelchförmige Vertiefung befindet, besser: *Becherkrone*

KELLE, DIE der Schwanz des ► *Bibers*

KERN, DER 1. der Körper des *Raubwildes*, nachdem *Balg, Schwarte* oder *Decke* entfernt wurde, *Fuchskern, Dachskern*; 2. auch alles Fleisch, das man den Hunden verabreicht oder als *Luder* verwendet

KERNSCHUSS, DER auch *Fleckschuss*: ein Büchsenschuss, bei dem Ziel- und Treffpunkt genau zusammenfallen: »Die Büchse schießt Fleck.« Die Entfernung, bei der dies der Fall ist, nennt man *Kernschussweite.*

KESSEL, DER 1. *Lager* einer *Rotte* Sauen; 2. Wohnraum in einem Fuchs- oder Dachsbau; 3. kreisförmiges Jagdgebiet, das beim *Kesseltreiben* von Schützen und *Treibern* umschlossen wird

KESSELJAGD, DIE eine *Treibjagd* im offenen Feld, in Form von ► *Kesseltreiben*

KESSELN 1. das Herrichten des *Kessels (Lagers)* durch eine Sau; 2. so viel wie *hudern* bei Rebhühnern; 3. ein *Kesseltreiben* machen; 4. der Wind *kesselt*, wenn er ► *küselt, Kesselwind*; 5. rütteln oder enge Kreise ziehen bei den Greifvögeln

KESSELTREIBEN, DAS eine Hasentreibjagd im Feld, bei der Schützen und *Treiber* von einem Punkt aus nach zwei Seiten auslaufen und zunächst eine große Fläche, den sogenannten *Kessel*, kreisförmig umschließen (»Der Kessel ist geschlossen.«), und alsdann gleichmäßig, ohne ► *Säcke* zu bilden, nach der Mitte zusammengehen

KETTE, DIE Bezeichnung für eine Familie bei den jagdbaren Hühnern; bei Auer-, Birk- und Haselwild sowie bei Fasanen sagt man besser *Gesperre.*

KEULE, DIE Hinterschenkel allen *Haarwildes*, auch *Schlegel* oder *Schlägel*, beim *Schwarzwild* auch: *Hamer*

KEULENLAHM ein Stück Wild, das infolge eines Schusses oder einer sonstigen Verletzung einen Hinterlauf schont, ► *schonen* (3.)

KEULENSCHUSS, DER Schuss auf die *Keule*

KEULER, DER auch *Käuler: Keiler*, selten gebräuchlich beim *Schwarzwild*

KIETZE, DIE ► *Katz*

KIMME, DIE der Einschnitt in der Mitte des *Büchsenvisiers*

KIRCHGANG, DER das *Einziehen* der Feisthirsche *vom Felde zu Holze*

KIRREN ► *ankirren*

KIRRUNG, DIE Futtergabe in kleiner Menge, womit man Wild an eine bestimmte Stelle lockt, um es zu erlegen, sog. *Kirrplatz*; beim *Schwarzwild: Körnung*

KITZ, DAS das junge Reh-, Stein- und Gamswild, seltener Damwild, bis zur Beendigung des ersten Lebensjahres

KITZBOCK, DER männliches *Kitz*, besser *Bockkitz*

KITZGAMS, DAS junges Gamswild bis zur Beendigung des ersten Lebensjahres, besser: *Gamskitz*

KITZGEISS, DIE 1. die ein oder mehrere *Kitze* führende *Geiß* oder *Ricke*; 2. auch für das weibliche Kitz gebräuchlich, besser jedoch: *Geißkitz*

KLAFTERN 1. messen bei ausgespannten Flügeln, z. B.: »Der Steinadler *klaftert* zwei Meter.«; 2. schwerfälliges Fliegen großer Vögel

KLAGEBLATTER, DER Instrument zur Nachahmung der Lautäußerung des vom Rehbock in der *Blattzeit* heftig getriebenen weiblichen Stückes; auch *Angstgeschreiblatter* oder *Geschreiblatter*

KLAGEN das aus Angst oder Schmerz erfolgende Schreien bei allem Wild

KLAPPEN 1. Geräusch, das eine angeschweißtes Stück Schwarzwild, insbesondere der *Keiler*, durch das Aufeinanderschlagen des Gewaffs hervorruft, auch *wetzen*; 2. ▸ *knappen* (1.)

KLAPPER, DIE ein hölzernes Gerät, mit dem die *Treiber*, insbesondere bei Waldjagden, Lärm machen, um das Wild aufzuscheuchen und vor die Schützen zu bringen

KLAPPERJAGD, DIE eine Jagd, bei der *Klappern* verwendet werden, örtlich auch für eine kleine *Treibjagd* mit wenigen Schützen und *Treibern* gebräuchlich; auch *Stökerjagd*

KLAPPFALLE, DIE *Kastenfalle*

KLASHANIK, DER oder *Klashahn: Eisente (Clangula hyemalis)*

KLATSCHEN 1. beim Auerhahn, wenn dieser, mit den Flügeln schlagend, die Hennen umläuft; 2. beim Tauber und beim Ziegenmelker, wenn er beim *Balzflug* mit den Flügeln klatscht; 3. beim Damwild, wenn es nach einem Fehlschuss mit dem *Wedel* gegen die *Keulen* schlägt; auch *applaudieren*. 4. Der Seehund *klatscht* auf das Wasser, wenn er warnt; 5. der Biber *klatscht* seine *Kelle* aufs Wasser.

KLAUE, DIE die Nägel des *Haarraubwildes* und der Greifvögel; auch beim Hund gebräuchlich, ▸ *Afterklaue*

KLEID, DAS das Gefieder aller Vögel in seinen durch Alter, Geschlecht und Jahreszeit bedingten Verschiedenheiten, *Jugend-* und *Alterskleid*, männliches und weibliches Kleid, *Frühjahrs-* oder *Hochzeits-*, *Pracht-* und *Schlichtkleid*. Auch beim Schneehuhn, Alpenhasen und Hermelin spricht man von *Sommer-* und *Winterkleid*.

KLEIN nur in Verbindung mit *Kleine Jagd: Niederjagd* (selten)

KLEINE SUMPFSCHNEPFE, DIE *(Lymnocryptes minimus)*, auch Zwergschnepfe, kleine Haar-, Moos-, Moor-, Fledermausschnepfe

KLEINES WIESEL, DAS *(Foetorius vulgaris)*, auch Mauswiesel

KLIPPEN ▸ *klappen* (1.)

KLOPFEN, DAS Warnzeichen des Muffelwildes durch hartes Aufstampfen mit den *Schalen* der Vorderläufe auf den Boden, ebenso des Kaninchens mit den Hinterläufen

KLOPFJAGD, DIE eine Treibjagd im Wald, bei der mit Stöcken gegen die Bäume geklopft wird, um das Wild vor die Schützen zu bringen

KLUTTER, DIE selbst geschnitzte *Lockpfeife*

KNÄCKENTE, DIE *(Anas querquedula)*, auch Große Krickente genannt

KNAPPEN 1. auch *kläppeln, klippen, klappen, schnalzen, glöckeln, schnackeln, klopfen, zählen*: der erste Teil der Balzarie des Auerhahns, ▸ *Auerhuhn*; 2. das Aufeinanderschlagen des Ober- und Unterschnabels bei den Eulen, besonders beim Uhu

KNAPPEULE, DIE ▸ *Waldkauz*

KNARRE, DIE scherzhafter Ausdruck für ein altes Jagdgewehr

KNAUTSCHEN starkes Zusammendrücken des Wildes beim *Apportieren* durch den Hund, eine schlechte Angewohnheit

KNEBEL, DER 1. ein Stück Holz, mit dem Hunde, die sich *verbissen, verfangen* haben, *abgebrochen* werden, d. h., ihre Kiefer werden mit dem *Knebel* auseinandergehebelt; 2. die Parierstange an der

Saufeder; 3. ein Querriegel an der Hundeleine

KNEBELN das *Verschränken* der *Läufe* eines erlegten *Rehbockes*, um ihn bequemer tragen zu können

KNICKER, DER auch *Nicker*: vielseitig verwendbares, feststehendes, kleines Jagdmesser, ursprünglich als ► *Genickfänger* gebraucht

KNIEPER, DER ► *Sprossler*

KNOPF, DER 1. kümmerliche, ein bis zwei Zentimeter hohe Stangenbildungen beim Rehbock und Hirsch, *Knopfspießer*; 2. der runde Knochen im Schultergelenk des *Haarwildes*; 3. die einzelnen Teile des Kotes (der *Losung*) bei den Hirscharten

KNOPFSPIESSER, DER Rehböcke, Rot- und Damhirsche, die als erstes Geweih bzw. Gehörn nur *Knöpfe* tragen

KNÖDELBOGEN, DER alpenländischer Ausdruck für das *Schüsseltreiben* (Jagdessen)

KNÖREN leiser Brunftlaut des Rothirsches

KNOTEN, DER ring- oder wulstförmige Erhabenheit an den Hörnern des Stein- und Muffelwildes

KNÜPPELFALLE, DIE auch *Prügelfalle*: Fanggerät zum Fangen von *Raubwild* und *Raubzeug*, ► *Schlagbaum*

KOBEL, DER das Nest des Eichhörnchens

KOCHWILDBRET, DAS Bezeichnung für alle *Wildbretteile* eines Stückes *Haarwild* mit Ausnahme des Rückens, der Keulen und der Blätter, die das *Bratenwildbret* bilden

KÖDER, DER die Lockmittel aller Art, die beim Fangen von *Raubwild* und *Raubzeug* angewendet werden, ► *Luder*

KÖDERN oder *anködern, anludern*: das Anlocken von *Raubwild* oder *Raubzeug* durch Auslegen eines *Köders* bzw. *Luders*

KOHLFUCHS, DER ► *Brandfuchs*

KOHLGAMS, DER eine dunkle Farbvarietät des Gamswildes

KOLBEN, DER 1. der hintere Schaftteil des Gewehres; 2. das noch im Wachstum befindliche, mit *Bast* überzogene Geweih oder Gehörn, *Kolbenhirsch, Kolbenzeit*

KOLBENSCHUH, DER ein aus Gummi, Leder o. Ä. hergestellter Überzug, der über den Kolben des Gewehrs gezogen wird, um den Rückstoß abzuschwächen oder den Kolben zu verlängern

KOLKRABE, DER *(Corvus corax)*, auch Rabe, großer Rabe, Edelrabe oder Jochrabe, »der Vogel Wodans«

KOLLERN der zweite Teil der *Balzarie* beim Birkhahn, auch *kullern, kudern, rodeln, grugeln* genannt

KOMMEN 1. Das Wild *kommt* dem Jäger *schussgerecht*; er *kommt darauf zu Schuss*; 2. der Hirsch *kommt auf* den *Ruf*, der Fuchs auf das *Reizen*, ► *zustehen*.

KOMPANIESCHUSS, DER das gleichzeitige Schießen mehrerer Schützen auf ein Stück Wild; man spricht von *Kompanieschuss, Kompaniehase*

KONDITION, DIE Ernährungszustand der *Jagdhunde, Beizvögel, Frettchen* und des *Uhu*; sie befinden sich in *guter, schlechter Kondition*

KÖNIGSFASAN, DER eine nur selten *in freier Wildbahn* vorkommende Fasanenart mit besonders langen Schwanzfedern

KÖNIGSMILAN, DER Roter Milan, ► *Milan*

KONTRAFÄHRTE, DIE ► *Gegenfährte, Widergang*

KONTRAJAGEN, DAS früher ein *eingestelltes Jagen* mit zwei zu beiden Seiten des *Laufes* liegenden *Kammern*

KOPF, DER 1. Das niedere *Haarwild* und das *Federwild* haben einen *Kopf*, 2. als Altersbezeichnung bei Hirschen, z. B.: »Der Hirsch ist *vom zweiten Kopf.*«, oder: »Er trägt den *zweiten Kopf.*« d. h., er trägt sein zweites Geweih, er ist zweijährig; 3. man *hetzt* Hunde von vorn, *auf den Kopf* der *gestellten Sau*.

KOPFFANG, DER *Tatfang*, Wirkungsweise

einer Wildfalle: tödlicher Fang über Kopf und Hals

KOPFFASAN, DER ein dem Schützen spitz entgegenstreichender Fasan, der in dem Augenblick geschossen wird, wenn er sich über dem Kopf des Schützen befindet, auch *Kopfhuhn, Kopfente*, usw.

KOPFGAMS, DIE ► *Leitgams*

KOPFHIRSCH, DER der führende Hirsch eines Rudels, auch *Leithirsch*

KOPFHUND, DER der ranghöchste, führende Hund einer *Meute*

KOPFSCHUSS, DER der Treffer in den Kopf

KOPFTIER, DAS das führende Tier eines *Rudels*, auch *Leittier*

KOPPEL, DIE 1. der Tragegurt für den *Hirschfänger*; 2. zwei an einer *Gabelleine* gehende Hunde: eine *Koppel Hunde*; aber auch diese *Gabelleine* selbst, mit *Halsungen*

KOPPELBÄNDIG auch *koppelgängig* oder *koppelführig* nennt man Hunde, die sich gut zusammen an einer *Koppel* führen lassen.

KOPPELJAGD, DIE (historischer Begriff) ein Revier, das durch verschiedene Jagdberechtigte bejagt wird

KOPPELN auch *ankoppeln* oder *aufkoppeln*: die Hunde an die ► *Koppel* legen

KORALLEN, DIE Stachelhalsband, Hilfsmittel zum *Abrichten harter* Hunde

KORN, DAS 1. die am Laufende der Gewehre angebrachte Erhöhung, die zur Visiereinrichtung gehört, ► *Visierung*; 2. auch *Schrotkorn*: die einzelne Schrotkugel

KÖRNEN *kirren*, sofern es sich bei dem dargereichten Futter um Körnerfutter handelt; also bei Fasanen und Hühnern, aber auch beim *Schwarzwild*

KRAGEN, DER 1. der *Brunftkragen: Brunftmähne* beim Rotwild; 2. Auer-, Birk- und Haselwild machen einen *langen Kragen*, wenn sie misstrauisch geworden in eine bestimmte Richtung *sichern*; 3. die gesträubten Halsfedern beim balzenden Auerhahn oder Birkhahn heißen *Balzkragen*.

KRÄHE, DIE ► *Rabenkrähe*

KRÄHENBEISSER, DER auch *Krajebieter*: Krähenfänger (auf der Kurischen Nehrung); ein Mann, der früher die Jungkrähen beim Aushorsten und Fangen durch einen Biss in den Kopf tötete

KRÄHENFÜSSE, DIE die beim *Waldtreiben* vom Stand des Schützen aus in das *Treiben* sternförmig freigeschnittenen schmalen Schneisen, auf denen man durchwechselndes Wild sehen und beschießen kann

KRÄHENHÜTTE, DIE Versteck des Jägers für die *Lockjagd* mit der Uhu-Attrappe (mit lebendem Uhu verboten)

KRAKEL, DER auch *Krakelbaum*: der meist kahle Baum in Schussnähe der *Krähenhütte*, auf dem Krähen und Greifvögel ► *aufbaumen* sollen, auch *Fallbaum*

KRALLE, DIE ► *Nagel*

KRAMMETSVOGEL, DER auch *Kranewitter*: Sammelname für alle Drosselarten, die früher in *Dohnen* gefangen wurden, im engeren Sinne Bezeichnung für die Wacholderdrossel

KRANICH, DER *(Grus grus)*, gehörte früher zur *Hohen Jagd*

KRANK 1. im Gegensatz von *gesund* bei allem Wild und dem Hund; 2. bei allem *Schalenwild*, wenn es durch einen Schuss oder einen Unfall verletzt ist: »Das Stück ist *krankgeschossen.*« *Angeschweißtes*, also nicht gleich tödlich getroffenes Wild lässt man *krank* werden; die Fährte eines *angeschweißten* Stückes heißt *kranke Fährte.*

KRANZ, DER oder besser das *Kränzen*: ein *hirschgerechtes Zeichen* der *Rotwildfährte*, das auf hartem Boden entsteht, wenn nur die *Schalenwände* als schmale Abdrücke zu sehen sind; beim Hirsch infolge des hohen Körpergewichtes häufiger als beim *Tier*

KRANZGEWEIH, DAS ein Hirschgeweih mit stark geschwungenen *Stangen*, dessen *Kronenenden* sich fast wieder berühren

KRAUT, DAS auch *Zündkraut*: Zündpulver, welches das Treibpulver entzündet

KREBSOTTER, DER ► *Nerz*

KREISELWIND, DER *Kesselwind,* ► *kesseln*

KREISEN 1. das *Abfährten* eines *Reviers,* insbesondere bei einer *Neuen,* um *Raubwild* oder Sauen *einzukreisen.* 2. Der *Hühnerhund kreist,* wenn er einen großen Bogen schlägt, um von vorn an laufende Hühner heranzukommen und sie so zwischen sich und den Schützen zu bringen; 3. Greifvögel fliegen beutesuchend und auch während der Balzzeit in Kreisen, sie *ziehen Kreise.*

KREISER, DER auch *Einkreiser:* der Jäger, der bei einer *Neuen* zum *Kreisen* unterwegs ist

KREISJAGD, DIE ► *Kesseljagd,* ► *Kesseltreiben*

KREISJÄGERMEISTER, DER auch *Kreisjagdberater:* amtlich bestellter Berater des Landrates in Jagdsachen

KRELLSCHUSS, DER betäubender Treffer eines Dornfortsatzes der Wirbelsäule oder Streifschuss am Kopf. Typisch ist ein schlagartiges Zusammenbrechen des Wildes, das nach einiger Zeit wieder hoch wird.

KREUZ, DAS 1. beim *Haarwild* die hintere Partie des Rückens; 2. ein Knorpel im Herzen des Rotwildes, insbesondere aber des Gams- und Steinwildes, *Herzkreuz, Herzkreuzerl;* 3. die *Parierstange* an ► *blanken Waffen*

KREUZBOCK, DER ein Rehbock, dessen Gehörn dadurch ein Kreuz bildet, dass *Vordersprosse* und *Hintersprosse* in gleicher Höhe abzweigen

KREUZFUCHS, DER eine Farbvarietät beim Fuchs, bei der ein etwas dunkler gefärbter Haarstreifen vom Kopf bis zur Lunte und quer über die Schulterblätter läuft

KREUZSCHUSS, DER ein Schuss durch das Rückgrat

KREUZTRITT, DER seltener *Kreuzfährte:* ein altes *Fährtenzeichen* beim Rotwild: Es entsteht dadurch, dass das Stück den *Hinterlauf* seitlich halb in den *Vorderlauftritt* setzt.

KREUZWECHSEL, DER zwei sich schneidende *Wechsel*

KRICKEL, DAS ► *Krucken*

KRICKELWILD, DAS ► *Gamswild*

KRICKENTE, DIE *(Anas crecca),* auch Kricke, Grauentchen, Spiegelente

KRIEBEN, DIE (selten) Rippen *(Wände)* beim Rotwild

KRIECHEN 1. in den Bau *einschliefen, einfahren;* 2. Erziehungs- bzw. Unterordnungsübung beim Hund

KRÖCHEN auch *krächzen:* ein eigenartiger Kehllaut des Auerhahns, den er beim Erschrecken ausstößt oder wenn er misstrauisch geworden ist

KRONE, DIE 1. der Teil des Geweihs eines Rothirsches über der Mittelsprosse, wenn es mindestens drei Enden aufweist; je nach der Form unterscheidet man eine *einfache Krone, Hand-, Kelch-, Becher-, Schaufel-* oder *Doppelkrone.* Ein Hirsch, der ein *Kronengeweih* trägt, ist ein *Kronenhirsch;* die Enden der *Kronen* heißen *Kronenenden, Kronenzehner* im Unterschied zum *Eissprossenzehner:* 2. *Rehkrone:* so viel wie Rehgehörn; 3. die mehr oder weniger braun gefärbte Kuppe der *Hirschgrandeln*

KRONENSPIESSER, DER ein junger Rothirsch, dessen Kopfschmuck aus Stangen besteht, die sich an der Spitze dreiteilen

KRONSCHNEPFE, DIE ► Großer *Brachvogel*

KROPF, DER 1. die Ausbuchtung der Speiseröhre vieler Vögel, in der die Nahrung aufgeweicht und vorverdaut wird. 2. Beim Kolben des Gewehrs ist ein *gekröpfter Schaft* ein solcher, der dem Schützen beim Rechtsanschlag das Zielen mit dem linken Auge ermöglicht.

KRÖPFEN 1. Fressen bei allen Greifvögeln; 2. einen *Beizvogel kröpfen,* heißt, ihn füttern; 3. *worgen, würgen, wörgen,* seltener *grölen:* ein Ton, den der Auerhahn abends nach dem *Einfallen* auf dem *Schlafbaum* hören lässt, wenn er vertraut, also ungestört ist

KRÜCKE, DIE auch *Jule*: der in den Boden getriebene Stab vor der *Uhuhütte*, der dem Uhu zum ► *Aufhaken* dient

KRUCKEN, DIE die Hörner des ► *Gamswildes*, auch *Krickel* oder *Krückel*

KRUMME, DER scherzhafter Name für den ► *Hasen*

KRUMMES PULVER Man sagt, ein Schütze, der vorbeischießt, habe *krummes Pulver* geladen.

KÜCHENHASE, DER die wenigen Hasen, die man vor der jährlichen *Treibjagd* auf dem *Anstand* oder auf der *Suche* schießt, um vorher schon einen Braten zu haben

KÜCHENJÄGER, DER Bezeichnung für jemanden, der nur des Wildbrets wegen jagt

KUDER, DER ► *Kater*

KUDERN ► *kollern*

KUGEL, DIE das Einzelgeschoss, das aus einem Büchsen- oder Kugellauf (auch bei kombinierten Waffen) verfeuert wird

KUGELFANG, DER 1. der hinter den Scheiben zum Auffangen der Kugeln errichtete Wall auf einem Schießstand; 2. jagdlich: natürlicher Kugelfang im Gelände: Baum, Erdhügel, Berghang o. Ä.

KUGELLAUF, DER bei Büchsen, Büchsflinten und Drillingen der *gezogene Lauf*, aus dem Kugeln, besser Einzelgeschosse, verfeuert werden

KUGELSCHLAG, DER der Laut, der durch das Einschlagen der Kugel in den Wildkörper, aber auch in einen Baum oder auf Felsen verursacht wird. Der *Kugelschlag* gehörte früher, da er bei den langsam fliegenden Geschossen sehr deutlich hörbar war, zu den *Pirschzeichen*; bei den heutigen Geschossen mit hoher Anfangsgeschwindigkeit ist der *Kugelschlag vom* Schützen vielfach nicht mehr vom Schussknall zu unterscheiden.

KUHHESSIG auch *kuhhächsig*: ein Hund, bei dem die Hinterläufe von rückwärts gesehen nicht gerade, sondern nach innen gebogen, also X-beinig sind

KUJEL, DER (selten) ein schwaches Stück *Schwarzwild*

KULLERN Teil des Balzgesanges des Birkhahnes, ► *Birkhuhn*

KÜMMERER, DER ein männliches Stück bei allen Geweih- und Gehörnträgern, das infolge einer Krankheit, eines Schusses oder besonderer Notzeiten einen *verkümmerten* Hauptschmuck trägt

KÜMMERN das Zurückbleiben in der Entwicklung bei allem Wild durch Krankheit oder durch eine Schussverletzung; aber auch, wenn es infolge Nahrungsmangel, besonders in strengen Wintern, Not leidet: »Das Wild *kümmert.*«

KUNSTBAU, DER ein künstlich angelegter Fuchsbau zur intensiven Bejagung des Fuchses und zum Einüben der *Erdhunde*

KUNSTFÄHRTE, DIE künstlich erzeugte *(getupfte* oder *gespritzte) Schweißfährte*

KUPIEREN das Kürzen des Schwanzes *(Rute)* und der Ohren *(Behänge)* bei Hunden bestimmter Rassen

KUR, DIE *Hasenkur*, ► *Hase*

KURRE, DIE (selten) *Birkhenne*

KURZ 1. Der Hund *sucht* oder *arbeitet kurz*, wenn er sich nicht weit von seinem Herrn entfernt; man *hält* oder *führt* ihn *kurz*; 2. man *schießt* zu *kurz*, wenn man bei Wild, das sich in Bewegung befindet, nicht genügend weit vorhält oder wenn man zu tief schießt; 3. die Sau *wird kurz*, wenn sie bald nach dem Schuss langsamer wird.

KURZFESSEL, DIE auch *Wurffessel*: ein mit einem Ring versehener Riemen, mit dem man die Beine bzw. Füße *(Hände)* der *Beizvögel* und des Uhus verbindet, in dem Ring wird die ► *Langfessel* angebracht

KURZWILDBRET, DAS die Hoden des *Schalenwildes* und der Hunde; manchmal auch für die gesamten männlichen Geschlechtsteile angewandt, ▸ *Geschröte*

KÜSELN ▸ *kesseln*

KUSEN, DIE *Hirschhaken* oder ▸ *Grandeln*

KUSSELN, DIE buschförmiges Jungholz, *Kusselbestand*, oft vom Dauerverbiss herrührend

KUTO, DER alte Bezeichnung für ein großes *Waidmesser* der Hannoverschen *Jägerei*, abgeleitet vom *couteau de chasse*

L

LADEMASCHINE, DIE ein Gerät, um selbst Patronen zu laden, d.h. die Hülsen mit Pulver, Zündhütchen und Geschoss oder Schrot zu füllen

LADEN die Patronen in das Patronenlager des Gewehrs hineinschieben

LADESTOCK, DER ein Holz- oder Eisenstab, mit dem bei ▸ *Vorderladern* die *Ladung aufgesetzt* wurde

LADUNG, DIE die zu einem Schuss erforderliche Pulver- und Bleimenge. Unter einer *starken Ladung* versteht man eine im Verhältnis zum Geschossgewicht große Pulvermenge; Gegensatz: *schwache Ladung*.

LAGE, DIE das Verhältnis der Schäftung eines Gewehrs zur Körperform des Schützen. Das Gewehr hat eine *gute Lage*, *es liegt* dem Schützen *gut*, wenn es seinen Körperformen zum treffsicheren Schießen gut angepasst ist.

LAGER, DAS 1. die Stelle, an der ein Hase, Kaninchen, eine *Kette* Hühner sich *niedertut* oder *niedergetan* hat, gelegen hat; 2. die Stelle, an der sich eine einzelne Sau *eingeschoben* hat; 3. die Stelle, die man zum Legen eines *Fangeisens*, insbesondere eines *Schwanenhalses* vorbereitet hat; 4. *Patronenlager*: das Hinterende des Laufes, das die Patrone aufnimmt

LAGERN 1. Das Wild *lagert sich*, wenn es sich hinsetzt *(niedertut)*; 2. das ▸ *Eisen* wird *gelagert, eingelagert, eingebettet*.

LAGERSCHNEPFE, DIE die bei uns gelegentlich überwinternde Waldschnepfe

LAHMEN ▸ *lauflahm*

LAHNEN, DAS Bettellaute junger Greifvögel

LAMM, DAS das Junge des ▸ *Muffelwildes* bis zur Vollendung des ersten Lebensjahres, *Widderlamm, Schaflamm*

LÄMMERBRATEN, DER ▸ *Mehrbraten*, auch *Jungfernbraten* oder *Lammer*

LÄMMERGEIER, DER Bartgeier, gelegentlich auch für den Mönchsgeier und den (weißköpfigen) Gänsegeier gebraucht

LÄMMERN oder *lammen*: das *Setzen* des ▸ *Muffelwildes*

LAMPE, MEISTER Scherzname für den Hasen

LANCIEREN das *Nachhängen* mit dem *Leithund* oder *Schweißhund* auf der *Fährte* eines Hirsches, um diesen auf dem *Wechsel* einem vorgestellten Schützen *zuzudrücken*

LANCIERHUND, DER ein zum *Lancieren* geeigneter *Leit-* oder *Schweißhund*

LANDBÖMSCH, DER ein viereckiges Netz, das zum Lebendfangen von Greifvögeln diente (veraltet)

LANDOTTER, DER ▸ *Fischotter*

LANGER HALS, DER *langer* ▸ *Kragen* (2.)

LANGFESSEL, DIE ein Riemen, der im Ring der ▸ *Kurzfessel* befestigt wird, beim *Beizvogel* und beim Uhu

LANGSCHNABEL, DER scherzhafte Bezeichnung für die Waldschnepfe, auch *Vogel mit dem langen Gesicht*

LAPPEN, DIE 1. die Lefzen der Hunde; 2. die Haut zwischen den Zehen des *Wasserwildes*, besonders wenn sie wie bei Wasserhühnern und Tauchern nicht zusammenhängend, sondern geteilt sind; 3. lange Leinen, an denen bunte *Tücher, Flintern* oder *Federlappen* in bestimmten Abständen befestigt sind, um damit ein *Treiben einzulappen*, d.h. zu verhindern, dass das Wild aus der *Lappstatt auswechselt* (»durch die Lappen geht«)

LAPPENFUSS, DER Fuß der Wasserhühner und der Taucher, der nicht mit vollständigen Schwimmhäuten, sondern nur mit Zehenlappen versehen ist

LASS! oder *Aus!*: Zuruf an den Hund, wenn er das gebrachte Stück Wild aus dem Maul *(Fang)* freigeben *(auslassen)* soll

LATEIN, DAS ▸ *Jägerlatein*

LATSCHEN, DIE 1. die Füße aller Schwimmvögel mit Ausnahme der Schwäne, bei denen man *Ruder* sagt; auch bei den Enten, deren Schwimmhäute eine geschlossene Fläche bilden, sagt man *Ruder*; 2. Krummholzkiefer

LATSCHENBOCK, DER einsam lebender Gamsbock, der vornehmlich in Latschenfeldern seinen Einstand hat

LAUERHÜTTE, DIE ▸ *Luderhütte*

LAUF, DER 1. Bezeichnung für die Beine allen *Haarwildes* und der Hunde, ausgenommen Bär, Dachs, Marder, diese haben ▸ *Branken*; beim Fuchs ist *Lauf* oder *Branke* zulässig. Im engeren Sinn versteht man unter *Branke* den unteren Teil des *Laufes* beim *Raubwild*; 2. der mit ▸ *Tüchern* abgestellte Platz vor den ▸ *Schirmen* bei einem *eingestellten Jagen*; 3. Gewehrlauf

LAUFBOHRUNG, DIE die innere Weite des Gewehrlaufs; man unterscheidet beim Flintenlauf u.a. *Zylinderbohrung* und *Würgebohrung*

LAUFEN 1. in der allgemeinen Bedeutung jagdsprachlich beim Hasen, Kaninchen, Biber, dem niederen *Haarraubwild* und beim *Federwild*; 2. bei der Hündin so viel wie *läufig, hitzig* sein

LAUFHUND, DER Jagdhund *(Bracke)*, wie er in verschiedenen Rassen besonders in der Schweiz und in Frankreich gezüchtet wird

LAUFKUGELN, DIE ▸ *Flintenlaufgeschosse*

LAUFLAHM Ein Stück Wild, das infolge eines Schusses oder einer sonstigen Verletzung ein Bein *schont*, ist *vorderlauflahm, hinterlauflahm*, ▸ *schonen* (3.).

LAUFSCHIENE, DIE schmale Schiene entlang des Gewehrlaufes, die im Allgemeinen die *Visiervorrichtung trägt*. Bei mehrläufigen Waffen kann die *Laufschiene* auch zur Verbindung der Läufe dienen.

LAUFSCHUSS, DER ein Treffer auf das Bein eines Stückes Wild, *Vorderlaufschuss, Hinterlaufschuss, hoher Laufschuss, tiefer Laufschuss*

LAUFZEIT, DIE die Zeit, in der eine Hündin paarungsbereit *(läufig)* ist

LAUSCHER, DIE auch *Luser* oder *Loser*: die Ohren bei allem *Schalenwild* mit Ausnahme des *Schwarzwildes*, bei diesem: *Teller, Schüsseln*

LAUT 1. Im Wald ist es *laut*, wenn es längere Zeit sehr trocken gewesen ist und Laub und Reisig beim *Pirschen* viel Geräusch verursachen; 2. bellende Hunde sind *laut, jagen laut* auf der *Fährte*, sind *fährtenlaut* oder (beim Hasen oder Fuchs:) *spurlaut*.

LAUT, DER das Bellen des Hundes: »Der Hund *gibt Laut*.«

LECKE, DIE ▸ *Salzlecke*

LECKER, DER auch *Graser* oder *Weidlöffel*: die Zunge des *Schalenwildes*, mit Ausnahme des *Schwarzwildes*, bei dem man ebensowie bei den anderen Wildarten *Zunge* sagt

LECKLEIN, DAS auch *Lecken*: ein *hirschgerechtes Fährtenzeichen*. Es entsteht beim ▸ *Zurückbleiben*, wenn der Hirsch infolge des *Zwingens* (▸ *Zwang*) mit der Spitze des *Hinterlaufs* ein kleines Löchlein macht.

LECKSTEINE, DIE aus Kochsalz und verschiedenen Zutaten bestehende Steine, die das Wild gierig beleckt und die zur *Beschickung* der *Salzlecken* Verwendung finden

LEDERGEWEIH, DAS auch *Pergamentgeweih*: ein Geweih, bei dem der *Bast* nicht *abgefegt* wurde, sondern fest an den Stangen angetrocknet ist und leder- oder pergamentartig aussieht

LEER 1. Alles Wild und der Hund sind *leer*, wenn sie hungrig sind, d. h. wenig Nahrung in sich haben, insbesondere beim *Raubwild* gebräuchlich: »Der Fuchs *ist leer*«, im Gegensatz zu *vollgeludert*; 2. weibliches *Haarwild* ist *leer geworden*, wenn das *Setzen, Werfen, Frischen* usw. vorüber ist; 3. ein Revier *ist leer*, wenn es von schlechten Jägern völlig ► *ausgeschossen* (2.) wurde.

LEEREN sich *lösen*, d. h. koten

LEFZE, DIE Lippe des Wildes und des Hundes, auch ► *Lappen*

LEGBÜCHSE, DIE ein einläufiges, ungeschäftetes Gewehrsystem, wie es einst für eine *Selbstschussvorrichtung* verwendet wurde

LEGEN 1. *Federwild legt* seine Eier; 2. der Jäger *legt* das *Fangeisen*; 3. der Hund *legt sich in den Riemen*, wenn er stark vorwärts drängt; 4. *»Leg dich!«*: Befehl für den Hund zum Niederlegen.

LEHN, DIE (veraltet) *Bache*

LEHRABSCHIED, DER oder *Lehrbrief*: eine Urkunde der älteren Jägerei, mit welcher der ► *Jägerbursche* nach dreijähriger Lehrzeit freigesprochen wurde und damit unter anderem das Recht erhielt, einen ► *Hirschfänger* zu tragen

LEHRHERR, DER oder *Lehrprinz*: der erfahrene ältere Jäger, der Jäger ausbildet

LEHRPRINZ, DER ► *Lehrherr*

LEHRZEIT, DIE drei Ausbildungsjahre der *Berufsjäger*, früher die sog. drei *Behänge*, ► *Jägerbursche*

LEIB, DER Das Wild ist *gut* oder *schlecht bei Leibe*, je nachdem ob es ► *feist* oder ► *abgekommen* ist.

LEIBJÄGER, DER ein Jäger, der früher bei einem hochgestellten Herrn u. a. als Büchsenspanner Dienst tat

LEIER, DIE Schwanz *(Stoß)* des Birkhahns

LEINE, DIE Seile und Stricke aller Art, die zu jagdlichen Zwecken verwendet werden, insbesondere auch der Riemen, an dem der Jagdhund geführt wird: »Man *nimmt* einen Hund an *die Leine*.«

LEINENFÜHRIG auch *riemenführig* ist ein Hund, der sich willig und ruhig an der *Leine* führen lässt.

LEITFLÜGEL, DER sich am Gelände orientierender *Treiberflügel*, nach dem sich die *Streife* ausrichtet, ► *Treiberwehr*

LEITGAMS, DAS auch die *Leitgämse*: das führende Stück bei einem Rudel Gamswild, ► *Kopfgams*

LEITHUND, DER 1. Eine schwere Jagdhunderasse, die durch das ganze Mittelalter bis ins 19. Jahrhundert zum *Bestätigen* des Hirsches Verwendung fand und im besonderen Ansehen stand, lebt fort im Hannoverschen *Schweißhund*, der heute noch zur *Leithundarbeit* Verwendung findet. 2. *weißer Leithund*: Bezeichnung für Neuschnee

LEITTIER, DAS das Tier, das ein Rudel Rotwild oder Damwild führt, ► *Kopftier*

LICHT, DAS 1. Bezeichnung für Auge; alles *Schalenwild* hat *Lichter*; alles *Haarraubwild* sowie Hase, Kaninchen, Biber und Murmeltier haben *Seher*, alles *Federwild* Augen; 2. ► *Büchsenlicht*

LICHTES ZEUG, DAS Teil des Jagdzeuges, nämlich *Netze* und *Lappen*, ► *Zeug*

LIEBELN besser *abliebeln*: das Streicheln und belobende Zusprechen gegenüber dem Jagdhund

LIEGEN 1. Das Wild *liegt auf der Strecke*; 2. Enten *liegen* auf dem See, Hasen und Hühner auf dem Feld, die Schnepfe *liegt* im Bruch; *Haarraubwild liegt*, wenn es ruht (in Süddeutschland auch beim *Schalenwild* in diesem Sinne gebräuchlich, aber richtig ist: *es sitzt*); 3. ein Gewehr *liegt gut* oder *schlecht*, je nachdem, ob es den Körpermaßen des Schützen entspricht; 4. der *Erdhund liegt vor*, wenn er im Bau den Fuchs oder Dachs verbellt; 5. Fuchs, Dachs, Otter *liegen* im Bau.

LITZE, DIE ► *Blässhuhn*

LOCHGUCKER, DER ein Hund, insbesondere *Leithund*, der die *Fährte* mit den Augen sucht und sichtbare *Fährten* zeigt

LOCKE, DIE 1. ein Instrument, mit dem man den Ruf bestimmter Vögel (z. B. von Schnepfen, Tauben) nachahmt, um diese anzulocken; 2. auch *lebende Locke*, wie z. B. *Lockente, Locktaube* usw.

LOCKEN 1. *Federwild* durch Nachahmen seines ► *Rufes* anlocken; 2. den *Beizvogel* an die Faust gewöhnen, zahm machen, *locke* machen; 3. die Lautäußerungen von allem *Federwild*: »Die Hühner *locken* sich wieder zusammen.«, »Der Tauber *lockt.*«

LOCKER 1. Hasen, Rebhühner usw. *sitzen* oder *liegen locker*, wenn sie vor Jäger und Hund *schlecht halten*; 2. ein Hund hat *lockere Schultern* oder steht *vorne locker*, wenn die Schulterblätter nicht fest und straff angesetzt sind.

LOCKERER HALS Der Hund hat einen *lockeren Hals*, wenn er gern *Laut gibt.*

LOCKJAGD, DIE jede Jagd, bei der das Wild durch Lautäußerung, Bewegung oder andere Mittel, z. B. *Lockvögel* angelockt wird

LOCKVÖGEL, DIE Uhu, Lockenten, Locktauben, früher auch Singvögel

LÖFFEL, DER 1. Ohr bei Hase und Kaninchen; 2. die Zunge des Rotwildes in der Zusammensetzung *Weidlöffel*

LÖFFELMANN, DER scherzhafte Bezeichnung für den Hasen, auch *Krummer, Mümmelmann, Lampe*

LÖFFLER, DER 1. ein *geringer* Damhirsch, der noch keine *Schaufel* geschoben hat, sondern an den *Enden* des Geweihs nur löffelförmige Ansätze von Schaufeln zeigt, ► *Damwild*; 2. Sumpfvogel

LORBEEREN, DIE die einzelnen Teile der *Losung* aller Hirscharten

LOS 1. Man *macht* Wild *los*, wenn man es zum Flüchten bringt; so viel wie *rege machen*; 2. Zuruf: *Hunde los!*

LOSBRECHEN Das Wild *bricht los*, wenn es plötzlich aus seiner Ruhe aufgescheucht wird und *fortflüchtet*.

LÖSEN 1. Man *löst* die Hunde *von der Leine, koppelt* sie los, *schnallt* sie; 2. beim *Zerwirken* nennt man das Abtrennen und Abschneiden der einzelnen Teile *ablösen* oder *auslösen*, z. B.: »Man *löst* eine *Keule aus.*«; 3. alles *Haarwild* und die Hunde *lösen sich*, wenn sie koten.

LOSSCHLAGEN, SICH Wenn eine von Hunden *gestellte* oder *gedeckte* Sau wieder entweicht, dann hat sie *sich losgeschlagen.*

LOSUNG, DIE der Kot der Hunde und von allem Wild, mit Ausnahme der Greifvögel, bei denen man von *Geschmeiß* spricht

LOT, DAS Bezeichnung für die Ladung eines Gewehrs, z. B.: »Die Flinte verträgt ein *gutes Lot.*«, d. h. viel Pulver, oder: »Die Büchse schießt ein *grobes* oder *starkes Lot.*«, d. h. eine großkalibrige Kugel (*Kraut* und *Lot*)

LUCHS, DER *(Lynx lynx)*. Der männliche Luchs heißt *Kuder*, der weibliche *Luchsin, Katze* oder *Kätzin*; die jungen Luchse nennt man *Katzluchse*. Im Sommerbalg sagt man *Hirschluchs*, im Winterbalg *Kalbluchs*. Der Luchs hat einen *Balg*, hat *Gehöre* und *Seher*. An der Spitze der *Gehöre* sitzen die schwarzen *Haarpinsel*. Er hat sehr kräftige *Läufe* mit *Pranken*, an denen sich *Waffen* oder *Krallen* befinden. Er hat *Fänge*, nicht *Zähne*, und eine *Stummelrute*. Der Luchs *trabt*, und *schränkt* oder *schnürt* und hinterlässt eine (*Fährte* oder) *Spur*. Er *macht Sprünge* und hat ein *Lager*. Sehr häufig *baumt* er *auf*. Er *raubt* und *reißt* seine Beute. Der Luchs *ranzt*, die Luchsin *begehrt* und *bringt Junge*.

LUDER, DAS 1. jedes tote Tier, das zum *Anlocken, Anludern* von *Raubwild* oder

Raubzeug verwendet wird; 2. das *Federspiel* zum Anlocken des *Beizvogels*

LUDERHÜTTE, DIE eine meist in die Erde eingelassene, unterstandartige Hütte, vor der man in schussgerechter Entfernung ein *Luder* auslegt

LUDERPLATZ, DER die Stelle, an der *Raubwild angeludert* wird

LUDERSCHACHT, DER eine aus Holz oder anderem Material bestehende Röhre, die etwa einen Meter tief so in den Boden eingegraben wird, dass der obere Rand mit ihm abschließt. Der Luderschacht wird mit *Gescheide* und Aas aller Art gefüllt und dient dem Anlocken von *Raubwild* und Raubzeug.

LÜFTEN 1. Öffnen der Bauchdecke bei einem geschossenen Stück *Schalenwild*, wenn zum vollständigen ► *Aufbrechen* keine Zeit ist; hierbei darf jedoch niemals ► *Pansen* oder ► *Gescheide* verletzt werden; beim *Schwarzwild* gehört noch je ein Schnitt zwischen *Blatt* und Rumpf dazu, so kann das Stück besser auskühlen. 2. den *Hirschfänger* ein kurzes Stück aus der Scheide ziehen, was z. B. bei dem alten Brauch des *Pfundegebens* üblich war; 3. dem *Beizvogel* für kurze Zeit die *Haube* abnehmen

LUG, DAS auch *Loch* oder *Lager*: das Lager des Bären

LUNGENWURMSEUCHE, DIE eine durch verschiedene Lungenwurmarten hervorgerufene Erkrankung

LUNTE, DIE auch *Standarte* oder *Fahne*: der Schwanz beim Fuchs und Marder. Das übrige *Haarraubwild* hat eine *Rute*, der Dachs einen *Pürzel* oder *Zain*.

LUNZE, DIE (veraltet) ► *Geräusch*

LUSER, DIE auch *Loser*: ► *Lauscher*

M

MACHEN 1. Der Hirsch *macht*, d. h. zeigt *eine gute Fährte*; 2. der Hirsch hat *viel oder wenig gemacht*, d. h., er hat ein gutes oder geringes Geweih gebildet; 3. man *macht ein* ► *Jagen*, d. h., man richtet es ein, stellt es ein (veraltet); 4. man *macht eine Jagd*, man *macht ein Treiben*.

MAGEN, DER Mit Ausnahme der Wiederkäuer, die einen *Pansen, Waidsack* oder *Wanst* haben, hat alles übrige Wild, einschließlich des *Federwildes*, einen *Magen*.

MAGENKIESEL, DIE auch *Magensteine, Auerhahnsteine, Magenzähne* oder *Waidkörner*: die kleinen, weißlichen, rund geschliffenen Quarzsteinchen, die sich im Magen aller Waldhühner befinden und zur Zerkleinerung der harten Bestandteile der Äsung beitragen

MAGENWURMSEUCHE, DIE eine insbesondere beim Rehwild vorkommende, durch Magen-Darm-Parasiten hervorgerufene Erkrankung

MÄHNE, DIE die langen Haare am Hals *(Träger)* des Brunfthirsches, aus denen der *Hirschbart* gebunden werden kann

MAHNEN der näselnde kurze Ton, den das *Rottier* hören lässt, wenn es vom Hirsch *getrieben* wird und wenn es in der übrigen Jahreszeit sein Kalb herbeilocken will. Der Jäger ahmt den Ton nach, um den *ziehenden* Hirsch zum Halten *(Verhoffen)* zu bringen; auch beim Elchwild.

MALBAUM, DER 1. ein Baum, an dem sich *Schwarzwild* nach dem *Suhlen* gerieben hat; 2. ein Grenzbaum an der Reviergrenze (selten)

MALERFEDER, DIE auch *Schnepfenfedern* oder *Schnepfengrandeln*: die verkümmerte erste Schwungfeder am Flügel der Waldschnepfe (auch beim Auerhahn und Fasan); dient auch als Trophäe, während sie früher zum Malen feinster Striche verwendet wurde

MANKEI, DAS ► *Murmeltier*

MANKEIPFIFF, DER der Warnlaut des Murmeltieres

MÄNNCHEN, DAS Der Hase *macht ein Männchen*, wenn er sich auf die *Keulen* setzt und die Vorderläufe hebt (also wie ein Hund *Männchen macht)*, ▸ *Kegel* (1.).

MANTEL, DER 1. das Rücken- und Flügeldeckgefieder bei allen Vögeln; 2. die meist aus Stahl, Kupfer oder Nickel bestehende äußere Hülle um einen Geschosskern, z. B. *Teilmantelgeschoss*

MARAL, DER eine im Kaukasus und ferneren Asien vorkommende Hirschart, Kaukasusmaral, Altaimaral

MARDER, DER Familienname, der marderartigen Tiere, ▸ *Edelmarder*, ▸ *Steinmarder*, ▸ *Otter* u. a.

MARDERHUND, DER eine aus Ostasien nach Russland umgesiedelte und vereinzelt bereits bis nach Deutschland vorgedrungene Raubtierart

MARDERSCHLAGBAUM, DER ▸ *Schlagbaum*

MARKIEREN 1. Ein *Vorstehhund markiert*, d. h., er zeigt, wenn er Wild vor sich hat; 2. der Uhu, der auf der *Jule* sitzt, *markiert* durch auffälliges Verhalten jeden *anstreichenden* Vogel, speziell Krähen (die Lockjagd mit dem lebendem Uhu ist heute verboten); 3. Wild wird markiert, *gezeichnet.*

MARKOLF, DER auch *Markwart*: Bezeichnungen für den Eichelhäher

MÄRZENTE, DIE ▸ *Stockente*, ▸ *Wildente*

MAST, DER ▸ *Treiben*, im Baltikum gebräuchlich

MAST, DIE 1. der Fraß, den *Schwarzwild* vom Boden aufnimmt, meist Eicheln, Bucheckern, Kastanien, Wildobst; auch: *Obermast, Bodenmast*

MASTBAUM, DER jeder fruchttragende Baum, wie Eiche, Buche, Obstbäume

MASTJAHR, DAS Samenjahr in Eichen- und Buchenwäldern

MASTZEIT, DIE die Zeit, in der die Früchte *(Mast)* fallen und in der früher die Schweine in den Wald getrieben wurden

MÄUSEBUSSARD, DER ▸ *Bussard*

MÄUSELN Nachahmen des Pfeifens der Maus entweder mit gespitzten Lippen oder auf einem besonderen Instrument, dem *Mauspfeifchen*, um dadurch *Raubwild*, insbesondere den Fuchs, anzulocken

MAUSEN Das *Raubwild maust*, wenn es Mäuse fängt.

MAUSER, DIE 1. der Federwechsel aller Vögel, *Frühjahrsmauser* und *Herbstmauser*; 2. *der Mauser*, ▸ *Bussard*

MAUSERERPEL, DER Die Enten mausern so rasch, dass sie eine Zeit lang flugunfähig sind; während dieser Zeit heißt der Erpel *Mausererpel*, auch *Rauerpel.*

MAUSWIESEL, DAS ▸ kleines *Wiesel*

MECKERN 1. der Balzlaut der ▸ *Bekassine*, der beim schnellen Flug durch das Vibrieren der Schwanzfedern hervorgebracht wird; 2. der Lockton der Schafe und Lämmer beim ▸ *Muffelwild*

MEHRBRATEN, DER *Möhrbraten, Mürbebraten* oder *Lämmerbraten, Jungfernbraten*: das *Wildbret* unter dem Rückgrat beim Rotwild und anderem *Schalenwild*

MEHRLADER, DER Gegenstück zum *Einzellader*: Repetiergewehr, Selbstladebüchse, Selbstladeflinte u. a.

MEISTER, DER 1. in Zusammensetzungen *Jägermeister, Wildmeister*; 2. *Meister Petz*, auch *Meister Braun*: scherzhafte Bezeichnung für den Bären; 3. *Meister Bockert*: scherzhafte Bezeichnung für den Biber; 4. *Meister Lampe*: scherzhafte Bezeichnung für den Hasen

MELDEN Der Hirsch *meldet*, wenn er in der Brunft schreit, er *meldet gut* oder *schlecht*; seltener auch beim Auerhahn in der *Balz* gebräuchlich.

MEUTE, DIE die Gesamtheit der zu einer *Parforcejagd* verwandten Hunde (Parforcejagd: in Deutschland verboten), aber auch eine größere Anzahl von Hunden, die zur *Saujagd* verwendet wird, ▸ *Saumeute*

MILAN, DER 1. Roter Milan *(Milvus mil-*

vus), auch Gabel- oder Königsweihe (jedoch nicht zu den Weihen zählend!); 2. Schwarzer Milan *(Milvus migrans)*, auch Schwarzbrauner Milan oder Wassermilan

MILZBRAND, DER eine sehr gefährliche, auch auf den Menschen übertragbare, aber nur selten auftretende Seuche

MILZSCHUSS, DER ein Schuss durch die Milz

MITFAHREN mit dem im Anschlag befindlichen Gewehr dem flüchtigen Wild zielend folgen, um vorschwingend im richtigen Moment abzudrücken

MITNEHMEN 1. ▸ *Einschlag*; 2. eine *abstreichende* Auerhenne *nimmt* den Hahn *mit*, wenn dieser ebenfalls *abreitet*; vor einer Gefahr flüchtig werdendes Kahlwild *nimmt* den Hirsch *mit* usw.; 3. der Jäger *nimmt* den Hund *mit* auf die Jagd

MITTELBÄR, DER der vier- bis sechsjährige Braunbär

MITTELJAGD, DIE Früher wurde in einigen Ländern die Jagd nicht nur in *hohe* und *niedere Jagd*, sondern in *hohe, mittlere* und *niedere* Jagd eingeteilt; zur *mittleren Jagd* konnte u. a. etwa Schwarzwild, Rehwild, Birkwild, Haselwild gehören.

MITTELSPROSS, DER auch *Mittelende*: das *Geweihende* zwischen *Aug-* bzw. *Eissprosse* und *Krone*

MÖNCH, DER ▸ *Kahlhirsch*

MÖNCHSGEIER, DER *(Aegypius monachus)* auch Kuttengeier, größter Altweltgeier

MONSTRÖS ein widersinniges, von der normalen Entwicklung stark abweichendes Geweih oder Gehörn

MOORENTE, DIE *(Aythya nyroca)*, auch weißäugige Ente, kleiner Rothals oder rotköpfige Ente; eine Tauchentenart

MÖRDER, DER (veraltet) ein extrem aggressiver Hirsch oder Rehbock, dessen Geweih bzw. Gehörn manchmal nur aus langen, dolchartigen *Spießen* besteht

MORGENANSTAND, DER die bei aufkommendem Tageslicht ausgeübte Jagd, besonders auf aus der Feldmark *zu Holz ziehendes* Wild

MORGENBALZ, DIE die *Balz* des Auer- und Birkwildes am Morgen; Gegensatz: *Abendbalz*

MORGENPÜRSCHE, DIE die *Pirsch* in den Morgenstunden

MÜCKE, DIE (selten) das *Korn* auf dem Gewehr

MUCKEN das Zucken des Schützen im Augenblick der Schussabgabe, wodurch der Schuss das Ziel nicht oder ungenau erreicht, d. h. *verrissen, vermuckt* wird

MUFFEL, DIE *Windfang*, besonders beim Elchwild gebräuchlich

MUFFELWILD, DAS *(Ovis ammon musimon)*, von den Alten *Weißarsch* genannt. Das Männchen heißt *Widder*, das Weibchen *Schaf*, auch *Wildschaf*, die Jungen *Lämmer, Widderlamm* und *Schaflamm*. Das weibliche Stück heißt vom vollendeten ersten Lebensjahr bis zum ersten *Setzen (Lämmern) Schmalschaf*, der *Widder wird* als einjähriger, zweijähriger, dreijähriger usw. *Widder* bezeichnet, endlich *guter, starker, kapitaler Widder*, er trägt *Schnecken* und auf beiden Flanken den *Sattel*, die *Schabracke* oder den *Schneefleck*. Den Warnlaut der Widder und Schafe nennt man *Pfeifen*, den Lockton der *Schafe* und *Lämmer Meckern*, das Blöken der Schafe *Bähen*. Das Bewegen der Lippen und Kiefer, wobei ein eigentümlicher Laut zu hören ist, nennt man *Muffeln*, die übrigen waidmännischen Bezeichnungen sind wie beim Rotwild. Es warnt durch ▸ *Klopfen*.

MÜMMELMANN, DER Bezeichnung für den ▸ *Hasen*

MUNDBLECH, DAS Bezeichnung für den oberen Metallteil der Scheide des *Hirschfängers*; unterer Metallteil: *Ortblech*

MÜRBEBRATEN, DER ▸ *Mehrbraten*

MURKSEN auch *murken, quorren* oder

quarren: der tiefe Balzlaut der männlichen Waldschnepfe

MURMELTIER, DAS *(Marmota marmota), Alpenmurmeltier, Mankei, Murmentel, Murmelin, Misbellerl, Montanella.* Das Männchen heißt *Bär*, das Weibchen *Katz, Katze* oder *Mütterin, Muttei*; das Junge nennt man häufig *Alf.* Den Warnlaut nennt man *Pfeifen. Murmelfett* oder *Mankeischmalz* ist ein bekanntes Heilmittel. Die übrigen waidmännischen Bezeichnungen sind wie beim ► *Kaninchen.* Als Schmucktrophäe gelten die markanten langen Schneidezähne.

MURREN der knurrende Laut, den Dachs, Marder und Otter ausstoßen, wenn sie zornig sind

MUTTERBAU, DER ein meistens großer Fuchs- oder Dachsbau, in dem regelmäßig Junge groß gezogen werden

MUTTERWILD, DAS Sammelname für die weiblichen Stücke und die Kälber der Hirscharten, gleichbedeutend wie Kahlwild

N

NACHARBEITEN ► *nachhängen*

NACHBALZ, DIE der Ausklang der *Balzzeit*, im Gegensatz zur *Vorbalz* und *Hauptbalz*

NACHBRENNEN Eine Pulverladung, die nach der Zündung nicht explosiv, sondern mit Verzögerung abbrennt, bewirkt einen *Nachbrenner* (sehr gefährlich!, Vorsicht vor dem Öffnen des Verschlusses).

NACHBRUNFT, DIE Ausklang der *Brunft* oder sehr verspätete *Brunft*; im Gegensatz zu *Vorbrunft, Hauptbrunft*, ► *Afterbrunft*

NACHFAHREN 1. Wenn man einem Stück Wild, das sich in Bewegung befindet, mit dem Gewehr zielend folgt, um einen Schuss anzubringen, so *fährt man nach* oder *mit*; 2. wenn ein *Erdhund* im Bau *fest vorliegt*, so lässt man zu seiner Unterstützung einen zweiten Hund *nachfahren*; 3. wenn der *Schweißhund* sich *gut in den Riemen legt* und die *Fährte arbeitet*, so sagt man: »Er *fährt* auf der *Fährte nach.*«

NACHFÄHRTE, DIE 1. die *Fährte* des *Hinterlaufs*; 2. bei *Widergängen* der zurückgerichtete Teil der *Fährte*

NACHFALLEN Wenn mehrere Stücke *Flugwild* an einer Stelle *eingefallen* sind und kurz darauf weiteres *Flugwild* derselben Art *einfällt*, so sagt man, *sie fallen nach.*

NACHFOLGE, DIE ► *Folge*

NACHGEBEN 1. einem Jagdhund mehr *Riemen geben.* 2. Ein Hund, der ein Stück Wild gehetzt hat, *gibt nach*, wenn er müde wird und ablässt.

NACHGREIFEN das Kürzerfassen des *Schweißriemens*, wenn der Hund zu *hitzig* arbeitet

NACHHÄNGEN mit dem *Schweißhund* oder *Leithund* einer *gesunden* oder *kranken Fährte* folgen: »Man *hängt* auf einer Fährte *nach.*«

NACHHETZEN das *Hetzen* der Hunde hinter dem flüchtigen Wild

NACHLASSEN 1. einen Hund *abhalsen* und dem Wild folgen lassen. Wenn ein Hase *krankgeschossen* ist, *lässt* man den Hund *nach*; 2. der Hund *lässt nach* oder *ab*, wenn er aufhört zu hetzen.

NACHPRELLEN Wenn ein *Vorstehhund* einem vor ihm *herausfahrenden* Hasen oder *aufstiebenden* Hühnern/Fasanen *nachfährt*, so nennt man das *nachprellen*, auch *vorprellen*; fehlerhaftes Verhalten!

NACHSUCHE, DIE das Suchen von krankem Wild aller Art; waidgerecht ist die Nachsuche nur mithilfe eines dafür gut eingearbeiteten Hundes

NACHTANSITZ, DER *Ansitz* bei Nacht

NÄCHTIG eine *Fährte*, die nicht erst morgens beim *Einziehen*, sondern schon in der Nacht getreten wurde. Wenn die *Fährte* vom Tag zuvor herrührt, nennt man sie *übernächtig.*

NACHTKORN, DAS ein *Korn*, das im Dunkeln leuchtet und daher ein Schießen nach Schwinden oder vor Anbruch des *Büchsenlichts* ermöglichen soll

NACHTRAUBVÖGEL, DIE alle Eulenarten, im Gegensatz zu *Tagraubvögeln*, Taggreifen (nur jagdlich, nicht zoologisch)

NACHTREIHER, DER ▸ *Reiher*

NACHZIEHEN 1. Ein Stück *Schalenwild zieht* einem anderen *nach*, wenn es auf demselben *Wechsel* folgt; 2. der Hund *zieht* auf der *Fährte* oder *Spur* oder auf dem *Geläuf nach*, wenn er suchend dem Wild folgt; 3. ▸ *nachfahren.*

NACKENWIND, DER der Wind, der dem Jäger in den Nacken weht, also für die Jagd sehr ungünstig ist

NADELN Der Auerhahn *nadelt*, wenn er Kiefern-, Tannen- oder Fichtennadeln *abäst.*

NAGEL, DER 1. Bezeichnung für die Zehennägel bei allen Wildarten, für die nicht die Ausdrücke *Schalen, Klauen, Waffen* oder *Krallen* üblich sind; 2. die Harnbildung vorn am Schnabel der Gänse, Enten, Schwäne und Säger; 3. *Balznägel*: ▸ *Balzstifte* des Auerhahns; 4. Mittelpunkt der Jagdzielscheibe

NAGELN das Abdrücken der Zehennägel in der *Spur*: Der Fuchs oder Dachs z. B. *nagelt*, während Katze und Luchs nicht *nageln.*

NAHT, DIE 1. die Verbindungslinie der Stirnbeine bei allen Geweih- und Gehörnträgern; 2. die Verbindungslinie zwischen den beiden *Eisbeinen* (Schambeinen) beim *Schalenwild*. In diese Naht muss man das *Waidmesser* einsetzen, um das *Schloss* zu öffnen.

NAPF, DER das Stichblatt am *Hirschfänger* als Schutz gegen das Herausfallen aus der Scheide

NÄPFCHEN, DAS kleine Vertiefung in den einzelnen Beeren des Wildkotes *(Hirschlosung)*; Gegenstück: *Zäpfchen*

NASCHWILD, DAS 1. *Wechselwild*, das nur zur Äsung vorübergehend in einem *Revier* auftaucht; 2. *Rehwild*

NASE, DIE Bezeichnung für den Geruchssinn des Hundes. Der Hund hat *gute* oder *schlechte Nase*; er sucht mit *hoher* oder *tiefer* Nase; er bekommt etwas *in die Nase*, »hat Hühner *in der Nase.*«

NASENBREMSEN, DIE auch *Nasenbrehmen* oder *Rachenbremsen*: Gattungsname von Fliegen, deren Larven im Windfang des *Schalenwildes* schmarotzen

NÄSLEIN, DAS altes, *hirschgerechtes Fährtenzeichen*: Zwischen den *Schalenabdrücken* bleibt in der Fährte häufig vorn ein kleiner Erdstreifen stehen, das sog. *Näslein*; die Verlängerung des *Näsleins* nennt man ▸ *Fädlein.*

NÄSSEN Wild aller Art und Hunde *nässen*, wenn sie Harn lassen.

NEBELKRÄHE, DIE *(Corvus corone cornix)* einer der Rabenvögel, graues Körpergefieder, auch Nebelrabe, Schildkrähe, Mantelkrähe

NEBENGANG, DER (selten) ▸ *Widergang*

NEBENRÖHRE, DIE eine weniger *befahrene Röhre* eines Fuchsbaus, im Gegensatz zur *Hauptröhre*

NEBENSPROSS, DER auch die *Nebensprosse*: ein anormaler *Spross* eines Hirschgeweihs, der z. B.von einem *Aug-* oder *Mittelspross* abzweigt

NEHMEN 1. Man *nimmt* ein *Treiben*, d.h., man jagt es ab; 2. man *nimmt* einen Hund *an die Leine*; 3. man *nimmt Vollkorn, Feinkorn* oder *gestrichen Korn* beim Zielen; man *nimmt* das Wild *aufs Korn*; 4. der Hund *nimmt viel* oder *wenig Feld*, je nachdem, ob er weit hinaus oder ob er kurz sucht.

NELKE, DIE ▸ *Viole*

NERZ, DER *(Mustela lutreola)*, auch Nörz, Sumpfotter, Meerotter, Menk, Ottermenk, Krebsotter, Ottermarder

NESTEISEN, DAS ein *Fangeisen*, das eine nestartige *Verblendung* mit einem Ei als *Köder* darin erhält

NESTLING, DER junger Greifvogel im Horst; auch der dem Horst entnommene *Beizvogel* im Gegensatz zum *Wildfang*, der erst später eingefangen wurde

NESTWOLF, DER der junge Wolf, solange er sich an der Stelle, wo er *gewölft* wurde, befindet

NETZ, DAS 1. Sammelbezeichnung für alle netzförmigen Fangvorrichtungen; 2. Das Gewebe, in dem beim *Schalenwild* das *Gescheide* ruht

NEUE, DIE Neuschnee, auch *weißer Leithund*, im Gegensatz zur *Ersten*, dem ersten Schnee, bei dem alles Wild im Einstand *verhält*

NICKEN ▸ *abgenicken*

NICKER, DER oder *Nickfänger*: ▸ *Genickfänger*

NIEDER! Befehl an den Hund, so viel wie ▸ *Down!*

NIEDERJAGD, DIE die Jagd auf alles Wild, welches zur *niederen Jagd* gehört, also auf: Rehwild, Hase, Kaninchen, Murmeltier, Fuchs, Dachs, sämtliches kleinere *Haarraubwild*, Robben und sämtliches *Flugwild* mit Ausnahme des Auerwildes, das zur *hohen Jagd* gehört

NIEDERTUN, SICH Alles *Schalenwild tut sich nieder*, wenn es sich hinsetzt; *Schwarzwild schiebt sich ein.*

NIEDERWILD, DAS alles Wild, das zur ▸ *Niederjagd* gehört, im Gegensatz zu ▸ *Hochwild*

NIEDERZIEHEN Ein Hund *zieht* ein Stück Wild *nieder*, wenn er es an der *Drossel* fasst und niederreißt.

NIEDRIG 1. Der Rothirsch *geht niedrig* in der Zeit, in der er sein Geweih *abgeworfen* und das neue noch nicht *geschoben* hat; auch: »Er *erniedrigt sich.*«; 2. ein Hund ist *niedriger* gestellt, d. h. er hat kürzere *Läufe* als ein anderer; 3. der Hund sucht mit *niedriger*, d. h. *tiefer Nase.*

NIERENSTALL, DER die Stelle, an der beim *Schalenwild* die Nieren liegen

NIMROD, DER Bezeichnung für einen passionierten Jäger: »Herr X ist ein großer *Nimrod.*« Nimrod war in der biblischen Überlieferung (1. Mos. 10.) der Urenkel des Noah und »ein gewaltiger Jäger vor dem Herrn«.

NOTBAU, DER ein kleiner, flüchtig gegrabener Fuchs- oder Dachsbau mit oft nur einer Röhre, der gelegentlich oder ausweichend aufgesucht wird

NOTRÖHRE, DIE *Röhre* eines Fuchs- oder Dachsbaus, die nur im Notfall, d. h. bei höchster Gefahr, benutzt wird

NUSS, DIE das weibliche Geschlechtsteil beim Hund, Fuchs und Fischotter, ▸ *Schnalle*

NUSSHÄHER, DER ▸ *Tannenhäher*

NUTRIA, DIE *(Myocastor coypus)* Sumpfbiber oder Biberratte, südamerikanische »Ferkelratte«, runder Schwanz. In Europa als Pelztier gezüchtet und vereinzelt verwildert, Pflanzenfresser; Fleisch regional beliebt

NUTZWILD, DAS alles Wild, das nützlich oder nutzbar ist

O

OBERBALLEN, DER (selten) ▸ *Oberrücken*

OBERJAGD, DIE Im Gegensatz zur *Unterjagd*; wenn *Erdhunde* zum *Brackieren* benutzt werden, nennt man das *Oberjagd*, die Arbeit im Bau dagegen *Unterjagd.*

OBERJÄGER, DER ein *Berufsjäger*, dem Hilfskräfte unterstehen

OBERJÄGERMEISTER, DER ein Jagdbeamter, dem die gesamte Leitung größerer Jagdgebiete (oder früher: des ganzen Hofjagdbetriebes) übertragen ist

OBERKOPF, DER 1. besonders guter *Raubwildbalg*; 2. obere Schädelpartie des Hundes

OBERLÄNDER Pseudonym von *Karl Rehfuß* (1857–1927), erfolgreicher Jagdschriftsteller; seine wichtigsten Bücher: »Die Dressur und Führung des Gebrauchshundes«, 1894, und »Der Lehrprinz«, 1900

OBERMAST, DIE ▸ *Mast*

OBERRÜCKEN auch *Oberklauen, Afterrücken, Geäfter, Oberballen*: Alles *Schalenwild* hat oberhalb der *Klauen* zwei rudimentäre Zehen, die sich beim *Schwarzwild* seitwärts hinter den Klauen in der *Fährte* abdrücken; beim übrigen *Schalenwild* nur bei tiefem Boden oder Schnee und dann stets in der Verlängerung der *Schalen*.

OBERSTOSS, DER das obere Schwanzdeckgefieder bei allem *Federwild*, das einen *Stoß* hat

OBERWIND, DER ▸ *Überwind*

OBERWURF, DER auch *Wurf*: der Vorkopf des *Schwarzwildes*, so weit er zum Oberkiefer gehört

OCULI heißt der vierte Sonntag vor Ostern; gilt als Beginn des *Schnepfenstrichs*, der Rückkehr und des Balzfluges der Waldschnepfen: »*Oculi*, da kommen sie.«

OFFEN 1. Die *Jagd* auf ein bestimmtes Wild ist *offen*, d. h. gesetzlich gestattet, im Gegensatz zu *geschlossen*, d. h., es ist ▸ *Schonzeit*; 2. der Boden, das Wasser oder das Wetter ist *offen*, wenn es nicht geschneit hat und nicht gefroren ist.

OHR, DAS 1. Jägersprachlich hat alles *Flugwild Ohren*. 2. *Federohren*, z. B. *Hörner* des Fasanenhahnes

OHRENZWANG, DER ▸ *Ohrwurm*

OHRPINSEL, DER 1. die längeren Borsten an den *Tellern* des *Schwarzwildes*; 2. das schwarze, pinselförmige Haarbüschel an den *Gehören* des Luchses

OHRWURM, DER oder *Ohrenzwang*: eine Entzündung der Gehörgänge beim Hund, die jedoch nicht durch irgendeinen Wurm hervorgerufen wird, sondern meistens auf zu enge Gehörgänge oder Verunreinigung zurückzuführen ist

ÖLSACK, DER ein Drüsensack beim Biber, der hinter den ▸ *Kastorsäcken* liegt

ORGELN Schreien des Rothirsches in der *Brunft*, auch: *melden, röhren*

ORTBAND, DAS auch *Ortblech*: der untere Metallbeschlag an der *Hirschfängerscheide*

OTTER, DER Sammelbegriff für Fisch- und Sumpfotter. Meist nur für ▸ *Fischotter* gebraucht

OTTER, DIE Schlange, Kreuzotter u. a.

OTTEREISEN, DAS ein *Tellereisen*, das für den Otterfang benutzt wurde

OTTERHUND, DER eine rauhaarige Hunderasse, die früher ausschließlich zur Otterjagd verwendet wurde

OTTERIN, DIE das Weibchen des ▸ *Fischotters* und des Sumpfotters

OTTERJÄGER, DER ein Jäger, der sich auf die Otterjagd spezialisiert hatte und früher für diesen Zweck angestellt war

OTTERRUTE, DIE die *Rute* des Teckels, wenn diese lang herabhängt

P

PAAR, DAS das Zusammenleben eines Männchens mit einem Weibchen bei dem in Einehe lebenden *Federwild*

PAAREN, SICH das Begatten von allem *Federwild* mit Ausnahme der *Waldhühner* und der *Trappen*, bei diesen sagt man ▸ *treten*

PAARHÜHNER, DIE Wenn sich im Frühjahr die *Ketten* der Rebhühner auflösen, bleibt das Althühnerpaar zusammen, und es paaren sich jeweils ein Junghahn und eine Junghenne; dann liegen die Hühner getrennt jeweils zu zweit, als sog. *Paarhühner*.

PAARUNG, DIE Begattung

PAARZEIT, DIE die Begattungszeit der *Federwildarten*, für die nicht der Ausdruck *Balz* üblich ist, ▸ *reihen*

PACKER, DER ein schwerer Hundeschlag gleich welcher Rasse, der zum *Decken (Packen)* der *Sauen* verwendet wird

PALMHIRSCH, DER ein *kapitaler* Rothirsch mit schaufelförmigen (palmenförmigen) *Kronen*, gelegentlich und örtlich auch für den Damhirsch angewandt

PANNEN, DIE auch *Pennen*: die *Handschwingen* der *Beizvögel*

PANSEN, DER auch ▸ *Weidsack, Wanst*: der Magen bei allen wiederkäuenden Wildarten

PANZER, DER 1. Bei *Hauptschweinen* bildet sich auf den *Blättern* eine schildartige Verdickung der *Schwarte*, die bis zu 4 cm stark werden kann. Außerdem bildet sich auf der *Schwarte* zusammen mit der Grundwolle aus Lehm, Harz usw. eine Kruste. Dies zusammen nennt man *Panzer*, sog. *Panzerschweine*; 2. die ▸ *Packer* wurden früher vielfach mit Jacken, die zum Teil gepolstert waren, geschützt, um sie vor allzu schweren Schlägen der *Sauen* zu bewahren. Auch diese Jacken nannte man *Panzer; Panzerhunde, gepanzerte* oder *gejackte Hunde*.

PAPCHEN, DAS auch *Papke*: ▸ *Blässhuhn*

PARFORCEDRESSUR, DIE eine heute nicht mehr gebräuchliche Dressurmethode, bei der ein Hund mit Zwang *abgerichtet* wurde; durch verhaltenskundliche Erkenntnisse überholt

PARFORCEJAGD, DIE die Hetzjagd zu Pferde mit der Hundemeute. Heute in Deutschland verboten und nur noch als Reitsport, d. h. ohne gejagtes Wild, üblich

PARIERSTANGE, DIE das Quereisen am *Hirschfänger* und der *Saufeder*, das den Griff oder Holzschaft von der Klinge trennt

PARK, DER ▸ *Wildpark*

PASS, DER Pfad vom *Niederwild (Haarwild)* und speziell vom *Raubwild*, insbesondere *Hasenpass, Fuchspass*; bei Bär, Wolf und Luchs wird auch die Bezeichnung ▸ *Wechsel* gebraucht

PASSEN *aufpassen, abpassen, am Pass sitzen*, auf *Raubwild* und Wilderer *passen*

PASSION, DIE wörtlich: Leidenschaft; *Jagdpassion*: die Leidenschaft, mit welcher der Waidmann die Jagd ausübt

PECHBOCK, DER Gamsbock, dessen *Krucken* von einem dicken Harzmantel umgeben sind

PEDIGREE, DER die Ahnentafel des rassereinen Hundes

PEINTINGER, DER steirische Hochgebirgsbracke, rauhaarig, neuere Züchtung

PENNEN, DIE die *Handschwingen*, das sind die zehn größten Schwungfedern des Flügels, und die zwölf Stoßfedern bei Greifvögeln

PERGAMENTGEWEIH, DAS ▸ *Ledergeweih*

PERLEN, DIE die kleinen, kornartigen und vielfach blank polierten Erhebungen an den Geweih- und Gehörnstangen. Man sagt, ein Gehörn ist *gut geperlt* oder *beperlt*, oder die *Perlung* des Geweihs ist gering.

PERÜCKE, DIE eine krankhafte Wucherung des Rehgehörns, seltener des Hirschgeweihs, die durch Verletzung des *Kurzwildbrets* hervorgerufen und nicht *gefegt* und abgeworfen wird, sondern ständig weiterwächst, *Perückenbock, Perückenhirsch*

PETSCHAFT, DAS auch *Siegel*: Trennfläche der *Abwurfstange* vom *Rosenstock*

PETZ, DER auch *Meister Petz*: ▸ *Braunbär*

PETZE, DIE ▸ *Bätze*

PFAHLEISEN, DAS eine Fangvorrichtung für Greifvögel: Tellereisen auf einem Pfahl (heute verboten)

PFANNE, DIE 1. äußerer Teil des Schlosses bei Steinschlossgewehren, auf die das Zündpulver geschüttet wurde; 2. die halbkugelförmige Höhlung beim Hüftgelenk des *Schalenwilds*, in der die Kugel der Hinterläufe eingebettet ist; man *löst* die Keule aus der *Pfanne*; 3. die Vertiefung im Sand, in der *Waldhühner gehudert* haben

PFANNENSTEINE, DIE Salzlecksteine, die aus den Rückständen in den Pfannen der Salzsiedereien gewonnen werden

PFEIFE, DIE 1. *Lockpfeife* für den Haselhahn; 2. das Röhrchen am *Schwanenhals*, durch das der Abzugfaden läuft; 3. die Metallröhre im Vorderschaft der Vorderlader, in die der Ladestock gesteckt wurde

PFEIFEN, DAS 1. Warnlaut des Gamswildes, des Muffelwildes, des Murmeltieres und des Otters: *Gamspfiff, Mankeipfiff* usw.; 2. seltener für das *Spissen* des Haselhahnes gebräuchlich, das mit dem Haselhahnpfeifchen nachgeahmt wird

PFNEISCHEN *Genossen machen* der Hunde, ▸ *genießen*

PFUHLSCHNEPFE, DIE ▸ *Große Sumpfschnepfe*

PFUI! strafender Zuruf für den Hund, »*Pfui* Has!«, wenn er einen gesunden Hasen hetzen will; »*Pfui* Vogel!«, wenn er statt Hühnern eine Lerche vorsteht

PFUNDE GEBEN auch *blattschlagen*: ein alter Jagdbrauch, der eine Bestrafung für einen Jäger bedeutete, der gegen die jagdlichen Sitten verstoßen hatte. Der Betreffende musste sich über ein erlegtes Stück Wild legen und erhielt mit der flachen Klinge des *Hirschfängers* oder *des Waidblattes* drei Schläge vor die Kehrseite; dazu wurde gerufen beim ersten Schlag: »Hoh! Hoh!, das ist für unseren Fürsten und Herrn!«, beim zweiten Schlag: »Hoh! Hoh!, das ist für Ritter, Reiter und Knecht!«, und beim dritten Schlag: »Hoh! Hoh!, das ist das edle Jägerrecht!« Der so Bestrafte musste sich anschließend noch bedanken.

PIEPEN Lautäußerung der jungen *Waldhühner*

PINSEL, DER Haarbüschel 1. an der *Brunftrute* beim *Schalenwild*; 2. an *Gehören* des Luchses *(Pinselohr)* ▸ *Ohrpinsel*

PIQUEUR, DER (franz.) auch *Pikör*: ein Dienst tuender *Parforcejäger*

PIRSCH, DIE ▸ *Pirsche*

PIRSCHBÜCHSE, DIE eine meist einläufige, zur *Pirsche* bestimmte Einzellader- oder Repetierbüchse

PIRSCHE, DIE *Pirsch* oder *Pirsche*, süddeutsch auch *Birsch* oder *Birsche*: die vorsichtige, langsame Vorwärtsbewegung des Jägers im *Revier*, um ohne Störung an das Wild heranzukommen; er *pirscht*

PIRSCHEN ▸ *Pirsche*

PIRSCHHAUS, DAS ein Jagdhaus im Wald

PIRSCHPFERD, DAS auch *Schießpferd*: ein Pferd, das zum *Pirschen* verwendet wird

PIRSCHSTEIG, DER auch *Pirschweg*: ein von Reisig und Laub freigemachter Pfad, auf dem man sich lautlos bewegen kann

PIRSCHZEICHEN, DIE ▸ *Schusszeichen*

PISTEN ▸ *bisten*

PLÄDERN ▸ *blädern*

PLAN, DER ▸ *Brunftplan, Brunftplatz*

PLATTKOPF, DER auch *Platthirsch*: ▸ *Mönch*, also geweihloser Hirsch

PLÄTZEN Wegschlagen des Bodenüberzuges oder Schnees mit den *Vorderläufen* von Rehwild und Rotwild

PLATZHIRSCH, DER der stärkste Hirsch eines *Brunftplatzes*, der das *Kahlwildrudel* beherrscht und Nebenbuhler abkämpft; in gleichem Sinne beim Auer- und Birkhahn: *Platzhahn*

PLITTERN auch *blittern*: Stimmlaut des Haselhuhns

POINTER, DER eine kurzhaarige englische Vorstehhunderasse

POSCHPLATZ, DER Futterplatz für Körnerfutter beim *Federwild*, besser *Schütte*

POSTEN, DIE 1. Bezeichnung für die stärksten Schrotkorngrößen (ab 5 mm); 2. der Stand des Schützen bei *Treibjagden*: »Jeder nimmt seinen *Posten* ein.«

POTT, DER auch für *Lager* oder *Sasse* des Hasen

PRANKE, DIE auch *Prante* oder *Brante*: ▸ *Branke*

PRASSELN Der Auerhahn *prasselt*, wenn er beim *Überstellen* durch Abbrechen von dürrem Geäst lautes Geräusch verursacht: »Der Hahn stellte sich *prasselnd* um.«

PREISSCHLIEFEN, DAS Prüfung von *Erdhunden* im Bau; *Preissuche* in analoger Bedeutung für *Vorstehhunde*

PRELLE, DIE Netz zum *Fuchsprellen*

PRELLEN 1. sich rasch und heftig vorwärtsbewegen, auch beim Wild und den Hunden, meistens in der Verbindung *vorprellen, nachprellen, zurückprellen*; 2. ▸ *verprellen*. 3. In der Feudalzeit wurden gefangene Füchse in einer Umzäunung über am Boden liegende *Prellnetze* gejagt, die dann derart geschickt hochgeschnellt werden mussten, dass der Fuchs durch die Luft flog.

PRELLNETZ, DAS 1. Netz zum ▸ *Prellen* des Fuchses; 2. ein Netz, das bei *Treibjagden* verwendet wurde, um das Wild am Ausbrechen zu hindern

PRELLSCHROT, DAS ein an gefrorenem Boden, Baum oder Stein abprallendes ▸ *(abgellendes)* Schrotkorn, das unberechenbar weiterfliegt

PRELLSCHUSS, DER ein Schuss, bei dem die Schrote nicht direkt treffen, sondern erst, nachdem sie vom Boden usw. *abgegellt* sind

PROSSEN ▸ *abprossen*

PROSSHOLZ, DAS abgeschlagenes Weichholz, das man dem Wild im Winter zum ▸ *Abprossen* vorlegt (Verbissholz)

PRUDEL, DER ▸ *Suhle* des *Schwarzwildes*, die Sauen *prudeln sich: suhlen sich*

PRÜFUNGSSUCHE, DIE eine Suche, die zur Prüfung von *Vorstehhunden* veranstaltet wird, auch *Preissuche*

PRÜGEL, DER der *Schlagbaum* bei *Prügel-* und *Knüppelfallen*

PRÜGELN auch *bengeln*: das Befestigen eines Knüppels am Halsband eines Hundes, um ihn am schnellen Laufen und damit am Hetzen von Wild zu hindern

PRUNKJAGEN, DAS ein mit besonderer Pracht veranstaltetes Jagdfest der Feudalzeit

PSALTER, DER Blättermagen, dritter Magen der Wiederkäuer

PUDELN schlecht treffen, vorbeischießen

PUDELPOINTER, DER eine rauhaarige Gebrauchshunderasse, gezüchtet aus dem deutschen Pudel und dem englischen ▸ *Pointer*, zuerst von ▸ *Hegewald*

PUITZEN der hohe, scharfe Balzlaut der Waldschnepfe, die Schnepfe *puitzt* und *quorrt*, ▸ *quorren*

PULVER, DAS Bezeichnung für alle zum Schießen verwendeten Treibmittel; früher wurde Schwarzpulver mit starker Rauchentwicklung verwandt, heute nur noch rauchloses Pulver

PULVERHORN, DAS ein zur Aufbewahrung des Schwarzpulvers dienendes Horn, das mit einem Messgerät versehen war; mithilfe des Pulverhorns wurden z. B. die ▸ *Vorderlader* geladen

PULVERSCHLEIM, DER die nach einem Schuss im Lauf zurückbleibenden Schwarzpulverrückstände

PULWAN, DER auch *Bulwan* oder *Balban*: eine im Baltikum und in den östlichen Ländern verwandte, meist kunstlos hergestellte Birkhahnattrappe, die auf einem Baum befestigt wird und von einem Jagdgehilfen aufgetriebene Birkhähne zum Einfallen veranlassen soll, sodass der in der Nähe in guter Deckung befindliche Jäger zu Schuss kommt

PUNKTER, DER Muss man den *Kessel* z. B. mit einem Abstand von 60 Schritt von Mann zu Mann *auslaufen*, so steht der *Punkter* 60 Schritt vom Auslaufplatz und ruft *Treiber* Nr. 2. ab, wenn Treiber Nr. 1 an ihm vorbeigeht, entsprechend auch die Schützen.

PURPURREIHER, DER *(Ardea purpurea)*, auch Roter oder Brauner Reiher, kommt in den Donauauen vor

PÜRSCH, DIE ▸ *Pirsche*

PÜRSCHBÜCHSE, DIE eine meist einläufige, zur *Pirsche* bestimmte Einzellader- oder Repetierbüchse

PÜRSCHE, DIE *Pirsch* oder *Pirsche*, süddeutsch auch *Birsch* oder *Birsche*: die vorsichtige, langsame Vorwärtsbewegung des Jägers im *Revier*, um ohne Störung an das Wild heranzukommen; er *pirscht*

PÜRSCHEN ► *Pirsche*
PÜRSCHHAUS, DAS ► *Pirschhaus*
PÜRSCHPFERD, DAS ► *Pirschpferd*
PÜRSCHSTEIG, DER ► *Pirschsteig*
PÜRSCHZEICHEN, DIE *Pirschzeichen*, ► *Schusszeichen*
PÜRZEL, DER ► *Bürzel*
PUTER, DER männliches Trutwild

Q

QUÄKE, DIE auch *Hasenquäke*: ein Instrument zum Nachahmen des Klagelautes des Hasen, mit dem man Fuchs und anderes *Raubwild* heranlockt *(reizt)*
QUARREN ► *quorren*
QUARTHASE, DER ein Junghase, der etwa ein Viertel seiner späteren Größe erreicht hat
QUERREITER, DER *Niederwild*, das den Schützen in *schussgerechter* Entfernung quer passiert
QUERSUCHE, DIE Der quer vor dem Schützen hin- und hersuchende *Vorstehhund* hat eine gute *Quersuche.*
QUETSCHEN auch *knautschen*: Der *apportierende* Hund *quetscht* oder *knautscht*, wenn er das Stück im Maul *(Fang)* zu stark drückt.
QUIETSCHEN das laute *Puitzen* der Waldschnepfen, wenn beim *Balzflug* zwei oder mehr Schnepfen aufeinander ► *stechen* (1.)
QUITTIEREN ► *zeichnen* (1.): Das Stück hat den Treffer *deutlich quittiert*, es hat auf den Schuss *gezeichnet.*
QUORREN auch *murksen* oder *quarren*, seltener *quoxen*: der tiefere, wie »quorrquorr« klingende *Balzlaut* der männlichen Waldschnepfe

R

RABE, DER ► *Kolkrabe*
RABENHÜTTE, DIE ► *Uhuhütte, Krähenhütte*
RABENKRÄHE, DIE *(Corvus corone)*, auch Krähenrabe, kleiner Rabe
RABENVÖGEL, DIE Familienname für: Kolkrabe, Rabenkrähe, Nebelkrähe, Saatkrähe, Dohle, Alpendohle, Elster, Häher
RACHEN, DER die Maulhöhle bei allen Raubtieren und Hunden
RACHENBREMSE, DIE auch *Rachenbrehme*: Sammelname für mehrere Gattungen von Fliegen, deren Larven in den Luftwegen des *Schalenwildes* parasitieren und Husten verursachen
RACKELHAHN, DER und das *Rackelhuhn*: Kreuzung zwischen Auerwild und Birkwild, meistens zwischen Birkhahn und Auerhenne; nicht fortpflanzungsfähig
RACKELN das *Balzen* des Rackelhahns
RADSCHLAGEN 1. Hase, Fuchs, Kaninchen usw. *schlagen Rad*, wenn sie sich, tödlich getroffen, im Schuss überschlagen; 2. Trappe und Truthahn *schlagen ein Rad*, wenn sie ihren Stoß fächerförmig hochstellen, ebenso Auerhahn und Birkhahn (bei diesen statt *Rad schlagen* auch *fächern*).
RAESFELD, FERDINAND FREIHERR VON (1855–1929), Forstmeister, bedeutender Jagdschriftsteller und jüngerer jagdlicher Klassiker; Begründer der »Hege mit der Büchse«. Hauptwerke: »Das Rotwild«, 1899. »Das Rehwild«, 1906. »Das deutsche Waidwerk«, 1913. »Die Hege in der freien Wildbahn«, 1920
RALLEN, DIE Familie aus der Ordnung der Kranichvögel mit den Arten Bläss- und Teichhuhn, Wasserralle, Wachtelkönig und den verschiedenen Sumpfhühnern
RAMMELN das Begatten beim Hasen und Kaninchen
RAMMELZEIT, DIE die Zeit, in der Hase und Kaninchen ► *rammeln*
RAMMLER, DER das Männchen beim Hasen und Kaninchen
RAMSNASE, DIE 1. der markante *Windfang* beim *Elchwild* sowie beim alten

Hirsch; 2. übertragen auch auf Jagdhunde mit stark gewölbter Nase

RÄNDELMASCHINE, DIE ein Gerät, mit dem die Schrotpatronenhülse am oberen Rand *umgerändelt* wird, um so die Hülse mit dem Abschlussplättchen zu verschließen

RANDFEUERPATRONE, DIE eine Patrone kleinen Kalibers, bei welcher der Zünd- und zugleich Treibsatz rings im Hülsenboden verteilt ist, besonders für Teschings und Kleinkaliber-Patronen verwendet

RANZ, DIE ► *ranzen*

RANZEN Paarungszeit und Begatten des *Haarraubwildes:* Beim Bären sagt man *bären*, bei der Luchsin *begehren*, auch *rollen*.

RASPELN Wenn der Auerhahn in einer Pause seines Balzliedes *nadelt*, so *raspelt* er.

RASSE, DIE ► *Jagdhund*

RASSEL, DIE ein mit beweglichen Eisenkugeln versehenes Brettchen, das statt der Holzklappern von den *Treibern* auf *Treibjagden* benutzt wird

RATZ, DER ► *Iltis*

RAU 1. Begriff zur Bezeichnung der Art des Haares beim Hund: Ein Hund kann *kurzhaarig, stockhaarig, rauhaarig* oder langhaarig sein. 2. der *raue Schuss* (veraltet): Schuss, bei dem die Ladung aus ungeformtem, »gehacktem« Blei, später auch aus Posten, also sehr dicken Schrotkugeln (größer als 5 mm) bestand

RAUB, DER die Beute allen *Raubwildes*

RAUBÄRTIG sind solche Hunde, deren Gesicht besonders stark behaart ist, z. B. der Griffon.

RAUBEN *Raubwild raubt*, wenn es Haus- oder Wildtiere *reißt* oder *schlägt*.

RAUBSCHÜTZE, DER ► *Wilderer, Wilddieb, Wildschütze, Wildfrevler*

RAUBVÖGEL, DIE jagdlich ► *Greifvögel*

RAUBWILD, DAS alle jagdbaren Tiere, die Haus- oder Wildtiere schlagen oder reißen, zu unterscheiden vom ► *Raubzeug*

RAUBZEUG, DAS alle nicht jagdbaren Tiere, die dem Wild schädlich sind, z. B. wildernde Hunde, streunende Katzen usw.

RÄUCHERN ► *ausräuchern*

RAUCHLOS auch *rauchschwach* nennt man die heute fast ausschließlich zur Verwendung kommenden Pulversorten, die bei der Explosion nur eine ganz geringe Rauchentwicklung zeigen.

RAUCHWERK, DAS ► *Rauwerk*

RÄUDE, DIE eine durch Milben hervorgerufene Hautkrankheit, die insbesondere bei Füchsen, Gamswild, Schwarzwild und Hunden vorkommt; *Sarkoptesräude* und *Akarusräude*

RAUE, DIE die *Mauser* beim *Wasserwild*

RAUERPEL, DER ► *Mausererpel*

RAUFE, DIE Behältnis zur Aufnahme von *Raufutter*, welches das Wild daraus abzupfen *(abraufen)* kann

RAUFUSSBUSSARD, DER *(Buteo lagopus)*; nur Durchzügler oder Wintergast

RAUFÜSSIG sind alle Vögel, deren Beine bis unten hin befiedert *(behost)* sind, z. B. Steinadler, Waldhühner, Eulen, Raufußbussard usw.

RAUFUSSKAUZ, DER *(Aegolius funereus)*, eine kleine Eule

RAUHAARIG ► *rau* (1.)

RAUM als Adjektiv: nicht engstehendes, lichtes *Holz*, im Gegensatz zur *Dickung; raumende Schritte*: weite Schritte

RAUSCHEN 1. Paarung des *Schwarzwildes, Rauschzeit*; 2. der erste Teil der Balzarie des Birkhahns, auch *Blasen* genannt

RAUSTRETEN ► *abtreten*

RAUWERK, DAS heute fast durchweg ► *Rauchwerk*: Sammelbezeichnung für Raubwildfelle

RAUZEIT, DIE *Mauserzeit* des *Wasserwildes*, auch *Raue*

REBHUHN, DAS *(Perdix perdix)*, auch *Feldhuhn* oder kurz *Huhn*. Das Männchen heißt *Hahn*, auch *Rebhahn, Feldhahn*, das Weibchen *Henne, Rebhenne.*

Beide zusammen bilden ein *Paar*. Mit den Jungen zusammen spricht man von einer *Kette* oder einem *Volk Hühner*. Seit der Verlobungszeit, in der Junghahn und Junghenne sich paaren, später auch begatten, nennt man sie *Paarhühner* (Einehe!). Die Hühner *liegen auf dem Feld*, sie *stehen* oder *stieben auf*, wenn sie sich in die Luft erheben. Sie *streichen*, wenn sie fliegen, und *fallen ein*, wenn sie sich niederlassen. Sie *fallen auf die Weide* oder das *Geäse*, sie *weiden* oder *äsen*. In ihrem *Lager, Geläger* oder *Gelieger* findet man das *Gestüber*. Wenn sie *hudern*, so *stäuben sie sich*. Der Jäger versucht eine *Kette* zu *sprengen*, um die Hühner dann einzeln besser erlegen zu können. Die Hühner *locken* oder *rufen*, auf der Brust haben die alten Hühner das *Schild*, die jungen haben erst nach der Herbstmauser *geschildert*. Die jungen Hühner nennt man *Gabelhühner*, wenn erst die beiden äußersten *Stoßfedern* ausgewachsen sind, sodass der *Stoß* ein gabelförmiges Aussehen aufweist. Ist der gesamte *Stoß* ausgewachsen, so heißen sie *vollschwänzig*, und wenn die bläuliche Halsfärbung bereits hervortritt, *Blaukragen*. Vom Oktober ab sagt man, die Hühner haben *goldene Federn*, weil sie dann meist *schlecht halten* und für den Jäger nicht mehr erreichbar sind. Nachdem der Jäger die Hühner am Morgen *verhört* hat, *sucht* er die *Hühner, Hühnersuche*. Beim Beschießen kann das Huhn *geflügelt* oder *geständert* werden. Es *himmelt*, wenn es ein Korn in die Lunge bekommt und steil nach oben fliegt. Das Trittbild nennt man *Geläuf*, die Henne macht ein *Gelege*.

RECHT, DAS in Zusammenhang mit ▸ *Jägerrecht*

RECHT, SO RECHT! Belobigung für den Hund, wenn er auf der *Fährte* richtig arbeitet: »Der Hund hat *Recht*.«

REGE Das Wild ist *rege*, wenn es unruhig ist, man *macht* es *rege*, wenn man es aufscheucht.

REGIEJAGD, DIE Wahrnehmung des Jagdausübungsrechtes durch Eigentümer und angestellte Jäger, in Forstrevieren auch durch Forstbeamte

REH, DAS *(Capreolus capreolus)*, das männliche Reh heißt *Rehbock* oder einfach *Bock*, das weibliche *Ricke* oder *Geiß*, das Junge *Kitz*, je nach Geschlecht *Bockkitz* und *Geißkitz* oder *Rickenkitz*. *Kitzgeiß* ist dagegen eine *Geiß*, die ein *Kitz* oder mehrere *Kitze* führt. Der *Bock* trägt ein *Gehörn, Gewicht, Gewichtl*, auch *Krone*, das mit der *Rose* auf dem *Rosenstock* sitzt und aus *Stangen* mit *Perlen* und *Riefen* sowie *Enden* oder *Sprossen* besteht. Man unterscheidet *Spießbock, Gabelbock, Sechserbock*; beim weiblichen Stück *Schmalreh* oder *Schmalgeiß, Altreh* oder *Altgeiß* und, wenn sie unfruchtbar geworden ist, *Geltricke, Geltgeiß* oder *Geltreh*. Der weiße Fleck um das *Weidloch* auf den *Keulen* heißt *Spiegel*. Der weibliche Geschlechtsteil heißt *Feuchtblatt*, an ihm sitzt ein Haarbüschel, die sog. *Schürze* oder das *Wasserzeichen*. Das männliche Glied des *Bockes* heißt *Brunftrute* und das deutlich sichtbare Haarbüschel *Pinsel*; einschließlich der Hoden: *Kurzwildbret*. Die Augen heißen *Lichter*, die Ohren *Lauscher*, die Nase *Windfang*, das Maul *Äser* oder *Geäse*, die Zunge *Lecker, Graser* oder *Weidlöffel*. Wenn das Rehwild unsicher wird, dann *schreckt, schmält* oder *meldet* es. In der Brunft *fiept* die *Ricke* und macht, vom *Bock getrieben*, das *Angstgeschrei*. Der *Bock keucht* beim Treiben. Bei schmerzhaften Treffern oder auch in großer Angst *klagt* das Rehwild. Wenn es mit den *Vorderläufen* den Bodenüberzug oder Schnee fortscharrt, so *plätzt* es. Der *Bock fegt* sein *Gehörn* an schwachen Bäumchen und Sträuchern, sowohl um den *Bast* zu entfernen, als auch später, besonders im Frühsommer, um sein Einstandsgebiet zu markieren. Bei einer Verletzung des *Kurzwildbrets* bildet sich ein *Perückengehörn*. Sehr selten finden sich beim Rehwild im Oberkiefer rudimentäre Eckzähne: *Grandeln* oder *Haken*. Mehrere Stück Rehwild bilden im Winter einen *Sprung*. Die sonstigen Bezeichnungen wie beim ▸ *Rotwild*

REIF ist ein Gehörn oder Geweih, wenn es fertig gefegt ist, aber auch, wenn es auf der Höhe der Entwicklung angekommen ist; mit etwa zwölf Jahren ist ein Hirsch *reif*, ein Rehbock mit fünf Jahren.

REIF, DER 1. die obersten weißen Spitzen des *Gamsrückenhaares*, auch *Reim* genannt, die zum Binden des *Gamsbartes* gerupft werden: »Der Bart hat einen *guten Reif*, ist *gut gereimel*.«; 2. *Reif* oder *Reifchen*, auch *Reiflein*: ein altes, *hirschgerechtes Fährtenzeichen*: Es entsteht dadurch, dass der Hirsch mit dem *Hinterlauf* nicht genau in den Abdruck des Vorderlaufes tritt, wodurch vorne oder auch an der Seite ein schmales, hochstehendes *Reifchen* aus Erde entsteht.

REIHEN Wenn kurz vor und beim Beginn der *Paarzeit* der Enten zwei bis drei oder noch mehr *Erpel* einer Ente folgen, so nennt man das *reihen*. Das eigentliche Begatten der Enten heißt *züchten*. Die gesamte *Paarzeit* wird jedoch *Reihzeit* genannt.

REIHER, DIE Familienbezeichnung für alle Reihervögel, ▸ *Fischreiher*

REIHERKOLONIE, DIE auch *Reiherstand*: die Anhäufung von Horsten vieler Reiherpaare, die über lange Zeiträume immer wieder zur Jungenaufzucht genutzt werden

REIM, DER ▸ *Reif*

REIN 1. Eine *Fährte* ist *rein*, wenn sie in günstigem, feuchtem Boden ganz klar und deutlich steht; da dies beim Hirsch häufig deutlicher ist als beim Tier, galt die *reine Fährte* früher als Fährtenzeichen des Rothirsches; 2. ein Hund einer bestimmten Rasse ist *rein*, wenn er *rasserein* gezüchtet ist und kein fremdes Blut hat; 3. ein Hund ist *hasenrein*, wenn er keine gesunden Hasen hetzt; er ist *schussrein* oder *schussfest*, wenn er keine Angst vor dem Schuss hat, Gegensatz: *schussscheu*; 4. der *Saufinder* ist *rein*, wenn er an keinem anderen Wild als an *Sauen* jagt; *Bracken* sollen *rehrein* sein.

REINEKE, DER Bezeichnung des Fuchses in der Fabel, *Reineke Fuchs*

REINE RIEMENARBEIT, DIE eine *Schweißarbeit*, bei welcher der Hund vom *Anschuss* bis zum *verendeten* Stück nur am *Riemen* gearbeitet hat

REISERN wenn der *Schweißhund* bei der *Nachsuche* am *Riemen Wittrung* von Zweigen und Reisern nimmt, die das Wild beim *Ziehen* gestreift hat

REISJAGD, DIE alte Bezeichnung für *Niederjagd*, kaum mehr gebräuchlich

REISSEN Bär, Wolf, Luchs, Fuchs und wildernde Hunde *reißen* ein Stück Wild, wenn sie es fangen und totbeißen; das am Tatort liegende Stück oder die Reste davon nennt man den *Riss*.

REISSZAHNE, DIE die vier durch Größe und Spitzenbildung charakterisierten Backenzähne beim *Raubwild* und beim Hund. Die lang und stark ausgebildeten Eckzähne werden dagegen *Fangzähne* oder ▸ *Fänge* genannt.

REIZEN anlocken; insbesondere gebräuchlich beim Hirsch durch Nachahmen des *Brunftschreis* eines Rivalen; beim Auerhahn, wenn man den Hennenruf nachahmt; beim Birkhahn, wenn man einen Nebenbuhler nachahmt; beim Fuchs, wenn man die *Hasenquäke* oder das *Mauspfeifchen* benutzt; bei der *Hüttenjagd*, wenn man mittels einer Schnur die ▸ *Krücke* bewegt, um den *Auf* lebhafter zu machen

REMISE, DIE meist künstlich angelegte, aber auch natürliche kleine, dichte Gehölze oder Buschwerk im Feld, das dem

Niederwild zur Deckung und zum Unterschlupf dienen soll; *Fasanenremise* als größere, planmäßige Anlage von niederem und hohem Gehölz mit *Fallensteig, Treibergängen* u.a.

RENNEN Die Füchse *rennen* in der Paarungszeit *(Ranzzeit)*, ▸ *Bätze.*

RETRIEVER, DER Apportierhunde aus England oder Nordamerika, die sich zunehmender Beliebtheit erfreuen; am bekanntesten: *Labrador* und *Golden Retriever*

REVIER, DAS auch *Jagdrevier: Jagdbezirk*

REVIEREN das *Absuchen* und *Durchstöbern* eines Geländes durch einen Hund

REVIERGANG, DER Dienst- oder Beobachtungsgang durch das *Revier* ohne Jagdabsicht, dient vorrangig dem Forst- und Jagdschutz; im Gegensatz zu *Pirschgang*

REVIERJAGDMEISTER, DER *Berufsjäger* nach drei Jahren Praxis, Lehrgang und bestandener Meisterprüfung

REVIERJÄGER, DER ein *Berufsjäger* nach abgeschlossener Lehrzeit und bestandener Prüfung

REVIEROBERJÄGER, DER *Berufsjäger*, Ernennung frühestens fünf Jahre nach der Meisterprüfung; nach weiteren fünf Jahren ▸ *Wildmeister*

RICHTEN 1. Jagdzeug aller Art und Fangvorrichtungen werden *gerichtet*, d.h., die nötigen Vorbereitungen zur Verwendung werden getroffen; 2. man *richtet* einen Hirsch oder seine *Fährte zu Holz*, wenn man ihm mit dem *Leithund* vom Feld aus auf seinem *Wechsel* in den Wald folgt; 3. auf einer Prüfungssuche *richten*, d.h. bewerten die Preisrichter die Hunde nach ihren Leistungen.

RICKE, DIE das weibliche ▸ *Reh, Rehgeiß*

RIEDHIRSCH, DER ein Hirsch, der seinen Einstand im Ried, Schilf, Röhricht, also in Flussauen hat

RIEDSCHNEPFE, DIE ▸ *Bekassine*

RIEFEN, DIE auch *Rillen*: die Längsfurchen am Hirschgeweih

RIEGEL, DER Bezeichnung für geländebedingte *Zwangswechsel* oder *Pässe* des Wildes im Hochgebirge

RIEGELN eine *Drückjagd* mit wenigen revierkundigen *Treibern* ist eine *Riegeljagd*, weil die Schützen auf den ▸ *Riegeln* angestellt werden.

RIEMEN, DER auch *Schweißriemen*: die Führleine von Jagdhunden

RIEMENBÜGEL, DER die beiden am Gewehr befindlichen Bügel, an denen der Tragriemen befestigt wird

RIESENTHAL, OSKAR VON (1830–1898), bedeutender Jagdschriftsteller. Sein bekanntestes Werk: »Jagdlexikon«, 1882

RILLE, DIE ▸ *Riefe*

RINGELTAUBE, DIE *(Columba palumbus)*, auch große Holztaube, große Wildtaube, Ringtaube; außer ihr kommen bei uns vor: Hohltaube, Turteltaube und Türkentaube

RINGFASAN, DER *(Phasianus mongolicus)*, mongolischer Ringfasan, ▸ *Fasan*

RINNE, DIE ▸ *Rönne*

RINNEN Schwimmen von allem *Haarwild*

RISS, DER die vom *Haarraubwild gerissene* Beute. »Der Fuchs kehrt gern zu seinem *Riss* zurück.«, ▸ *reißen*

RITTERLICH Beiwort für *Schwarzwild*: »Die Sauen sind ein *ritterliches* Wild.«

ROBBEN eine Bewegung der *Seehunde* auf dem Sand, *hucksen*

RODELN auch *rudeln, grugeln, kullern*: der zweite Teil der Balzarie des Birkhahns

ROGLICH MACHEN das Wild in Bewegung bringen, es *rege machen*

ROHR, DAS der Lauf des Gewehres; im übertragenen Sinne auch das ganze Gewehr, *Feuerrohr*

ROHRDUMP, DIE Große Rohrdommel

RÖHRE, DIE Bezeichnung für den unterirdischen Gang eines Fuchs-, Kaninchen- oder Dachsbaues

RÖHREN das Schreien des Rothirsches in der *Brunft*

ROHRWEIHE, DIE *(Circus aeruginosus)* auch *Rostweihe, Sumpfweihe:* die größte, bussardähnliche Weihe, ein Greifvogel der feuchten Niederungen

ROLLEN *ranzen* beim *Raubwild*, seltener: *rauschen* bei den Sauen; *Rollzeit: Ranzzeit* oder *Rauschzeit*

ROLLER, DIE auch *Röllerchen:* ▸ *Posten* (1.)

ROLLIEREN ▸ *Rad schlagen*

RÖNNE, DIE auch *Rinne*: ein Netz zum Lebendfang von Habichten

ROSE, DIE 1. der *Perlenkranz* am unteren Ende der *Geweih-* und *Gehörnstangen*; die *Stangen* sitzen mit der *Rose* auf den *Rosenstöcken*, d.h. den Stirnzapfen; *Dachrosen*: dachförmig abgeflachte *Rosen*, Altersmerkmal, jedoch von sehr beschränkter Brauchbarkeit; 2. roter Hautwulst über den Augen bei den meisten Hühnerarten, besonders bei den Waldhühnern, *Balzrosen, Flammen*

ROSENSTOCK, DER der Stirnzapfen am Schädel von Hirsch und Rehbock, auf dem die Geweihstange aufsitzt, ▸ *Rose*

RÖTE, DIE (selten) *Schweiß*

ROTE ARBEIT, DIE neuerer Ausdruck für: 1. ▸ *Schweißarbeit*; 2. ▸ *aufbrechen*

ROTFÄHRTE, DIE die *Schweißfährte* des *Schalenwildes*

ROTFUCHS, DER ▸ *Fuchs*

ROTHABICHT, DER Habicht im *Jugendkleid*

ROTHUHN, DAS ein rebhuhnähnliches Wildhuhn in Spanien und Südfrankreich; rote *Ständer*, markante Kopffärbung, schneller Flieger

ROTTE, DIE ein Verband mehrerer *Sauen*

ROTTEN, SICH eine *Rotte* bilden, sich *zusammenrotten*

ROTWILD, DAS *(Cervus elaphus)*, auch *Edelwild*, in Österreich auch *Hochwild*. Man spricht je nach Standort von *Berg-, Gebirgs-, Auen-, Ried-, Heide-, Sandhirsch* oder, noch lokaler, *Alpenhirsch, Taunushirsch, Harzhirsch* usw. Das männliche Wild heißt *Hirsch, Rothirsch, Edelhirsch (Geweihter)*. Das weibliche Stück *Tier, Rottier, Edeltier*, als Sammelname auch *Kahlwild, Mutterwild*. Das Junge heißt *Kalb, Hirschkalb, Tier-* oder *Wildkalb*. Das *Wildkalb* wird nach Ablauf des ersten Lebensjahres ein *Schmaltier*; wenn es in einem Alter von zwei Jahren nicht *setzt*, wird es ein *übergehendes Schmaltier* oder *übergangenes Schmaltier*; sobald es gesetzt hat, heißt es *Alttier*, auch *Kälbertier*. Ein *Rudel (oder auch Trupp) Kahlwild* wird geführt von dem *Kopf-* oder *Leittier*. Das *Hirschkalb* wird, sobald es das erste Geweih *schiebt*, ein *Spießer*, auch *Rotspießer* oder *Schmalspießer* genannt; *Hirsch vom ersten Kopf (zweiten, dritten, vierten Kopf* usw.). Die weiteren Stufen sind *Gabler*, auch *Gabelhirsch, Sechser* oder *Sechsender, Achter* oder *Achtender, Zehner* oder *Zehnender (Kronenzehner, Eissprossenzehner, Wolfssprossenzehner)* usw. Der Hirsch kann ein *gerader* oder *ungerader Achter* usw. sein. *Schiebt* der Hirsch kein Geweih, so spricht man von einem *Mönch* oder *Plattkopf*. Hat das Geweih eine *Krone*, so spricht man von einem *Kronenhirsch (Becherkrone, Doppelkrone)*. Das Geweih kann *schwach* oder *gering* sein, zeigt es keine gute Veranlagung, so spricht man von einem *Abschusshirsch, abschussnotwendigen Hirsch*, ist die Veranlagung dagegen gut, so handelt es sich um einen *Zukunftshirsch*, sofern er noch jung, noch nicht *reif* ist. Der Hirsch wird ein *jagdbarer* oder *starker Hirsch*, ggf. *hochjagdbarer* und endlich *Kapitalhirsch*, auch *Haupthirsch*. Das Geweih wird vom Hirsch *aufgesetzt* oder *geschoben* und *abgeworfen*. Es ist *brav, stark, kapital*, es sitzt mit den *Rosen* auf den *Rosenstöcken* und besteht aus zwei *Stangen*, die als *Enden Augsprossen, Eissprossen, Mittelsprossen* und *Gabel* oder *Krone* tragen. Das Geweih hat *Perlen*, ist *gut* oder *stark geperlt* und zeigt in der Längsrichtung *Riefen, Rillen, Furchen*. Wenn das Geweih *geschoben* wird, ist es mit *Bast* bedeckt *(Kolbenzeit, Bastzeit)*. Bis zur Beendigung der *Kolbenzeit* spricht man von *Grashirschen*, weil die Hirsche bis dahin noch keine Körner *geäst* haben. Nachdem das Geweih fertig *vereckt* ist, wird der *Bast (ab-) gefegt*, die *Bastfetzen* heißen das *Gefege*. Später in der *Feistzeit* und *Brunftzeit* spricht man von *Schlagen*. Wenn der Hirsch im Sommer *vom Feld zu Holze zieht*, so nennt man das *Kirchgang*, dabei macht er oft einen *Widergang*. Wenn in der *Feistzeit* junge Hirsche miteinander kämpfen, so nennt man das *scherzen*; häufig sucht der Hirsch, seltener das *Kahlwild*, die *Suhle* auf. Beim Hirsch steht dann ein *Tritt* mitten im *Bett*, der sog. *Schlosstritt*. Das Auseinanderschlagen von Ameisenhaufen heißt das *Wimpelschlagen*. Beim *Ziehen* im lichten Holz wendet der Hirsch Zweige und Blätter mit dem Geweih um, er macht das *Gewend*, auch *Wenden* oder *Himmelszeichen* genannt; als *Himmelsspur* wurde dagegen von den Alten auch die *Fegestelle* benannt. Die *Losung* des *Hirsches* ist von der des *Tieres* nur durch unterschiedliche Stärke verschieden, das Rotwild *löst sich* und *nässt*. Beim *Ziehen* drückt das Rotwild *Schalen* und *Ballen* ab, in weichem Boden auch die *Oberrücken* oder das *Geäfter*. Der Eindruck eines *Laufes* heißt *Tritt*, wenn er sehr klar zu sehen ist, auch *Trittsiegel*, mehrere hintereinander stehende *Tritte* bilden die *Fährte*. Der Hirsch macht beim *Ziehen* häufig den *Zwang*, auch wohl das *übermachte Zwingen*. Tritt er mit dem *Hinterlauf* genau in die Fährte des *Vorderlaufes, so entsteht der Schluss*. Wenn der Hirsch den *Schluss* macht und die *Fährte* steht sehr klar im nassen Sand, so nennt man das die *reine Fährte*. Die Rundungen an der Spitze der Schalen sind die *Stümpfe*, den äußeren *Schalenrand* nennt man *Schalenwand* oder *Sensel*. Die im einzelnen *Tritt* stehende kleine Erhöhung ist der *Burgstall* oder das *Grimmen*. Wenn der Hirsch mit dem *Hinterlauf* über den *Vorderlauf* hinwegtritt, so nennt man das *Übereilen*, eine Folge dieses *Übereilens* ist das *Vierhallenzeichen*; bleibt er mit dem *Hinterlauf* hinter dem *Vorderlauf* zurück, so entsteht das *Zurückbleiben*, auch *Hinterlassen* genannt oder die *Erfüllung*. Steht der *Hinterlauftritt* etwa bis zur Hälfte oder auch etwas weiter auf dem *Vorderlauftritt*, so spricht man vom *Ereilen*. Stehen beide *Fährten* seitwärts nebeneinander, so entsteht der *Beitritt*, wenn sie sich seitwärts kreuzen, der *Kreuztritt*. Tritt der Hirsch nicht genau in die *Fährte* des *Vorderlaufes*, dann erscheint die *Fährte* häufig breiter, als sie in Wirklichkeit ist, er macht das *Blenden*; hierbei entsteht häufig an den Stümpfen das *Reifchen*. Der Hirsch macht das *Insiegel* und das *hohe Insiegel*, er *schränkt* oder macht den *Schrank*. Die zwischen den Abdrücken der Schalenspitzen hochstehende Erde nennt man das *Näslein*, die Verlängerung davon das *Fädlein*. Infolge seines Gewichtes schneidet der Hirsch mit den *Schalenwänden* Gras ab, er macht den *Abtritt*; klemmt sich dieses Gras zwischen die Schalen und fällt es später beim Weiterziehen heraus, so entsteht der *Einschlag*. Wenn das Wild den Bodenüberzug mit den Läufen fortschlägt, so *plätzt* es. Das Wild *tut sich nieder* im Bett, wenn es sich *niedergetan* hat, so *sitzt* es; es *wird* daraus *hoch*. Das Wild *steht* im *Revier*, es hat seinen *Stand* darin *(Standwild)*; es *wechselt aus*, wenn es das *Revier* verlässt. Es *wechselt* oder *zieht auf dem Wechsel*. Es *nimmt Äsung auf, äst sich, verbeißt* und *schält*, es *schöpft*, es ist *feist, gut bei Wildbret, gut bei Leibe*. Bei geringer *Äsung* wird das Wild *schlecht*, es *kümmert (Kümmerer)*. Im *Revier* mit wenig

Störungen ist das Wild *vertraut*, es zieht *vertraut*. Das Rotwild *zieht, trollt*, wird *flüchtig*, es *überflieht* oder *überfällt* Hindernisse, es *durchrinnt* einen See oder Wasserlauf. Die Begattungszeit heißt *Brunft* oder *Blohm; Brunftzeit, Brunftplatz, Brunftrudel*. Der Hirsch *beschlägt* ein Tier, es ist dann *beschlagen*, zu Ende der Tragzeit *hochbeschlagen*. Der Hirsch *schreit, röhrt, orgelt* in der *Brunft*, er *trenzt* und *knört*, er *flehmt*, wenn er die Lippen öffnet. Der *Platzhirsch* schlägt die *Beihirsche* ab, er kämpft mit anderen Hirschen und *forkelt* sie manchmal. Das Wild *schreckt*, wenn es gestört wird. Das *Alttier mahnt*, um dem *Kalb* ein Zeichen zu geben. Im Schmerz *klagt* das Wild. Das Tier *setzt, Setz-* oder *Satzzeit*, auch *Hegezeit*. Das Wild *bricht im Schuss zusammen*, es *stürzt* und *verendet*; infolge von Krankheit, Hunger oder eines alten Schusses *geht es ein* oder *fällt (Fallwild)*. Das Rotwild hat ein *Haupt*, in Süddeutschland auch *Grind* genannt, einen *Windfang* und *Äser* oder *Geäse*. Im *Äser* befinden sich der *Lecker* oder *Graser* und die *Grandeln, Haken* oder *Kusen*. Unterhalb der *Lichter* sind die *Tränenhöhlen* oder *Tränengruben*, die Ohren heißen *Lauscher* oder *Luser*; der Hals des Hirsches heißt *Träger*, an ihm wächst die *Brunftmähne* oder der *Brunftkragen*. Die Schulterblätter heißen *Blätter* und werden zusammen mit den ersten drei Rippen auch *Vorschlag* genannt. Der Brustteil unter dem *Träger* heißt *Stich*, zwischen den *Vorderläufen Brustkern*. Die Bauchseiten heißen *Flanken* oder *Flämen*, auch *Wände*, der Rücken heißt *Rücken, Kreuz* oder *Ziemer, Vorderziemer* und *Wedelziemer*. Der Hirsch hat eine *Brunftrute* und *Brunftkugeln (Kurzwildbret)* sowie einen *Pinsel*. Der *Brunftfleck* oder *Brunftbrand* ist ein dunkler Fleck um den *Pinsel* herum. Das Tier hat ein *Feuchtblatt*, und wenn es *führt*, ein *Gesäuge* oder eine *Spinne*. Das Rotwild hat einen *Spiegel* und einen *Wedel*, eine *Haut* oder *Decke* mit Haar oder *Farbe*, es *färbt* sich, hat *verfärbt (Färbezeit)*. Im *Träger* liegen die *Drossel* mit *Drosselknopf* und der *Schlund*. Herz, Lunge und Leber sind das *Geräusch* oder *Gelünge*; die *Pansen*, der *Wanst* oder *Weidsack*, bilden das *große Gescheide*, die *Gedärme* das *kleine Gescheide*. *Geräusch* und *Gescheide* zusammen bilden den *Aufbruch*. Die Gebärmutter heißt *Tracht*. Das Blut ist, sobald es aus dem Wildkörper heraustritt, überhaupt sichtbar wird, *Schweiß*, dagegen im Wildkörper *Blut*; das Stück *verendet* also z. B. an innerer *Verblutung*. Das Fett heißt *Feist*, auch *Unschlitt* oder *Inselt*. Das Wild *äugt, windet, wittert, sichert, verhofft, schweißt*, es *zeichnet*, es *verendet*. Erlegtes Rotwild wird *gelüftet, aufgebrochen, abgedeckt, aus der Haut* oder *Decke geschlagen* und *zerwirkt*.

ROTWURM, DER ein Schmarotzer der in der Luftröhre, bei Fasan, Rebhuhn, Taube und Wachtel vorkommt, *Rotwurmseuche*

RÜBE, DIE Kern in der *Lunte* des Fuchses und von anderem Raubwild

RÜCKBEISSER, DER ► *Überbeißer*

RÜCKEN, DER ► *Ziemer*

RÜCKEN 1. Wild *rückt* oder *ruckt zusammen*, wenn es getroffen ist; 2. der Hase *rückt* vom Holz zu Felde auf *Äsung*, und umgekehrt, aber er *wechselt* oder *zieht* nicht.

RÜCKENWIND, DER ► *Nackenwind*

RÜCKFÄHRTE, DIE die *Fährte*, die das Wild beim *Zurückziehen* in den Einstand getreten hat, also beim *Einziehen* vom Feld zu Holze

RUCKSACK, DER ein aus wasserdichtem Material hergestellter, auf dem Rücken an zwei Schulterriemen zu tragender Sack, der oben mit einer Leine zugezogen wird und auch zum Tragen des erlegten Wildes usw. Verwendung findet

RÜCKSCHÜTZE, DER ein auf dem *Rückwechsel* postierter Jäger

RUCKSEN auch *rücksen*: das Gurren der Wildtaube

RÜCKSTECHER, DER auch *Stecher*: die Vorrichtung zum Spannen des Stechschlosses, vorwiegend bei mehrläufigen Gewehren

RÜCKSTOSS, DER der Stoß, der beim Abfeuern einer Patrone rückwärts über den Kolben auf die Schulter des Schützen übertragen wird

RÜCKWECHSEL, DER *Wechsel*, den das Wild bei der Drückjagd nach rückwärts annimmt, ▸ *drücken*, ▸ *Rückschütze*

RÜCKZUG, DER auch *Rückstrich*: die Wanderung der Zugvögel von ihren Winterquartieren zu ihren Brutplätzen

RÜDE, DER 1. Bezeichnung für den männlichen Hund, Wolf, Fuchs usw.; 2. so viel wie *Hatzhund, Hatzrüde, Saurüde*

RÜDEJUNGE, DER (veraltet) ein junger Gehilfe des *Rüdemeisters*

RUDEL, DAS Verband einer größeren Stückzahl einer *Schalenwildart*, mit Ausnahme des Rehwildes und des *Schwarzwildes*. Beim Rehwild sagt man *Sprung*, beim *Schwarzwild Rotte*, beim Wolf seltener *Rotte*, meist *Rudel*; Seehund*rudel*.

RUDELN, SICH das Vereinigen von Wild, bei dem das Wort *Rudel* gebräuchlich ist

RÜDEMANN, DER erfahrener Führer und Abrichter von Jagdhunden

RÜDEMEISTER, DER der Führer und Betreuer einer Hundemeute; heute Ehrenbezeichnung

RUDER, DAS der Fuß bei den Schwänen, seltener auch beim übrigen *Wasserwild* gebräuchlich, bei diesem besser ▸ *Latsche*

RUDERFEDER, DIE Schwungfeder beim Wassergeflügel

RUDERN 1. das Schwimmen des Wassergeflügels; 2. schwerfälliges Fliegen

RUF, DER 1. der Locklaut des Rotwildkalbes (veraltet) und des niederen *Federwildes*; 2. Instrument zum Nachahmen der Stimmlaute des Wildes, z. B. *Hirschruf, Entenruf*. Bei Hühnern, Schnepfen und Tauben besser *Locke, Taubenlocke* usw.; 3. Jagdsignale und in übertragenem Sinne für das Jagdhorn selbst

RUFEN das *Locken* des *Federwildes*

RUHE, DIE 1. *Schonzeit*; 2. *Bett*: »Das Wild sitzt in der *Ruhe*.« (selten); 3. die Rast am Gewehrschloss; der Hahn ist *in Ruhe*, wenn man ihn entspannt hat. Bei antiken Gewehren ohne Rückspringschlösser unterscheidet man eine doppelte, die halbe und die ganze *Ruhe*, auch *Ruhrast* genannt; 4. eine Jagd *ruht*, wenn keine Jagdausübung erfolgt.

RUHEZEIT, DIE auch *Rauzeit, Mauserzeit*

RUPFEN 1. das Ausreißen der Federn der geschlagenen Beute durch die Greifvögel; 2. das Ausreißen der Haare von Gams, Hirsch und Sau zum Fertigen eines Hutschmuckes; 3. für schlecht erzogene Hunde gebräuchlich, die erlegtes *Federwild*, anstatt zu *apportieren, rupfen*, auch bei Haarwild

RUTE, DIE 1. der Schwanz beim Hund und allem *Haarraubwild* mit Ausnahme des Fuchses; 2. das männliche Glied des *Schalenwildes (Brunftrute)* sowie des *Raubwildes* und der Hunde, bei Letzteren auch *Fruchtglied*

RUTSCHEN die oft unterbrochene, meistens beim *Äsen* vorkommende langsame Fortbewegung des Hasen

RÜTTELFALKE, DER ▸ *Turmfalke*

RÜTTELN rasches Bewegen der Flügel zum Verhalten in der Luft, besonders häufig beim Turmfalken, daher wird er auch Rüttelfalke genannt

S

SAATGANS, DIE *(Anser fabalis)*, auch kleine graue Gans, Moorgans, ringschnäbelige Saatgans

SAATKRÄHE, DIE *(Corvus frugilegus)* einer unserer Rabenvögel, auch Ackerkrähe, Feldkrähe, Gesellschaftskrähe, Grindschnabel genannt; nistet in Kolonien

SACK, DER Wenn Schützen bei einem *Kesseltreiben* oder einer *Streife* allein oder mit den benachbarten *Treibern* etwas zurückbleiben, dann entsteht ein *Sack*. Ein unwaidmännisches Verhalten, auch aus Sicherheitsgründen zu vermeiden!

SACKRÖHRE, DIE eine *Röhre* in einem *Fuchs-* oder *Dachsbau*, die keine Verbindung mit den übrigen *Röhren* hat, also wie ein Sack endet

SAFTSCHÄLE, DIE auch *Sommerschäle*: das *Schälen* der Rinde zur Saftzeit durch Rotwild, Damwild usw. im Gegensatz zur *Winterschäle*

SALZLECKE, DIE auch *Lecke* oder *Sulze*: eine Einrichtung, um dem Wild Salz anzubieten; vermischt mit Lehm: *Lehmsulze*. Werden die Salzsteine in Einkerbungen von Wurzelstöcken gelegt, spricht man von *Stocksulzen*; wenn sie auf Pfählen angebracht sind, sagt man *Steckensulzen* oder *Pfahlsulzen*.

SANDHASE, DER ein in sandigen Gegenden lebender Feldhase im Gegensatz zum *Waldhasen*

SASSE, DIE der Ruheplatz *(Lager)* des Hasen

SATTEL, DER die beiden großen, weißlichen Flecken auf den *Flanken* des Muffelwidders, auch *Schabracke* oder *Schneefleck* genannt

SATZ, DER die Gesamtheit der Jungen, die gleichzeitig vom Hasen oder Kaninchen *gesetzt* sind. Da dies mehrmals im Jahr geschieht, spricht man vom *ersten, zweiten* und *dritten Satz*.

SATZHASE, DER auch *Setzhase*: Häsin

SATZZEIT, DIE auch *Setzzeit*: die Zeit, in der das weibliche Wild *setzt*

SAU, DIE Mehrzahl *Sauen*: allgemeine Bezeichnung für Wildschwein, ► *Schwarzwild*

SAUBELLER, DER ► *Saufinder*

SAUFEDER, DIE auch *Schweinseisen, Sauspieß*: langer, kreuzweise mit Riemen umwickelter Holzschaft mit einer eisernen, zweischneidigen Spitze und einer *Parierstange* zum *Abfangen* von *Schwarzwild*

SAUFINDER, DER bracken-, terrier- oder teckelartige (früher häufig auch Mischlings-)Hunde, die Sauen leicht finden und anhaltend verbellen, sodass die übrige *Meute beigeschnallt* werden kann

SAUGARTEN, DER ein eingehegtes Gebiet, in dem *Schwarzwild* gehalten wird

SAUGATTER, DAS die Umzäunung um einen ► *Saugarten* oder auch im übertragenen Sinne der *Saugarten* selbst

SÄUGEN Das weibliche *Haarwild säugt* seine Jungen.

SAUGLOCH, DAS die Drüse oberhalb des *Weidloches* beim Dachs, auch *Schmalzdrüse, Stinkloch, Fettloch* oder *Schmalzröhre* genannt

SAUGRUBE, DIE auch der *Saufang*: eine Grube zum Lebendfangen von Sauen

SAUHATZ, DIE Jagd mit Hunden auf *Schwarzwild*

SAUKASTEN, DER Transportkasten für lebendes *Schwarzwild*

SAUPACKER, DER auch *Saurüde*: ein schwerer Jagdhund für *Saujagden*

SCHABE, DIE ► *Räude*

SCHABRACKE, DIE ► *Sattel*

SCHADHIRSCH, DER ein extrem aggressiver Hirsch, der ein bajonettartiges Geweih trägt und damit beim Kampf den Gegner schnell verletzt; überholter Ausdruck: ► *Mörder*

SCHAF, DAS *Wildschaf*, ► *Muffelwild*

SCHAFT, DER 1. der hölzerne Griffteil am Jagdgewehr, aber auch an der *Saufeder* und am *Bäreneisen*; 2. der Kiel der Federn sowie der untere Teil der Haare

SCHALEN, DIE die Klauen, d. h. Hufe allen *Schalenwildes*

SCHÄLEN das *Abschälen* der Rinde durch Elch-, Rot-, Dam- und Muffelwild; *Som-*

merschälung, *Sommerschäle*, *Saftschäle* und *Winterschälung* oder *Winterschäle*

SCHALENWAND, DIE auch *Sensel*: der untere Rand der *Klauen* des Hirsches

SCHALENWILD, DAS auch *geschaltes Wild*: Sammelname für alles Wild, das auf *Klauen zieht*

SCHALLHORN, DAS der trichterförmige Ausgangsteil des Jagdhorns

SCHÄLSCHÄDEN, DIE die Schäden, die Wild (*Schalenwild*, aber auch Hasen u. a.) durch das ▸ *Schälen* an Bäumen verursacht

SCHANDE, DIE ein Stück *zu Schanden schießen*: ein Stück *zu Holze schießen*, d. h. ein Stück Wild *krankschießen*, ohne es zur Strecke zu bringen, sodass es *verludern* muss

SCHAR, DIE die Vereinigung von mehreren *Ketten*, *Schofen*, *Flügen* zu einer großen Menge: »eine Schar Enten«

SCHARF 1. Ein Hund ist *scharf*, der mutig auf Sauen, *Raubwild* und *Raubzeug* losgeht; ist ein Hund gegen Menschen *scharf*, so nennt man ihn *mannscharf*; 2. ein Gewehr *schießt scharf*, wenn es gute tötende Wirkung hat: »eine *scharf* schießende Flinte«; 3. ein gezielter Schuss ist *scharf* im Gegensatz zum *blinden* Schuss; 4. die *Schalen* des Hirsches sind *scharf*, wenn sie noch nicht abgenutzt, *abgewechselt* sind.

SCHÄRFEN 1. Alles Schneiden mit dem *Waidmesser* nennt man *Schärfen*, ▸ *abschärfen* (1.) und *aufschärfen*; 2. das Aneinanderreihen der langen Eckzähne des *Keilers*; er *schärft* sein *Gewaff*.

SCHÄRFEPRÜFUNG, DIE eine Prüfung zur Feststellung des Angriffsmutes von Jagdhunden

SCHARFSCHÜTZE, DER ein Jäger, der ein erwiesen sicherer Kugelschütze ist

SCHARWILD, DAS *Geißen*, *Kitze* und junge *Böcke* vom *Gamswild*

SCHAUFEL, DIE 1. im Plural, die *Schaufeln*: das Geweih des Elch- und Damhirsches, wenn es eine schaufelförmige Gestalt annimmt. 2. Beim Rothirsch spricht man von *Schaufelkronen*, wenn die Geweihkronen schaufelartig ausgeformt sind. 3. *Stoßfedern* und *Stoß* des *Auerhahns*

SCHAUFELFEDERN, DIE die *Stoßfedern* des *Auerhahns*, aber auch des *Adlers* und *Geiers*

SCHAUFLER, DER ein Elch- oder Damhirsch, sobald er Schaufeln trägt, *Halbschaufler*, *angehender Schaufler*, *Kapitalschaufler*

SCHAUFLERHAKEN, DER das hakenförmige, rückwärtige Ende am unteren Teil der *Damschaufel*, auch *Dorn* genannt

SCHEIBCHEN, DAS auch *Scheubel*: altes, *hirschgerechtes Zeichen*: Wenn es nach langer Trockenheit etwas geregnet hat, prägt sich die *Fährte* in die obere, feuchte Bodenschicht so ein, dass man das *Trittsiegel* von dem unteren, noch trockenen Boden wie ein *Scheibchen* abheben kann.

SCHEIBE, DIE 1. die heller gefärbte, das *Weidloch* umgebende hintere Keulenpartie der Hirscharten, meistens *Spiegel*; 2. ein Zielbild für Schießübungen mit dem Gewehr, Schießscheibe, unterschiedlich für *Büchse* und *Flinte*. 3. vordere Fläche am *Wurf* der Sauen mit den Nasenlöchern

SCHELLADLER, DER (*Aquila clanga*), auch großer Schreiadler

SCHELLE, DIE ▸ *Wusperl*

SCHELLEN klapperndes Geräusch, das beim *Trollen* des Elchwildes durch das Aneinanderschlagen der *Schalen* und des *Geäfters* sowie durch das Knacken der Gelenke entsteht

SCHELLENTE, DIE (*Bucephala clangula*), eine Meerente; auch Schelltauchente, Quakente, Dickkopf; Baumbrüter

SCHERE, DIE auch *Schar*: örtlicher Ausdruck für den *Stoß* des Birkhahns

SCHERENTREIBEN, DAS *Treiben* mit zwei sich gegeneinander bewegenden *Treiberwehren*

SCHERZEN das Spielen des zum Hochwild gehörenden *Schalenwildes*; seltener: *frangen* für das Herumtollen von Kälbern, Kitzen, Lämmern und Frischlingen sowie jungen Bären und Luchsen. Auch das spielerische Kämpfen geringer Hirsche in der *Feistzeit* und zu Beginn der *Brunft* nennt man *scherzen*.

SCHIEBEN 1. Alle *Geweihträger schieben* alljährlich ihr *Geweih* (bzw. *Gehörn)*; 2. das *Schwarzwild schiebt sich ein*, wenn es sich in den *Kessel* begibt.

SCHIEPEN (selten) *puitzen* bei der Waldschnepfe

SCHIESSEN 1. in der allgemeinen Bedeutung: einen Schuss abgeben. 2. Der Greifvogel *schießt*, wenn er nach einer Beute mit angelegten Schwingen pfeilschnell im Steilflug *stößt*.

SCHIESSER, DER verächtliche Bezeichnung für jemanden, der, ohne zu *hegen*, nur an das Schießen denkt und daher kein echter *Waidmann* ist

SCHIESSPFERD, DAS ein bei der *Pirsch* benutztes Reitpferd, das vor allem auch *schussfest* sein muss

SCHILD, DER oder **DAS** 1. der dunkel gefärbte, mehr oder weniger große Fleck auf der Brust der Rebhühner; 2. der Flügel des Fasans; 3. die bunten Federn auf den Flügeln der Enten, auch *Spiegel* genannt; 4. die verstärkte Partie der Schwarte über dem *Blatt* eines *Hauptschweines*, ▸ *Panzerschwein*; 5. (veraltet): ein Schirm in der Gestalt eines Pferdes oder einer Kuh aus bemalter Leinwand, den man vor sich her trug, um scheues Wild *anzupirschen*, insbesondere bei Trappen gebräuchlich

SCHILDERN 1. ein Stück Wild mithilfe des ▸ *Schildes anpirschen*; 2. *Federwild schildert*, wenn sich bei ihm das *Schild* zu entwickeln beginnt: »Die Hühner haben bereits geschildert.«

SCHILDHAHN, DER ▸ *Birkhahn*

SCHINDEN eine Jagd unwaidmännisch behandeln, sie ▸ *ausschinden*

SCHINDER, DER ein »Jäger«, der in seinem *Revier* nur schießt und nicht hegt, also kein *Waidmann* ist, gleichbedeutend mit *Schießer*

SCHIRM, DER eine für den *Ansitz* oder auch für *Drück*- und *Treibjagden* gebaute Blende aus Holz, Reisig oder Schilf, die dem Gelände angepasst ist und dem Schützen Deckung bieten soll

SCHIRMROSE, DIE *Dachrose*, ▸ *Rose*

SCHLACHTER, DER Bezeichnung für einen Bären, der vorzugsweise zahmes Vieh erbeutet *(schlägt), Schlagbär*

SCHLAFBÄUME, DIE Bezeichnung für Bäume, auf denen *Federwild* regelmäßig die Nacht verbringt, besonders beim Auerwild, bei Fasanen, bei Reihern und bei Krähen gebräuchlich

SCHLAG, DER 1. die Verletzung durch eine Sau mit dem *Gewaff*: »Der Hund wurde von dem Keiler *geschlagen*.«; 2. der Ruf der Wachtel *(Wachtelschlag)* und einzelnes *Knappen* in der Balzarie des Auerhahns; 3. die Unterteilung einer Hunderasse: *leichter Schlag, schwerer Schlag*

SCHLAGBAUM, DER auch *Marderschlagbaum*: eine *Prügelfalle*, die aus Knüppeln gebaut und besonders zum Fang von *Mardern* verwendet wurde

SCHLAGEISEN, DAS ▸ *Tellereisen* (in Deutschland verboten)

SCHLAGEN 1. im Zusammenhang mit Sauen gebräuchlich: ▸ *Schlag*. 2. Der *Erdhund* wird im Bau von Fuchs und Dachs *geschlagen*; 3. der Bär *schlägt* seine Beute; 4. die Greifvögel *schlagen* ihre Beute; 5. der Hirsch *schlägt* mit seinem Geweih die Rinde von Bäumen und Sträuchern ab: »Er hat an einer Fichte *geschlagen*.« *(Schlagstellen)*; das Abscheuern des *Bastes* nennt man dagegen *Fegen*; 6. der Hase *schlägt* einen *Haken*, wenn er rechtwinklig zu seiner bisherigen Fluchtrichtung fortflüchtet; 7. *Salzlecken* werden *vollge-*

schlagen, d. h. gefüllt; 8. alles *Schalenwild* mit Ausnahme des *Schwarzwildes* wird *aus der Decke* oder *der Haut geschlagen*; 9. eine Waffe *schlägt*, wenn sie einen unangenehmen Rückstoß hat, der sich auch seitwärts auf die Wange des Schützen überträgt; 10. die Wachtel *schlägt*, d. h. *ruft* oder *lockt*.

SCHLAGFEDER, DIE die Hahnfeder oder Schlagstückfeder im Gewehrschloss

SCHLAGHAAR, DAS ► *Schnitthaar*

SCHLAUCH, DER das nach dem Abkochen des Gams-, Steinbock- und Widderschädels vom Stirnzapfen leicht abziehbare Hohlhorn

SCHLECHT Ausdruck für alles, was *schwach, gering, unschön, kümmernd*, unbedeutend, kränkelnd ist: »Der Hund hat eine *schlechte Nase*.«, »Der Hirsch war *schlecht bei Wildbret*.«, »Der *Hühnerbesatz* ist heuer sehr *schlecht*.« usw.

SCHLEGEL, DER ► *Keule* (Hirschschlegel, Rehschlegel)

SCHLEGELN letzte Bewegungen des tödlich getroffenen Wildes mit den Läufen, seltener auch: *schnellen*

SCHLEGELSCHUSS, DER Keulenschuss

SCHLEICHEN waidmännisch nur beim Luchs, Dachs und Fuchs gebräuchlich

SCHLEIER, DER der die Augen umgebende Federkranz der Eulen und Weihen

SCHLEIEREULE, DIE *(Tyto alba)*, auch Turmeule, Goldeule, Kircheneule, Perleule oder Herzeule

SCHLEIFE, DIE 1. die gekrümmte Luftröhre des Auerhahns, die um ein Viertel länger als der Hals ist; 2. alle Schlingen an Leinen jeder Art

SCHLEIFEN 1. der letzte Teil der *Balzarie* des Auerhahns, auch *Wetzen* genannt; 2. schleppen

SCHLEPPE, DIE 1. Wenn man einen Köder an einer Leine hinter sich herzieht, um *Raubwild* oder *Raubzeug* an einen Fang- oder Luderplatz zu locken, oder wenn man eine künstliche (Schweiß-) *Fährte/ Spur* herstellt, um den Jagdhund abzurichten, so nennt man dies *schleppen* oder eine *Schleppe machen*, auch: *Geschleppe machen*. 2. Bezeichnung für die *Gänge* der Wildenten und anderem Wasser- und Sumpfwild im Grase, Schilf oder Rohr

SCHLEPPJAGD, DIE eine *Parforcejagd* mit Hunden, bei der jedoch nicht hinter lebendem Wild, sondern auf einer künstlichen Schleppspur geritten wird

SCHLIEFEN das Hineinkriechen der *Erdhunde* in den Fuchs- oder Dachsbau (»Der Hund ist ein *guter Schliefer*.«), auch des *Frettchens* in den Kaninchenbau

SCHLIESSEN die Jagd auf eine Wildart ist während der *Schonzeit geschlossen*.

SCHLINGE, DIE 1. Hühnerschlinge, ► *Galgen*; 2. ► *Drahtschlinge*

SCHLOSS, DAS 1. Teil des Gewehres, der den Lauf hinten verschließt und durch eine Federvorrichtung das Vorschnellen des Schlagbolzens auf die Zündmasse bewirken kann; 2. die knorpelige Verbindung der beiden Beckenknochen des *Schalenwildes*: »Das *Schloss* wird aufgeschlagen.«; 3. die Schließe an der *Hirschfängerkoppel*

SCHLOSSTRITT, DER ein altes, *hirschgerechtes Fährtenzeichen*: Im *Bett* oder in der *Suhle* eines Hirsches steht ein *Fährtenabdruck* deutlich in der Mitte des *Bettes*.

SCHLUMPSCHUSS, DER Bezeichnung für einen nachlässig, hastig oder ungenau abgegebenen Schuss, *Schlumpschütze*

SCHLUND, DER die Speiseröhre des *Schalenwildes*

SCHLUSS, DER altes *hirschgerechtes Fährtenzeichen*: Wenn der Hirsch den *Tritt des Hinterlaufes* genau in den des *Vorderlaufes* setzt, dann *macht* er *den Schluss*.

SCHMAL- bei den meisten *Schalenwildarten* das zweite Lebensjahr bedeutend, also *Schmalreh, Schmalgeiß, Schmaltier,*

Schmalspießer, Schmalschaf: »Das Schmaltier mit dem Leib, dem schlanken, macht auch dem alten Hirsch Gedanken.« (alter *Jagdspruch)*

SCHMÄLEN ► *schrecken*

SCHMALSCHUSS, DER Spitzschuss

SCHMALZ, DAS das Fett des Murmeltiers, *Mankeischmalz*; auch beim Dachs gebräuchlich *(Schmalzmann)*

SCHMECKER, DER (selten) Äser oder *Geäse*, auch: *Lecker*

SCHMEISS, DER ► *Geschmeiß*

SCHMEISSEN sich entleeren bei allen Greifvögeln

SCHMELZ, DER *Geschmeiß* der *Beizvögel*

SCHNACKELN *Knappen* des *Auerhahns*, ► *Auerhuhn*

SCHNALLE, DIE auch *Nuss* oder *Tasche*: der äußere weibliche Geschlechtsteil bei Hunden und *Haarraubwild*

SCHNALLEN 1. Loslösen des Hundes vom *Riemen*; besonders beim *Schweißhund* gebräuchlich, wenn zur *Hetze* des kranken Wildes seine *Halsung aufgeschnallt* wird

SCHNALZEN das *Knappen* des Auerhahnes

SCHNAPPSCHUSS, DER ein auf flüchtiges Wild zielsicher schnell hingeworfener Schuss

SCHNARCHHAHN, DER (veraltet) ► *Rackelhahn*

SCHNARRE, DIE Misteldrossel

SCHNARREN Bezeichnung für den Ruf des Wachtelkönigs, auch *Schnarrwachtel*

SCHNATTERENTE, DIE *(Anas strepera)*, eine Schwimmente, auch *Schnarrente* oder *Lärmente* genannt

SCHNECKE, DIE 1. der Kopfschmuck des Muffelwidders; 2. Tritonschnecke, auch Muschel; zur Nachahmung des Hirschrufes benutzt

SCHNEEHASE, DER *(Lepus timidus)*, auch Alpenhase, *Holzhase*: der im Winter weiß verfärbende Hase

SCHNEEHUHN, DAS zur Familie der Raufußhühner gehörend; zwei Arten: Moorschneehuhn *(Lagopus lagopus)* und Alpenschneehuhn *(Lagopus muta);* beide im Sommerkleid braun bzw. grau, im Winter weiß. Ausdrücke wie bei Auer- und Birkwild

SCHNEIDER, DER 1. der Jäger, der auf einer Treibjagd nichts geschossen hat; 2. Bezeichnung für einen *geringen* Hirsch, seltener für einen *geringen* Auerhahn oder Birkhahn

SCHNEIDEWIND, DER *Halbwind*, ► *halber Wind*

SCHNEISE, DIE schmaler Weg oder unbewaldete, gerade verlaufende Linie im Walde, die ursprünglich für jagdliche Zwecke angelegt war, heute für forstliche und jagdliche Zwecke genutzt wird

SCHNELLBAUM, DER niedergebogenes Bäumchen, das die daran hängende *Drahtschlinge* hochschnellt, wenn sich Wild gefangen hat; *Schlingensteller: Wilderer*

SCHNELLEN ► *Schlegeln*

SCHNELLER, DER 1. der Drücker *(Abzug)* am Gewehr, manchmal auch für *Stecher* (selten); 2. ein dem Hund mit dem *Riemen* oder mit dem *Seil* versetzter scharfer Ruck, um ihn am Vorschnellen zu hindern

SCHNELLSTANGE, DIE Hebel am Schloss des *Schwanenhalses,* der das Schloss in Spannung hält, wenn der Schnellstift darauf drückt

SCHNEPFE, DIE *(Scolopacidae)*, Sammelbegriff für alle zur zoologischen Familie der Schnepfenvögel gehörenden Vogelarten; speziell der Gattungen Brachvögel, Uferschnepfen und Bekassinen

SCHNEPFENBART, DER Haarbüschel auf der Fettdrüse über dem *Pürzel* der Waldschnepfe. Diese kleinen Büschel öffnen sich mit der Zeit und ergeben den als Hutschmuck verwendeten *Schnepfenbart.*

SCHNEPFENDRECK, DER die fein gehackt zubereiteten Eingeweide der Schnepfen, die als besondere Delikatesse gelten

SCHNEPFENFEDER, DIE ▸ *Malerfeder*

SCHNEPFENLOCKE, DIE ein Instrument, mit dem das *Puitzen* der *streichenden* Schnepfe nachgeahmt wird

SCHNEPFENSTRICH, DER Balz-, Morgen- und Abendflug der Waldschnepfe

SCHNIPPEN 1. das Auf- und Niederbewegen des *Stoßes* nach Art der Rallen bei den Feldhühnern, wenn sie in Aufregung geraten, auch: *wippen*; 2. die Bewegung des *Fächers* beim *Knappen* des Auerhahns

SCHNITTHAAR, DAS die abgeschossenen Haare des Wildes, die am *Anschuss* gefunden werden und als sicheres *Pirschzeichen* gelten; zu unterscheiden vom ausgefallenen *Wurzelhaar*

SCHNÖRKEL, DAS *Pürzel oder Federlein des Schwarzwildes*

SCHNÜREN das genaue Hintereinandersetzen der *Tritte*, sodass diese eine gerade Linie (eine Schnur) bilden; bei Fuchs, Wolf, Wildkatze und Luchs

SCHOF, DER oder **DAS** auch *Schoof* Sammelbegriff für eine Familie Enten, solange Eltern und Junge zusammen sind

SCHOLLERN Der Dachs *schollert*, wenn er sich beim Ausfahren die Erde von der *Schwarte* schüttelt.

SCHONEN 1. *hegen*, das Wild pfleglich behandeln, auch so viel wie überhaupt nicht bejagen, z. B.: »Fasanenhennen sollen in diesem Jahre völlig *geschont werden*.«; 2. *Schone!*: Zuruf an den Hund, wenn er unerwünscht an (Jung-)Wild jagt oder am geschossenen Wild zu zausen oder zu rupfen beginnt. 3. *Haarwild schont* einen *Lauf*, wenn es daran verletzt ist und infolgedessen nicht richtig damit auftritt.

SCHONZEIT, DIE auch *Hegezeit*: der Zeitraum, in dem die Jagd und der Fang bestimmter Wildarten gesetzlich verboten sind

SCHONZEITGEWEHR, DAS ein kleinkalibriges Kugelgewehr, mit dem ohne lauten Schussknall der Abschuss von schwachem *Raubwild* und *Raubzeug* ohne Störung des übrigen Wildes erfolgen kann

SCHOOF, DAS ▸ *Schof*

SCHOPF, DER 1. die längeren Federn auf dem Kopf verschiedener Vogelarten; 2. der Kessel im Bau des Murmeltieres; 3. die langen Haare am *Träger* des Rothirsches (örtlich)

SCHÖPFEN das Trinken von Wild und Hunden; beim Auerhahn sagt man auch: »Er *tränkt sich*.«

SCHRANK, DER auch das *Schränken*: altes, *hirschgerechtes Fährtenzeichen*: Der Hirsch setzt die einzelnen *Tritte* nicht genau voreinander, sondern diese stehen seitlich einer gedachten geraden Linie; je *feister* und stärker ein Hirsch ist, desto größer ist die seitliche Abweichung von der geraden Linie; auch *hochbeschlagene* Tiere *schränken*.

SCHRÄNKEN 1. ▸ *Schrank;* 2. das kreuzweise Verbinden der Läufe von erlegtem Wild, um es besser transportieren zu können, ▸ *einhächsen*

SCHRAUBEN Wenn Greifvögel von der Thermik begünstigt in kreisenden Bewegungen Höhe gewinnen, so *schrauben sie sich hoch*.

SCHRECKEN 1. Das Ausstoßen von Belllauten durch Rotwild und Rehwild; bei weiblichem Rehwild spricht man auch vom *Schmälen*; 2. das Anpfeifen oder Anrufen von flüchtigem *Haarwild*, um es zum *Verhoffen* zu bringen

SCHREIEN 1. Elch-, Rot- und Damhirsch *schreien* in der *Brunft* recht unterschiedlich; auch *orgeln, röhren* usw.; 2. der Jäger stößt einen *Jagdschrei* aus; 3. alle Lautäußerungen der Greifvögel

SCHREITEN das langsame *Ziehen* des Rotwildes, besonders beim starken Hirsch gebräuchlich, auch bei großen Vögeln

SCHRITT, DER 1. ein *Fährtenzeichen* des Rothirsches: Die Entfernung der einzelnen *Tritte* voneinander ergibt die *Schrittweite*; diese lässt Schlüsse auf die Stärke des Hirsches zu. 2. als Maßstab für Schussentfernungen, wobei ein Schritt etwa 75 cm lang ist: »Die Büchse schießt auf 100 *Schritt Fleck.*«

SCHROT, DER oder **DAS** die kleinen Bleikugeln für die Flintenladung, auch ▸ *Dunst*, ▸ *Hagel*, ▸ *Posten*

SCHÜRZE, DIE Haar am Geschlechtsteil der Ricke, besonders deutlich im Winterhaar; auch *Wasserzeichen* genannt

SCHUSS, DER waidmännisch nicht nur im allgemeinen Sinne, sondern auch: 1. die Menge des zu einem Schuss aus einem bestimmten Kaliber erforderlichen Pulvers oder Schrotes; also »ein Schuss Pulver«, »ein Schuss Schrot«, z. B. von Schroten: »Der ganze Schuss saß in der Scheibe.«, d. h. alle Schrote schlugen in diese ein; 2. die durch einen Schuss hervorgebrachte Verletzung bei einem Stück Wild: Man spricht danach von *guten, schlechten, unwaidmännischen Schüssen*; dann je nach dem getroffenen Körperteil von einem *Blatt-, Haupt- bzw. Kopf-, Träger- bzw. Hals-, Kammer-, Lungen-, Weidewund-, Feder-, Prell-, Krell-, Keulen-, Lauf-* und *Streifschuss*; 3. weitere Zusammensetzungen: *Schussbändig* oder *schussfest* ist der Hund, wenn er nicht *schussscheu* ist; *schusshitzig*, wenn er schon vor oder beim Schuss einspringt, *vorprellt* oder gar loshetzt; 4. *schussbereit* oder *schussfertig* ist der Jäger, wenn er das Gewehr so trägt und so aufmerksam ist, dass er jeden Augenblick einen schnellen Schuss abgeben kann.

SCHÜSSEL, DIE 1. das Ohr beim *Schwarzwild*, auch *Teller*; 2. das *Lager* der Trappe

SCHÜSSELTREIBEN, DAS auch *Schüsseltrieb*, in Bayern *Knödelbogen*: (scherzhafte) Ausdrücke für das nach Beendigung der Jagd stattfindende Jagdessen

SCHUSSFEST Hund oder Pferd halten den Schussknall aus, sie sind *schussfest.*

SCHUSSGELD, DAS ein für jede Wildart festgesetzter Betrag, den die im Jagddienst beschäftigten Personen (z. B. Berufsjäger, Forstbeamten usw.) für in ihrem Revier geschossenes oder sonst angefallenes Wild erhalten; ▸ *Fanggeld*

SCHUSSGERECHT 1. Der Jäger ist *schussgerecht*, wenn er mit den Schusswaffen vollkommen umzugehen weiß; 2. Wild steht *schussgerecht*, wenn seine Stellung und seine Entfernung vom Jäger einen treffsicheren Schuss gestatten.

SCHUSSHITZIG Jäger oder Hund können den Schuss oder auch das Resultat des Schusses nicht erwarten.

SCHUSSLICHT, DAS Tages- oder Mondlicht, das zu sicherem Abkommen genügt, ▸ *Büchsenlicht*

SCHUSSLINIE, DIE die Richtung, in welcher der Schuss abgegeben wird

SCHUSSNÄHE, DIE die Entfernung des Wildes vom Jäger, die einen sicheren Schuss gestattet

SCHUSSNEIDISCH ein Jäger, der einem anderen die Beute missgönnt

SCHUSSRECHT ▸ *schussgerecht*

SCHUSSSCHEU Hunde und Pferde, die sich vor dem Schussknall fürchten

SCHUSSWEITE, DIE Entfernung zwischen Schütze und Ziel

SCHUSSZEICHEN, DAS 1. jedes Zeichen, das im Augenblick des Schusses anzeigt, ob und wo das beschossene Wild getroffen ist; also dessen Reaktion auf den Schuss; 2. am *Anschuss* das Vorhandensein von *Schnitthaar, Schweiß* und Knochensplittern, die Art des *Ausrisses, die Fluchtrichtung* usw.

SCHUSSZEIT, DIE der Zeitraum, in dem eine bestimmte Wildart bejagt werden darf; im Gegensatz zur *Schonzeit*

SCHÜTTE, DAS 1. das Futter für Fasanen und *Schwarzwild*; 2. die *Schütte*:

überdachter Futterplatz für *Federwild*

SCHÜTZENBRUCH, DER ein Reis *gerechter* Baumarten (Eiche, Erle, Tanne, Fichte, Kiefer, Latsche, Zirbelkiefer) für den Erleger; wird rechts an Hut bzw. Mütze getragen

SCHWACH ▸ *gering*

SCHWANENHALS, DER ein Fangeisen mit starken, großen Bügeln, in dem das *Raubwild* bei Abzug des Köders sofort getötet wird (länderweise verboten). Man unterscheidet den *Berliner Schwanenhals* mit außen liegender Feder und den *deutschen Schwanenhals* mit unten liegender Feder.

SCHWARM, DER Schar, jedoch nur für kleinere Vogelarten wie Stare und Drosseln gebräuchlich

SCHWÄRMEN beim *Schweißhund* das Hin- und Hersuchen mit hoher Nase, ohne die *Fährte* am Boden zu beachten; auch beim *Hühnerhund* das planlose Umhersuchen im Feld: »Der Hund ist ein *Schwärmer*.«

SCHWARTE, DIE das Fell des *Schwarzwildes* und des Dachses

SCHWARZKITTEL, DER scherzhafter Ausdruck für Wildschwein

SCHWARZWILD, DAS *(Sus scrofa)* heißt im ersten Lebensjahr *Frischling*, im zweiten Lebensjahr spricht man von *Überläufer, überlaufendem Keiler, überlaufender Bache*; im dritten Lebensjahr sagt man *zweijährige Bache* und *zweijähriger Keiler*; im vierten Lebensjahr *dreijähriger Keiler*; dieser wird mit vier Jahren ein *angehendes Schwein*, ist mit fünf bis sechs Jahren ein *hauendes Schwein*, vom siebten Jahre ab ein *Hauptschwein* oder *grobes Schwein*. Das weibliche Stück wird zweijährige, dreijährige usw. *Bache* genannt, endlich *starke* oder auch *alte, grobe Bache*. Der Vorderkopf heißt *Wuif*, der Rüssel *Gebrech* oder *Gebreche*. Die Sauen *brechen* damit nach ▸ *Untermast* den Boden um; man sagt, sie *stehen im Gebräch* oder *gehen ins Gebräch* und nehmen *Fraß* oder *Gefräß* auf. Die Eckzähne des Keilers nennt man *Gewaff* oder *Waffen*, die des Unterkiefers *Gewehre* und des Oberkiefers *Haderer*. Die *Bache* dagegen hat im Ober- und Unterkiefer *Haken*. Die *Bache frischt*, wenn sie ihre Jungen bringt. Das Fell heißt *Schwarte, Sauschwarte*, die Haare *Borsten*, auf dem Rücken (Kamm) *Federn*. Der Schwanz heißt *Pürzel, Bürzel, Federlein, Ringel*, auch *Schnörkel*. Die Keulen heißen auch *Hamer* (selten). Die *Tritte* der *Fährte* sind oft *geäftert*. Die Ohren heißen *Teller*, seltener *Schüsseln*. Mehrere Sauen zusammen bilden eine *Rotte*; besteht diese nur aus *Keilern* oder *Bachen*, d. h., sind keine *Frischlinge* oder *Überläufer* dabei, so spricht man von einer *Rotte grober Sauen*. Die einzelne Sau hat ein *Lager*, die Rotte einen *Kessel*. Die Sauen *schieben sich ein*, wenn sie sich *niedertun*. Sie *liegen* oder *stecken* in einem Revier, einer Dickung. Wenn sich bei *groben Keilern* der *Schild* stark verdickt hat, so nennt man diesen *Panzer* und spricht von *Panzerschwein*. Die Begattungszeit nennt man *Rauschzeit*, seltener *Rollzeit*; die Sauen *rauschen*. Vor den Hunden *stellt sich* das *Schwarzwild*, es *geht durch*, wenn es fortläuft. Von starken Hunden, den sog. *Saupackern*, wird es *gepackt*, auch *festgemacht* oder *gedeckt*, die *(grobe) Sau schlägt* dabei häufig die Hunde. Wenn sich die *gedeckte Sau* von den Hunden loszumachen sucht, so *streitet* sie mit ihnen. Die Sau *schlägt* sich durchs *Jagdzeug (Lappen)*; sie flieht nicht hindurch. Der *angeschweißte Keiler*, die *führende Bache* und auch *kranke Überläufer nehmen* den Jäger *an* und werden mit der *Saufeder abgefangen* oder es wird ihnen der *Fang gegeben*. Die Sau *grunzt, schnauft, bläst, kreischt, klagt* und *wetzt* mit dem *Gewaff*. Das Fett nennt man *Weißes*, auch

Weiß. Die Sau hat einen Magen oder *Weidsack*. Im Übrigen gelten die für ► *Rotwild* üblichen Ausdrücke.

SCHWEINSFEDER, DIE auch *Schweinseisen*: ► *Saufeder*

SCHWEINSRÜCKEN, DER ein aufgewölbter Schaftrücken am Hinterschaft des Jagdgewehrs, insbesondere zum Schießen mit aufgesetztem Zielfernrohr

SCHWEISS, DER das austretende Blut bei allem Wild und bei den Hunden; auch: *Pasch, Faisch, Feisch, Farbe* oder *Röte*; aber: »Das Stück verendete an innerer *Verblutung*.«, ► *Blut*

SCHWEISSARBEIT, DIE die *Nachsuche* mit einem Jagdhund auf der Wundfährte des Wildes

SCHWEISSBETT, DAS das *Bett*, in dem ein angeschossenes Stück Wild *sitzt*, auch *Wundbett*

SCHWEISSEN das Bluten bei allem Wild und bei den Hunden

SCHWEISSFÄHRTE, DIE die *Fährte* eines *krankgeschossenen oder verunglückten*, evtl. *geforkelten* Stückes; auch: *kranke Fährte, Wundfährte* oder *Rotfährte*

SCHWEISSHALSUNG, DIE das Halsband eines auf *Schweiß* zu führenden Hundes, welches breit und mit Leder gefüttert sein muss. Der Metallring für den ► *Schweißriemen* sitzt an einem Wirbel.

SCHWEISSHUND, DER eine zur Suche auf *krankgeschossenes Hochwild* bestimmte Hunderasse; vom *Leithund* abstammend. In übertragenem Sinne für jeden auf Schweiß gearbeiteten Jagdhund gebräuchlich: »Der Langhaarteckel ist ein guter *Schweißhund*.« Im engeren Sinne gibt es zwei Schweißhundrassen: den *Hannoverschen Schweißhund* sowie den *Bayerischen Gebirgsschweißhund*. Der Schweißhund wird *eingearbeitet*, nachdem er zunächst *führig* gemacht wurde. Er *arbeitet*, wenn er sucht, und *man arbeitet* mit ihm eine *Fährte*. Die Einarbeitung der Spezialrassen erfolgt nach der *Hannoverschen Jägerhofmethode* auf *kalter, gesunder Fährte* und später auf natürlicher, *kranker Fährte*. Seltener wird eine *künstliche Schweißfährte* zur Einarbeitung benutzt. Der *Schweißhund fällt* eine *Fährte an*, und man *hängt* mit ihm am *Riemen* der *Fährte nach*. Er *hält* eine *Fährte*, wenn er auf ihr *fortarbeitet*. Wenn er auf eine *Kreuzfährte* abirrt, so *changiert* er. Wenn er bei *Widergängen* unsicher wird und die Nase hochnimmt, so *fällt* oder *kommt* er *von der Fährte ab, wird hochirrig* und *verliert die Fährte*. Wenn er eine *Fährte überschießt*, so *zieht* man ihn *ab* und *legt* ihn erneut zur *gerechten Fährte*. Arbeitet er richtig eine *Gesundfährte, so trägt* man ihn nach Erfüllung seiner Aufgabe *ab*. Man ermuntert ihn mit »Such verwundt«, »So recht verwundt, danach mein Hund!« Wenn man ihn auf einer *Schneise vorsuchen* lässt, so lässt man ihn *vorhinsuchen* unter dem Zuspruch: »Vorhin, mein Hund, such vorhin!« Wenn das *kranke Stück* aus dem *Wundbett hochgeworden* ist und *flüchtig* wird, dann *schnallt* man den Hund, indem man ihm die *Halsung* abnimmt, und feuert ihn mit dem laut juchzenden Ruf »Such! Such!« an. Der Schweißhund folgt dem kranken Stück mit *Hetzlaut*, wobei er *fährtenlaut (spurlaut)* oder auch nur *sichtlaut* sein kann. Wenn das *kranke* Stück vor ihm verhält, dann *stellt* er das Stück und gibt *Standlaut*. Der Jäger *pirscht* sich heran und *gibt* den *Fangschuss*, alsdann wird der Hund *abgeliebelt* und mit geronnenem *Schweiß* und Stücken der Milz *genossen gemacht*.

SCHWEISSRIEMEN, DER ein in einem Stück gearbeiteter, etwa acht bis zwölf Meter langer, aus gefettetem Leder o. Ä. gefertigter Riemen, der an der *Halsung des Schweißhundes* mit einer Schnalle befestigt ist und *auf-* und *abgedockt* wird. Früher wurde anstelle des Riemens vielfach ein Seil, das sog. *Leitseil* verwendet.

SCHWEISSZEICHEN, DIE der in der *Fährte* liegende *Schweiß*, nach dessen Farbe und Zusammensetzung man den Sitz der Kugel *ansprechen* kann

SCHWER Man unterscheidet bei Hunden vielfach einen *schweren* und einen *leichten Schlag*.

SCHWINGE, DIE 1. Flügel alles starken *Federwildes*; 2. bei allen Vögeln die Schwungfeder, Armschwinge, Handschwinge

SCHWUNGFEDER, DIE die großen Federn am Flügel des Vogels: Die ersten zehn Federn heißen *Schwungfedern erster*, die übrigen *Schwungfedern zweiter Ordnung*.

SECHSER, DER ein Rehbock oder Rothirsch, wenn jede *Stange* drei *Enden* trägt. Hat eine *Stange* weniger Enden, so spricht man von einem *ungeraden Sechser*.

SECHZEHNENDER, DER Ein Rothirsch, der an beiden Stangen je acht Enden trägt, ist ein *gerader Sechzehnender*; zeigt eine Stange weniger Enden, *ungerader Sechzehnender*; dies analog für alle Geweihstärken.

SEEADLER, DER *(Haliaetus albicilla)*, auch weißschwänziger Seeadler, Meeradler, Gänseadler

SEEHUND, DER *(Phoca vitulina) Raubwild* des Wattenmeeres; Bejagung nach *Abschussplan* nur in Begleitung eines bestätigten Seehund-Jagdführers, zurzeit jedoch gar nicht gestattet. *Hund, Hündin*; der *Junghund*, solange er an der Milch hängt (drei bis vier Wochen), speziell das vom Muttertier verlassene Junge, heißt *Heuler*. Der Seehund hat *Fell, Speck, Flossen, Augen*. Er wirft ein, selten zwei Junge (Mai bis Juli), paart sich (Juli und August). Er lebt in *Rudeln*, jagt nach Fisch, zieht mit Fisch, *robbt* auf dem Sand *(Robbspur), schwimmt, taucht, kämpft*. Er *klatscht* auf das Wasser, wenn er warnt; ▸ *hucksen, robben*.

SEELE, DIE der Innenhohlraum des Gewehrlaufs, *Laufseele*

SEHER, DIE die Augen des *Haarraubwildes* sowie des Hasen, Kaninchens und Murmeltiers

SEITENWIND, DER Wind, der den Jäger von der Seite trifft, ▸ *halber Wind*

SELBSTFANG, DER eine Fangvorrichtung, bei der sich das Wild durch Auslösen einer Falltür in einer Kastenfalle oder Einzäunung (Fang) selbst einsperrt, d. h. *fängt*

SELBSTSPANNER, DER ein Gewehr, dessen Schloss sich durch das Abkippen der Läufe von selbst spannt

SELLMANN auch *Söllmann, Gesellmann*: Name für *Schweißhunde*

SENSEL, DAS die *Wand* der *Schalen* beim Rothirsch

SETTER, DER Rasse britischer langhaariger *Vorstehhunde*; man unterscheidet Irische, Englische und Gordon (Schottischer) Setter

SETZEN 1. das Gebären von allem *Haarnutzwild*, mit Ausnahme des *Schwarzwildes*, welches frischt; 2. »*Setz dich!*«: Befehl für den Hund, wenn er sich auf der Hinterhand niederlassen soll

SETZHASE, DER auch *Satzhase: Häsin*

SETZRÖHREN, DIE Kaninchenbaue, in denen die Kaninchenhäsin ihre Jungen *setzt*, häufig in einfacher Form außerhalb der eigentlichen Baue angelegt

SETZZEIT, DIE die Zeit, in der das Wild seine Jungen bringt

SICHEL, DIE die Bezeichnung für den Schwanz *(Stoß, Spiel) des Birkhahns*

SICHELFEDERN, DIE Bezeichnung für die sichelförmigen Steuerfedern im *Spiel* des Birkhahns und des Rackelhahns

SICHERN 1. *verhoffen* und aufmerksam das Gelände und den Wind prüfen; bei allem Wild; 2. ein Gewehr *sichern*: erfolgt durch Einschalten der Sicherungsvorrichtung (trotzdem Vorsicht!)

SICHERUNG, DIE Vorrichtungen verschiedener Systeme, um Gewehre und Fallen vor unerwünschtem Losgehen und Zuschlagen zu sichern

SICHTLAUT ist der Hund, der hinter dem sichtbaren *Wild laut wird*, Gegensatz: ► *fährtenlaut*, ► *spurlaut*

SIEGEL, DAS ► *Petschaft*

SIEKE, DIE auch *Sicke* oder Siek: das Weibchen der Wachtel, der Drossel und sonstiger kleiner Vögel

SIKAHIRSCH, DER *(Cervus nippon)* in Ostasien heimische, vereinzelt in Deutschland eingeführte Hirschunterarten

SITZEN 1. Das Wild *sitzt im Bett*, aber *liegt im Lager*; 2. brüten, auf den Eiern sitzen; 3. der Dachs *sitzt im Bau*; 4. der Schuss *sitzt gut*, wenn er wie gewünscht traf.

SOHLENFLECK, DER dunkler Fleck unten an den *Branten*, hinter den Ballen, der ► *Wildkatze*

SOMMERBRUNFT, DIE die echte *Brunft* des Rehwildes im Juli/August; im Gegensatz zur *Nachbrunft* im Spätherbst, bei der eine Ricke auch fruchtbar *beschlagen* werden kann

SOMMERFARBE, DIE ► *Sommerhaar*

SOMMERFEDER, DIE das ► *Sommerhaar* beim *Schwarzwild*

SOMMERHAAR, DAS das Haar, welches das *Haarwild* im Sommer trägt, im Gegensatz zum *Winterhaar*

SOMMERKLEID, DAS das Federkleid aller Vögel im Sommer

SOMMERSCHÄLE, DIE ► *Saftschäle*

SOMMERSTAND, DER der *Einstand*, den das Wild während des Sommers bevorzugt; 2. übertragen auch die Menge einer bestimmten Wildart in einem Revier während des Sommers: »Der *Sommerstand* an Rotwild ist im *Revier* sehr hoch, der *Winterstand* (besser: *Sommer-* und *Winterbestand*) dagegen nur gering.«

SONNENBALZ, DIE die *Balz* des Birkhahns nach Sonnenaufgang, gelegentlich auch beim Auerhahn

SONNTAGSJÄGER, DER Spottname für einen wenig tüchtigen Jäger

SPALTEN Das *Schalenwild zieht* auf weichem Boden mit *gespaltenen Schalen*, d. h. mit gespreizten *Klauen*.

SPANIEL, DER eine englische *Stöberhundrasse*; man unterscheidet Cockerspaniel, Springerspaniel, u. a.

SPANNBRETT, DAS ► *Balgbrett*

SPANNEN 1. Das Aufziehen der Schlagfeder bei Gewehren sowie bei *Fangeisen*; 2. das Aufspannen der *Bälge* zum Trocknen

SPARREN, DER ► *Afterklaue*

SPÄT Eine *Fährte*, die erst gegen Morgen getreten wurde, ist eine *späte Fährte*.

SPÄTBRUNFT, DIE ► *Nachbrunft*

SPECK, DER Fett des *Seehundes*

SPERBER, DER *(Accipiter nisus)*, auch kleiner Stößer, Sperlingsstößer oder Finkenhabicht

SPERRFALLE, DIE Sammelbegriff für solche Fallen, in denen das Wild lebend gefangen wird

SPIEGEL, DER 1. der weiße bzw. heller gefärbte Fleck um das *Weidloch* des Rehwildes, Rotwildes und Damwildes, bei den beiden Letzteren auch als *Scheibe* bezeichnet; 2. der weiße Flügelfleck des Auer- und Birkhahns; 3. die Querbinden auf den Flügeln der Enten, Eichelhäher u. a.; 4. die Maschen an solchen Garnen und Netzen, die spiegelig gestrickt sind, bei denen also die Fäden und Leinen nicht schräg, sondern senkrecht und waagrecht zueinander verlaufen, *Spiegelnetze* oder *spiegelige Netze*

SPIEL, DAS 1. der *Stoß* des Birkhahns *(Spielhahn)*; 2. seltener: Balzarie des Auerhahns: »Der Hahn *macht ein Spiel.*«, »Der Hahn *spielt sich ein.*«

SPIELHAHN, DER Birkhahn, ► *Birkhuhn*

SPIESS, DER die nicht *vereckten Stangen* von Rehbock oder Hirsch

SPIESSBOCK, DER ein Rehbock, der *Spieße* trägt

SPIESSENTE, DIE *(Anas acuta)*, Schwimmentenart, wird auch Strichente, Spitzente genannt

SPIESSER, DER Rot-, Dam- auch Elchhirsch sowie Rehbock, der nur *Spieße* trägt

SPINNE, DIE das Euter *(Gesäuge)* beim Rot- und Rehwild

SPINNFEDER, DIE Feder zum *Abspinnen*, d. h. Beruhigen des *Beizvogels*

SPISSEN *Balzruf* des Haselhahnes, kann vom Jäger nachgeahmt werden

SPITZ im Gegensatz zu *breit*: Das Wild steht, kommt oder flüchtet *spitz*, auch *halb spitz*.

SPITZENACHTER, DER *Eissprossenachter*, d. h. ein Hirsch, dessen Stange *Augsprosse, Eissprosse* und *Mittelsprosse* aufweist, aber am Stangenende nicht gegabelt ist

SPORN, DER ► *Dorn*

SPRENGEN 1. Man *sprengt* ein Stück Rotwild *aus dem Bett*, ebenso eine *Rotte Sauen*, indem man sie auseinanderjagt; 2. man *sprengt* eine *Kette Hühner*, wenn sie durch mehrfaches Beschießen *zerfällt* und die Hühner einzeln oder zu wenigen verteilt *einfallen*; 3. *treiben*: der Rothirsch *sprengt* oder *treibt* in der *Brunft* das Tier, der Rehbock die Ricke; 4. der *Erdhund sprengt* den Fuchs *aus dem Bau*, wenn er ihn heraushetzt: *Füchse sprengen*.

SPRENKEL, DIE 1. ► *Dohnen*; 2. Gebogene Sitzstange für den *Beizvogel*

SPRINGEN 1. Hase, Kaninchen, Marder, Luchs und Wildkalze *springen*, z. B.: »Der Hase *springt* über den Graben.«; 2. Fuchs, Dachs und Kaninchen *springen*, wenn sie vom *Erdhund* oder dem *Frettchen* aus dem Bau gehetzt werden, *gesprengt* werden; 3. der Rehbock *springt aufs Blatt*, wenn er auf den nachgeahmten Fieplaut der Ricke *zusteht*; 4. *Schalenwild springt den Jäger an*, mit Ausnahme des *Schwarzwildes*, welches den Jäger *anläuft*.

SPRINZ, DER auch *Sprenz*: Sperbermännchen

SPROSS, DER auch die *Sprosse*: so viel wie *Ende* beim Hirschgeweih und beim Rehgehörn, auch: *Eis-*, *Mittel-*, *Wolfsspross*; und beim *Rehbock Vorderspross* oder *Kampfspross* und *Rücksprosse*

SPROSSLER, DER Damhirsch, vom zweiten Kopf auch Zweiköpfer, ► *Damwild*

SPRUNG 1. eine Vereinigung von mindestens drei Stück Rehwild; der Jäger sagt selten »drei Rehe«, sondern immer »drei Stück Rehwild« oder »ein *Sprung* von drei Stück Rehwild«. 2. Die *Hinterbeine* des Hasen nennt man auch *Sprünge*.

SPULE, DIE der untere Teil des Federkiels aller Federn von der Wurzel bis zum Beginn der *Fahne*; von da ab heißt der Federkiel *Schaft*

SPUR, DIE Alles Wild, das nicht auf Klauen *(Schalen) zieht, macht eine Spur*, bei Bär, Wolf und Luchs sagt man auch *Fährte*; das *Federwild* macht ein *Geläuf*, beim Auerwild und der Trappe auch *Fährte* genannt.

SPÜRBAHN, DIE auch *Fährtenbahn*: schmale Streifen, auf denen man den Boden künstlich wund hält, um Wild, welches darüber *wechselt, spüren* bzw. *fährten* zu können; beim *Einarbeiten* des *Schweißhundes* auf *kalter gesunder Fährte* hilfreich, um den Hund kontrollieren zu können

SPÜREN einer *Spur* nachgehen oder sie suchen; man *spürt* bei einer *Neuen ab*, also: »Ich habe einen Marder *gespürt* und einen Hirsch *gefährtet*.«, ► *fährten*, ► *abfährten*

SPURGANG, DER ein Revierbegang zum Zwecke des *Abspürens*, insbesondere bei einer *Neuen*

SPURLAUT ist der Hund, welcher der warmen Spur des eine Spur ziehenden Wildes (z. B. Hase, Fuchs) folgt und *laut* wird.

SPURSCHNEE, DER Schneeverhältnisse, die das *Abspüren* oder *Abfährten* ermöglichen, am besten bei Neuschnee

SPURSICHER ist ein Jagdhund, welcher Wild*spuren* sicher folgt.

STALLEN (selten) ► *Nässen* beim Rotwild

STAMMBAUM, DER Nachweis der rassereinen Abstammung eines Hundes; besser *Ahnentafel*, ► *Pedigree*

STAMMBÜCHER, DIE Zuchtregister, in denen der Nachweis der Abstammung der rassereinen Hunde geführt wird. In das *Gebrauchshundestammbuch* werden außerdem die durch alle vereins- bzw. verbandsinternen Prüfungen geführten Jagdhunde aufgenommen.

STAND, DER 1. der Platz, der bei Drück- und *Treibjagden* einem Schützen zugewiesen wird; 2. der Ort, wo sich Wild aufhält: »Der Sechzehnender hat in Abt. 24 seinen *Stand* (besser: *Einstand*).«; 3. in der Zusammensetzung *Winterstand, Sommerstand* usw.: eine Angabe über die jeweilige Häufigkeit der Wildart; 4. auch *Bestand*: die Zahl des in einem Revier vorhandenen Wildes: »Der *Rotwildstand/-bestand* im Revier X beträgt 100 Stück.«

STANDARTE, DIE der Schwanz (die *Lunte)* des Fuchses, auch beim Wolf gebräuchlich

STANDAST, DER der Ast, auf dem ein Auerhahn zu *balzen* pflegt

STANDBAUM, DER der Baum, auf dem der Auerhahn seinen *Stand* hat

STÄNDER, DIE die Beine von allem *Federwild,* für welches nicht die Ausdrücke *Fuß (Hand), Tritt, Latschen* oder *Ruder* gelten

STÄNDERN Ein Rebhuhn wird *geständert*, wenn ihm ein oder beide Beine zur Unbrauchbarkeit verletzt werden.

STANDERL, DAS Unterbrechung der Flucht durch *Verhoffen* beim Gamswild

STANDHAHN, DER *Platzhahn*, ► *Auerhuhn*

STANDHAUER, DER ein kurzer, schwerer *Hirschfänger*, dem *Waidblatt* vergleichbar, mit dem der Jäger auch seinen Stand von Ästen freihauen kann, welche die Sicht behindern

STANDLAUT, DER das Bellen des Hundes vor dem gestellten Wild: Der Hund ist *standlaut* oder *gibt Standlaut.*

STANDTREIBEN, DAS eine *Treibjagd*, bei der jeder Schütze auf dem ihm zugewiesenen Platz, seinem *Stand*, verbleibt, um sich das Wild zutreiben zu lassen, auch *Vorstehtreiben*, im Gegensatz zum ► *Kesseltreiben* oder der ► *Streife*

STANDVISIER, DAS das auf der Laufschiene der Büchse angebrachte Visier, das nicht verändert werden kann; im Unterschied zum einfachen oder gar doppelten *Klappvisier* für weitere und weiteste Schüsse

STANDVOGEL, DER Sammelbegriff für alle Vogelarten, die in einem bestimmten Gebiet Sommer und Winter zubringen, im Unterschied zum *Zug-* und *Strichvogel*

STANDWILD, DAS das in einem Revier ständig stehende Wild, im Gegensatz zum ► *Wechselwild*

STANGE, DIE 1. Teil eines Geweihs oder eines Gehörns, *Geweihstange, Gehörnstange*; 2. die ► *Parierstange* bei den *blanken Waffen*; 3. Teil des Gewehrschlosses; 4. der Hals des Auerhahns, besser ► *Stingel*

STANGENEISEN, DAS ein früher vielfach gebrauchtes *Fangeisen* für Fischotter

STANGENELCH, DER ein Elchhirsch mit einem Geweih ohne Schaufelbildung

STANGLER, DER ► *Stangenelch*

STÄNKER, DER ► *Iltis*

STARK so viel wie groß in der Umgangssprache: »ein *starker Hirsch*«, im Gegensatz zu *schwach* oder *gering*, »ein *starkes Kaliber*« usw.

STÄUBEN auch *stüben*: das Sich-Entleeren bei Hühnervögeln, ► *Gestüber*

STÄUBEN, SICH auch *stauben: hudern,*

also Staubbaden von Hühnervögeln

STAUPE, DIE eine gefährliche Hundekrankheit, die in verschiedenen Formen auftritt; Darmstaupe, Lungenstaupe, Gehirnstaupe

STECHEN 1. Die Waldschnepfen *stechen*, wenn sie während des *Balzfluges* mit den langen Schnäbeln aufeinander losfahren; 2. die Schnepfe *sticht* oder *wurmt*, wenn sie in der Erde oder in Kuhfladen mit ihrem langen Schnabel nach Würmern und Maden sucht; 3. der *Dachs sticht* oder *wurzelt*, wenn er in der Erde nach *Untermast* sucht; 4. das Spannen des *Stechschlosses* bei einer Büchse: man *sticht* die Büchse *ein*, man *sticht, hat gestochen*; man *entsticht* oder *sticht ab*, wenn man den Feinabzug außer Funktion setzt.

STECHER, DER 1. der Schnabel aller zu den Schnepfen gehörenden Vogelarten; 2. die Vorrichtung an der Büchse, die einen leichteren Abzug ermöglicht. Diese zusätzliche Einrichtung mit einem *Stecher* heißt *Stechschloss*.

STECKEN *Sauen* und *Haarraubwild stecken* in einer Dickung; sie *stecken sich*, wenn sie in eine Dickung *hineinwechseln* und darin blieben; auch beim Auerwild gebräuchlich; außerdem: der Fuchs *steckt* im Bau.

STECKENSULZE, DIE ▸ *Salzlecke*

STEHEN 1. Alles *Schalenwild steht* in einem Revier, wenn es sich ständig darin aufhält; bei Sauen sagt man: »Die Sauen sind im Revier X *Standwild*.« 2. Ein Stück Wild *steht* in einem bestimmten Revierteil, z. B. »In der Abt. 16 *steht* ein starkes *Gelttier*.« 3. Die Waldhühner *stehen* auf dem Baum; Trappe, Kranich, Storch.Fischreiher *stehen* am Boden oder auf der Wiese. 4. Das weibliche Stück *Schalenwild* und die Hündin *stehen* (dem Hirsch, Keiler oder Bock bzw. dem Rüden), wenn sie den *Beschlag* bzw. den Deckakt zulassen. 5. Der Hund *steht vor*, d. h., er verharrt in einer gespannten, bewegungslosen Stellung, wenn er Hühner, Fasanen und anderes *Niederwild* wittert. 6. Die *Fährte steht* im Boden.

STEHLEN, SICH *abstehlen* oder *fortstehlen*: »Das Wild *stiehlt* sich durch die *Treiberwehr*.«, wenn es sich unauffällig davonmacht.

STEIG, DER 1. die ausgetretenen *Gänge* des Hasen im Getreide, auch ▸ *Hexensteige*; 2. der *Ein-* und *Ausstieg* des Otters am Wasser; 3. der Pfad des Jägers, z. B. *Pirschsteig*

STEIGEN 1. Gams- und Steinwild *steigen* im Gebirge, sie klettern nicht; 2. Biber und Otter *steigen aus* dem Wasser aus; 3. Auer- und Birkwild *steigt zu Baum* oder *tritt zu Baum*.

STEIL Geweihe und Gehörne, die nur eine geringe Auslage haben oder wenig gekrümmt sind, nennt man *steil* oder *steil gestellt*

STEIN, DER eine auffällig starke, verlängerte *Perle* an Geweihen bzw. Gehörnen

STEINADLER, DER *(Aquila chrysaetos)*, Goldadler, Bergadler, Aar

STEINBOCK, DER ▸ *Steinwild*

STEINELN 1. Flüchtige Gams treten im Geröll häufig Steine los, sie *steineln*; auch beim Rotwild gebräuchlich; 2. es *steinelt*, wenn Steine im Gebirge abgehen.

STEINFRUCHT, DIE während der Entwicklung abgestorbener Embryo, der in der *Tracht* des Muttertieres verhärtet

STEINGEISS, DIE das weibliche ▸ *Steinwild*

STEINHUHN, DAS *(Alectoris graeca)*, auch *Berghuhn*

STEINMARDER, DER *(Martes foina)*, auch *Hausmarder*, *Dachmarder*

STEINWILD, DAS *(Capra ibex)*, auch *Fahlwild*. Das männliche Wild heißt *Steinbock*, das weibliche Stück *Steingeiß*, auch *Steinziege*, die Jungen *Bockkitz* oder *Geißkitz*. Der *Steinbock* hat ein *Gehörn*, an dem *Hornwülste* sitzen. Das *Steinwild* bildet *Rudel*. Das *Herzkreuz* und das »Schweißblut« des Steinbockes galten früher als wertvolles Heilmittel und haben vorübergehend zur fast völligen Ausrottung des *Fahlwildes* geführt.

STEISS, DER der Schwanz der Bekassine und solcher *Federwildarten*, die ganz kurze Schwänze haben

STELLBROCKEN, DER der ► *Brocken* am Abzug einer Falle

STELLEN 1. Ein oder mehrere Hunde *stellen* ein Stück Wild, wenn es nach der Hetze stehen bleibt; 2. das Wild *stellt sich* ihnen, *hat sich gestellt*; 3. Jagd- und Fanggeräte aller Art werden *gestellt*; also *Lappen*, *Netze*, *Fallen* usw.

STELLHOLZ, DAS ein Teil der Auslösevorrichtung bei den *Prügelfallen*, insbesondere beim *Schlagbaum*

STELLJAGEN, DAS ► *eingestelltes Jagen*

STELLUNG, DIE Auslösemechanismus aller Fallen

STELLZUNGE, DIE Holzteil zur Feineinstellung der Falle

STEMMER, DIE (selten) die Nagezähne des Bibers

STERN, DER *Augenstern* oder *Iris*: der farbige, die schwarze Pupille umschließende Ring im Auge

STEUERFEDERN, DIE Bezeichnung für die großen Schwanzfedern der Vögel

STICH, DER die Halsgrube vorne an der Brust beim *Schalenwild*: Beim Schuss *spitz von vorne* schießt man *auf den Stich.*

STICHELHAARIG Hunde mit halblangem, rauem Haar nennt man *stichelhaarig*, anders: *kurzhaarig*, *langhaarig*, *stockhaarig*, *rauhaarig*.

STIEBEN 1. das schnelle Fliegen von Hühnern, ► *abstieben*, *aufstieben*; 2. *sich stieben* ► *stäuben*

STILLE BRUNFT, DIE eine *Rotwildbrunft*, bei der, meistens infolge ungünstiger Witterung, die Hirsche wenig oder gar nicht *schreien*

STIMMKNOTEN, DER der Drosselknopf beim Auerhahn

STINGEL, DER auch *Stängel*: Hals des Auerhahns, selten auch *Stange*

STINKLOCH, DAS ► *Saugloch*

STINKMARDER, DER auch *Stinkratz:* ► *Iltis*

STÖBERHUND, DER Hunde, die man zum Stöbern, d.h. zum Aufsuchen und Aufscheuchen des Wildes verwendet; insbesondere Deutsche Wachtelhunde und Spaniels

STOCHERN auch *stacheln*: Der *Vorstehhund stochert* oder *stachelt*, wenn er bei der Suche unsicher ist, oft stehen bleibt und nicht weiß, was er tun soll.

STOCKENTE, DIE *(Anas platyrhynchos)*, auch *Märzente* oder *Marschente*: ► *Wildente*

STOCKFLINTE, DIE auch der *Schießstock*: eine Schusswaffe, die sich in einem Spazierstock befindet, der im Inneren einen Gewehrlauf und im Griff das Schloss mit Abzug enthält (Wildererwaffe, verboten)

STORCHSCHNABEL, DER Gabelholz, das man früher Jagdhunden unter den *Fang* band, damit sie mit hoher Nase suchen, ► *Vogelhund*

STOSS, DER 1. der Schwanz aller größeren *Federwildarten*, sofern nicht der Ausdruck *Spiel* gilt; 2. ► *Stoßgarn*, wie *Habichtsstoß*, *Falkenstoß*

STOSSBOCK, DER ► *Laubbock*

STOSSEN 1. Greifvögel *stoßen* auf den *Raub*, aber auch auf den Uhu und in das *Stoßgarn*; 2. der *Hirschfänger* oder das *Waidblatt* wird hinter das *Blatt gestoßen*, wenn man ein Stück Wild *abfängt*.

STOSSFEDERN, DIE Schwanzfedern jener Vögel, deren Schwanz man ► *Stoß* nennt

STOSSGARN, DAS auch die *Rönne*: eine Vorrichtung zum Fangen von Habichten und Falken, *Habichtsstoß*, *Falkenstoß*

STRECKE, DIE die Gesamtheit des auf

einer Jagd erlegten Wildes. Das Wild wird *zur Strecke gebracht.*

STRECKELEGEN Nach Beendigung einer Jagd wird alles erlegte Wild nach bestimmten Bräuchen geordnet, reihenweise auf die rechte Seite gelegt, um gezählt, besichtigt und *verblasen* zu werden.

STRECKEN erlegen: »Ich habe einen starken Vierzehnender *gestreckt.*«

STREICHEN das Fliegen von allem *Federwild*

STREIFE, DIE auch *Streifjagd, Böhmische Streife*: eine Jagdart, bei der Schützen und *Treiber* in einem nach vorn offenen Geviert mit vorgezogenen Flügeln vorgehen

STREIFEN 1. das Abziehen des *Balges* beim Hasen, Kaninchen und *Haarraubwild.* 2. Ein Stück Wild wird *gestreift*, wenn es einen *Streifschuss* erhält, also nur oberflächlich getroffen wird; 3. eine *Streifjagd* machen: Schützen und Treiber gehen nebeneinander vor.

STREIFJAGEN, DAS historische Form der Saujagd

STREITBAR ist eine *grobe Sau.*

STREITEN Eine die Hunde abwehrende *Sau streitet* mit ihnen.

STREUEN beim Gewehr: 1. Eine Flinte *streut* stark, wenn die Schrote zu weit auseinanderfliegen; der Flintenlauf *hält* dann *schlecht zusammen*; 2. ein Büchsenlauf streut stark, wenn eine Folge von Schüssen einen zu großen *Streukreis* hat; 3. *Schützenstreuung*: ein Schütze kommt nicht immer gleich gut ab; diese Schützenstreuung ist beim unerfahrenen Schützen höher als beim erfahrenen.

STREUKEGEL, DER die Ausbreitung der Schrotgarbe beim Schrotschuss

STREUNEN auch *streinen*: Ein Hund *streunt*, wenn er allein im *Revier* herumjagt und das Wild hetzt; man nennt einen solchen Hund einen *Streuner*, auch *Streiner.*

STRICH, DER 1. das Ziehen von Zug- und Strichvögeln, insbesondere während der *Balzzeit, Schnepfenstrich.* 2. Ein Gewehr *schießt Strich* oder eine Büchse *hält Strich*, wenn keine seitliche Abweichung der Kugel oder der Schrotgarbe festzustellen ist.

STRICHVOGEL, DER Bezeichnung für solche Vogelarten, die keine feste Zugstraße haben, im Winter ihren Stand häufig wechseln und je nach den Witterungsverhältnissen im Norden oder Süden auftauchen

STRICHWILD, DAS das zu den Strichvögeln rechnende *Federwild*

STRICHZEIT, DIE der Zeitraum, in dem die Strichvögel in einer Gegend erscheinen, auch bei Zugvögeln, insbesondere bei der Schnepfe gebräuchlich

STRÖPPER, DER Schlingensteller

STÜBEN ► *stäuben*

STUBENDRESSUR, DIE die Dressur des Hundes im Hause, also *Stubenreinheit, Setzen, Hinlegen*, usw. im Gegensatz zur *Feld-* und *Walddressur*

STUCK, DAS Im Alpenraum versteht man unter einem *Stuck* ein weibliches Stück Rotwild; *Stuck* ist also gleichbedeutend mit *Rottier.*

STÜCK, DAS die allgemeine Bezeichnung für Wild, vornehmlich für weibliches; der Jäger sagt: »Auf der Wiese standen *fünf Stück* Rehwild.«, seltener: »Auf der Wiese standen fünf Rehe.«; man sagt: »Im *Treiben* kamen mir *drei Stück* Kahlwild.«, dagegen nicht: »Es kamen mir zwei Stück Hirsche.«, sondern: »Es kamen mir zwei Hirsche.«

STUMM 1. Hunde, die, ohne *Laut zu geben*, am Wild jagen, jagen *stumm*; 2. Auer- und Birkhahn sind *stumm*, wenn sie aufhören zu balzen, auch wegen Störung, ► *verschweigen.*

STUMMELRUTE, DIE der kurze Schwanz des Luchses und kupierter Hunde

STÜMPFE, DIE 1. ein altes, *hirschgerechtes Fährtenzeichen*: Durch das starke *Zwin-*

gen werden die Spitzen der *Schalen* beim Hirsch stärker abgenutzt als beim Tier; die *Fährte* des Hirsches wird daher mit zunehmendem Alter vorne immer runder. 2. kurze Hornstummel bei älteren Muffelschafen

STURZ, DER (selten) *Wedel* beim Rotwild

STÜRZEN 1. zusammenbrechen, *im Feuer stürzen*; 2. sich *stürzen*: wenn Enten beim Gründeln mit dem halben Körper unter Wasser tauchen

STUTZEN 1. dem Hund die *Rute* kürzen; 2. ► *verhoffen* oder ► *sichern*

STUTZEN, DER 1. einläufiges, verhältnismäßig kurzes Kugelgewehr; 2. *Bergstutzen*: Kipplaufgewehr mit zwei Kugelläufen unterschiedlicher Kaliber (große Kugel und kleine Kugel)

SUCHE, DIE 1. das Suchen des Jägers nach dem Wild unter Zuhilfenahme eines oder mehrerer Hunde, *Hühnersuche, Hasensuche*; 2. das Suchen des *Vorstehhundes*; man unterscheidet *hohe* und *tiefe*, *flüchtige* und *ruhige Suche*; 3. die Prüfungsveranstaltungen von Hundevereinen, *Jugendsuche, Preissuche, Gebrauchssuche* usw.

SUCHMANN, DER Der Führer des *Leithundes*, der einen Hirsch zu *bestätigen hatte*, wurde früher *Suchmann*, auch *Besuchsjäger* oder *Besuchsknecht* genannt.

SUHLE, DIE kleine Wassertümpel oder sumpfige Stellen, in denen sich Rotwild und *Sauen* im Schlamm wälzen, d. h. *sich suhlen*; beim *Schwarzwild* auch ► *Prudel* genannt

SULZE, die ► *Salzlecke*

SUMPFSCHNEPFE, DIE Doppelschnepfe oder Große Sumpfschnepfe *(Capella media)*; Bekassine, auch Himmelsziege *(Capella gallinago)*; Kleine Sumpfschnepfe, auch Stummschnepfe, Haarschnepfe, Zwergschnepfe *(Lymnocryptes minimus)*

T

TAFELENTE, DIE *(Aythya ferina)* auch Rothalsente, Rotkopf, Braunkopf

TAGRAUBVÖGEL, DIE Sammelbegriff für alle *Greifvögel*, die am Tage ihre Beute jagen, also Adler, Geier, Falken, Habichte, Weihen, Milane und Bussarde im Gegensatz zu den Eulenarten

TAJO! der Ruf beim Anblick des Hirsches, den der Jäger ausstößt, ursprünglich nur bei der *Parforcejagd* gebräuchlich, ► *Harro!* ► *Tiro!* ► *Wahrto!* ► *Wallo!*

TALG, DER das innere Fett bei den Hirscharten; *Hirschtalg*, auch *Feist, Unschlitt, Inselt*

TANNWILD, DAS ► *Damwild*

TASCHE, DIE ► *Schnalle* oder ► *Nuss*

TAUBE, DIE 1. auch *Wildtaube*: Ringeltaube *(Columba palumbus)*; Hohltaube, auch kleine Holztaube, Blautaube *(Columba oenas)*; Turteltaube *(Streptopelia turtur)*; Felsentaube *(Columba livia)*; Türkentaube *(Streptopelia decaocto)*. Das Männchen heißt *Tauber*, das Weibchen *Taube*, der Ringeltauber *balzt*, der Hohltauber *heult*. Die Tauben *nisten*, sie haben ein *Nest*. 2. (regional:) etwa faustgroßer Stein, der zur Bezeichnung eines Jägerpfads im Gebirge hingelegt wird und nur dem Eingeweihten als Markierung auffällt

TAUSCHLAG, DER der dunkel sichtbare *Wechsel* von Wild morgens früh im taunassen Gras. Durch das *Ziehen* des Wildes wird der Tau abgestreift, und die *Fährte steht* wie ein dunkler Strich im Gras; man nennt eine solche *Fährte* auch *tauschlägig* oder *tauschlächtig*. Altes, *hirschgerechtes Zeichen*

TECKEL, DER auch *Dachshund*: kurzläufiger Jagdhund, der sowohl zum *Schliefen* als auch auf *Schweiß* und zum *Stöbern* Verwendung findet; *kurzhaarige, langhaarige* und *rauhaarige* Teckel,

Gebrauchsteckel, Kaninchenteckel, Zwergteckel

TELLER, DIE auch *Schüsseln*: Ohren des *Schwarzwildes*

TELLEREISEN, DAS ein Fangeisen, welches durch das Berühren einer Trittplatte ausgelöst wird; bei *waidgerechten* Jägern seit langem verpönt, da wahllos fangend und allzu oft mit Tierquälerei verbunden; in Deutschland durch Bundesjagdgesetz verboten

TERZEL, DER auch *Terz*: männlicher Greifvogel

TESCHING, DAS ein leichtes Gewehr von geringem Kaliber für Randfeuerpatronen

TETRAONEN, DIE Waldhühner, also Auerhuhn, Birkhuhn, Haselhuhn und Schneehühner

TIEFBLATTSCHUSS, DER ein Schuss, der ganz unten am bzw. tief hinter dem *Blatt* sitzt

TIER, DAS das weibliche Stück von allen Hirscharten, sobald es nicht mehr Kalb ist; man unterscheidet *Schmaltier, Alttier, Kälber-* oder *Muttertier, Gelttier*

TIERGARTEN, DER auch *Tierpark*: eine eingefriedete Fläche, die nicht vorrangig jagdlichen Zwecken dient; im Unterschied zum *Gatterrevier*

TIERHAKEN, DIE die rudimentären Eckzähne im Oberkiefer des Rottiers, im Unterschied zu den *Hirschgrandeln*

TILLMESSER, DAS alter Ausdruck für das *Waidmesser* des Gamsjägers

TIRO! Zuruf an den Schützen beim Aufstehen oder Anstreichen von *Federwild*; französisch: »Tire haut!«, »Schieß hoch!«

TONTAUBE, DIE veralteter Begriff für (richtig:) *Wurftaube*, auch *Traptaube*: eine tellerförmige Scheibe, die mit einer Wurfmaschine in die Luft geschleudert und mit der Flinte zu Übungszwecken beschossen wird

TOT kommt in der Waidmannssprache nur in den Verbindungen *totverbellen, totverweisen* und in den Signalen *Hirsch tot! Fuchs tot! Hasen tot!* usw. vor; sonst *verendet, eingegangen* oder *gefallen.*

TOTENGRÄBER, DER ein Hund, der das Wild, anstatt es zu apportieren, eingräbt

TOTFANG, DER ► *Kopffang*

TOTVERBELLEN Wenn ein Jagdhund ein verendetes Stück Wild nicht apportieren kann, also insbesondere Rehwild, Rotwild, *Schwarzwild*, und es dann verbellt, um seinen Herrn herbeizurufen, dann *verbellt* er *tot*, er ist ein *Totverbeller.*

TOTVERWEISEN Wenn ein Jagdhund bei einer *Nachsuche* ein *verendetes* Stück Wild nicht apportieren kann, also insbesondere Rehwild, Rotwild, *Schwarzwild*, und dann zu seinem Herrn *zurückläuft* und diesem durch sein Verhalten anzeigt, dass er ihm folgen soll und ihn so zu dem *verendeten Stück* hinbringt, so sagt man: »Der Hund verweist tot.«, er ist ein *Totverweiser*. Das *Totverweisen* kann auch mittels eines *Bringsels* erfolgen; dies besteht darin, dass der Hund, der das *verendete Stück* in freier Suche gefunden hat, einen an seinem Halsband befindlichen kleinen Lederwulst, das *Bringsel,* in den Fang nimmt und so zu seinem Herrn zurückkommt.

TRABEN Gangart bei Wölfen, Füchsen, Dachsen

TRACHT, DIE Gebärmutter des *Haarwildes*, im übertragenen Sinne auch die Leibesfrucht

TRÄCHTIG tragend, nur vom niederen *Haarwild* und beim Hund: Beim *Hochwild* einschließlich des Rehwildes sagt man: *beschlagen, hochbeschlagen.*

TRAGEN 1. trächtig sein. 2. Der Hirsch *trägt* sein Geweih, der Rehbock *trägt* ein starkes Gehörn.

TRÄGER, DER Hals des einen Kopfschmuck tragenden *Schalenwildes*, nicht beim *Schwarzwild*

TRAGESACK, DER auch *Tracht*: Gebärmutter

TRÄNENGRUBE, DIE auch *Tränenhöhle*: unterhalb der *Lichter* beim Rotwild liegende Vertiefung, die innen unbehaart ist und ein Drüsensekret ausscheidet, die sogenannte *Hirschträne*

TRÄNKEN Der Auerhahn *tränkt sich*, wenn er Wasser aufnimmt; seltener beim Schalenwild gebräuchlich, hier besser ▸ *schöpfen*.

TRAPPE, DER oder (selten) **DIE** *(Otis tarda)*, auch *Großtrappe*, gemeine Trappe. Die Trappe hat eine *Fährte*, der *Hahn balzt*, die *Trapphenne* macht ein *Nest*.

TREIBEN das Wild unter Zuhilfenahme von *Treibern* oder Hunden auf die Schützen *zutreiben*

TREIBEN, DAS auch der *Trieb*: ein Teilstück der *Treibjagd*; das erste, zweite, dritte *Treiben*

TREIBER, DER die Hilfsperson, die das Zutreiben des Wildes zu den Schützen besorgt

TREIBERWEHR, DIE auch *Treibwehr: die* in Linie aufgestellten und vorgehenden *Treiber*, im engeren Sinne bei der *Streifjagd* auch die beiden von *Treibern* gebildeten Flügel, die das seitliche Ausbrechen des Wildes verhindern sollen

TRENSEN auch *trenzen*: die rasch aufeinander folgenden, kurz abgebrochenen, nicht lautstarken Töne, die der Hirsch ausstößt, wenn er sein *Kahlwild* oder auch einen Nebenbuhler treibt

TRETEN 1. Wild *tritt* auf eine Wiese oder ein Feld; 2. das Begatten des größeren *Federwildes*: der Hahn *tritt* die Henne; 3. Hirsch und Rehbock *treten in die Brunft* und *aus der Brunft*; 4. Auer- und Birkwild *treten zu Baum*, wenn sie vom Boden auffliegen, und sich auf einen Ast setzen, ▸ *abtreten, vertreten*.

TRIEB, DER oberdeutsch für ▸ *Treiben*

TRILLER, DER Teil der Balzstrophe des Auerhahnes

TRIPLETTE, DIE das Erlegen von drei Stück Wild unmittelbar hintereinander, aus einem *Bukett*, einer *Rotte* oder einem *Rudel*

TRITT, DER 1. der Abdruck eines einzelnen *Laufes* bei allem *Haarwild*: Die Aneinanderreihung der einzelnen *Tritte* ergibt die *Fährte* oder die *Spur*. 2. in der Zusammensetzung *Kreuztritt, Abtritt, Beitritt, Schlosstritt* beim *Rothirsch*; 3. Bezeichnung für die Füße der Hühner, der kleineren Vögel und der Tauben

TRITTEISEN, DAS ▸ *Tellereisen*

TRITTSIEGEL, DAS ein besonders markanter *Tritt* des *Schalenwildes* bzw. *Hochwildes*

TROLLEN das Traben des *Schalenwildes*, z. B.: »Der Hirsch wechselte in *scharfem Troll* der Dickung zu.«; »Der Schaufler *trollte* spitz von mir weg.«

TROMMELN das Schlagen mit den *Vorderläufen* beim Hasen und Kaninchen und beim *Schalenwild*

TROPHÄE, DIE Erinnerungsstück des Jägers; als *Trophäen* gelten u. a. beim Rothirsch: *Geweih, Grandeln*; beim Rehbock: *Gehörn*; beim Schwarzwild: *Gewaff, Winterschwarte, Saubart*; beim Gamswild: *Krucken* und *Gamsbart*; beim *Federwild* zum Teil Ganzpräparate oder bestimmte Federn (z. B. *Erpellocken, Malerfedern* der Waldschnepfe); bei Fuchs, Dachs, Marder, Wiesel, Iltis, Otter: Balg, präparierter Schädel; Fuchs außerdem: Fangzähne

TRUTWILD, DAS wildes Truthuhn, wilder Puter, Bronzeputer: der nordamerikanische Wildputer *(Meleagris gallopavo)*; der mexikanische Wildputer *(Meleagris mexikana)*

TUCH, DAS auch der *Tuchlappen*: aus bunt bedruckten, rechteckigen Leinenfetzen hergestellte *Jagdlappen*, die an Schnüren herunterhängen und das *(eingelappte)* Wild zurückhalten sollen

TUPFER, DER 1. *Abdruck, Abzug, Drücker* am Gewehr, dann auch *Stecher*; 2. Gerät zum Tupfen der künstlichen *Schweißfährte*

TURMFALKE, DER auch Rüttelfalke, ein kleiner Greifvogel

U

ÜBERBEISSER, DER besser *Rückbeißer*: ein Hund, bei dem die Schneidezähne des Oberkiefers nicht auf oder dicht vor den Schneidezähnen des Unterkiefers stehen, sondern dessen Unterkiefer zu kurz ist, sodass die unteren Schneidezähne deutlich hinter den oberen stehen; das Gegenteil ist der *Vorbeißer*, bei dem die unteren Schneidezähne vor den oberen stehen

ÜBEREILEN, DAS altes, *hirschgerechtes Zeichen*: Wenn beim *Ziehen* der Hirsch die *Hinterläufe* vor die *Vorderläufe* setzt, also darüber hinausgreift, so nennt man das *Übereilen*; dieses Zeichen kommt jedoch nur bei jungen Hirschen vor.

ÜBERFALLEN das Überspringen eines Zaunes, Hindernisses, Grabens o. Ä. durch *Schalenwild*

ÜBERFLIEHEN *überfallen*, jedoch seltener

ÜBERGANGSKLEID, DAS das Federkleid, das Jungvögel vor ihrer ersten Mauser tragen, bei der das *Jugendkleid* zum *Alterskleid* wird

ÜBERGEHEN 1. Jäger oder Jagdhunde *übergehen* eine *Fährte* oder *Spur*, wenn sie sie übersehen; 2. die Treiber *übergehen* oder *überlaufen* einen *Hasen*, wenn sie an ihm vorbeigehen, ohne ihn aufzustoßen; Niederwild *lässt sich übergehen*, wenn es sich beim Nahen der Jäger oder Treiber *drückt*, also nicht *aufsteht*; 3. ein weibliches Stück *geht über*, wenn es kein Kalb oder kein Kitz führt; 4. ein *Schmaltier*, das erst mit der Vollendung des dritten Lebensjahres das erste Kalb setzt, nennt man von der Vollendung des zweiten Lebensjahres an ein *übergehendes* oder *übergangenes Schmaltier*.

ÜBERHEGE, DIE die mit den Erfordernissen der Land- und Forstwirtschaft nicht in Einklang zu bringende übermäßige Vermehrung des Wildes

ÜBERHETZEN 1. Ein Laufhund, der zu sehr beansprucht wird, wird *überhetzt*, auch *verhetzt*; 2. hetzende Hunde, die weit über das *Treiben* oder gar *Revier* hinaus das Wild verfolgen, *hetzen über*; sie sind nicht *bogenrein*.

ÜBERLÄUFER, DER ein Stück *Schwarzwild* im zweiten Lebensjahr, *Überläuferkeiler*, *Überläuferbache*

ÜBERMACHTE ZWINGEN, DAS altes *Fährtenzeichen* des Rothirsches: Der Hirsch *zwingt* mit den *Hinterläufen* so stark, dass die *Fährte*, wenn sie in der Vorderfährte steht, erheblich kleiner aussieht als die *Vorderfährte*, sodass man im Zweifel sein kann, ob die *Tritte* vom selben Hirsch herrühren.

ÜBERNÄCHTIG eine *Fährte*, die eine ganze Nacht *gestanden* hat, also *kalt* ist. Vom *Leithund* und auch vom *Schweißhund* wird verlangt, dass er eine *übernächtige Fährte halten* kann.

ÜBERROLLEN Wenn Fuchs oder Dachs über den *vorliegenden Erdhund* hinweggelangen, so *überrollen* sie den Hund.

ÜBERSCHIESSEN 1. Der Jäger *überschießt* ein Stück Wild, wenn er zu hoch schießt; 2. man *überschießt* ein Revier oder den *Abschussplan*, wenn man mehr abschießt, als der Wildstand ohne Schaden verträgt bzw. als vorgesehen war; 3. der Hund *überschießt* eine *Fährte*, wenn er darüber hinwegstürmt, ohne sie wahrzunehmen.

ÜBERSCHLAG, DER auch *Hauptschlag*: ▸ *Auerhuhn*

ÜBERSCHLAGEN, SICH ▸ *Rad schlagen*

ÜBERSTELLEN, SICH Der Auerhahn *überstellt sich*, wenn er abends vor dem Einschlafen oder auch morgens während der Balz den Ast oder den Baum wechselt.

ÜBERTRETEN ▸ *überstellen*

ÜBERWECHSELN *Hochwild wechselt* aus einem Revier in ein anderes Revier.

ÜBERWIND, DER auch *Oberwind*: Man hat *Oberwind*, wenn der Wind so weht, dass er über einen hinwegzieht, z. B. wenn man hinter einer Mauer oder auf der Leeseite eines Berges oder Hügels steht.

UHU, DER *(Bubo bubo)* unsere größte Eule, auch *Auf*, Schuhu, Adlereule oder Huivogel genannt

UHUHÜTTE, DIE ► *Krähenhütte*

UMBRECHEN das *Umwühlen (Brechen)* des Oberbodens durch *Schwarzwild*

UMKREISEN *kreisen, einkreisen*

UMSCHLAG, DER altes, *hirschgerechtes Zeichen*: Es entsteht, wenn das Rotwild beim Ziehen das Moos so umkehrt, dass dessen Wurzeln in die Höhe stehen.

UMSCHLAGEN 1. Man *umschlägt* eine Dickung mit oder ohne Hund, um Wild darin zu bestätigen; 2. das Wild *schlägt um*, wenn es im Trollen oder in der Flucht plötzlich etwas Verdächtiges bemerkt oder Wind bekommt und seine Richtung ändert; 3. man *umschlägt* ein Stück Wild, wenn man z. B. wegen des Windes oder wegen der Sicht einen weiten Bogen um das Wild macht, um von der günstigeren Seite heranzukommen; der Wind kann *umschlagen*, wenn er seine Richtung ändert; das ist nach Sonnenuntergang nicht selten der Fall.

UMSTELLEN 1. Man *umstellt* ein *Treiben* mit Schützen; 2. der Auerhahn *stellt sich um*, d. h. *überstellt* sich; 3. Wild *stellt sich um*, d. h., es wechselt seinen *Einstand*, z. B. infolge anhaltender Störung oder Änderung der Witterung.

UNGERADE nennt man ein Geweih oder Gehörn, dessen *Stangen* eine ungleiche Endenzahl tragen, z. B. *ungerader Zwölfer, ungerader Sechserbock*, ► *Achter*, ► *Sechzehnender.*

UNJAGDBAR ein *geringer* Hirsch, der noch nicht *jagdbar* ist; besser jedoch: *nicht jagdbar*

UNSCHLITT, DAS ► *Feist*, ► *Inselt*

UNTERMAST, DIE 1. der Fraß des *Schwarzwildes*, der sich in der Erde befindet; also Insektenlarven, Mäusenester u. Ä., ► *Erdmast* und *Obermast*; 2. auch der *Dachs* sticht nach Untermast, ► *stechen*

UNTERSCHAFT, DER der untere Teil des Haares über der Wurzel bei allem *Haarwild*

UNTERSCHIESSEN zu kurz schießen im Gegensatz zu ► *überschießen*

UNTERSPRINGEN wenn man beim *Anspringen* des Auerhahnes irrtümlich unter diesem hindurch weiterspringt

UNTERSTOSS, DER der untere Teil des Schwanzgefieders, das unter dem *Fächer* bzw. der *Leier* beim Auer- oder Birkhahn sitzt

UNTER WIND Man *pirscht unter Wind,* wenn der Wind vom Wild auf den Jäger zu steht.

UNTERWOLLE, DIE die unter den Borsten unmittelbar auf der *Schwarte* sitzende Wolle beim *Schwarzwild*; auch beim Hasen, Kaninchen, *Haarraubwild* und Hund gebräuchlich

UNTERWURF, DER der Unterkiefer des *Schwarzwildes*

UNWAIDMÄNNISCH auch *unwaidgerecht*: jede Handlung, die den *waidmännischen Regeln* und Bräuchen zuwiderläuft

URHAHN, DER ► *Auerhahn*

V

VERBALLEN das Wundwerden der Ballen der Hunde, wenn sie auf gefrorenem oder rauem Boden hetzen mussten

VERBEISSEN 1. das *Abbeißen* oder *Abprossen* junger Triebe durch *Schalenwild*, Hasen und Kaninchen. 2. Krankgeschossene Enten sollen sich unter Wasser festbeißen und dort verenden (Irrglaube); 3. Hunde *verbeißen* sich gegenseitig im Kampf, besser: *verfangen.*

VERBELLEN Der Hund *verbellt* ein krankes oder verendetes Stück Wild, ▸ *Standlaut*, ▸ *totverbellen.*

VERBIRSCHEN ▸ *verpirschen*

VERBLASEN Ein Stück Wild wird mit dem dafür bestimmten Hornsignal *verblasen*, um anzuzeigen, dass es *zur Strecke* gekommen ist, und um es zu würdigen; nach einer *Treibjagd* wird die ganze Strecke *verblasen.*

VERBLATTEN das *Vergrämen* des Rehbocks entweder durch schlechte Nachahmung des Fieptons oder weil der Bock Wind von dem *blattenden* Jäger bekam, ▸ *vergrämen*

VERBLEFFEN 1. Wenn ein Hund mutlos geworden ist und sich nicht mehr an das Wild herantraut, so ist er *verblefft*; 2. der Jäger *verblefft* sich, wenn er einen *unwaidmännischen* Ausdruck gebraucht.

VERBLEIEN Gewehrläufe, besonders Büchsenläufe *verbleien*, wenn sich nach vielem Schießen Geschossablagerungen in den Zügen festgesetzt haben.

VERBLENDEN 1. Man *verblendet* einen *Jagdschirm* oder einen *Hochsitz* mit Zweigen oder einem Tarnnetz, um ihn möglichst der Natur anzupassen und den Jäger unsichtbar zu machen; 2. man *verblendet* einen Bau, einen *Wechsel* oder ein erlegtes Stück Wild, indem man ein Taschentuch oder sonst einen störenden Gegenstand aufhängt oder niederlegt, der nicht erwünschtes Wild fernhält.

VERBRECHEN 1. Wenn man zur Markierung einer Fährte oder eines *Anschusses* einen *Bruch* niederlegt, so hat man die Stelle *verbrochen*; 2. *gestrecktes Schalenwild* wird *verbrochen*, indem man den *Wildbruch* (Inbesitznahme- oder Streckenbruch) darauflegt.

VERDORBEN ▸ *anbrüchig*

VERDROSSEN nennt man einen Hund, der ohne Passion und ohne Interesse herumläuft, anstatt lebhaft zu suchen.

VERECKEN die Endenbildung der Geweihe und Gehörne: »Der Hirsch hatte sein Geweih bereits *voll vereckt.*«, d. h. alle Enden waren geschoben

VERENDEN Wenn Wild erlegt wird, so *verendet* es; wenn Wild aus natürlicher Ursache durch Not oder Krankheit zu Grunde geht, so *fällt es (Hochwild*, ▸ *Fallwild)* oder *geht ein (Niederwild).*

VERFAHREN ▸ *Wimpel schlagen*: »*Der Hirsch verfährt* einen Ameisenhaufen.«

VERFANGEN ▸ *verkämpfen*, auch bei Hunden, die sich fest ineinander verbissen haben

VERFÄRBEN auch *verhären*: Das *Schalenwild verfärbt* im Frühjahr und Herbst durch den Haarwechsel, *Färbezeit.*

VERFEDERN (selten) mausern

VERFRISCHEN Tote Junge werden beim *Schwarzwild* geboren.

VERGRÄMEN Wild, das durch wiederholte Beunruhigung gestört wurde, ist rasch *vergrämt.*

VERHÄREN ▸ *verfärben*

VERHITZEN Das *Wildbret* hat zu lange *unversorgt* gelegen und ist ▸ *anbrüchig* geworden, ▸ *versorgen.*

VERHOFFEN Wenn *Schalenwild* stehen bleibt, um zu sichern, so *verhofft* es.

VERHÖREN den Standort des Wildes in der *Brunft* bzw. *Balz* durch Abhorchen *bestätigen.* Beim Auerhahn sagt man auch *verlosen* und *verlusen.*

VERKÄMPFEN Hirsche oder auch seltener Rehböcke *verkämpfen sich*, wenn ihre Geweihe oder Gehörne sich beim Kampf so ineinander *verfangen*, dass sie sich nicht mehr voneinander lösen können; passiert auch bei Muffelwiddern.

VERKANTEN das Verdrehen des Gewehrs, sodass das Visier nicht in der Horizontalen liegt; die Folge ist eine seitliche Abweichung vom Ziel.

VERKIRREN das *Vergrämen* beim *Ankirren* von *Raubwild* durch falsche Beköderung

VERKLÜFTEN Ein Dachs oder Fuchs, der im Bau von einem *Erdhund* scharf bedrängt wird, scharrt die Röhre zwischen sich und dem Hund schnell zu, er *verklüftet sich.*

VERKNÜPFEN 1. das Begatten bei Hunden, Wölfen, Füchsen, d. h. bei allen Tierarten, die nach der Begattung *hängen.* 2. Beim *Aufbrechen* von *Schalenwild* (mit Ausnahme der Sauen) *verknüpft* man den Schlund, damit kein *Geäse* herausdringen kann.

VERKÖDERN *vergrämen* beim *Ködern,* ▸ *verkirren*

VERKÜMMERN Ein Stück Wild ist *verkümmert* oder es *kümmert,* wenn es infolge einer Verletzung oder Krankheit kränkelt oder in seiner Entwicklung zurückgeblieben ist.

VERLASSEN 1. Fuchs und Dachs *verlassen* den Bau; 2. der Bär *verlässt* sein *Lager*; 3. Vögel *verlassen* ihr Nest oder ihren Horst; 4. der Hund verlässt *die Fährte,* wenn er von ihr abweicht.

VERLIEGEN Jagdhunde, die zu wenig eingesetzt werden und ständig im Zwinger oder Zimmer liegen, sodass sie Ausdauer und Eifer verlieren, *verliegen.*

VERLOREN 1. Hunde *suchen verloren,* wenn sie in freier Suche ein verendetes Stück Wild suchen: »*Such verloren!*«; 2. Hunde *jagen verloren,* wenn sie die *Fährte* oder *Spur verloren* haben und trotzdem weiterjagen; 3. ein *Treiben* ist *verloren,* wenn man wenig Aussicht hat, dass Wild darin steht, und das *Treiben* nur nimmt, weil es vielleicht gerade auf dem Wege liegt; 4. die Birkhahnen *balzen verloren,* wenn sie noch keine festen *Balzplätze* bezogen haben.

VERLOSEN auch *verlusen*: ▸ *verhören*

VERLOSER, DER oder *Verluser,* auch *Hahnverloser*: ein Jäger, der die Auer- und Birkhähne *verhört,* um ihren Balzort zu *bestätigen*

VERLUDERN Verendetes Wild, das erst in *anbrüchigem* Zustand oder überhaupt nicht gefunden wird, *verludert.*

VERNEHMEN das Hören bei allem Wild; das Wort »hören« zählt nicht zur *Waidmannssprache.*

VERPAAREN das Zusammenfinden von Wildtieren, die in Einehe leben; z. B.: »Haselhühner verpaaren sich schon im Herbst.«

VERPASSEN Der Jäger *verpasst* ein Stück Wild, wenn er es gar nicht oder zu spät bemerkt, sodass er nicht mehr schießen kann.

VERPRELLEN *Raubwild* wird *verprellt,* wenn man beim Stellen von Fangvorrichtungen ungeschickt ist, sodass das *Raubwild* die Falle meidet.

VERPÜRSCHEN ▸ Das *Vergrämen* eines Stückes Wild durch unvorsichtiges *Pirschen*

VERREISERN das Bedecken mit Reisig, z. B. die *Röhren* eines Dachs- oder Fuchsbaus, ausgelegtes *Luder* usw.

VERREIZEN ▸ *vergrämen* durch nicht gekonntes *Reizen* oder *Locken*

VERRONNEN ▸ *eingeronnen*

VERS, DER auch Gesetz oder *Gesetzl, Spiel*: die Balzarie des Auerhahns, manchmal auch nur für einen Teil der Balzarie gebräuchlich, ▸ *Auerhuhn*

VERSAGEN 1. Wenn die Patrone beim Abdrücken nicht losgeht, so *versagt* sie, man hat einen *Versager*; 2. Der Hund *versagt,* wenn er die ihm übertragene Arbeit nicht ausführt.

VERSCHIESSEN 1. *anschießen* oder *anschweißen.* 2. Der Hund *verschießt sich,* wenn er eine *Fährte* oder eine *Spur,* die er arbeitet, *überschießt*; 3. der Jäger *ver-*

Rothirsch

Kursive Begriffe gelten für alles wiederkäuende Schalenwild, sofern dort nichts anderes angegeben ist.

Weibliches Rotwild

Gehörn/Krone/
Gewichtl
Lauscher
Licht
*Decke (Sommer- bzw.
Winter-) mit Sommer-
bzw. Winterhaar*
Widerrist
Windfang
Lecker
Träger
Spiegel
Vorschlag/Stich
Pinsel
*Läufe (Vorder-
bzw. Hinter-)*
*Winterdecke/
-haar*
Schürze
Feuchtblatt
(= weibl.
Geschlechts-
teil)

Damwild

Schaufel
Geweih
Träger
Decke (Sommer- bzw. Winter-)
Wedel
Pinsel
Lauscher
Licht
Windfang
Drosselknopf
Vorschlag/Stich

Muffelwild

Sattelfleck/Schabracke
Lauscher
Schnecken/Schläuche
(♀ ggf. Stümpfe)
Haupt
Licht
Windfang
Träger
Kragen
Decke
Läufe

Gamswild

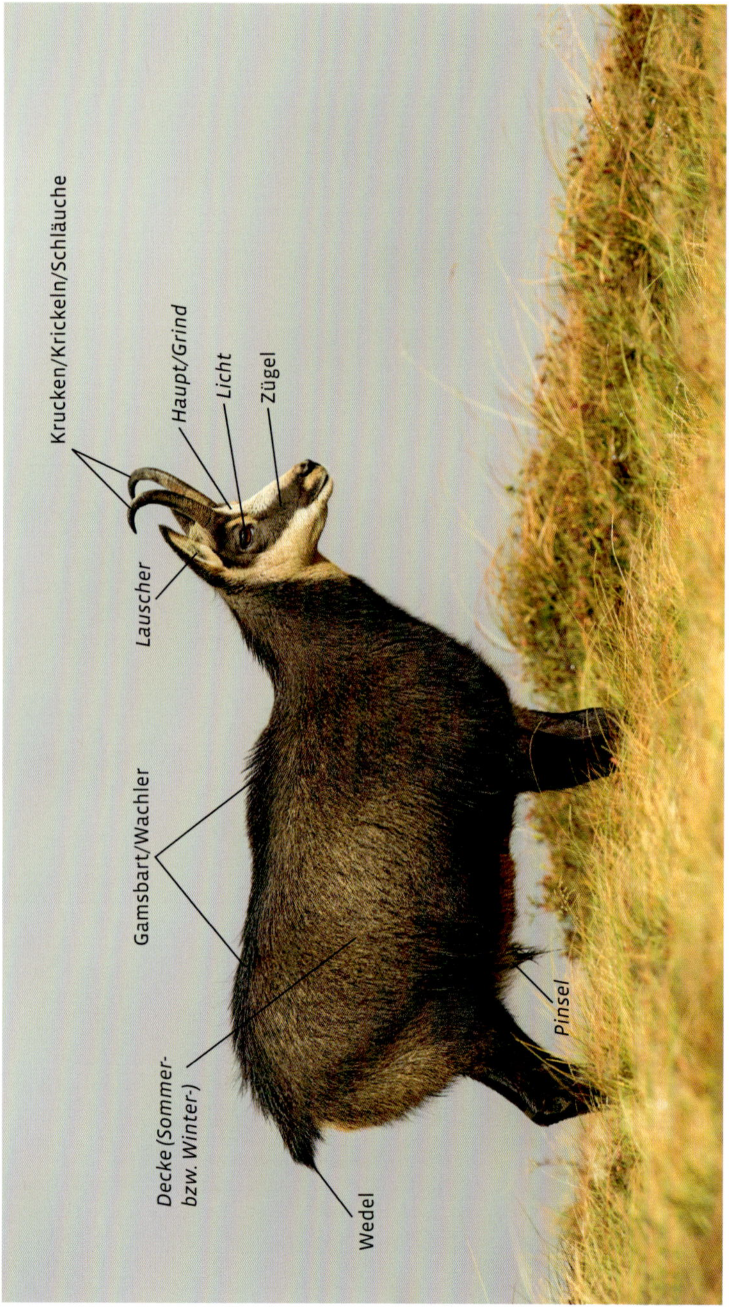
Krucken/Krickeln/Schläuche
Haupt/Grind
Licht
Zügel
Lauscher
Gamsbart/Wachler
Decke (Sommer-
bzw. Winter-)
Pinsel
Wedel

Schwarzwild

Feldhase

Blume
Balg mit Wolle
Läufe (Vorder- bzw. Hinter-)
Löffel
Seher
Geäse
Hasenbart

Dachs

Schwarte mit Borsten
Bürzel/Pürzel
Branten/Pranten mit Klauen (= Zehen) und Nägeln (= Krallen)
Zügel
Gehör
Seher
Fang

Rotfuchs

Gehöre
Balg (Sommer- bzw. Winter)
Seher
Viole/Nelke
Fang
Lunte
Blume

Auerhahn

Brocker
Kehlbart/Federbart
Auge
Stingel
Schild
Rose/Balzrose
Ständer/Füße mit Balz- oder Zehenstiften bzw. Balz- oder Zehenfedern
Spiegel
Schwinge
Fächer/Spiel
Schaufeln

Birkhahn

Rose/Balzrose
Auge
Schnabel
Spiel
Schwinge
Sicheln/Krumme
Unterstoß/Kleines Spiel
Ständer mit Zehen

Fasan

Balzrose/Rose
Auge
Schnabel
Federohren/Hörner
Schwinge
Ständer (rückseitige:
Sporn/Krönchen)
Spiel/Stoß

Rebhuhn

Auge
Schnabel
Kragen
Flügel
Schild (überwiegend und deutlicher beim Hahn vorhanden)
Ständer
Stoß

Auge
Nagel
Schwinge
Spiegel
Latschen/Ruder
Auge
Nagel
Schwinge
Locken/Hakeln/
Draller/Enten-
scheckerln

Greifvogel (Habicht)

schießt sich, wenn er seine sämtlichen Patronen verbraucht hat.

VERSCHLAGEN 1. Ein Hund wird *verschlagen*, d. h. scheu und ängstlich, wenn man ihn zu viel prügelt; 2. Geschosse *verschlagen* sich, wenn sie durch das Aufprallen auf ein Hindernis in der Flugbahn, etwa Stein, Holz, Schilf, Reisig usw., abgelenkt werden: »Die Schrote haben sich in den Ästen *verschlagen.*«, »Die Kugel hat sich, abgelenkt durch Halme oder Äste, *verschlagen.*«; 3. die Waldhühner *verschlagen* sich, wenn sich die *Gesperre* trennen.

VERSCHWEIGEN das Aufhören der Lautäußerungen bei *Brunft* und *Balz*: »Die Hahnen hatten schon *verschwiegen.*«

VERSETZEN 1. tote Junge zur Welt bringen, ▸ *verfrischen*, ▸ *verwerfen*, ▸ *verwölfen*; 2. ▸ *verklüften* von Dachs und Fuchs

VERSORGEN das Aufbrechen und Bringen des erlegten Wildes

VERSPRENGEN Wenn man Wild fortgesetzt beunruhigt, sodass es seinen *Stand* verlässt, *versprengt* man es.

VERSTELLEN 1. einen *Wechsel* oder *Pass* mit einem Schützen besetzen; 2. ▸ *einlappen, verlappen*, ein *Treiben* mit *Lappen verstellen.* 3. Ein Stück Wild *verstellt* sich, nimmt einen anderen *Einstand* ein.

VERSTREICHEN Wenn *Federwild* das Revier verlässt wegen Beunruhigung oder aus sonst einem Grunde, so *verstreicht* es; Fasanenhähne *verstreichen* gerne.

VERTRAUT Wenn Wild wenig vorsichtig und kaum scheu ist, dann ist es *vertraut*: »Die Hirsche kamen mir *ganz vertraut* auf dem bekannten *Wechsel.*«

VERTRETEN 1. ▸ *abtreten*; 2. ▸ *austreten*

VERWASCHEN ▸ *eingeronnen*

VERWEISEN 1. ▸ *totverweisen;* 2. Der *Schweißhund verweist Schweiß* d. h., er zeigt ihn seinem Führer.

VERWERFEN tote Junge zur Welt bringen bei allen Wildarten, die *werfen*

VERWITTERN 1. bei Fanggeräten, denen menschliche *Wittrung* anhaftet, durch Einbetten in Mist oder durch Bestreichen mit einem stark riechenden Mittel den menschlichen Geruch überdecken; 2. *verstänkern*: einen *Wechsel* oder eine Feldgrenze *verwittern*, um das Wild dort nicht *auswechseln* zu lassen

VERWÖLFEN tote Junge zur Welt bringen bei allem Wild, welches *wölft*; also bei Wolf, Fuchs und Hund

VERWUNDT! *So recht, verwundt! Such verwundt!*: ermunternde Zurufe für den Schweißhund bei der Arbeit auf der *Wundfährte*

VEXIEREN Wenn der Auerhahn beim Balzen entweder nach dem *Hauptschlag* verschweigt, ohne zu *schleifen*, oder unmittelbar vor dem *Hauptschlag* nach dem sogenannten *Triller* verschweigt, dann sagt man, er *vexiert.*

VIERBALLENZEICHEN, DAS ein altes, *hirschgerechtes Zeichen*: Es ist eine Folge des *Übereilens*; der Hirsch tritt dabei mit dem *Hinterlauf* so weit über den Tritt des *Vorderlaufs* hinweg, dass vier Ballen gerade hintereinander stehen.

VIERGEÄUGELT Man nennt Hunde mit gelben Abzeichen über den Augen *viergeäugelt.*

VIOLE, DIE auch *Nelke*: die oben an der Wurzel der *Lunte* des Fuchses sitzende, stark riechende Drüse

VISIER, DAS hinterer Teil der ▸ *Visierung*; mit einem Einschnitt in der Mitte *(Kimme)*, in den das *Korn* beim Zielen einvisiert wird

VISIEREN das Zielen mit der Büchse über *Kimme* und *Korn*

VISIERUNG, DIE zweiteilige Zielvorrichtung, bestehend aus *Kimme* und *Korn*

VOGELDUNST, DER auch *Dunst*: früher sehr dünnes oder schwaches Schrot zum Schießen von kleinen Vögeln

VOGELHERD, DER eine Fangvorrichtung

zum Fangen von Vögeln; im Mittelalter von großer Bedeutung, heute verboten

VOGELHUND, DER 1. Vorläufer vieler heute gebräuchlicher Jagdhunderassen; durfte nur mit Nase und Augen nach *aufgebaumtem Federwild* suchen oder es *aufstöbern* und, wenn später *aufgebaumt, verbellen*; auch *Spionhund*, wurde vielfach mit einem Gabelholz am Kopf, ► *Storchschnabel*, dazu abgerichtet; 2. Hunde, die im Zusammenspiel mit dem *Beizvogel* jagen; 3. heute vor allem *Finnischer Vogelhund (Finnenspitz)*

VOGELKOJEN, DIE Fangvorrichtungen zum Massenfang von Vögeln, insbesondere von Wildenten (dann auch ► *Entenkojen* genannt); heute nur noch zu Beringungszwecken im Betrieb

VOLIERE, DIE eine aus dem Französischen stammende Bezeichnung für *Flugwildkäfig*

VOLK, DAS auch die *Kette*: eine Familie von Rebhühnern

VOLL 1. Geweih- und Gehörnträger haben *voll vereckt*, wenn die *Enden* an ihrem Kopfschmuck ganz ausgebildet sind; 2. man hat *volles Korn* oder *Vollkorn*, wenn man das ganze Korn beim Zielen im Visier sieht; 3. man hat *vollen* Wind, wenn der Wind einem direkt entgegenkommt oder auch vom Rücken her weht, im Gegensatz zu *halbem Wind*; 4. *volle Balz: Hauptbalz.*

VOLLSCHWÄNZIG nennt man junge Rebhühner, wenn sie alle *Stoßfedern* vollkommen ausgebildet haben, sie also ausgewachsen sind.

VORBALZ, DIE vereinzeltes Einsetzen der ► *Balz*

VORBEISSER, DER ► *Überbeißer*

VORBRENNEN das Abbrennen des Zündpulvers ohne Entzündung der Treibladung (bei Vorderladern); Gegenteil von ► *nachbrennen*

VORBRUNFT, DIE Beginn der ► *Brunft*

VORDERLADER, DER ein veraltetes Gewehrsystem, bei dem von der Mündung her *Schießpulver* und Schrot oder Bleigeschoss eingefüllt und mit dem *Ladestock* festgestopft wurde

VORDERLAUF, DER das Vorderbein bei allem *Haarwild*, für das nicht der Ausdruck ► *Branke* gilt

VORDERSCHWIMMER, DIE Vorderbeine des Otters

VORDERSPROSSE, DIE die nach *vorn* gerichtete *Sprosse* beim Gehörn des Rehbockes, auch *Kampfsprosse* genannt

VORDERZIEMER, DER auch *Blattziemer*: die vordere Hälfte des Rückens; im Unterschied zu der hinteren Hälfte, dem *Wedel-* oder *Blumenziemer*

VORGREIFEN auch *vorschlagen*: 1. Wenn der *Schweißhund* bei der *Nachsuche* die *Fährte* verloren hat, so geht man mit ihm ein Stück in der vermutlichen Fluchtrichtung des *kranken Stückes* vor und lässt den Hund dann suchen, damit er die *Wundfährte* erneut findet; 2. bei der *Streifjagd* lässt man einen *Flügel vorgreifen*, wenn man ihn schneller gehen lässt als den andern, sodass er sich weiter nach vorne schiebt.

VORHALTEN Wenn man breit oder schräg vorbeikommendes, in Bewegung befindliches Wild treffen will, dann darf man nicht genau auf das Stück Wild zielen, sondern muss je nach der Geschwindigkeit des Wildes und der Kugel oder Schrote und entsprechend der Entfernung mehr oder weniger weit *vorhalten*, besonders beim Schrotschuss.

VORHIN! *Such vorhin!*: Ermunterung für den *Schweißhund*, wenn er eine *Fährte* finden soll

VORLIEGEN Der Erdhund *liegt* im Bau *vor*, wenn er den Dachs oder Fuchs *verbellt*; wenn er das anhaltend tut, sagt man, er *liegt fest vor.*

VORPRELLEN ► *nachprellen*

VORSCHLAG, DER 1. die Schulterblätter zusammen mit den ersten drei Rippen beim Hirsch; 2. der Pfropfen zwischen Pulverladung und Kugel beim *Vorderlader*

VORSCHLAGEN 1. ▶ *vorgreifen;* 2. ▶ *einschlagen*

VORSTEHEN Naturveranlagung des *Vorstehhundes*, in Lauerstellung zu verharren, wenn er Wildwitterung in die Nase bekommt, *wittert*

VORSTEHHUND, DER Sammelbegriff für die Jagdhunderassen, die *Niederwild vorstehen*

VORSTEHTREIBEN, DAS auch *Vorlegetreiben*: eine *Treibjagd*, bei der die Schützen vor dem *Treiben* stehen und sich das Wild durch *Treiber* zutreiben lassen, ▶ *Standtreiben*

VORSUCHE, DIE 1. das *Bestätigen* von Rotwild mithilfe des *Leithundes*; 2. erste Bestätigung der Schweißfährte durch den Hund, bevor er *am Anschuss zur Fährte gelegt* wird

W

WACHLER, DER *Gamsbart*

WACHSHAUT, DIE die meist blau oder gelb gefärbte kahle Haut, die den Schnabelansatz vieler Vogelarten, insbesondere auch der Greifvögel, deckt

WACHTEL, DIE *(Coturnix coturnix)*, auch Gemeine Wachtel oder Schlagwachtel: kleine Feldhuhnart, einzige Zugvogelart unter den einheimischen Hühnervögeln; braucht Steppengebiete, folglich selten geworden

WACHTELHUND, DER *Stöberhund*, ▶ *Jagdhundrassen*

WAFFEN, DIE 1. ▶ *Gewaff*, 2. die Klauen des Luchses und der Wildkatze; 3. die Krallen der Greifvögel; 4. *blanke Waffen* des Jägers sind: *Saufeder, Hirschfänger, Jagdmesser* oder *Nicker*, ▶ *Waidblatt*; 5. allgemeine Bezeichnung für Gewehr, Büchse, Flinte, Stutzen etc. (früher weniger gebräuchlich)

WAHLABSCHUSS, DER ein Abschuss, der nach sorgfältiger Auswahl erfolgt, also insbesondere *schwache Stücke* erfasst

WAHRNEHMEN Alles Wild und auch die Hunde *nehmen* etwas *wahr*, wenn sie etwas *eräugen*, *wittern* oder *vernehmen*.

WAHRTO! Zuruf, um den Jäger auf anwechselndes Wild aller Art aufmerksam zu machen, ▶ *Wallo*, ▶ *Harro*, ▶ *Tajo*, ▶ *Tiro*

WAID- In den früheren Jahrhunderten wechselte die Schreibweise zwischen ai, ay, ei und ey. In den letzten Jahrzehnten hat sich in den alten Bundesländern Deutschlands allgemein die Schreibweise mit ai für diejenigen Begriffe durchgesetzt, in denen »Waid-« durch »Jagd-« ersetzt werden kann; in den neuen Bundesländern bevorzugt man die Schreibweise mit ei. In Österreich und der Schweiz schreibt man mit ei, im oberdeutschen Sprachbereich auch mit ai. Immer jedoch werden Wörter, die mit *Weide, Äsung* zusammenhängen, mit ei geschrieben, z. B. *Weidkorn, Weidloch, Weidsack* u. a.; die Übergänge sind freilich fließend.

WAIDBETT, DAS ▶ *Wundbett*

WAIDBLATT, DAS ein besonders starkes, breites *Waidmesser*, das auch zum *Aufschlagen* des *Schlosses* und zum *Zerlegen* benutzt werden kann

WAIDGENOSSE, DER Bezeichnung für Mitjäger, Jagdgäste und Jagdfreunde

WAIDGERECHT nennt man alles, was streng den (früher mündlich überlieferten) Regeln, Sitten und Bräuchen des *Waidwerks* entspricht, insbesondere auch unter Aspekten des Natur- und Tierschutzes.

WAIDGESCHREI, DAS ▶ *Jagdschreie*

WAIDGESELL, DER auch *Waidgeselle*: ▶ *Waidgenosse*: Inzwischen kommen auch Ausdrücke wie »Waidkamerad«, »Waidkollege«, »Waidfreund« usw. auf; sie sind nur sehr selten gebräuchlich und wenig stilvoll.

WAIDLAUT ist ein Hund, der bei der Arbeit bellt, ohne am Wild oder auf einer Fährte oder Spur zu sein, der also grundlos und unerwünscht bellt.

WAIDMANN, DER Jäger, der sich als Heger und Beschützer der freilebenden Tierwelt versteht und *waidgerecht* jagt

WAIDMÄNNISCH ► *waidgerecht*, jagdlich fachgerecht

WAIDMANNSHEIL! 1. der Gruß des Jägers: Die Antwort lautet ebenfalls: »*Waidmannsheil!*«; 2. als Glückwunsch nach Erlegung eines Stückes Wild; die Antwort darauf lautet: »*Waidmannsdank!*«; 3. freundlicher Wunsch für Erfolg auf der Jagd: »Ich wünsche Ihnen zu Ihrer morgigen Pirsch *Waidmannsheil.*«; die Antwort hierauf lautet ebenfalls: »Waidmannsdank.«

WAIDMANNSSPRACHE, DIE die Zunftsprache der Jäger, deren Anfänge und Wandlungen sich bis ins Mittelalter zurückverfolgen lassen

WAIDMESSER, DAS ein stabiles Messer mit feststehender oder feststellbarer Klinge für den vielseitigen Gebrauch des Jägers

WAIDSPRUCH, DER alte Spruchweisheiten jagdlichen Inhalts, oft gereimt und in Form von Fragen und Antworten, die früher ein *gerechter* Jäger beherrschen musste

WAIDTASCHE, DIE ► *Jagdtasche*

WAIDWERK, DAS der Inbegriff der Jagd und alles dessen, was dazugehört, auch im ethischen Sinne: »Das edle deutsche *Waidwerk*«

WALDARBEIT, DIE die Arbeit der Jagdhunde im Wald; im Gegensatz zur *Feldarbeit*

WALDGAMS, DIE in der Waldregion stehendes Gamswild

WALDHASE, DER ein Hase, der vorzugsweise im Wald lebt; im Unterschied zum *Feld-, Sandhasen*

WALDHÜHNER *(Tetraonen)*, Sammelname für Auerwild, Birkwild, Haselwild und Schneehuhn (Raufußhühner)

WALDKATZE, DIE ► *Wildkatze*

WALDKAUZ, DER eine Eulenart

WALDREH, DAS Rehwild, das vornehmlich im Wald lebt, im Unterschied zum *Feldreh*

WALDSCHNEPFE, DIE *(Scolopax rusticola)*, bildhaft: »*Vogel mit dem langen Gesicht*«. Die Schnepfe *streicht* in den Abend- und Morgenstunden, besonders: *Frühjahrsstrich* und *Herbststrich*. Während des *Streichens* im Frühjahr *puitzt*, *quorrt* oder *murkst* sie; das *Puitzen* kann zum *Quietschen* werden; nur der männliche Schnepf *quorrt*. Der Schnabel mit seiner beweglichen Spitze heißt *Stecher*. Wenn sie damit nach Nahrung sucht, so *wurmt* sie oder *sticht* nach Würmern, Larven oder Maden. An den *Stichstellen* findet man häufig die *Losung* der Schnepfe: sie hat dort *gekälkt*. *Lagerschnepfen* überwintern bei uns, sonst Zugvogel, ► *Eulenkopf* und *Blaufuß*.

WALLO! Zuruf an die Schützen, wenn *Schwarzwild* kommt, ► *Wahrto!* ► *Harro!* ► *Tiro!* ► *Tajo!*

WAMME, DIE 1. ► *Dünnung*; 2. Locker durchhängende Kehlhaut beim alten Hirsch und beim Elch

WAND, DIE 1. die Außenflächen der *Schalen* des Wildes, ► *Sensel*; 2. die Rippenwand beim *Schalenwild*

WANDERFALKE, DER *(Falco peregrinus)*, auch Taubenfalke, bevorzugter *Beizfalke*

WANDERHIRSCH, DER ein Hirsch, der unstet weit umherzieht

WANDLUNG, DIE das *Einziehen* des Hirsches vom Feld zu Holz: »Von des Hirschen *Wandlung*«

WANST, DER ► *Pansen*

WARM nennt man eine *Fährte* oder *Spur*, die noch frisch ist; im Gegensatz zur *kalten Fährte*.

WARNEN, DAS alle Warnlaute der Tiere: Als Warner besonders bekannt ist der Eichelhäher, auch ▸ *klopfen*, ▸ *klatschen.*

WASCHBÄR, DER *(Procyon lotor)* ein aus Nordamerika stammender Kleinbär; im hessischen Mittelgebirge 1934 ausgesetzt und inzwischen weit verbreitet

WASSERARBEIT, DIE die Arbeit des Jagdhundes bei der Wasserjagd; im Unterschied zu *Feldarbeit, Waldarbeit*

WASSERBÖMSCH, DER eine früher gebräuchliche Fangvorrichtung für Greifvögel mit einem Fisch als Köder, ▸ *Landbömsch*

WASSERGEFLÜGEL, DAS auch *Wasserwild*: Sammelbegriff für alles *Federwild*, das sich vorzugsweise auf dem Wasser oder im Sumpf aufhält

WASSERHUND, DER Bezeichnung für jeden Jagdhund, der bei der ▸ *Wasserarbeit* eingesetzt wird

WASSERZEICHEN, DAS ▸ *Schürze*

WECHSEL, DER Pfad, auf dem *Schalenwild* und außerdem Wolf, Bär und Luchs ziehen bzw. gehen oder *schnüren*; *Hauptwechsel, Nebenwechsel*, ▸ *Pass*

WECHSELN *das Ziehen* (Gehen) von allem *Schalenwild*

WECHSELWILD, DAS *Schalenwild*, das in einem Revier keinen *festen Stand* hat, sondern dort nur von Zeit zu Zeit auftaucht und kurzfristig seinen *Einstand* nimmt

WEDEL, DER der Schwanz des *Schalenwildes*, mit Ausnahme der *Sauen*

WEDELZIEMER, DER auch *Blumenziemer*: der hintere Teil des Rückens

WEGRÜCKEN Das Elchtier *rückt* nach dem Beschlag unter dem Hirsch *weg*, während der Rothirsch *abfällt* oder *absteigt.*

WEGZIEHEN, DAS das Abfliegen von Zugvögeln in die Winterquartiere

WEHR, DIE die bei einer *Treibjagd* in einer geraden Linie oder zum ▸ *Kessel* angestellten Personen, *Treiberwehr, Schützenkette* und *gemischte Wehr*

WEHRGEHÄNGE, DAS *Hirschfängerkoppel*, ▸ *Gehänge*

WEHRHAFT 1. Der Jägerbursche wurde, nachdem er drei Jahre Lehrzeit (drei *Behänge)* bei seinem Lehrprinzen durchgemacht hatte, von diesem *freigesprochen* und *wehrhaft gemacht*, d. h., es wurde ihm das Tragen des *Hirschfängers* gestattet; 2. Wild, das sich *zur Wehr setzt*, also insbesondere Bär und *Schwarzwild*, ist *wehrhaftes Wild.*

WEICH 1. schussempfindlich, bei Wild (z. B. Schnepfe); 2. beim Jagdhund für sein Wesen gebräuchlich, ▸ *hart*. 3. *Weich getroffen* ist ein Stück *Schalenwild* mit einem *Weidewundschuss.*

WEICHSCHROT, DAS aus Weichblei hergestelltes Schrot (heute unüblich); im Gegensatz zu *Hartschrot*

WEID- ▸ *Waid-*

WEIDDARM, DER Mastdarm bei allem Wild

WEIDE, DIE *Äsung des* Fasans und des Rebhuhns: »Die Hühner fallen auf die *Weide.*«

WEIDKÖRNER, DIE ▸ *Magenkiesel*

WEIDLOCH, DAS After bei allem Wild und Hunden

WEIDLÖFFEL, DER (selten) ▸ *Lecker*

WEIDSACK, DER ▸ *Pansen*

WEIDWUND auch *weidewund* ist ein Stück Wild, das durch das *Gescheide* geschossen worden ist.

WEIHEN, DIE eine Gattung von Greifvögeln der Niederungen mit vier Arten: Kornweihe; Wiesenweihe; Steppenweihe; ▸ *Rohrweihe*

WEIMARANER, DER eine Jagdhundrasse, ▸ *Jagdhund*

WEISS, DAS das Fett bei Sauen und Dachs

WEISSARSCH, DER ▸ *Muffelwild*

WEISSER LEITHUND, DER Bezeichnung für Neuschnee, *die Neue*: Im Neuschnee sind *Fährten* und *Spuren* auch ohne Hund gut zu erkennen und *auszugehen.*

WEITE, DIE in Zusammenhang mit Schrittweite ▸ *Schritt-* und ▸ *Schussweite*

WELPE, DER das Junge von Hund, Wolf und Fuchs

WENDEN, DAS auch das *Gewende* oder *Himmelszeichen*: ein *hirschgerechtes Zeichen*, das darin besteht, dass der Hirsch beim *Ziehen* durch Dickungen Blätter und kleine Zweige mit dem Geweih umwendet oder knickt, ▸ *Himmelsspur*

WERFEN 1. auch *Wölfen*: das Gebären bei allem *Haarraubwild*, mit Ausnahme von Bär und Luchs, sowie bei den Hunden; 2. das Niederreißen des Raubes durch den Wolf

WETZEN 1. ▸ *Schleifen;* 2. das Zusammenschlagen des *Gewaffs* des in Wut geratenen *Keilers*

WETZER, DIE auch *Hauer* oder ▸ *Gewehre*: die Eckzähne im Unterkiefer des *Keilers*

WIDDER, DER das männliche Muffelwild; auch *Widderlamm, einjähriger, zweijähriger, dreijähriger* usw. *Widder*

WIDERGANG, DER das *Zurückwechseln auf der eigenen Fährte*: Krankgeschossenes Wild macht bevorzugt solche *Widergänge.*

WIDERSINNIG von der normalen Form abweichend bei allen Geweihen und Gehörnen, regelwidrig, ▸ *abnorm*

WIESEL, DAS ▸ *Großes* (Hermelin) oder ▸ *Kleines Wiesel*

WILD, DAS Sammelbegriff für alle Tiere, die jagdbar sind; man unterscheidet *Hochwild* und *Niederwild, Haarwild* und *Federwild, Haarnutzwild* und *Haarraubwild.* Im engeren Sinne wird der Ausdruck *Wild* auch für *Kahlwild* bei Rot- und Damwild gebraucht.

WILDACKER, DER ein in einem *Revier* mit Wildäsungspflanzen bestelltes Feld, meistens im Wald gelegen

WILDBAHN, DIE *Jagdrevier* oder Jagdgebiet: Im Unterschied zu einem *Gatterrevier* spricht man von *freier Wildbahn.*

WILDBANN, DER *Jagdreservat* der Kaiser und Könige zu Zeiten der Feudaljagd; in früheren Jahrhunderten in weitem Umfang üblich, sog. *Bannwälder*

WILDBODENHUND, DER Sammelbegriff für alle *Laufhunde, Stöberhunde* und *Bracken* in den Alpenländern

WILDBRET, DAS auch ▸ *Wildpret*: Fleisch von allem Wild

WILDBRETKAMMER, DIE auch ▸ *Wildkammer* oder *Zerwirkkammer*: ein Raum, in dem erlegtes Wild gekühlt, aufbewahrt und *zerlegt* wird

WILDDIEB, DER auch *Wilderer* oder *Raubschütze*: ein Mensch, der sich widerrechtlich mit der Schusswaffe oder auch mit anderen Mitteln (Schlingen) Wild aneignet

WILDELN *Wildbret*, das etwas anbrüchig ist, sog. ▸ *Hautgout* hat, *wildelt*, d. h., es hat einen eigentümlichen fauligen Geruch.

WILDENTEN, DIE *Breitschnäbel*, alle Schwimm- und Tauchenten. Das Männchen der Wildenten heißt *Erpel* oder *Entvogel*, das Weibchen *Ente.* Mehrere Enten bilden ein *Schof.* Mehrere *Schofe* bilden einen *gering-* oder *starkzähligen Flug*, mehrere hundert Enten eine *Schar.* Die Mittelfedern auf den Schwingen heißen *Spiegel.* Die Enten ▸ *reihen, Reihezeit*; wenn sie sich begatten, so *züchten* sie. Ihre Füße heißen *Latschen* oder, wenn sie ganze Schwimmhäute haben, *Ruder.* Sie *liegen* auf dem Wasser, *rudern* und *fallen ein, Enteneinfall.* Wenn sich die Ente im Wasser auf den Kopf stellt, so *stürzt sie sich* oder *stürzt*, um zu *gründeln.* In der Mauser nennt man den Erpel *Mausererpel*, auch *Rauerpel.* Die flügge gewordenen Jungen sind *flugbar* oder *beflogen.*

WILDERN das unberechtigte Schießen, Fangen und Aneignen von Wild, Eiern, Abwurfstangen etc.

WILDFANG, DER 1. eine Fangeinrichtung für Wild; 2. ein ausgewachsen eingefangener *Beizvogel*, im Gegensatz zum *Nestling*; 3. aus der *Wildbahn* eingefangenes Stück *Haar-* oder *Federwild*

WILDFOLGE, DIE ► *Folge*

WILDFUHR, DIE 1. das *Wildbeet*: ► *Spürbahn*; 2. früher auch Jagdgebiet

WILDFÜTTERUNG, DIE ► *Fütterung*

WILDGANS, DIE in Deutschland von Bedeutung vor allem Graugans *(Anser anser)* und Saatgans *(Anser fabalis)*

WILDGARTEN, DER ein kleiner *Wildpark*

WILDHEGE, DIE Schutz und *Hege* aller Wildarten

WILDGATTER, DAS ► *Wildpark* oder ► *Gatter*

WILDKALB, DAS auch *Tierkalb*: das weibliche *Kalb* aller Hirscharten

WILDKAMMER, DIE 1. ► *Wildbretkammer*; 2. sehr gut mit Wild besetzter Revierteil

WILDKANINCHEN, DAS ► *Kaninchen*

WILDKASTEN, DER ein zum Transport von Wild bestimmter hölzerner Kasten

WILDKATZE, DIE *(Felis silvestris)*, auch *Waldkatze*, *Baumkatze*, *Waldkater*, *Baumreiter*. Das Männchen heißt *Kater*, *Kuter* oder *Kuder*, das Weibchen *Katze*, *Kätzin* oder *Kietze*. Die Wildkatze hat an den Zehen *Waffen* oder *Krallen*. Sie weist an den Branten den charakteristischen *Sohlenfleck* hinter dem Ballen auf.

WILDKORN, DAS *Johannisroggen*, *Staudenroggen* oder *böhmischer Roggen*, speziell auf *Wildäckern*

WILDKRANKHEITEN, DIE Krankheiten, von denen Wild befallen wird; die Erreger können Viren, Bakterien, Pilze und Parasiten sein

WILDMEISTER, DER Dienstbezeichnung (Ehrentitel) für einen praxiserfahrenen *Berufsjäger*

WILDPARK, DER auch *Gatterrevier*: ein für jagdliche oder andere Zwecke eingefriedetes, größeres *Revier*

WILDPRET, DAS ► *Wildbret*

WILDPRETKAMMER, DIE ► *Wildbretkammer*

WILDPUTER, DER ► *Trutwild*

WILDSCHADEN, DER der Schaden, den das Wild in Feld und Wald anrichtet

WILDSCHADENERSATZ, DER auch *Wildschadensersatz*: der Ersatz des Wildschadens, meistens in Geld, auch Naturalersatz von dem Jagdberechtigten gemäß Jagdgesetz bzw. Jagdpachtvertrag

WILDSCHAF, DAS das weibliche Muffelwild

WILDSCHWAN, DER gehört mit den Arten Höcker-, Sing- und Zwergschwan zur Gattung Schwäne innerhalb der Familie der Entenvögel (Anatidae).

WILDSCHWEIN, DAS ► *Schwarzwild*

WILDSEUCHEN, DIE seuchenhaft auftretende ► *Wildkrankheiten*

WILDSTAND, DER besser *Wildbestand*: die Gesamtheit des in einem *Revier* vorhandenen Wildes

WILDURSPRUNGSZEICHEN, DAS zur Überwachung des Handels mit erlegtem *Schalenwild* und *Wildbret* vorgesehener Nachweis der Herkunft in Form einer Marke

WILDVERKEHRSTOD, DER der Tod des Wildes durch Auto, Bahn, Schiff, Boot, Flugzeug u. a.

WILDZAUN, DER auch *Wildgatter*: ein zum Fernhalten oder Einsperren von Wild errichteter Zaun

WIMPELLAPPEN, DIE *Scheuchlappen* aus langen, schmalen Stoffstreifen als ► *Wildzaun*

WIMPELSCHLAG, DER oder das *Wimpelschlagen*: ein altes, *hirschgerechtes Zeichen*: Der Hirsch schlägt mit dem Geweih und auch mit den *Läufen* Ameisenhaufen, wohl aus Übermut, auseinander. Die Alten nahmen an, dass er es »zu seiner Artzney und Stärkung tue.«

WIND, DER 1. Bezeichnung für jeden Luftzug; der Jäger hat *guten Wind*, *schlechten Wind*, *halben Wind*, *Seitenwind*, *Küsel-*

wind; 2. das Wild hat *Wind, es bekommt Wind*, wenn es z. B. den Jäger riecht.

WINDEN mithilfe des Geruchssinns etwas wahrnehmen; beim Wild und beim Hund gebräuchlich

WINDFANG, DER auch *Winder*: die Nase des *Schalenwildes*, mit Ausnahme der *Sauen*

WIND HOLEN Misstrauisch gewordenes Wild *holt sich Wind*, wenn es den Jäger *umschlägt*, um in seinen Wind zu kommen; der Hund *holt sich Wind*, wenn er durch *Umschlagen* eines Feldstückes gegen den Wind sucht.

WINTEREINSTAND, DER Revierteil, in dem sich im Winter eine bestimmte Wildart einfindet: »Die Abteilung 15 ist als Südhang ein beliebter *Wintereinstand* für Rotwild.«

WINTERFEDERN, DIE die Rückenhaare des *Schwarzwildes* im Winter; im Gegensatz zu *Sommerfedern*

WINTERHAAR, DAS das meist andersfarbige Fell des *Haarwildes* im Winter; im Gegensatz zum *Sommerhaar*

WINTERKLEID, DAS das *Federkleid* der Vögel im Winter

WINTERSCHÄLE, DIE das *Schälen* von Baumrinde im Winter; im Gegensatz zur *Sommerschäle* oder ► *Saftschäle*

WINTERSTAND, DER die Gesamtheit einer Wildart in einem bestimmten Revierteil im Winter; im Unterschied zum *Sommer(be)stand*

WINTERWOLLE, DIE die Wolle des Hasen und Kaninchens im Winter

WISCH, DER 1. Putzstock zum Reinigen der Gewehrläufe; 2. (veraltet:) getarnter Kahn, wie er bei der *Wasserjagd* verwendet wurde; 3. Markierung oder Tarnung im Gelände

WISENT, DER *(Bison bonasus)* europäisches Wildrind, in Mitteleuropa nur noch in Gehegen und Tiergärten vorhanden. Seine Hörner heißen *Aufsätze*, das einzelne Horn *Holm*.

WITTERN *winden*, d. h. durch den Geruch wahrnehmen

WITTERUNG, DIE das Wetter

WITTRUNG, DIE 1. *Wittrung* nehmen im Sinne von *wittern*; 2. Bezeichnung für einen starken Geruch, der dem *Raubwild* anhaftet und recht unangenehm ist, *Fuchswittrung, Marderwittrung*

WOLF, DER *(Canis lupus)* in der Fabel auch *Isegrim*. Das Männchen heißt *Rüde*, das Weibchen *Wölfin*. Die jungen Wölfe nennt man, solange sie saugen, *Nestwölfe*. Die Zehen heißen *Klauen*, die Eckzähne *Fänge*. Die Wölfe *ranzen (Ranzzeit)*; die Wölfin *wölft* Junge. Der Wolf hat ein *Lager*. Er *schnürt, trabt* und ist *flüchtig*; er hinterlässt eine *Spur (auch Fährte)*. Er *raubt*, indem er ein Tier *reißt*, (d. h. packt) und *wirft* (d. h. *niederzieht)*; eine Anzahl von Wölfen nennt man *Rudel*, auch *Rotte*. Er hat *Fett* und *Fleisch*. Sein *Balg* wird *gestreift*.

WÖLFEN Gebären bei Wolf, Fuchs und Hund

WOLFSANGEL, DIE ursprünglich eine mit einer Spreizvorrichtung versehene Angel zum Fangen von Wölfen und Füchsen; später in Form eines Doppelhakens mit einem Querstrich in der Mitte als Symbol oder Zeichen der Jägerei, besonders der Hannoverschen Jägerei verwendet

WOLFSFINDER, DER ein Hund, der zur Wolfsjagd in ähnlicher Weise gebraucht wird wie der *Saufinder* zur Jagd auf *Schwarzwild*

WOLFSGRUBE, DIE eine mit Reisig überdeckte tiefe, steilwandige Fallgrube zum Lebendfang von Wölfen

WOLFSKLAUE, DIE die hoch angesetzte fünfte Zehe an den *Hinterläufen* der *Hunde*, die noch selten vorhanden ist

WOLFSSPROSS, DER auch die *Wolfssprosse*: ein über der *Mittelsprosse*, aber unter der *Krone* sitzendes *Ende* des *Hirschgeweihs*; beim Rothirsch selten, beim Wapiti und beim Maral mit Leiterkronen dagegen typisch

WOLLE, DIE die Behaarung des Hasen und des Kaninchens sowie das weiche, wollige Grundhaar der Sauen und des *Raubwildes*, ▸ *Unterwolle*; selten auch für den Flaum des ganz jungen Wassergeflügels

WÖLLEN (selten) ▸ *Gewölle* auswerfen

WORGEN die knarrenden, würgenden Laute, die ein Auerhahn hören lässt, wenn er sich auf seinem ▸ *Schlafbaum* eingeschwungen hat, auch *wörgen*, *würgen* oder *kröpfen*

WUND *krank*, *angeschweißt*; meist in Verbindung mit *weidwund*, *Wundfährte*, *Wundbett*

WUNDBETT, DAS auch *Schweißbett*: das *Bett*, in dem ein *krankes* Stück Wild sitzt oder saß

WURF, DER 1. der Vorderkopf des *Schwarzwildes*, *Oberwurf* und *Unterwurf*; 2. die von Wölfin, Fähe oder Hündin geworfenen Jungen

WURFTAUBE, DIE zutreffenderer Ausdruck für den Begriff ▸ *Tontaube*

WÜRGEBOHRUNG, DIE auch *Chokebohrung*: eine besondere Art der mündungsnahen Bohrung von *Schrotläufen*, bei der sich der Lauf etwas verengt. Man unterscheidet *starke*, *mittlere* und *geringe Würgebohrung (Choke)*; sie bewirkt ein engeres Zusammenhalten der *Schrotgarbe*.

WÜRGEN ▸ *abwürgen*

WURMEN das *Stechen* der Waldschnepfe im weichen Boden nach Nahrung

WURZELN Nahrungssuche des Dachses

WUSPERL, DAS auch *Schelle*: *Locke* für Haselwild

Z

ZÄHLEN das langsame *Knappen* des Auerhahns

ZAHN, DER 1. in der allgemeinen Bedeutung: Zähne bei allem Wild, mit Ausnahme der funktionslosen *Grandeln* des Rotwildes, der *Waffen* der Sauen; beim *Raubwild* speziell *Fangzähne* und *Reißzähne;* 2. der zahnartige Höcker am Oberschnabel der Falken und Würger, sog. *Falkenzahn*; 3. die stacheligen Spitzen an den Bügeln mancher *Fangeisen*

ZAIN, DER auch *Bürzel*, *Pürzel*: Schwanz des Dachses; selten für die *Brunftrute* des Hirsches gebräuchlich

ZANGENGEBISS, DAS direktes Aufeinandertreffen der Schneidezähne des Jagdhundgebisses

ZÄPFCHEN, DAS das spitzere Ende der *Hirschlosung*, das in das ▸ *Näpfchen* hineinpasst

ZAPPE, DIE ▸ *Blässhuhn*

ZEHENSTIFTE, DIE die kleinen Federchen an den Zehen des Fußes beim Auerhahn und Birkhahn; auch *Balzstifte* genannt, obschon sie mit der *Balz* nichts zu tun haben *(Raufußhühner)*

ZEICHEN die Merkmale, nach denen der Jäger Geschlecht und Stärke eines Stückes Rotwild anzusprechen sucht. Schon im 14. Jahrhundert werden die *hirschgerechten Zeichen* erwähnt. Im 18. Jahrhundert ist die Zahl der Zeichen bis auf 72 gestiegen. Zu unterscheiden sind: 1. *Zeichen*, die nicht mit der *Fährte* in Verbindung stehen, und zwar: das *Fegen*, das *Schlagen*, die *Suhle*, das *Scherzen*, das *Wimpelschlagen*, das *Wenden*, *Gewende* oder *Himmelszeichen*, die *Losung*, das *Nässen*; 2. eigentliche *Fährtenzeichen*, und zwar: die *Stärke* des *Tritts*, der *Zwang*, die *Stümpfe*, der *Burgstall* oder das *Grimmen*, die *Oberrücken*, der *Schlosstritt*, der *Schluss*, das *Übereilen*, das *Vierballenzeichen*, das *Zurückbleiben*, *Hinterlassen* oder die *Erfüllung*, das *Ereilen*, der *Beitritt*, der *Kreuztritt*, das *Blenden*, das *Reifchen*, das *Insiegel*, das *hohe Insiegel*, der *Schrank* oder das *Schränken*, der auswärts gestellte *Tritt*, die *Schrittweite*, das *Näslein*, das *Fädlein*, der *Abtritt*, der *Einschlag* und der *Umschlag*

ZEICHNEN 1. Reaktion von *Schalenwild* auf den Schuss, je nach dem Sitz der Kugel. Das *Zeichnen* gehört zu den *Schusszeichen*, ► *Schuss*. 2. Der *Schweißhund zeichnet*, *wenn* er *Schweiß* anzeigt; der Uhu *zeichnet*, wenn er heranstreichende Krähen oder Raubvögel durch sein Gebaren ankündigt; 3. der Heger *zeichnet* Wild, das er wiedererkennen will, mittels Markierung.

ZEIGEN 1. Der *Schweißhund zeigt* durch Stupfen mit der Nase *Schweiß*, Knochensplitter, *Schnitthaar* usw. auf der *Wundfährte* an, ► *verveisen*; 2. man sagt: »Ein Hirsch *zeigt* (auch: *prahlt auf*) vierzehn Enden.«, d. h. er ist *Zwölfer*, hat aber *Ansätze* am *Geweih*, die auf vierzehn Enden deuten, ohne als *Enden* gerechnet werden zu können.

ZERLEGEN 1. Das Geschoss *zerlegt sich* im Wildkörper; d. h. »es wird gestaucht oder gibt Splitter ab; 2. ► *zerwirken*.

ZERWIRKEN das *Aus-der-Decke-Schlagen* und das *Zerlegen* des *Schalenwildes*

ZEUG, DAS Bezeichnung für alle Arten *Tücher, Netze* und *Lappen*, die früher für *eingestellte Jagen* Verwendung fanden; *dunkles Zeug*: Tücher, *lichtes Zeug*: *Netze* und *Garne*, *Blendzeug*: *Lappen*

ZIEHEN 1. Wenn sich *Schalenwild* langsam fortbewegt, so *zieht* es oder es *wechselt*; 2. der Jäger *zieht* mit dem Hunde *zu Holz* oder *zu Feld*; er *zieht zur Jagd aus*; 3. die Zugvögel *ziehen*, wenn sie vom Brutplatz in ihr Winterquartier fliegen oder umgekehrt.

ZIELFERNROHR, DAS moderne Visiervorrichtung in Form eines Fernrohrs, das ein *Absehen* enthält und auf dem Gewehr justierbar befestigt wird

ZIEMER, DER selten auch *Zimmer*: der Rücken des *Schalenwildes*, ► *Vorderziemer* oder *Blattziemer, Mittelziemer*, ► *Wedelziemer* oder *Blumenziemer*

ZINKEN, DER 1. ein kurzes, gerades Jagdhorn, das früher für einfache Jagdleitsignale verwendet wurde; 2. in der Zusammensetzung als *Jägerzinken* verabredete Zeichen im Gelände, mit denen sich die Jäger verständigen, ohne dass Unberufene darauf aufmerksam werden oder dies deuten können, ► *Taube* (2.)

ZÜCHTEN begatten bei Wildenten

ZU-FELD-SCHIESSEN ein Stück Wild auf dem Feld *anschweißen*, ohne seiner habhaft werden zu können, ► *zu Holz* (2.)

ZÜGEL, DER ein in der Färbung abweichender Streifen, der sich bei manchen Vögeln vom Schnabelwinkel nach dem Hinterkopf hinzieht; in diesem Sinne auch beim Dachs und Gamswild

ZUGVOGEL, DER Bezeichnung für alle Vögel, die den Sommer im (teils hohen) Norden und den Winter (teils weit) im Süden verbringen und daher regelmäßige Wanderungen unternehmen

ZU HOLZ oder *zu Holze*: 1. *Haarwild zieht* oder *wechselt*, der Hase *rückt vom Holz zu Felde* und umgekehrt; *der Jäger* zieht mit seinem Hund *zu Holze*; 2. ein Stück Wild *zu Holze schießen*: es im Wald *krankschießen* oder so, dass es noch in den Wald entkommt.

ZUKUNFTSBOCK, DER und *Zukunftshirsch*: starker Rehbock bzw. Hirsch, der noch jung ist und daher geschont wird; im Gegensatz zum *Abschussbock* und *Abschusshirsch, abschussnotwendigen Bock* bzw. *Hirsch*

ZUNGE, DIE 1. in der allgemeinen Bedeutung nur bei Hund und *Federwild*; 2. eine Stellvorrichtung an Fallen, *Stellzunge*

ZUR STRECKE BRINGEN auch *strecken: erlegen, erbeuten*, also *tödlich treffen*

ZURÜCKBLASEN Wenn ein Treiben nochmals aufgenommen werden soll, wird durch ein Hornsignal seine Wiederholung angeordnet: »Das Treiben wird zurückgeblasen.«

ZURÜCKBLEIBEN, DAS auch *Hinterlassen*

oder die *Erfüllung*: ein altes, *hirschgerechtes Fährtenzeichen*: Der *Tritt* des *Hinterlaufes* steht hierbei hinter dem *Tritt* des *Vorderlaufes*. Das *Zurückbleiben* kommt vor allem bei sehr alten Hirschen vor, seltener beim *hochbeschlagenen Alttier*, und dann nicht so kontinuierlich.

ZURÜCKBRECHEN *Schalenwild bricht* im *Treiben zurück*, wenn es, anstatt nach vorne zu flüchten, rückwärts durch die Treiberlinie geht.

ZURÜCKPRELLEN 1. ▸ *zurückbrechen*; 2. das Umkehren vor *Lappen* oder beim *Eräugen* der vorgestellten Schützen

ZURÜCKSETZEN Wenn Geweih- und Gehörnträger einen *geringeren* Kopfschmuck schieben als im Jahr vorher, dann haben sie *zurückgesetzt*.

ZUSAMMENBRECHEN das Niederstürzen von *Schalenwild* im Feuer

ZUSAMMENFALLEN 1. *Federwild fällt zusammen*, wenn sich mehrere Stücke oder Ketten oder Flüge auf einer Stelle niederlassen; 2. Hunde *fallen zusammen*, wenn sie anfangen, sich zu beißen.

ZUSAMMENHALTEN Eine Schrotflinte *hält gut zusammen*, wenn sie einen engen Streukreis hat, ▸ *streuen* (1.).

ZUSAMMENLÄUTEN Eine *Koppel* jagender Hunde *läutet zusammen*, wenn alle Hunde gleichzeitig bellen, d.h. *Hals geben*.

ZU SCHANDEN SCHIESSEN ▸ *zu Holze* (2.) oder ▸ *zu Felde schießen*

ZUSCHEN (örtlich) der erste Teil des Balzgesanges des Birkhahns, so viel wie *rauschen, blasen, fauchen, zischen*

ZUSPRECHEN 1. ▸ *Zuspruch*; 2. Ein Stück Wild, auf das mehrere Schützen geschossen haben, wird durch den Jagdleiter einem Schützen *zugesprochen*.

ZUSPRUCH, DER Belobigung, Aufmunterung oder Ermahnung des Hundes durch den Jäger

ZUSTEHEN 1. das Heranfliegen von *Federwild*, insbesondere von Birkhahn, Haselhahn, Wildtaube an den Lockjäger; 2. Herbeikommen eines *geblatteten* Rehbockes oder eines *gemäuselten* Fuchses

ZUSTREICHEN von *Federwild*, gleichbedeutend mit *zuwechseln* von *Haarwild*

ZUTRETEN Der Hirsch *tritt* in der *Brunft zum Wild*: »An Ägidi *tritt* der starke Hirsch *zum* Rudel.«

ZUWECHSELN Wenn Wild in ein *Revier einwechselt*, in dem es sonst nicht seinen *Einstand* hat, so ist es *zugewechselt*.

ZWANG, DER auch das *Zwängen* oder *Zwingen*: ein altes, *hirschgerechtes Fährtenzeichen*: Der Hirsch drückt beim *Ziehen* die *Schalen* seitlich fest zusammen, außerdem drückt er die *Schalenspitzen* von vorn etwas nach rückwärts gegen die Ballen hin; er *zwingt, zwängt* oder *macht den Zwang*.

ZWANGSWECHSEL, DER 1. ein *Wildwechsel*, den das Wild infolge des Geländes gezwungenermaßen annehmen muss, besonders im Hochgebirge; 2. in die *Falle* leitender, künstlich angelegter *Wechsel*

ZWERGTECKEL, DER kleiner ▸ *Teckel* mit Brustumfang von 30–35 cm und 3–4 kg Gewicht

ZWILLING, DER alte Bezeichnung für doppelläufige Gewehre, z. B. Doppelflinte

ZWINGER, DER 1. Käfige mit Hütten für Hunde; 2. Einzäunung für in Gefangenschaft gehaltenes *Raubwild*

ZWITTERHAHN, DER ▸ *Rackelhahn*

Altersbezeichnungen beim Schalenwild

Wildart und Geschlecht	< 1-jährig	1- bis 2-jährig	≥ 2-jährig
Rotwild			
Beide Geschlechter	Kalb		
Männliches	Hirschkalb	Schmalspießer	Hirsch vom 2. Kopf ▸ vom 3. Kopf ▸ vom 4. Kopf etc.
Weibliches	Wildkalb/Rotkalb	Schmaltier	Alttier
Damwild			
Männliches	Damhirschkalb	Damspießer	Damhirsch vom 2. Kopf/Sprossler/Knieper/Zweiköpfer ▸ vom 3. Kopf/Löffler/Dreiköpfer, ▸ vom 4. Kopf etc. ▸ Halbschaufler ▸ angehender Schaufler ▸ Schaufler ▸ guter (starker) Schaufler ▸ Kapital-/Hauptschaufler
Weibliches	Damwildkalb	Damschmaltier	Dam(alt)tier
Rehwild			
Beide Geschlechter	Kitz		
Männliches	Bockkitz	Jährling	Mehrjähriger Rehbock/Bock (jung ▸ mittelalt ▸ alt)
Weibliches	Rickenkitz/Geißkitz	Schmalreh	Mehrjährige Ricke/Geiß (jung ▸ mittelalt ▸ alt)
Muffelwild			
Beide Geschlechter	Lamm		
Männliches	Widderlamm	Einjähriger Widder	Zweijähriger ▸ dreijähriger ▸ vierjähriger Widder etc. ▸ guter ▸ starker ▸ kapitaler Widder
Weibliches	Schaflamm	Schmalschaf	Wildschaf/Altschaf

Wildart und Geschlecht	< 1-jährig	1- bis 2-jährig	≥ 2-jährig
Gamswild			
Beide Geschlechter	Gamskitz		
Männliches	Bockkitz	Jahrling	Zweijähriger ▸ dreijähriger ▸ vierjähriger Gamsbock etc.
Weibliches	Gaiskitz/Geißkitz	Schmalgais/ Schmalgeiß	Zweijährige ▸ dreijährige ▸ vierjährige Gamsgais/-geiß etc.
Schwarzwild			
Beide Geschlechter	Frischling	Überläufer	Grobes Schwein/ grobe Sau
Männliches	Frischlingskeiler	Überläuferkeiler	Angehendes Schwein/angehender Keiler ▸ hauendes oder gutes Schwein/hauender oder guter Keiler ▸ Hauptschwein/ Basse/grober Keiler
Weibliches	Frischlingsbache	Überläuferbache	Bache ▸ grobe Bache

Das kostenlose Extra — Die App »Kosmos Plus«

Dieses Buch bietet Ihnen zahlreiche Jagdsignale zum Anhören als Audiodateien, die durch dieses Symbol 000 mit drei Ziffern gekennzeichnet sind. Und so geht's:

1. Besuchen Sie den App Store oder Google Play.
2. Laden Sie die kostenlose App »KOSMOS Plus« auf Ihr Mobilgerät.
3. Öffnen Sie die App und laden die Inhalte für das Buch »Walter Frevert: Jagdliches Brauchtum und Jägersprache« herunter
4. Auf den Buchseiten mit dem Symbol 000 können Sie sich das jeweilige Jagdsignal anhören. Dazu geben Sie den dort genannten Zahlen-Code, z. B. 105, in die App ein.

Mehr Informationen finden Sie unter **plus.kosmos.de**

Bildnachweis

Mit 17 Farbfotos von Dr. Günther Bethge/Frank Hecker: Tafel XVI; Wolfgang Buchhorn/Frank Hecker: Tafel VIII; Horst Jegen (2): Tafel VI, Tafel XII; Frank Hecker (3):Tafel IX, XIV, Tafel XV; Eckhard Mestel/Frank Hecker: Tafel X, Ekkehard Ophoven: Tafel XIII; Karl-Heinz Volkmar (8): Tafel I, Tafel II, Tafel III beide, Tafel IV, Tafel V, Tafel VII, XI

Impressum

Umschlaggestaltung von Büro Jorge Schmidt, München,
unter Verwendung einer Grafik von AdobeStock/Jan Stopka

Mit 17 Farbfotos, 9 Schwarzweißfotos, 31 Schwarzweißzeichnungen,
6 historischen Stichen sowie 50 Notensätzen

Gedruckt auf chlorfrei gebleichtem Papier

MIX
Papier | Fördert gute Waldnutzung
FSC® C014889
FSC www.fsc.org

ISBN: 978-3-440-17950-5
Redaktion: Ekkehard Ophoven
Produktion: Ralf Paucke
Satz: typopoint GbR, Ostfildern und Julia Fuchs/Kosmos
Druck und Bindung: Friedrich Pustet GmbH & Co. KG, Regensburg
Printed in Germany / Imprimè en Allemagne